本书由国家自然科学基金重点项目“公共债务周期模型、债务风险分析与控制措施研究（72033001）”资助

公共债务周期模型及实证研究

刘志新 周辰月 ◎ 著

中国财经出版传媒集团
中国财政经济出版社
·北 京·

图书在版编目（CIP）数据

公共债务周期模型及实证研究 / 刘志新，周辰月著. 北京：中国财政经济出版社，2024. 12. --ISBN 978-7-5223-3564-3

Ⅰ. F812. 5

中国国家版本馆 CIP 数据核字第 2024AU6634 号

责任编辑：胡　博　　　　责任校对：胡永立
封面设计：陈宇琰　　　　责任印制：史大鹏

公共债务周期模型及实证研究

GONGGONG ZHAIWU ZHOUQI MOXING JI SHIZHENG YANJIU

中国财政经济出版社 出版

URL：http：//www. cfeph. cn

E-mail：cfeph@ cfeph. cn

社址：北京市海淀区阜成路甲 28 号　邮政编码：100142

营销中心电话：010-88191522

天猫网店：中国财政经济出版社旗舰店

网址：https：//zgczjjcbs. tmall. com

中煤（北京）印务有限公司印刷　各地新华书店经销

成品尺寸：170mm×240mm　16 开　19. 75 印张　279 000 字

2024 年 12 月第 1 版　2024 年 12 月北京第 1 次印刷

定价：88. 00 元

ISBN 978-7-5223-3564-3

（图书出现印装问题，本社负责调换，电话：010-88190548）

本社质量投诉电话：010-88190744

打击盗版举报热线：010-88191661　QQ：2242791300

前　　言

在全球化日益加深的今天，公共债务问题已成为各国政府、学术界及政策制定者关注的焦点。公共债务不仅关乎国家财政的可持续性，更深刻影响着宏观经济稳定与金融市场的健康发展。随着全球经济周期的波动、金融危机的频发以及各国财政政策的不断调整，公共债务的动态变化呈现出复杂而多变的特征。因此，深入剖析公共债务周期的形成机制、演变规律及其与经济周期、金融周期和财政政策的互动关系，对于理解现代经济体系中的债务问题、制定科学合理的政策具有重要的理论和现实意义。

《公共债务周期模型及实证研究》一书是在国家自然科学基金重点项目“公共债务周期模型、债务风险分析与控制措施研究(72033001)”的支持下，在全球公共债务问题引起广泛关注的背景下应运而生的。本书旨在通过系统的理论分析和丰富的实证研究，全面揭示公共债务周期的动态特征、成因及其宏观经济效应。全书共分为6章，每章内容层层递进、相互关联，共同构建了一个关于公共债务周期的完整理论框架。

第1章“公共债务周期波动的测定与分析”是本书的起点，通过收集全球范围内的公共债务样本数据，对过去70年间公共债务周期的波动进行详细的描述性分析和特征事实归纳。本章不仅揭示了公共债务周期的中周期特征，还深入探讨了不同经济体（发达经济体与新兴市场经济体）在公共债务周期上的差异性，以及危机对公共债务周期波动的影响。

第2章“公共债务周期与经济周期关系研究”进一步探讨了公共

债务周期与经济周期之间的互动关系。通过理论梳理和实证分析，本章揭示了公共债务与经济增长之间的长期均衡关系，以及公共债务周期在不同经济周期阶段的表现特征。本章还提出了一个全新的视角，即从经济周期出发重新审视公共债务周期，为理解公共债务的动态变化提供了新的思路。

第 3 章“公共债务周期与金融周期关系研究”则将研究视角拓展至金融领域，分析了金融周期对公共债务周期的影响。本章通过构建金融周期测度指标，深入剖析了金融周期与公共债务周期之间的协同性，以及金融周期对公共债务积累、削减等阶段的影响机制。同时，本章还结合中国的实际情况，对金融周期与公共债务周期的关系进行了深入探讨。

第 4 章“公共债务周期与财政政策关系研究”则聚焦于财政政策在公共债务周期中的作用。本章通过分析财政政策的周期性变化及其对公共债务周期的影响，揭示了财政政策在公共债务管理中的重要地位。同时，本章还探讨了公共债务对财政政策的影响，以及财政政策的可持续性问题。

第 5 章“多维度、新视角的公共债务周期实证研究”是对前 4 章内容的综合与升华。本章在总结前述实证研究的基础上，提出了一个关于公共债务周期的综合理论框架，并对公共债务周期的特征、成因及其宏观经济效应进行了全面阐述。

第 6 章“公共债务周期模型”则是本书的亮点之一。本章基于动态随机一般均衡（DSGE）模型，构建了公共债务周期的理论模型，并使用中国实际数据对模型进行了贝叶斯估计。通过历史分解和脉冲响应分析，本章深入剖析了中国公共债务率波动的驱动因素及其传导机制，为政策制定者提供了重要的参考依据。

公共债务周期问题是个富有挑战性的课题，鉴于本书研究内容的复杂性和我们研究人员的水平所限，本书的成果还是初步的、探索性的，误漏之处在所难免，敬请各位读者不吝批评指正。但无论如何，我们相信，本书的出版将有助于推动公共债务问题的研究向更深层次发展，为构建更加稳定、可持续的全球经济体系贡献力量。

目　　录

第1章

公共债务周期波动的测度与分析

1.1 公共债务样本介绍

本书所分析的公共债务指的是一般政府债务占 GDP 比例（以下简称公共债务率）。一般政府债务是指中央政府或地方政府在国内外发行的债券或向外国政府和银行借款所形成的债务。这些债务的发行通常是为了筹集资金以支持政府支出、进行基础设施建设、偿还旧债务或者为其他经济和社会目标服务。

具体来说，一般政府债务通常包括以下几类：内债（domestic debt），是指在国内发行的政府债券，如国债和地方债。通常由政府作为债务人，通过向国内投资者发行债券来筹集资金。外债（foreign debt）或主权债务（sovereign debt），是指在国际市场上发行的政府债券，或者政府向外国政府和银行借款所形成的债务。通常用于支持国际收支、偿还旧债务或者进行基础设施建设等。社会保险基金债务，是指由政府负责管理和运营的社保基金所形成的债务，如养老保险基金、医疗保险基金等。

本书的非平衡面板样本涵盖55个国家（25个发达经济体和30个新兴市场经济体）1950—2022年的数据，共计2862个观测，表1－1列出了样本中的国家及其对应样本开始日期。数据来自国际货币基金组织（International Money Fund，IMF）的Historical Public Debt Database和Global Debt Database，世界银行（The World Bank）的Quarterly Public Sector Debt Database，以及国际清算银行（Bank for International Settlements）的Total Credit Statistics。本书所选取的变量为公共债务率，即未偿债务存量占其国家GDP的比率。

表1－1　　　　不同国家公共债务样本起始时间

发达经济体				新兴市场经济体			
加拿大	1950	澳大利亚	1966	巴拿马	1950	中国	1984
法国	1950	奥地利	1970	菲律宾	1950	智利	1990
德国	1950	比利时	1970	土耳其	1958	波兰	1990
冰岛	1950	塞浦路斯	1970	南非	1960	墨西哥	1990
意大利	1950	丹麦	1970	哥斯达黎加	1965	哈萨克斯坦	1995
荷兰	1950	挪威	1970	马耳他	1965	格鲁吉亚	1995
新西兰	1950	葡萄牙	1970	马来西亚	1967	拉脱维亚	1995
英国	1950	瑞典	1970	印度	1967	立陶宛	1995
美国	1950	瑞士	1970	毛里求斯	1970	罗马尼亚	1995
日本	1955	韩国	1971	埃及	1970	捷克	1995
爱尔兰	1959			匈牙利	1970	圣基茨和尼维斯	1996
芬兰	1960			秘鲁	1970	保加利亚	1997
希腊	1960			哥伦比亚	1972	土库曼斯坦	1997
新加坡	1963			印度尼西亚	1976	俄罗斯	1997
西班牙	1965			巴西	1978	泰国	1997

注：（1）发达经济体与新兴市场经济体分类依据参考IMF的Fiscal Rules Datasets。

（2）表中数字指的是各国一般政府债务占GDP比例样本的开始时间。

（3）所有国家样本的结束时间均为2022年。

1.2　公共债务周期波动的描述性事实

瑞·达利欧（2019）和巴里·艾兴格林等（2023）均提出过“（公共）债务周期”的概念。然而一方面，以上著作更多关注中央政府债务或外债，地方政府和内债的重要性一直被忽视；另一方面，在讨论债务周期问题时，样本总是从久远的 20 世纪初开始，到 21 世纪初结束。这主要是由于此前，全球公共债务动态大体由发达经济体主导，债务危机总是在其他经济体中以主权债务危机的形式表现出来，另外，在过去的 100 多年里，全球公共债务动态在前 80 年从直观上就表现出扩张与收缩交替的周期变化（由于大萧条和战争），然而从 20 世纪 80 年代到 21 世纪初，这种周期变化似乎消失了。

然而，在现实中，正如 Reinhart 和 Rogoff（2011a）所强调的那样，国内债务违约或债务重组的事件在历史上并不罕见，不容忽视，且自 21 世纪以来，新兴市场经济体的内债与外债占比情况已发生逆转，内债占比已接近 70%。新冠疫情发生后，我们观察到第二次世界大战以来债务最大的一次激增，由于全球受到公共卫生危机和严重衰退的打击，Poplawski-Ribeiro 等（2023）的统计结果显示，2020 年，全球公共债务率跃升至创纪录的 100.4%，随后两年发达经济体公共债务出现连续下调。这是否意味着发达经济体债务收缩阶段的重现?

本节的主要目的是提供一个简明的全球公共债务周期波动史，通过划分时间阶段、区分经济体类别、解析事件的方法，描述性地讨论公共债务周期，分析公共债务扩张和收缩的原因。图 1 – 1 展示了全球公共债务 1950—2022 年的大致演变。

1.2.1　1950—1974 年：发达经济体的战后债务削减

发达经济体的公共债务率从 1939 年第二次世界大战全面爆发至 1945 年战争结束（该时间段未包含在本书样本中），由 60% 上涨至

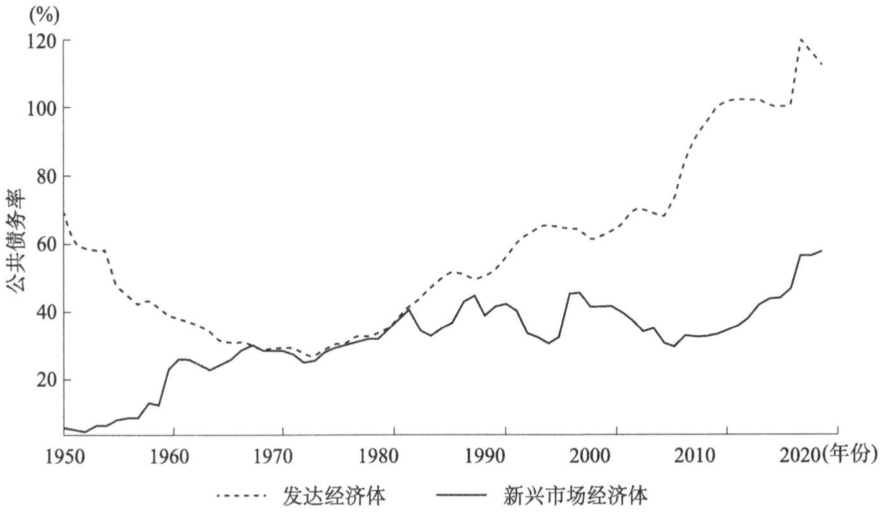

图1-1 全球公共债务演变

注：图中展示的是公共债务率基于购买力平价的GDP加权平均值（GDP占比数据来源：IMF，World Economic Outlook，均值由笔者计算得到）。

140%（IMF，Historical Public Debt Database），此后，发达经济体的公共债务进入了一段整合期，公共债务率趋于下降，这种趋势一直持续到20世纪70年代中期。换句话说，发达经济体在1939—1975年经历了一轮超大规模的公共债务周期。值得注意的是，一方面，各国政府为了战争的经费和后勤保障，发行了大量债务，战争结束后，这些债务加上利息，成为国家的一个重要负担；另一方面，战争破坏了各国的经济和社会结构，经济陷入困境，财政收入锐减，而战败国需要赔偿战胜国的战争损失，战胜国则需要对国家设施进行重建，政府不得不借更多的钱，这进一步加重了公共债务的负担。

发达经济体战后将近25年的债务整合是如何实现的？在Reinhart和Sbrancia（2015）看来，降低公共债务率的途径有多种：（1）利用强劲的经济增长；（2）实质性的财政巩固、厉行节俭；（3）明确地对债务进行重组或违约；（4）金融抑制（financial repression）及适度通货膨胀。从实际情况来看，一方面，战后的经济增长与利率管制带来了正向的利率—增长率差，第二次世界大战后的世界，存在技术积压和巨大的投资缺口，限制政府债务利率是迫使投资者寻找高回报机会的一种方式。事实上，Blanchard（2019）指出，当利率低于增长率时，公共债务的成本会很低。另一方面，一些发达经济体（如德国），通过与债权国进行谈判，实施债务重组，通过延长债务期限、免除外债等，减轻了政府的债务负担，政府同时采取了一系列财政政策调整措施，成功地将教育、医疗和其他社会项目支出的增加与预算平衡相协调，进而降低了公共债务率。

1.2.2　1975—2007年：债台高筑但情况各异的发达经济体

1975年之后，形势发生了变化，经济增长的放缓导致预算赤字和债务增加。对于发达经济体而言，福利国家扩大和利率上升使债务率的这种缓慢上涨一直持续到了全球金融危机爆发前。Eichengreen等（2019）指出，如果说债务上涨后总是伴随着一定程度的下降和整合，那么发达经济体的公共债务率在这段时间内的动态变化似乎是一个例外。尽管从图1-1来看，发达经济体1975—2007年的公共债务总体处于上涨趋势，然而事实上不同国家的表现存在较大差异。接下来，我们将分别分析日本、美国以及欧元区的公共债务在该时期的情况。

日本的公共债务演变如图1-2所示。33年间，日本的公共债务率从不足20%飙升至170%以上，增幅平均每年约为4.7%，给日本政府带来了严峻的挑战。日本作为一个石油进口国，受1973年石油危机所导致的石油价格上涨的影响，其进口成本大幅增加，进而导致物价上涨，日本经济高速增长期结束。陷入收入不足困境的日本政府于1975年发行了原本被财政法所禁止的赤字国债。1979年石油危机加剧了日本的通货膨胀，使日本经济陷入混乱。为了促进经济增长，日本政府采取了积极的财政政策，增加了公共事业的投资，这进一步导致了政府债务的增加。

不过，这个时期的日本政府都十分重视财政纪律，历届政府一直在努力减少赤字国债的发行。为了控制政府债务的增加，日本政府采取了一系列的财政整顿措施，包括加强税收管理、减少浪费性支出等。到20世纪80年代后期，日本央行开始收紧货币政策，以控制通货膨胀和

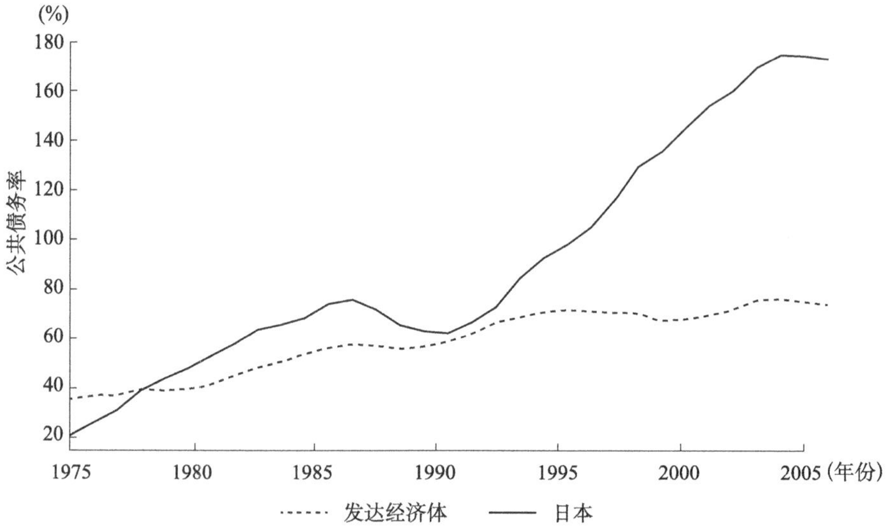

图 1-2 日本公共债务演变

注：图中"发达经济体"展示的是公共债务率基于购买力平价的 GDP 加权平均值（GDP 占比数据来源：IMF，World Economic Outlook，均值由笔者计算得到）。

稳定金融市场。虽然这种政策调整导致利率上升，从而增加了政府的债务利息支出，但是，随着经济的复苏和增长，政府债务的实际利率有所下降，政府的税收收入增加，到 20 世纪 90 年代，日本赤字国债的发行量一度减少到零。

我们必须注意到日本此次债务率的下降大部分来源于"经济的复苏与增长"（言外之意就是非"财政整顿"），然而，这种复苏背后是土地和股票价格的急剧上升，尤其是东京等大城市的土地价格飙升，致使相关的税收大幅增加。当资产的市场价值远远超过其实际经济价值，就形成了一种虚假的繁荣。为了维持这种虚假的繁荣，日本银行大量发放贷款，导致企业和个人债务规模急剧增加。这种私人债务的积累最终导致了 1991 年下半年泡沫的破裂，随之而来的是经济衰退、税收剧减和财政再次恶化，日本政府的债务率再次上涨。

此后，虽然日本政府曾在经济回升时试图进行财政结构改革，然而却被 1997 年亚洲金融危机打断。危机、财政刺激、复兴、财政紧缩和新危机，如此循环往复，疲软的财政刺激和断断续续的政策最终导致日本的债务率不断上升。如果说日本的公共债务从 1975 年以来未表现出周期性演变，美国则在对第二次世界大战的债务进行削减后，又出现了一轮长达 20 年的公共债务周期（见图 1 -3）。1974 年，美国经济陷入严重的“滞胀”，美国政府持续实行充分就业导向的赤字财政政策，然而，在两次石油危机的冲击下，美国经济未能发生明显好转，1980 年，美国经济陷入负增长。里根政府（1981—1989 年）为应对“滞胀”，采取供给学派的政策主张，坚持保守主义的财政政策，同时却实施了大幅减税政策，在经济增长没有得到明显改善的情况下，美国的公共债务率持续上升。美国此轮公共债务周期于 1993 年左右达峰，之后进入债务收缩阶段。

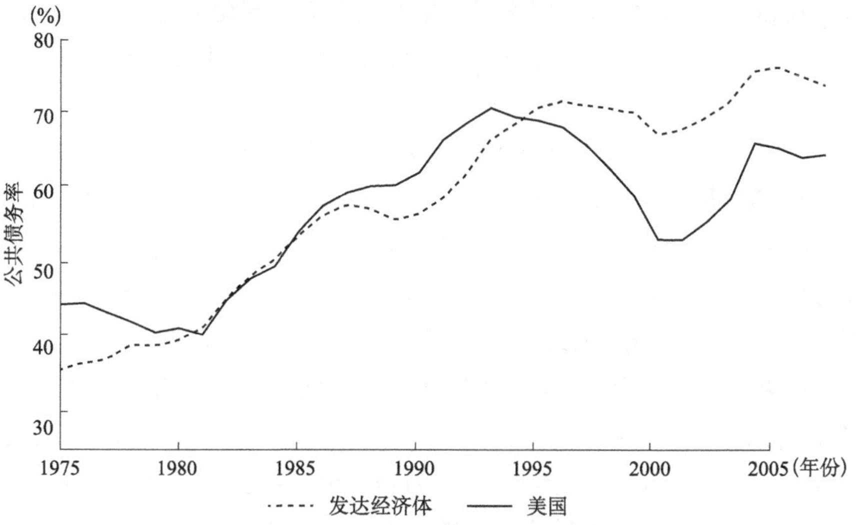

图 1 -3　美国公共债务演变

注：图中“发达经济体”展示的是公共债务率基于购买力平价的 GDP 加权平均值（GDP 占比数据来源：IMF，World Economic Outlook，均值由笔者计算得到）。

与发达经济体在 20 世纪 90 年代相对稳定的公共债务率相比，我们有动机去探索该时期美国公共债务削减的原因：财政政策的调整与经济增长的提速。1993 年，克林顿政府颁布了《综合预算调整法案》，该法案规定在 1994—1998 年的五年间削减联邦政府预算赤字 5000 亿美元。1997 年，《平衡预算法案》颁布，美国政府削减支出、平衡预算的趋势进一步加强。如果说以上“紧缩的财政政策”遏制了财政赤字和公共债务的进一步上升，那么信息技术进步带来的经济增长的提速[①]，则使得政府财政收入不断提高，同时政府支出仍受到相关预算法案的约束，财政支出结构不断优化，财政预算实现盈余，公共债务在21世纪初减少到了1965年以来的最低水平（自20世纪60年代以来，人们对于预算赤字的担忧一直在增加）。

在20世纪90年代，除了美国以外，还有一些国家也成功通过财政调整实现了债务削减，其中较为典型的便是爱尔兰（见图1－4）。面对自20世纪70年代以来公共债务率一直呈现上升趋势的情况（欧洲各国政府面临收入增长下降，同时社会项目支出压力增加），爱尔兰利用其低税收和灵活的经济政策吸引了大量外国投资，推动了出口导向型经济的发展，实现了经济的快速增长。同时，爱尔兰采取了审慎的财政政策，削减了福利支出，为债务削减提供了可能。

美国、爱尔兰20世纪90年代的成功经验催生了Afonso和Jalles（2013）提到的“扩张性财政紧缩（Expansionary fiscal consolidations）”理论：如果支出处于失控状态，那么削减政府支出会增强民众的信心并对投资起到鼓励作用，这种信心层面的积极影响可能会压倒政府削减支出所带来的直接负面影响，财政整顿以非凯恩斯主义的方式促进了经济增长。

如果是这样，为什么其他欧洲国家没有实施（或没有享受到）（扩张性）财政紧缩（带来的好处）？Georgantas等（2023）指出，在经济扩张时期，当货币条件宽松时，开放的经济体的财政整顿可能是扩张性的，并导致负债率出现明显的下降，然而在经济衰退、货币紧缩时期，实施的基于支出的紧缩性财政调整将是弄巧成拙的。而当时欧洲的问题，正是经济增长缓慢，从而导致了不利的利率—增长率差。

如图1－4所示，欧洲各国政府为了适应《马斯特里赫特条约》

① 然而，2001年，伴随着互联网泡沫的破灭，美国经济发展动力减弱，美国政府重启减税、增加支出的扩张性财政政策，公共债务进入扩张阶段，开启新一轮周期。也有观点认为公共债务的新一轮上涨是政治两极分化的结果：当前决策者意识到未来的政策可能是由他们的反对者决定的，尤其是，反对者可能倾向于以当政者所不希望的方式进行资源扩张，这会引致现任决策者计划通过积累较高的政府债务来限制未来决策者的支出（Persson和Svensson，1989；Alesina和Tabellini，1990；Pettersson-Lidbom，2001）。本书中我们不详细讨论这种政治选举背景下的公共债务决定及影响机制。

（1993 年生效）而收紧财政预算，以期在 1997 年底之前将预算赤字控制在 GDP 的 3% 以内，将公共债务降低至 GDP 的 60% 以内，从而获准加入欧元区，欧元区国家公共债务确实在 1995 年之后出现了小幅的下降。然而下降速度越来越慢，或者说，在取得欧元区成员国资格后，各国政府重新增加财政支出。进入 21 世纪后，虽然欧元区国家的公共债务率不像美国上升得那么迅速，但确实已经停止下降。

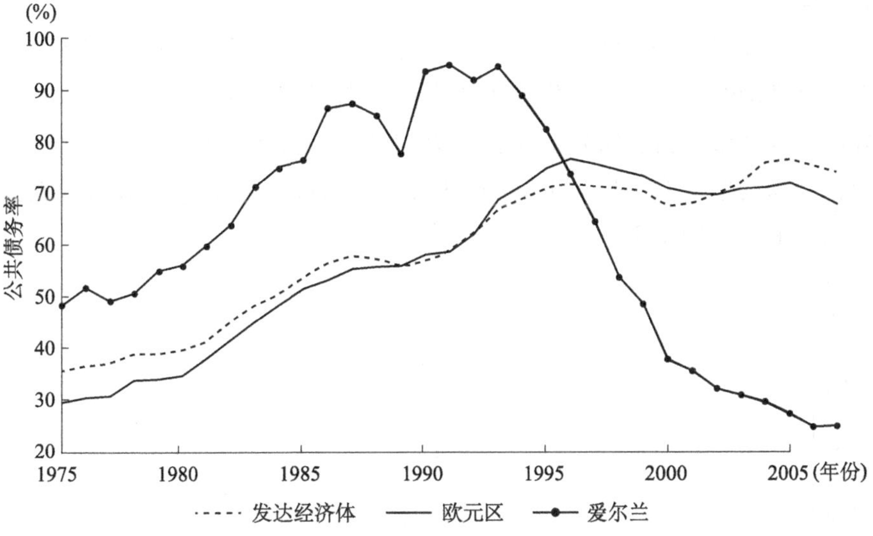

图 1－4　欧元区公共债务演变

注：（1）图中“发达经济体”、“欧元区”展示的是公共债务率基于购买力平价的 GDP 加权平均值（GDP 占比数据来源：IMF，World Economic Outlook，均值由笔者计算得到）。

（2）图中“欧元区”包含的国家：法国、德国、意大利、荷兰、爱尔兰、芬兰、希腊、西班牙、奥地利、比利时、塞浦路斯、葡萄牙。

事后看来，日本公共债务的持续增长，美国、欧洲国家的公共债务扩张的幅度与持续时长大于收缩的事实，使得政策制定者没能为之后的财政扩张留出足够的余地，这是当 2008 年金融危机爆发时，发达经济体面临着高企的公共债务的原因。

1.2.3　1960—2007 年：债务在新兴市场经济体的增长、危机与削减

新兴市场经济体的公共债务率起初较低，在 20 世纪 60 年代开始有

所上升，主要是政府支出大幅增加以推动经济发展。印度在19世纪60年代增加政府支出，以实施第一个五年计划和推进工业化进程，特别是在基础设施建设和农村发展方面的支出大幅上涨，结果是虽然经济增长较为迅速，但同时伴随着公共债务率的大幅上涨。墨西哥政府在1960年左右为经济重建和发展进行了大量投资，包括基础设施建设、工业发展以及社会福利计划等。为了为这些项目筹集资金，政府发行了大量债券，导致公共债务率上升。

对于新兴市场经济体而言，20世纪70年代，新兴市场经济体大量借贷以推动经济发展，新借款主要为预算赤字提供资金，其中很大一部分债务以外币计价。特别是拉美国家的公共债务迅速攀升，1980年后，随着全球利率上升、出口下降和政府赤字增加，这些国家的债务负担变得无法承受，如图1－5所示。

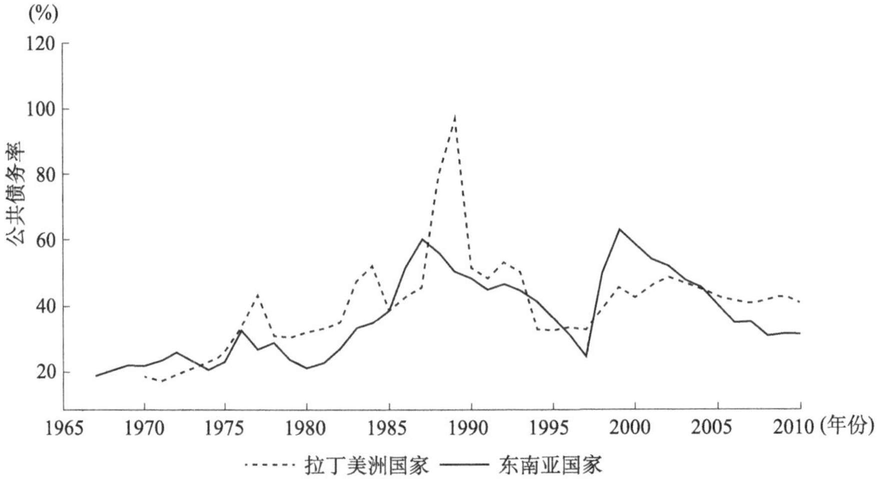

图1－5　20世纪拉丁美洲债务危机与东南亚金融危机

注：（1）图中展示的是公共债务率基于购买力平价的GDP加权平均值（数据来源：IMF，World Economic Outlook）。

（2）图中所展示的拉丁美洲国家样本包括巴西、智利、墨西哥、秘鲁，东南亚国家样本包括泰国、印度尼西亚、马来西亚、菲律宾。

瑞·达利欧（2019）分析，实际汇率的攀升使国家的竞争力降低，外资流入的急剧减少使得这些国家收紧货币政策，导致短期利率大幅上调，GDP 和股价陷入自我强化式下跌，且由于货币疲软，通胀率高企且不断上升，央行不得不动用外汇储备来维持货币稳定，但最终都放弃捍卫货币。货币贬值导致主权债务负担加重，拉丁美洲债务危机（涉及样本中的巴西、智利、墨西哥、秘鲁等国家）爆发。1982 年 8 月，墨西哥政府公开表示无力偿还其债务，随后，十几个拉丁美洲国家发布类似公告。危机时期，这些国家首先受益于一项 IMF 援助计划，在承诺进行全面的宏观经济和结构改革的前提下，IMF 组织银行向危机国家提供资金并推迟本金还款（“银行纾困”）。危机国家收紧金融环境，努力优化债务结构，采取一系列措施来降低债务风险。此外，在 IMF 的监督下，这些国家的政府被迫大幅削减公共支出，扩大出口以改善财政状况。随着经济复苏和名义收入的增加，这些国家的公共债务率下降，通过这样的方式，一场全球崩溃得以避免。但这场危机仍对拉美经济造成了巨大的冲击，许多国家的 GDP 出现了负增长，失业率和贫困率也大幅上升。

东南亚金融危机始于 1997 年，当时亚洲一些国家的经济过热和金融体系不健全，导致了货币贬值、股市暴跌和银行体系的崩溃。这些国家在经济扩张时大量借入外债，尤其是短期外债，当外部经济环境发生变化时，这些国家的债务无法偿还，引发了金融危机。在 1997 年前后，在样本中的泰国、印度尼西亚、马来西亚、菲律宾，观察到了与前文所述 20 世纪 80 年代拉美主权债务危机相同的债务周期动态。

1.2.4　2008—2020 年：冲击、财政刺激与公共债务激增

根据图 1-1，在 2008 年全球金融危机之前，历史上的公共债务，无论是在发达经济体还是在新兴市场经济体，总体上表现出周期性的演化，即债务率的扩张和收缩交替出现（虽然发达经济体债务的扩张幅度总是大于收缩幅度）。然而，自 2007 年以来，从总体上看，全球公共债务很难观察到削减的情况。公共债务的累积在很大程度上归因于各国政府面临的两次重大经济危机，先是全球金融危机，然后是新冠疫情。

2007 年之前的美国，低利率和宽松贷款标准满足了住房需求，美国经济增长强劲。然而事实上，当购房者将偿还次级贷款机构的钱寄希

望于由不断上涨的房价而带来的资本收益时，美国决策者启动大规模紧缩政策（将短期利率上调约400个基点），房价停止上涨，贷款人发现自己无法将贷款打包出售给其他投资者，美国于2007年12月正式进入衰退期。这场危机始于美国房地产市场的衰退，并蔓延至更大规模的信贷危机，最终以雷曼兄弟申请破产、问题资产救助计划和量化宽松政策的启动而告终。

如图1－6所示，危机首先导致了美国政府的财政状况恶化。随着短期利率的上调和经济进入衰退，利率—增长率差变得不利，公共债务率2007—2008年增长了9%。为了应对危机，美国政府采取了一系列财政刺激政策，包括增加支出、减税和提供救助等，这进一步导致了政府债务的增加，2011年，美国公共债务率突破100%。在危机之前，欧洲国家就已经存在高债务、高赤字等问题；危机爆发后，全球信贷市场紧缩。随着危机蔓延至欧洲，欧洲银行和其他金融机构在全球市场上的资产价值受到影响，2009年12月全球三大评级公司下调希腊主权评级，

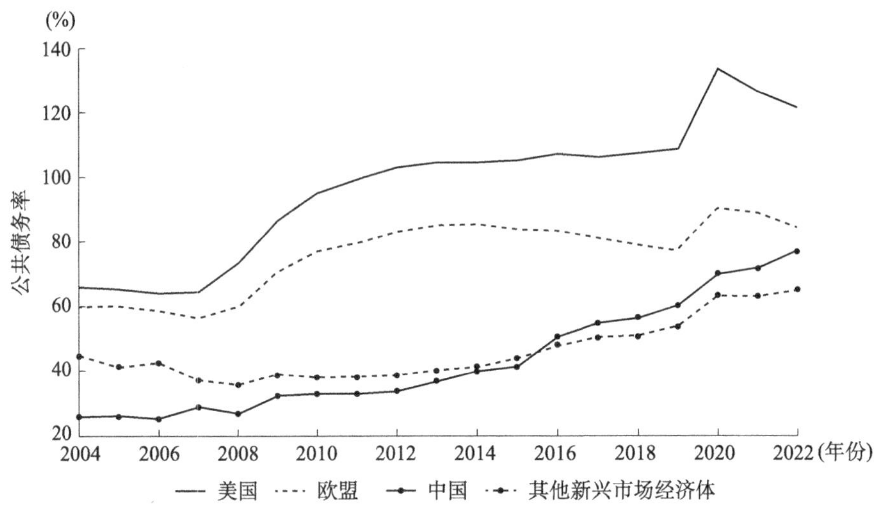

图1－6　21世纪以来的公共债务演变

注：(1) 图中展示的是公共债务率基于购买力平价的GDP加权平均值（数据来源：IMF，World Economic Outlook）。

(2) 图中所展示的“欧盟”指的是样本中的22个欧盟成员国和英国。

(3) “其他新兴市场经济体”指的是除去“欧盟”和“中国”的其他新兴市场经济体样本。

希腊债务危机愈演愈烈（2011年希腊公共债务率飙升至175%），并成为欧洲债务危机的导火线。欧债危机期间，欧洲各国政府为了应对金融危机和刺激经济增长，采取了一系列财政刺激政策，同时，由于欧洲各国的经济增长受到了影响，财政收入也相应减少，而债务利息支出则不断增加，导致了欧洲政府债务的增加。

我们在前文曾提到，在20世纪90年代，美国、爱尔兰等国家成功通过财政调整实现了债务削减，这些成功的经验催生了“扩张性财政紧缩”理论：如果债务和赤字走上了不可持续的道路，改变这种情况的措施（财政紧缩）会增强民众的信心并对投资起到鼓励作用。面对危机后激增的公共债务与赤字，美国和欧洲各国政府试图复刻这种“扩张性财政紧缩”。

2010年之后，欧洲各国、美国相继主动或被动地进入财政紧缩。2010年5月，欧洲各国政府和国际货币基金组织向希腊提供了1100亿欧元的紧急贷款，其前提为希腊政府同意削减支出并增加税收。希腊政府的措施包括：大幅裁减公务员、合并政府部门、减少退休金、减少国防预算，提高增值税税率、增加奢侈品税收、打击偷税漏税等。这些紧缩措施确实降低了希腊的政府赤字，然而，消费和投资的反应却未同预期一般积极。希腊未能通过财政紧缩走出衰退，在危机期间其实际GDP下降了28%，失业率达到28%，到2013年，希腊的人均GDP低于该国2002年加入欧元区时的水平。

无独有偶，2012年开始，美国政府坚持增税与减支并举，美国财政赤字开始逐年下降，但是，美国的公共债务率却仍在逐年攀升。这些案例不得不使我们思考，当试图使用财政紧缩来达到债务削减的目的时，当前经济社会所处状态（是繁荣还是衰退）、所面临的债务存量（是高还是低）等方面的差异都应该慎重考虑（Barnichon 等，2022；Fotiou，2022）。

就在形势似乎趋于平静之际，大宗商品市场和新兴市场股市的显著疲软引发了第三波危机，而中国处于这场危机的震中。2015年前后，受国际环境影响，中国宏观经济下行压力加大，2015年6—8月，中国A股上证指数从5100跌至2850，面对可能发生的局部性金融危机，中国政府果断采取救市政策。2015 年 11 月初，时任中国财政部副部长朱光耀表示可以反思 3% 的赤字率红线和 60% 的负债率红线是否是绝对科学的标准，中国政府实施扩张性财政政策。如图 1 -6 所示，政府债务是政府支出筹集资金的重要手段之一，2016 年中国的公共债务率增幅达 9% 以上。

如果说 2008 年金融危机主要对发达经济体的公共债务产生了影响，那么 2020 年新冠疫情对公共债务的影响则是全球性的。应对新冠疫情冲击的财政政策，其规模之大、速度之快，令人震惊。在发达经济体，随着新冠疫情的蔓延，各国政府在税收因经济衰退而崩溃的同时又采取了全面的财政措施，财政赤字飙升。如表 1 -2 所示，2020 年，发达经济体公共债务率上涨超过 19 个百分点，相当于金融危机期间 2008 年和 2009 年两年的增幅。新冠疫情不同于金融危机的挑战在于私营部门的过度杠杆化。疫情期间，各国政府和央行支持私营部门进一步借贷，以帮助保护生命和生计，私人债务与公共债务在全球范围内同时上涨。

表 1 -2　　金融危机与新冠疫情的全球债务变化

	发达经济体		中国		新兴市场经济体（除去中国）	
	公共	私人	公共	私人	公共	私人
2008 年水平	78.5	168.0	27.2	105.8	34.7	59.7
2009 年增幅（%）	13.3	3.8	7.4	22	5.3	2.9
2010 年增幅（%）	6.4	-5	-0.7	10.6	-1.3	-0.8
2019 年水平	105.4	163.4	60.4	186.4	52.0	71.0
2020 年增幅（%）	19.0	13.6	9.7	12.3	9.9	8.2
2021 年增幅（%）	-5.7	-5.6	1.7	-5.7	-3.5	-5.8
2022 年增幅（%）	-5.2	-7.0	5.2	2.0	-3.1	-4.5

资料来源：IMF 2023 全球债务监测报告。

新兴市场经济体的公共债务在新冠疫情期间也发生了激增①，增幅均超过 2008 年金融危机时期。以中国为例，2020 年，中国政府以更大

① 虽然与发达经济体相比，新兴市场经济体的财政刺激力度依然很小，这可能反映了这些国家更加有限的财政政策空间。

的宏观政策力度对冲疫情影响，提高赤字率，发行抗疫特别国债，增加地方政府专项债券，债券市场共计发行各类疫情防控主题债券 13672.26 亿元[1]。

新冠疫情所引发的全球公共债务激增使我们更加关注债务可持续性问题。首先，如表 1－2 所示，两次危机爆发前公共债务水平存在明显差异。2008 年后量化宽松政策（和其他扩张性政策）使公共债务水平在 2019 年时已经达到了一个相当高的水平，因此，即使相等的增量发生在金融危机和疫情期间，后者也更能引发人们对公共债务的关注。其次，长期以来的扩张性总需求政策（应对疫情更甚）和疫情共同导致的全球供应链断裂，引发了此次发达经济体的通货膨胀，长期以来的低利率政策不能够维持，公共债务成本的大幅提高也迫使发达国家调整公共债务。

如图 1－6 所示，发达经济体的公共债务确实在 2021 年进入了削减状态，然而，新兴市场经济体却在 2022 年重回上涨趋势，由表 1－2 可知，这种上涨几乎主要由中国主导。由图 1－6 不难看出，近十年，中国一直是推动新兴市场经济体债务增长的重要力量。

让我们回到本节最初提出的问题：2021 年发达经济体的债务削减是否意味着发达经济体债务收缩阶段的重现？在新冠疫情“过山车”一般的三年之后，如果实际 GDP 增长的反弹逐渐消退，为 2021—2022 年债务率提供缓解措施的宏观经济条件或许不会持续，全球债务可能在中期内再次上升。现在，我们可以提出一个新的问题，如果全球债务在未来继续上升，新冠疫情以来的债务“过山车”是否意味着本轮周期从扩张期到收缩期的转换？或者只不过是长期上升趋势的暂时偏离？通过梳理全球公共债务 70 年来周期性变化的描述性事实，我们从中汲取的教训似乎是，一旦债务激增，它很少会回到以前的水平。债务扩张期与收缩期之间是否真的存在不对称性？

为了回答这些问题，我们需要对公共债务周期进行更为具体的测度。

---

① 数据来源于 Wind。

1.3 公共债务周期波动的特征分析

在上一节，我们看到，金融危机或经济衰退后大多伴随着公共债务的扩张，债务的扩张有时又会引发债务危机，在经济繁荣时期或政府有意识地收紧财政政策时，公共债务又得到削减。然而，公共债务周期的特征仍然难以捉摸。关于经济周期与金融周期的测定已经很成熟，我们使用现有的周期测定方法，对公共债务周期进行测度，试图回答这样一个问题：公共债务周期波动到底是什么样子？

1.3.1 周期波动测度方法简介

我们首先介绍最经典的“转折点法（Turing-point analysis）”。转折点法也被称为 BB 算法，是由 Bry 和 Boschan（1971）根据 Burns 和 Mitchell（1946）定义的“经典周期（Classical cycle）”所开发的日期确定算法。经典周期关注经济活动水平的变化，换句话说，转折点法捕捉的是绝对的上升和下降。某段时间内，经济变量水平的最低点为波谷，最高点为波峰，从波谷到波峰为变量的扩张期，从波峰到波谷为变量的收缩期，扩张期与收缩期的交替出现构成了经济变量的周期变化。转折点法便是识别测定经济变量交替出现的局部最大值（波峰）与局部最小值（波谷）。

对于一个时间序列 $\{x_t\}_{t=1,2,\cdots,N}$，如果：

$$\begin{cases}[(x_t - x_{t-k}) > 0, \cdots, (x_t - x_{t-2}) > 0, (x_t - x_{t-1}) > 0] \\ \text{且} \\ [(x_{t+k} - x_t) < 0, \cdots, (x_{t+2} - x_t) < 0, (x_{t+1} - x_t) < 0]\end{cases} \tag{1.1}$$

x_t 即为波峰。

如果：

$$\begin{cases}[(x_t - x_{t-k}) < 0, \cdots, (x_t - x_{t-2}) < 0, (x_t - x_{t-1}) < 0] \\ \text{且} \\ [(x_{t+k} - x_t) > 0, \cdots, (x_{t+2} - x_t) > 0, (x_{t+1} - x_t) > 0]\end{cases} \tag{1.2}$$

x_t 即为波谷。

在使用上式寻找局部极大值和局部极小值之前，需要先确定窗口长度 k。一般来说，k 的值为经验取定，一般意义上的经济周期，其波长为 2—8 年，公共债务作为逆周期财政政策的重要实施工具，在经验性选取窗口长度时，可参考经济周期。

如图 1－7 所示，在识别出一系列转折点之后，需要对扩张期、收缩期的持续时长以及周期持续时长进行审查①，对转折点进行过滤筛选。

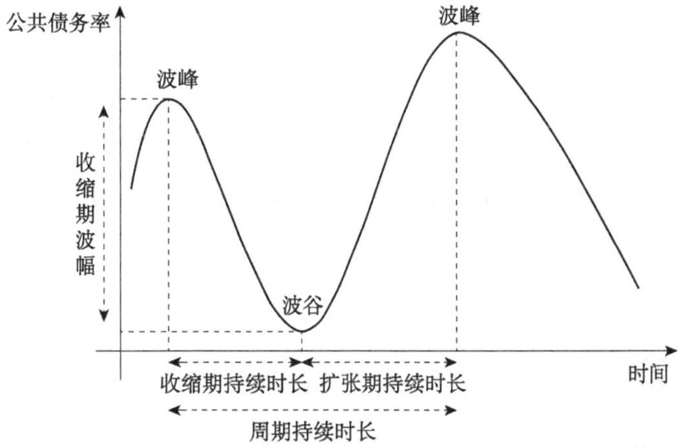

图 1－7　转折点法测定公共债务周期示意

注：图中从波峰到波峰的周期为示意图，一个完整的周期也可以是从波谷到波谷。

转折点法最初是针对月度数据（BB 算法）设计的，后来由 Harding 和 Pagan（2002）扩展到季度频率（BBQ 算法），Inklaar（2003）还将其用于确定年度数据序列的转折点。Poghosyan（2018）首先明确提出“公共债务周期（public debt cycle）”这一说法，并使用转折点法对 57 个国家的主权债务年度数据进行了检验。Inklaar（2003）将年度数据的审查条件设置为扩张期和收缩期的最短持续时长为 1 年，一个完整周期的最短持续时长为 2 年（1—1—2），Poghosyan（2018）在对主权债务周期进行测定时，设定审查条件为扩张期和收缩期的最短持续时长为 2

① 关于扩张期、收缩期持续时长的审查条件，一般是最短持续时长与窗口长度 k 保持一致。

年，一个完整周期的最短持续时长为 5 年（2—2—5）。在本书的研究中，我们同时采取以上两种审查条件：由审查条件“1—1—2”所得周期称为短周期（short-term cycles），由审查条件“2—2—5”所得周期称为中周期（medium-term cycles）。

区分短周期和中周期是必要的，事实上，在分析问题时区分长期因素和短期因素，是宏观经济学研究的传统智慧。而把宏观经济时间序列分解为不同波长，涉及滤波方法的选择和使用。“增长周期（Growth cycle）”被视为经济变量围绕其长期趋势的偏差的波动：

$$x_t = x_t^T + x_t^C + x_t^S + x_t^I \tag{1.3}$$

其中，x_t^T 是长期趋势项，x_t^C 是波动项，x_t^S 是季节变动因素①，x_t^I 是不规则因素。测定增长周期的标准做法是使用滤波方法分离出序列中的长期趋势，只保留序列中的波动成分 x_t^C。滤波方法有许多种，在本书中，我们介绍并使用被广泛应用的两种滤波：HP 滤波（Hodrick 和 Prescott，1997）和 CF 滤波（Christiano 和 Fitzgerald，2003）。

HP 滤波通过求解：

$$\min_{\{x_t^T\}}\left\{\sum_{t=1}^{N}(x_t - x_t^T)^2 + \lambda\sum_{t=2}^{N-1}[(x_{t+1}^T - x_t^T) - (x_t^T - x_{t-1}^T)]^2\right\} \tag{1.4}$$

将一个趋势项 x_t^T 从 x_t 中分解出来。其中 λ 决定了所分离出的趋势项的光滑程度。当 $\lambda = 0$ 时，趋势项即为原序列本身（波动项为0）；当 $\lambda = \infty$ 时，趋势项为线性。参考 Ravn 和 Uhlig（2002）的建议，在本书中，对于年度数据，我们使用 $\lambda = 6.25$。

CF 滤波作为带通滤波（Band-Pass filter）的一种，与 HP 滤波相比表现出了更大的灵活性，对不同性质的时间序列采用不同的滤波公式，而且在同一时间序列不同时点的估计也采取不同的截断和权重。

考虑 $\{x_t\}_{t=1,2,\cdots,N}$ 作为一个随机过程的正交分解：

$$x_t = y_t + \tilde{x}_t \tag{1.5}$$

其中，y_t 是频率在 $\{(a,\ b)\cup(-b,\ -a)\}\in(-\pi,\ \pi)$ 上的部分，$\tilde{x}_t$ 是上述集合补集上的部分。理想的带通滤波器实际上是一个无穷阶加权平

① 一般认为只有月度数据和季度数据中含有季节变动因素。

均，使得：

$$y_t = B(L)\,x_t \tag{1.6}$$

其中，L 是滞后算子，$L^l x_t \equiv x_{t-l}$，$B(L) = \sum_{j=-\infty}^{+\infty} B_j L^j$，$B_j$ 是分配给相应观测的权重：

$$\begin{aligned} B_j &= \frac{\sin(jb) - \sin(ja)}{\pi j}, j \geqslant 1 \\ B_0 &= \frac{b-a}{\pi}, a = \frac{2\pi}{p_u}, b = \frac{2\pi}{p_l} \end{aligned} \tag{1.7}$$

其中，p_u 和 p_l 为阶段频率，由此可以得到：

$$B(e^{-i\omega}) = \begin{cases} 1, \omega \in \{(a,b) \cup (-b, -a)\} \\ 0, \text{其他} \end{cases} \tag{1.8}$$

式（1.5）中的 y_t 是 CF 滤波从时间序列 $\{x_t\}$ 中所分离出的波动成分，需要注意的是，当 $\{x_t\}$ 或 $\{x_t - x_{t-1}\}$ 是协方差平稳序列时，CF 滤波器才适用。

我们试图对公共债务的短期波动和中期波动进行测度和比较，参考 Drehmann 和 Borio（2012）等在刻画金融周期时的做法，对于短周期，我们选取截断频率 $p_l=2$，$p_u=8$；对于中周期，我们选取阶段频率 $p_l=8$，$p_u=30$。当波动项为正时，认为公共债务处于扩张期；当波动项为负时，认为公共债务处于收缩期①。

1.3.2　公共债务周期的特征分析：中期视角的不可或缺

周期识别结果会由于识别方法或参数设置的不同而发生改变。一方

① 在现有研究中，增长周期的阶段（扩张期和收缩期）是根据两个不同的标准定义的：第一个标准关注经济变量实际值与其长期趋势之间的差距（gap）。在这种情况下，当差距为正时，扩张发生，当差距为负时，收缩发生。因此，波峰和波谷在差距为零的日期交替出现。第二个标准认为转折点位于经济变量的波动项的局部最大值或局部最小值。在这种情况下，增长周期的波峰（扩张期结束）发生在变量的实际水平超出且最远离其趋势水平的时候，而波谷（收缩期结束）则发生在经济活动低于且最远离其趋势水平的时候（Alonso 和 Gadea，2023）。由于我们使用转折点法衡量的是公共债务率绝对水平的上升和下降，而上述第二种标准事实上涉及增长率的变化，为使得“增长周期”（滤波法）与“经典周期”（转折点法）具备一定的可比性，本书采取第一种标准。

面，不同频率的波动成分反映出其内在影响因素的不同。美国全国经济研究局（National Bureau of Economic Research，NBER）使用转折点法所识别的1945—2020年的经济周期的平均持续时长为6.5年，而Drehmann和Borio等（2012）却发现金融周期中频率8—30年（中周期）的波动成分的波幅要显著大于频率为2—8年（短周期）的波动成分，并强调金融周期的频率平均为16年或更长。这是由于金融周期主要由金融条件和金融资产价格的周期性波动引起，而这些波动往往受到多种因素的影响，如经济政策、市场情绪、国际经济环境等，同时这些因素的变化往往需要较长时间才能稳定。此外金融政策调整通常需要较长时间才能产生效果，因为政策调整需要经过制定、实施、见效等过程，这个过程往往需要较长时间。因此，金融周期的波长也会受到政策调整时滞的影响。另一方面，不同频率的波动成分在对经济社会运行的影响方式和程度上存在差异。由于中周期的波幅较大，相比于短周期，中周期波动对经济增长、物价、失业等宏观经济变量的影响通常更为明显。

当我们在考虑公共债务周期时，区分不同频率也是十分重要的。直觉上讲，如果各国政府能够实施逆周期的财政政策，在经济繁荣时减少支出，在经济衰退时减税增支，公共债务作为政府为赤字融资的重要来源，应该在经济繁荣时减少，在经济衰退时增加，也就是说公共债务周期波长应与经济周期波长一致（至少相近）。然而，由于政治的两极分化、腐败、经济下行时所面临的融资约束等各种原因（Alesina和Tabellini等，2008），许多政府在某些时期实际上最终采取了顺周期的财政政策。试想，如果政府选择在衰退期采取扩张的财政政策，在繁荣期来临时继续扩张（顺周期财政政策），公共债务周期的持续时长将大于经济周期。此外，我们在前文对公共债务周期进行描述性事实分析时，也可以看到，发达经济体在第二次世界大战后的债务削减持续了20年以上，远大于一个完整的典型经济周期持续时长（2—8年）。虽然描述性事实分析中的债务扩张与削减并不等同于具体的周期刻画时的扩张期与收缩期，但这至少提醒我们不应该只关注公共债务的短周期成分。

公共债务中周期成分和短周期成分哪个更重要，或者说公共债务的周期性波动究竟是由中周期成分主导还是短周期成分主导？我们使用

CF 滤波得到了公共债务的两种周期成分①，并对其标准差（或者说是波动率）进行了对比。表 1－3 列出了 25 个发达经济体和 24 个新兴市场经济体的公共债务率序列的中周期成分和短周期成分的比值，比值大于 1 意味着中周期成分比短周期成分的波动性更大（即中周期具有更大的波幅）。由于我们在应用 CF 滤波器时，中周期与短周期的截断频率范围完全不重合，这两种波动是完全独立的，这意味着表 1－3 中的比值也可以解释为它们在形成公共债务动态方面的相对重要性。

表 1－3　　　　公共债务中周期与短周期的相对波动性

发达经济体						新兴市场经济体					
国家	产出	债务	国家	产出	债务	国家	产出	债务	国家	产出	债务
法国	1.21	**1.52**	韩国	0.88	**2.12**	南非	1.78	**3.24**	墨西哥	**1.61**	0.43
德国	**2.94**	2.15	加拿大	1.64	**2.42**	印度	1.01	**2.12**	立陶宛	1.23	**1.91**
冰岛	1.75	**2.87**	意大利	1.46	**2.53**	埃及	**3.67**	1.96	俄罗斯	**2.89**	1.49
荷兰	1.9	**2.61**	新西兰	**2.47**	2.14	秘鲁	**1.22**	0.85	马来西亚	1.51	**3.57**
英国	1.32	**2.31**	爱尔兰	3.35	**4.85**	巴西	**2.70**	1.41	毛里求斯	1.11	**2.23**
美国	1.45	**2.13**	新加坡	0.82	**1.58**	中国	**2.59**	1.60	哥伦比亚	1.96	**2.61**
日本	2.03	**3.59**	西班牙	2.02	**3.76**	波兰	1.37	**3.12**	拉脱维亚	1.77	**1.85**
芬兰	2.56	**3.40**	奥地利	1.15	**1.51**	泰国	2.03	**2.34**	保加利亚	**2.25**	1.67
希腊	**3.62**	2.38	比利时	1.50	**3.89**	巴拿马	1.17	**1.99**	哥斯达黎加	1.42	**2.82**
丹麦	1.73	**3.49**	葡萄牙	2.15	**2.51**	菲律宾	1.41	**1.98**	印度尼西亚	**1.98**	1.71
挪威	**2.61**	1.67	澳大利亚	1.84	**3.53**	土耳其	1.06	**2.30**	哈萨克斯坦	**2.89**	1.30
瑞典	1.92	**3.49**	塞浦路斯	**2.93**	1.86	马耳他	1.25	**2.39**			
瑞士	1.65	**3.72**				匈牙利	**2.73**	2.51			

注：（1）产出指的是人均实际 GDP（年度数据），债务指的是公共债务率，为了使指标间的横向对比更可靠，以 2010 年为基期，对产出指标进行了统一度量，即 2010 年对应产出为 100。债务率本身是百分比形式，不需做以上标准化。

（2）表中数字指的是样本期内中周期分量与短周期分量的标准差之比，加粗表示相对较大的值。

（3）CF 滤波器短周期截断频率为 2—8 年，中周期截断频率为 8—30 年。

（4）大于（小于）1.0 意味着中周期分量比短周期分量的波动性更大（更小）。

① 由于时间序列平稳性的要求，表 1－3 中 CF 滤波的结果不包含罗马尼亚、圣基茨和尼维斯、智利、捷克、格鲁吉亚和土库曼斯坦。

样本中的所有发达经济体的中周期成分的波动率都大于短周期成分，新兴市场经济体中除秘鲁和墨西哥外，其余国家的情况也是如此。换句话说，在形成公共债务演化方面，频率为8—30年的周期性成分要比频率为2—8年的周期性成分更重要。此外，在发达经济体中，80%的样本国家公共债务率的中、短周期相对波动性要大于人均实际GDP，这意味着当关注发达经济体公共债务周期波动时，仅从传统的经济周期频率（短周期，2—8年）出发是失之偏颇的。相比之下，新兴市场经济体公共债务率和产出之间的中、短周期相对波动性差异并不大，即便如此，新兴市场经济体公共债务率中周期波动平均是短周期波动的两倍以上。在经过前文对全球公共债务动态进行描述性分析的基础上，这样的结果我们并不意外。

从公共债务扩张的角度来讲，在经济下行周期或者经济遇到重大冲击时，财政可以通过举债来减税或者增加转移支付，以促进总需求增长。公共债务使得政府在面临军事威胁时能够扩大国防支出，在金融危机发生时能够稳定银行体系，在洪水、地震等自然灾害侵袭时能够提供人道主义援助。然而，公共债务也给政府带来了诱惑，即拖延做出艰难的决定（财政紧缩）。政府可以利用公共债务为赤字融资，而不必艰难地决定究竟要砍掉哪项支出或是实施增税政策。政治两极分化致使在任者利用公共债务来操控预算来获得政治利益，比如在选举前为了吸引中间选民而增加预算支出。腐败的政府面对积累盈余的压力，即使在经济繁荣期也难以减少开支创建财政空间缓冲，当进入衰退期，只能通过发债来进行逆周期调控。

从公共债务收缩的角度来讲，总是在面临飙升的高企的公共债务时，在开始担忧债务（财政）可持续性时，甚至在债务危机后，债务削减才会进入政府的考虑范围。当收紧的财政政策遇上经济的上行期，经济增长率与利率之差保证了公共债务的可持续性并推动了债务负担的下降。而债务危机后失去市场信任与准入机会的政府，不得已拉长了债务削减的时长。然而，克林顿时期的“新经济”浪潮并不是常见的，多数的紧缩总是痛苦的，甚至是加重衰退的。如果沉重的债务负担推高了债务利率，挤出私人部门的生产性投资，资本积累的放缓使得较高的初始公共债务与随后较慢的增长显著相关（Woo 和 Kumar，2015），公共债务实现成功削减便会更加困难。

基于上述原因，公共债务表现为扩张与收缩交替出现的周期演化，由中周期波动成分（波长大于典型经济周期波长）主导，如图 1－8 所示（以美国和马来西亚为代表）。然而，我们看到主导公共债务动态的中周期成分的波动性随时间推移发生了明显的变化：美国的公共债务中周期成分在 1985 年后波动性显著增强，而马来西亚的债务周期则在进入 21 世纪后波动性明显减弱。

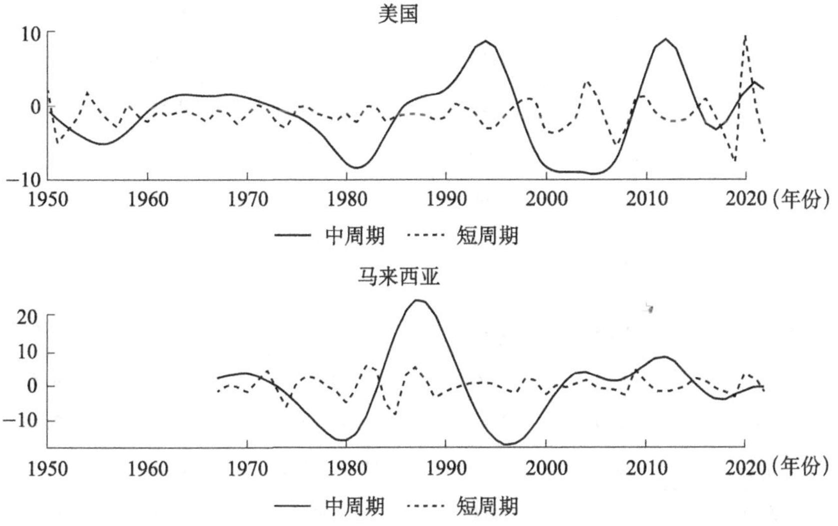

图 1－8　公共债务周期波动（CF 滤波）

注：（1）图中展示的为公共债务（占 GDP 的百分比）周期波动项，即实际债务对长期趋势的偏离。

（2）波动项为正（负）代表公共债务处于扩张期（收缩期）。

我们粗略地将样本时期分为两个部分（21 世纪前和 21 世纪后），根据表 1－4 的结果，发现在发达经济体和新兴市场经济体中出现了明显的分化。发达经济体公共债务周期的波动性在进入 21 世纪后明显增强，而新兴市场经济体的波动性在 21 世纪后略有减弱。当我们回顾 1950 年以来的数次债务危机和金融危机，不难发现，新兴市场经济体中几次重大的危机均发生在 21 世纪之前（20 世纪 80 年代拉丁美洲债务危机，90年代亚洲金融危机），而发达经济体的几次重大危机均发生在21世纪之后（2008年金融危机①，2011年欧债危机）。危机前后，公共债务在短时间内剧烈变动，表现为债务率周期成分波动性的增加。

表1-4　　　　公共债务周期波动性变化（21世纪前后）

发达经济体	中周期	短周期	新兴市场经济体	中周期	短周期
加拿大	0.95	**2.50**	巴拿马	0.82	**1.30**
法国	**1.24**	**2.58**	菲律宾	**1.32**	0.82
德国	**2.02**	**1.96**	土耳其	**1.45**	**1.23**
冰岛	**5.79**	**2.15**	南非	**1.04**	**1.31**
意大利	1.00	**2.55**	哥斯达黎加	0.29	0.40
荷兰	**1.77**	**1.54**	马耳他	0.85	**1.56**
新西兰	0.84	0.68	马来西亚	0.31	0.63
英国	**1.17**	**1.40**	印度	0.88	0.75
美国	**1.53**	**2.65**	毛里求斯	1.00	**1.37**
日本	0.89	**2.13**	埃及	0.61	0.51
爱尔兰	**2.85**	**1.67**	匈牙利	0.95	0.75
芬兰	0.94	**1.03**	秘鲁	**1.06**	0.27
希腊	**2.19**	**3.42**	哥伦比亚	0.97	**2.15**
新加坡	**1.67**	0.90	印度尼西亚	**1.19**	0.48
西班牙	**2.12**	**3.00**	巴西	0.69	0.29
澳大利亚	**1.25**	**1.51**	中国	**1.02**	0.59
奥地利	**1.94**	**1.93**	墨西哥	**1.31**	0.34
比利时	0.87	**1.84**			
塞浦路斯	**4.11**	**2.76**			
丹麦	0.64	**1.06**			
挪威	**1.41**	0.72			
葡萄牙	**1.94**	**1.23**			
瑞典	0.47	0.97			

① 回顾图1-6和表1-2可知，2008年金融危机对新兴市场经济体公共债务的影响有限。

续表

发达经济体	中周期	短周期	新兴市场经济体	中周期	短周期
瑞士	0.67	**1.12**			
韩国	0.78	**1.07**			
均值	**1.64**	**1.77**	均值	0.90	0.90
中位数	**1.25**	**1.67**	中位数	0.96	0.75

注：（1）表中数字指的是公共债务周期成分在 2000 年之前与之后的标准差之比。

（2）CF 滤波器短周期截断频率为 2—8 年，中周期截断频率为 8—30 年。

（3）大于（小于）1.0 意味着在 2000 年之后，该周期成分的波动性增强（减弱）。

（4）此表不包含样本开始时间在 1990 年之后的经济体，以保证每个经济体在 21 世纪前至少有 10 年的观测用来计算标准差。

考虑到以上结果，我们强调两个关键结论。首先，在对公共债务周期进行测度时，关键是要关注中期成分，而不是传统的经济周期频率。其次，公共债务周期成分的波动性与危机紧密相关。

1.3.3　公共债务周期的特征分析：持续时长、波幅与斜率

根据前面的分析，我们知道公共债务周期动态主要由中周期成分主导，因此，使用转折点法和 CF 滤波[①]，对 25 个发达经济体和 30 个新兴市场经济体的公共债务周期进行了测定，如表 1－5 所示（每个国家的公共债务周期详细识别结果见附录）。需要再次明确的是，转折点法测度的是债务率本身的上升或下降，结果被称作“经典周期”，公共债务率在扩张期内上升，在收缩期内下降。CF 滤波法所得到的结果是实际债务率对长期趋势的偏离，结果被称作“增长周期”，当实际债务率高于长期趋势时，公共债务处于扩张期，当实际债务率低于长期趋势时，公共债务处于收缩期。转折点法和 CF 滤波法所衡量的虽不是同一类型的周期，但二者的结果都能够反映公共债务的中周期特征，由表 1－5 可知，二者结果（所表现出的阶段、国家类型之间的相对关系）大体一致，其中，我们更关注债务率本身的上升和下降。

① HP 滤波的结果属于公共债务的短周期成分。

表 1 –5　　　　公共债务率周期特征（中周期）

方法	国家类型	波幅（%）		斜率		持续时长（年）				事件个数	
		扩张期	收缩期	扩张期	收缩期	扩张期	收缩期	周期（波峰—波峰）	周期（波谷—波谷）	扩张期	收缩期
转折点法	发达经济体	29.0	13.3	3.7	2.3	8.3	5.7	14.4	13.9	79	86
	新兴市场经济体	24.4	21.9	4.1	3.3	7.3	6.7	13.6	14.2	60	67
CF 滤波	发达经济体	9.5	8.4	1.2	1.0	7.7	8.3	16.2	15.3	77	87
	新兴市场经济体	10.8	10.1	1.5	1.2	7.3	8.8	14.6	16.3	51	58

注：（1）表中所报告的数字指的是均值。

（2）转折点法所使用的审查条件为扩张期和收缩期的最短持续时长为 2 年，周期最短持续时长为 5 年，CF 滤波的截断频率为 8 年和 30 年。

（3）转折点法的扩张期（收缩期）指的是从波谷（波峰）至波谷（波峰），滤波法的扩张期（收缩期）指的是实际对趋势的偏离为正（负）。

（4）转折点法的波幅指的是峰谷差值（绝对值），滤波法的波幅指的是在一个扩张期（收缩期）内实际对趋势的最大偏离（绝对值）。

（5）斜率等于波幅除以持续时长。

（6）考虑到完整性，从开始时间到第一个波峰（波谷）之间的样本不算作扩张期（收缩期）。

我们一共识别出 139 个债务扩张期和 152 个债务收缩期，其中，新兴市场经济体样本中包含 60 个扩张期和 66 个收缩期，发达经济体样本中包含 79 个扩张期和 86 个收缩期。在我们的样本中，无论是发达经济体还是新兴市场经济体，一个完整的公共债务周期平均持续时长均为 14 年，然而扩张期和收缩期的特征存在明显不同。

（1）扩张期相比于收缩期，持续时间更长、幅度更大、斜率也更大。这一发现与 Poghosyan（2018）的研究结果一致。发达经济体扩张期平均持续时长为 8.3 年，而收缩期平均仅持续 5.7 年，从波谷到波峰，债务率平均涨幅为 29.0%，平均每年增加 3.7%，而从波峰到波谷，债务率平均跌幅仅为 13.3%，平均每年减少 2.3%。新兴市场经济体扩张期与收缩期的特征差距虽然有所减小，但期间的相对关系与发达经济体相同。

公共债务扩张期与收缩期的非对称性的结果为公共债务积累，本质上反映了可能存在的赤字偏好（deficit bias）或不对称的财政政策周期模式，从公共债务周期阶段非对称性数据上的差距来看，这种赤字偏好在发达经济体尤甚。高企的公共债务所引发的可持续性问题会损害经济稳定与增长，更严重的是可能引发经济与金融危机。财政纪律要求政府保持与宏观经济稳定和可持续的经济增长相一致的预算状况。为此，有必要避免过度借贷和债务累积。谨慎的做法是建立预算缓冲（通过财政整顿或财政紧缩），以应对不利冲击的可能性和金融市场不稳定或人口老龄化等造成的财政压力。然而，政府往往倾向于在经济稳定向好时做出增支减税的决策，以至于当需要在衰退期实施逆周期调控时受到赤字与债务可持续性的掣肘。此外，金融周期对公共债务周期的非对称影响，也可能是公共债务周期阶段表现出非对称性的原因。IMF（2015）研究证实，银行业扩张虽然会减少公共债务，改善财政平衡，但银行业危机后，财政状况的恶化（政府救助）远远抵消了之前的收益，致使公共债务激增。以上实际涉及经济周期、财政周期以及信贷周期对公共债务周期的影响，在本书的后续章节我们将进行更详细的讨论。

（2）债务收缩期在新兴市场经济体的持续时间更长、幅度更大、斜率也更大；债务扩张期在发达经济体的持续时间更长、幅度更大。新兴市场经济体的债务收缩期平均比发达经济体长 1.1 年，从波峰到波谷的削减幅度，新兴市场经济体平均比发达经济体多 8.0%，平均每年多 0.9%；发达经济体的债务扩张期平均比新兴市场经济体长 2.6 年，从波谷到波峰的上涨幅度，发达经济体平均比新兴市场经济体多 4.6%。

首先，发达经济体往往面临更高的社会福利支出，随着人口老龄化的加剧，政府需要承担更多的医疗和养老福利支出，这些支出在很大程度上延长了债务的扩张期。其次，发达经济体金融体系相对稳定，市场监督制度与财政规则更完善，政府有能力维持更高的公共债务水平。而新兴市场经济体往往需要借助外部资金来支持其经济发展，其公共债务成本受国际市场变化（如利率上升或汇率波动等）影响严重。20 世纪 80 年代后，发达经济体的公共债务持续上涨，受 2008 年金融危机影响，直到 2011 年左右爆发欧债危机，债务上涨几乎持续了 20 年之久，反观拉丁美洲债务危机和东南亚金融危机，新兴市场经济体的公共债务总是在短时间内（不超过5年）激增达峰，引发危机。另外，多数债务削减往往是在面临严峻的经济形势、恶化的财政状况的情况下，政府主动或被动实施整顿的结果。成功的债务削减通常要求财政紧缩与其他宏观经济政策配合，新兴市场经济体在经济下行期往往面临融资约束，外部环境变化、财政管理不善、政策协调程度低等都可能导致新兴市场经济体公共债务的收缩期持续时间更长、程度更深。

前面我们提到，公共债务增长周期的波动性随时间发生了明显变化，并且这种变化在发达经济体和新兴市场经济体之间出现了明显的分化。我们粗略地将样本时间划分为21世纪之前与21世纪之后，试图探讨公共债务经典周期特征是否发生了变化，结果如表1－6所示。

表1－6　　公共债务周期特征（转折点法）变化

时期		国家类型	事件个数	持续时长（年）	波幅（%）	斜率
收缩期	2000年前	发达经济体	45	6.4	15.5	2.1
		新兴市场经济体	40	7.1	20.6	3.0
	2000年后	发达经济体	41	5.0	10.9	2.6
		新兴市场经济体	27	6.2	23.9	3.7
扩张期	2000年前	发达经济体	34	8.7	35.1	4.4
		新兴市场经济体	36	6.9	19.2	3.2
	2000年后	发达经济体	45	7.9	24.4	3.1
		新兴市场经济体	24	7.9	32.1	5.6

注：周期阶段的时间划分标准为收缩期或扩张期的结束时间在2000年以前还是以后。

（3）进入21世纪之后，发达经济体的债务周期持续时间变短，扩张期波幅减小，收缩期波幅增大；新兴市场经济体债务扩张期持续时间更长，幅度更大。发达经济体债务扩张期平均缩短0.8年，收缩期平均缩短1.4年；新兴市场经济体扩张期平均延长1.0年，扩张期波幅平均增大12.9%。

进入21世纪后，新兴市场经济体债务扩张期持续时间和波幅的增大，一方面反映出公共债务在促进国民经济持续快速健康发展方面发挥了至关重要的作用，另一方面也反映出新兴市场经济体市场体系、金融宏观调控体系的进一步完善，使之有能力维持更高的债务水平。而21世纪后发达经济体债务周期持续时间的变短反映出随着债务规模的扩大，公共债务面临可持续性问题，为了降低风险，政府需要不断调整债务结构、优化债务管理，确保债务的可持续性。更具体地看，扩张期波幅减小，收缩期波幅增加，发达经济体试图降低债务水平。另外，政治因素也可能对公共债务产生影响，例如政治周期、选举周期等。21世纪以来，发达经济体政治两极分化日益严重，政党交替频繁，债务策略相应地频繁调整，使得公共债务周期持续时长减少。

（4）初始债务水平越高，公共债务的扩张期持续时间越短，收缩期持续时间越长、幅度越大。如表1－7所示，初始公共债务率水平每提高1%，债务扩张期平均缩短半年，债务收缩期平均延长0.03年，削减幅度平均增加0.23%，削减速度（斜率）平均增大0.04%（每年）。

表1－7　　初始债务水平对公共债务周期特征的影响

解释变量	被解释变量：持续时长		被解释变量：斜率		被解释变量：波幅	
	扩张期	收缩期	扩张期	收缩期	扩张期	收缩期
初始债务水平	−0.5*	0.03**	0.03	0.04***	0.13*	0.23***
持续时长					2.43***	2.30***
新兴市场经济体	−1.33	1.14*	0.66	1.06***	−1.34	7.10***
常数项	10.12***	4.02***	2.76***	0.13	3.93	−14.06***

注：（1）*，** 和 *** 分别代表显著性水平为0.01，0.05和0.1。

（2）“新兴市场经济体”为一个虚拟变量，当该样本国家属于新兴市场经济体时，该变量取值1，否则取值0。

（3）初始债务水平指的是扩张期（收缩期）开始时所面临的债务存量水平。

前面讨论中我们提到，发达经济体面临高企的公共债务，考虑到债务可持续性问题，表现在债务周期上是扩张期持续时长和波幅的降低。回归结果中初始债务水平对扩张期的影响显著为负再次印证了该观点：当债务水平已经很高时，债务可持续性或财政空间限制了政府债务扩张的能力。此外，初始债务水平对收缩期持续时长和波幅的影响显著为正，与此前许多研究结果相符，财政整顿（或为财政调整付出的努力）的持久性会随着公共债务水平的增加而增加（Baldacci等，2012）。

另外，公共债务短周期的平均持续时长为5—7年，具体结果如表1-8所示。

表1-8　公共债务率周期特征（短周期）

方法	国家类型	波幅（%）		斜率		持续时长（年）				事件个数	
		扩张期	收缩期	扩张期	收缩期	扩张期	收缩期	周期（波峰—波峰）	周期（波谷—波谷）	扩张期	收缩期
转折点法	发达经济体	14.7	8.0	4.4	2.5	3.4	3.0	6.4	6.6	222	208
	新兴市场经济体	11.6	11.0	4.4	3.3	2.6	2.8	5.4	5.1	205	195
CF滤波	发达经济体	3.1	2.9	1.5	1.3	2.4	2.5	4.9	4.9	306	305
	新兴市场经济体	4.4	3.9	1.9	1.8	2.4	2.5	4.9	4.9	221	219
HP滤波	发达经济体	3.0	2.1	1.2	0.7	3.3	3.5	6.8	6.9	208	203
	新兴市场经济体	3.3	2.7	1.2	0.9	3.4	3.1	6.5	6.5	176	162

注：（1）表中所报告的数字指的是均值。

（2）转折点法所使用的审查条件为扩张期和收缩期的最短持续时长为1年，周期最短持续时长为2年，CF滤波的截断频率为2年和8年，HP滤波的光滑参数为6.25。

（3）转折点法的扩张期（收缩期）指的是从波谷（波峰）至波谷（波峰），滤波法的扩张期（收缩期）指的是实际对趋势的偏离为正（负）。

（4）转折点法的波幅指的是峰谷差值（绝对值），滤波法的波幅指的是在一个扩张期（收缩期）内实际对趋势的最大偏离（绝对值）。

（5）斜率等于波幅除以持续时长。

（6）考虑到完整性，从开始时间到第一个波峰（波谷）之间的样本不算作扩张期（收缩期）。

1.3.4　不同国家公共债务周期的协同运动

行文至此，我们已探讨了政府在应对诸如战争①、经济灾难、金融

① 虽然我们的样本中未包含第一次和第二次世界大战时期，但在样本开始时间的1950年，我们在发达经济体观察到了战后公共债务削减。

危机等非常规事件时，公共债务的急剧增加情况。在这些特殊情境下，公共债务不仅承载着国家建设的重任，更维系着国家的稳定。21 世纪，金融危机、欧债危机以及新冠疫情危机接连爆发，这无疑是自 20 世纪 30 年代以来，和平时期所经历的最严重的经济和金融危机。然而，债券的发行是在与危机的激烈抗争中采取的应急措施，一旦风波平息，便可能引发一系列的连锁反应。正如我们在之前的讨论中所提及的，债务的积累缩小了财政空间，加剧了公共财政的脆弱性，威胁了债务及财政的可持续性，对政府的决策产生了影响。

关于公共债务的传统观点认为一个国家公共债务的积累是赤字积累的结果，也就是说，一国的公共债务很大程度上由该国经济状况基本面决定，比如基本盈余、GDP 增长率、通胀、政治或制度背景。我们不否认上述这些因素的影响，然而，是否可能存在其他外生的或非国内的因素对公共债务也产生显著的影响？产生这样的想法是自然的：如果说欧债危机导致希腊、西班牙、爱尔兰、意大利和葡萄牙等国家经济萎缩，财政状况进一步恶化，债务规模不断扩大，为了应对欧债危机，这些国家采取了多种措施，包括削减政府开支、提高税收、实施财政紧缩政策等，使债务率得到降低，那为何荷兰、新西兰、瑞典、比利时、塞浦路斯这些国家也和上述主权危机震中国家一样，在 2010—2015 年表现出了几乎一致的债务周期动态（从扩张期到收缩期）？

一种可能的解释是：全球性和区域性因素会使不同国家的公共债务产生同步变化。如图 1 - 9 所示，不同国家的公共债务周期在某些时期存在极强的协同运动，直观来看，发达经济体公共债务周期的协同性略高于新兴市场经济体。

受 1979 年能源危机影响，许多欧美国家在 1980—1982 年陷入“滞胀”，经济活动受到严重抑制，陷入衰退。1982—1985 年，样本中超过 80% 的发达经济体的公共债务都处于扩张期。同时，美联储收紧货币政策导致国际资金流动方向逆转，加之大宗商品价格下跌使拉美国家国际收支入不敷出，经常账户收入减少和外汇储备缩水使拉美国家的主权债务风险暴露并在多个国家之间传导。1982 年，样本中超过 70% 的新兴市场经济体的公共债务处于扩张期。

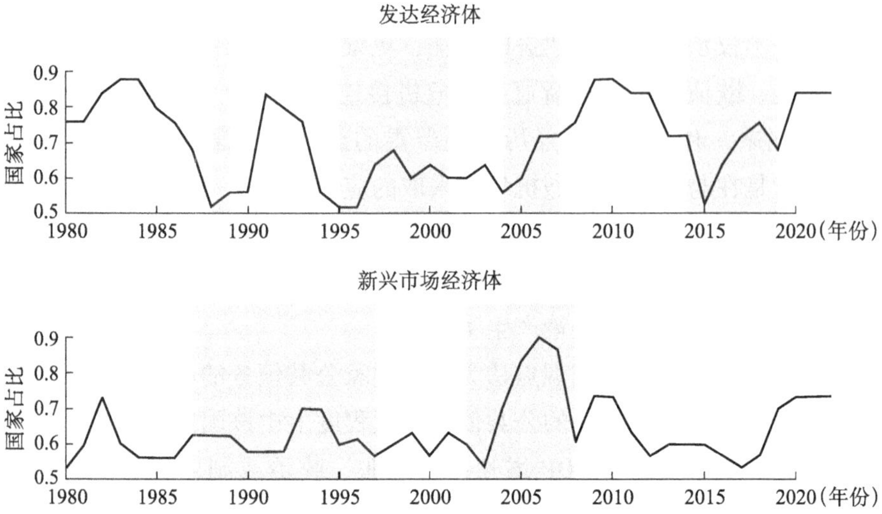

图 1-9 公共债务周期同步性

注：(1) 图中阴影部分表示此时有超过 50% 的国家同时处于公共债务收缩期，其余部分表示有超过 50% 的国家同时处于债务扩张期，周期结果来自中周期转折点法。

(2) 图线表示此时同时处于债务扩张期（收缩期）国家的具体数量占比，只汇报多数国家（占比超 50%）的情况。

1990 年战争引发石油价格上涨，加之美国当时实施的紧缩货币政策，美国经济于 1990 年陷入衰退。美国作为全球最大的经济体，其经济衰退可能导致全球贸易和投资减少，从而对其他国家的出口和就业产生影响，导致全球金融市场波动，1991 年，样本中超过 80% 的发达经济体公共债务处于扩张期。

在 21 世纪初期，一些新兴市场经济体如巴西、印度等经历了较快的经济增长，政府赤字支撑了这种经济增长。为了抑制过热的经济和避免公共债务的进一步积累，许多新兴市场经济体选择采取财政紧缩政策来减少政府开支和债务。2005—2007 年，样本中超过 80% 的新兴市场经济体的公共债务处于收缩期。

2008 年全球金融危机后至欧洲主权债务危机全面爆发前，为了应对经济危机，政府采取积极的财政政策，2009—2012 年，样本中超过 80% 的发达经济体的公共债务处于扩张期。直至欧债危机全面爆发，希腊已非危机主角，整个欧盟都受到债务危机困扰，此前大部分处于债务扩张期的经济体，陆续进入债务收缩期，至 2015 年，样本中处于扩张期的发达经济体降至 50%。

2020 年新冠疫情暴发，2020—2022 年，样本中超过 80% 的发达经济体、超过 70% 的新兴市场经济体的公共债务处于扩张期。

正如 Isomitdinov 等（2024）所说，全球和区域共同因素在许多国家的公共债务中具有重要意义，政策制定者应该意识到并考虑到它们的影响。公共债务率是财政稳健的关键参考指标，许多精心策划的政策在设计时都考虑到这一变量的影响。公共债务周期的某些时期极强的协同性反映出一国经济衰退或危机的溢出效应，因此，如果忽略了公共债务中全球、区域因素的影响，这些政策可能无法以最有效的方式实施。

1.4　中国的公共债务周期

我国公共债务起步较晚，自 1958 年起，我国连续 23 年没有发行公共债券，直到 1981 年受高额财政赤字现实压力的影响，才再次启动国债发行。我们的样本从 1984 年开始，识别结果如图 1 - 10 和图 1 - 11 所示。我国的公共债务中周期的波动程度明显大于短周期波动，标准差之比为 1.60（见表 1 - 3），中周期波动主导了公共债务的演化动态。从转折点法的识别结果来看，公共债务周期阶段的非对称性明显，债务扩张期的持续时长和波幅显著大于债务收缩期。中周期识别结果表明公共债务共经历了两轮周期：两次波峰分别为 1994 年和 2003 年，两次波谷分别为 1997 年和 2006 年。2009 年至今，中国公共债务一直处于扩张期。

1981 年 1 月，国务院通过并颁发了《中华人民共和国国库券条例》，决定自 1981 年起恢复国库券发行，而国债发行市场的真正开端是 1991 年，这一年第一次实现了通过承购包销发行国债，从而在一定范围内改变了此前通过行政分配认购发行国债的办法。但就这段时期的国

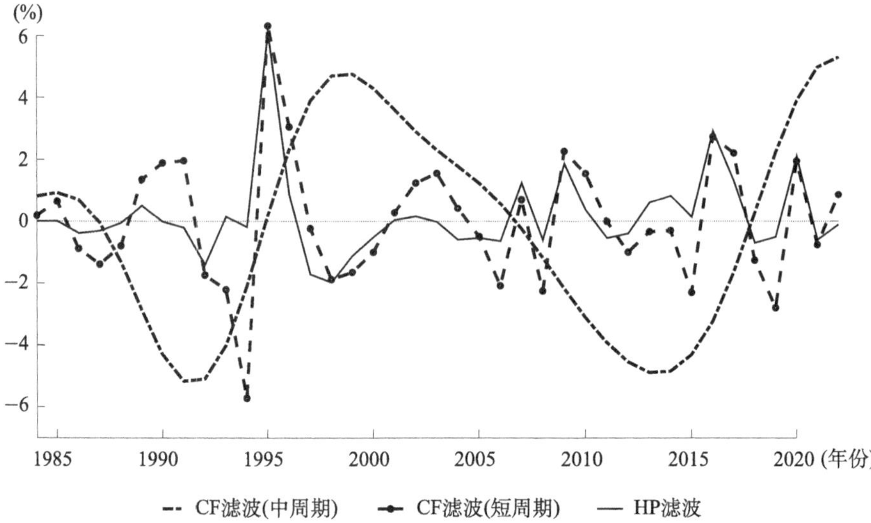

图 1－10　中国公共债务率周期波动

注：（1）周期波动（去趋势项）指的是实际债务率对长期趋势的偏离。

（2）HP 滤波参数设置为 6.25。

（3）CF 滤波短周期的截断频率为 2 年和 8 年，中周期截断频率为 8 年和 30 年。

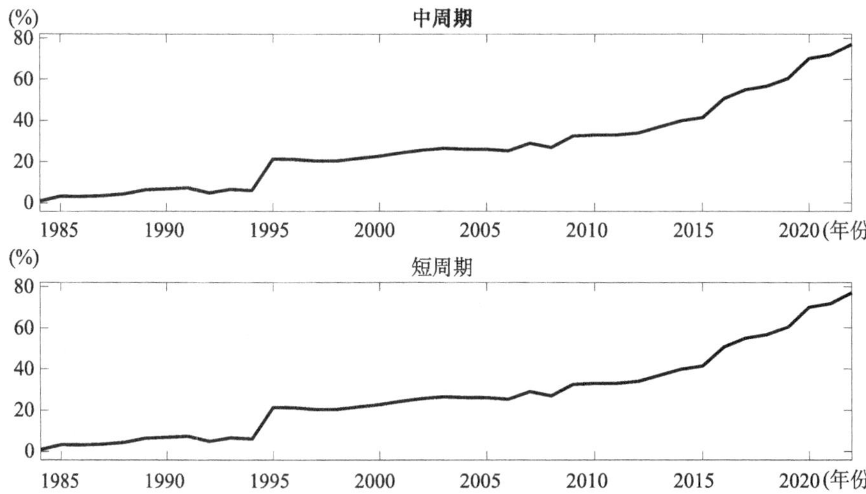

图 1－11　中国公共债务周期识别结果（转折点法）

注：（1）转折点法中周期审查条件为扩张期和收缩期最短持续时间为 2 年，完整周期最短持续时间为 5 年（2—2—5），短周期审查条件为 1—1—2。

（2）实线代表公共债务率。

（3）阴影部分表示债务收缩期。

债而言，还是主要强调国债在财政融资方面弥补赤字的功能，尚缺乏主动调控思维（冯静和汪德华，2020）。1994 年《预算法》和《中国人民银行法》的实施，要求中央财政赤字不得向中央银行透支，必须通过发行债券的方式解决。这对规范财政融资行为、有效抑制通胀压力起到了积极的促进作用，同时也形成了 1995 年债务规模剧增的局面，随之而来的是公共债务在 1996 年和 1997 年出现了小幅下调。

1998—2004 年，我国连续实施了 7 年的积极财政政策。1998 年，政府临时增发 1000 亿元专项建设国债，以应对亚洲金融危机所带来的经济下行风险，这是我国首次利用国债投资进行逆周期调节，应对亚洲金融危机影响和国内需求不足的问题。积极的财政政策促进了经济稳定增长，发挥了重大的作用。

2004 年，中央财政实际比预算超收 2538 亿元，考虑到相当一部分超收是经济运行中一些超常规或一次性因素增加的收入，不宜用于扩大经常性开支，2004 年中央财政超收收入主要用于解决历史欠账和增加经济社会统筹发展方面的支出。如图 1 – 11 所示，2004 年，我国公共债务进入收缩阶段。2005 年，中央看到我国经济供求关系已发生了变化，经济结构调整任务突出，考虑到一些行业投资增长过快、重复建设严重的现象比较突出，有必要也有条件由扩张性的积极财政政策转向松紧适度的稳健财政政策。主要体现为适当减少财政赤字，适当减少长期建设国债发行规模，并着力调整财政支出结构和国债资金投向结构。在稳健的财政政策下，利用国债刺激总需求的任务得以淡化，我国公共债务在 2004—2006 年处于收缩阶段。

在经受国际金融海啸冲击和国内特大自然灾害影响的大背景下，2008 年 10 月，中央政府明确提出实施积极的财政政策，根据国内外经济形势的发展变化，2009 年要把保持经济平稳较快发展作为经济工作的首要任务，继续实施积极的财政政策。2009 年至今，我国公共债务一直处于扩张期。截至 2022 年底，公共债务率已超过 50%，其中地方政府债务占比巨大。在 2020 年为应对新冠疫情发行 1 万亿元抗疫特别国债后，2023 年 10 月，24 个省份完成万亿级特殊再融资债券，以偿还存量债务，缓释地方政府债务风险，中央财政 1 万亿元特别国债的收入将全部通过转移支付方式安排给地方，已持续 12 年的债务扩张期似乎仍未达顶峰。

1.5 小结

公共债务表现出明显的周期性，其周期动态主要由中周期波动主导，一个完整的公共周期平均持续时长为 14 年，大于典型的经济周期的持续时长（2—8 年），这很大程度上是由于财政政策（相对于经济周期）的非对称性。一个完整公共债务周期包含债务扩张期与债务收缩期，其中扩张期的持续时间更长、幅度更大、斜率也更大，这种阶段的非对称性表现为公共债务积累，本质上反映了可能存在的赤字偏好或不对称的财政政策周期模式。

公共债务周期特征在发达经济体和新兴市场经济体之间表现出明显的不同。一方面，发达经济体往往面临更高的社会福利支出，同时，发达经济体金融体系相对稳定，市场监督制度与财政规则更完善，政府有能力维持更高的公共债务水平，相比于新兴市场经济体，发达经济体的债务扩张期持续时间更长、幅度更大。另一方面，新兴市场经济体的公共债务成本受国际市场变化（如利率上升或汇率波动等）影响严重，多数债务削减往往是政府在面临严峻的经济形势、恶化的财政状况的情况下，主动或被动实施整顿的结果，新兴市场经济体在经济下行期往往面临融资约束，外部环境变化、财政管理不善、政策协调程度低等导致新兴市场经济体公共债务的收缩期持续时间更长、程度更深。

初始债务水平越高，公共债务的扩张期持续时间越短，收缩期持续时间越长、幅度越大。当债务水平已经很高时，债务可持续性或财政空间限制了政府债务扩张的能力，此外，财政整顿的持久性也会随着公共债务水平的增加而增加。

危机与公共债务周期波动关系紧密。受金融危机、经济危机（或衰退）影响，为稳定经济，政府扩大支出，公共债务上涨。当公共债务扩张期遭遇冲击（如石油价格、大宗商品价格骤升、骤降等）时，债务扩张期往往难以持续，甚至引发债务危机，公共债务进入收缩期。一国经济衰退或危机存在溢出效应，会使不同国家的公共债务周期表现出协同性，政策制定者应充分考虑到全球和区域共同因素对公共债务的影响。

第2章

公共债务周期与经济周期关系研究

2.1 经济周期理论及特征分析

2.1.1 经济周期理论：经济周期波动的来源

2020年，新冠疫情以燎原之势在全球蔓延，同时引发了需求下降和供给断裂，使得世界经济陷入衰退。战争对全球能源和粮食造成了破坏，为对抗高通胀，全球货币史无前例地收紧。2023年，全球经济以惊人的韧性复苏，然而，增长仍然缓慢，正在蹒跚前行，而不是全速前进。全面恢复到大流行前似乎越来越遥不可及，根据IMF 2023年10月发布在《世界经济展望报告》中的最新预测，全球经济增长将从3.5%（2022年）放缓至3%（2023年）和2.9%（2024年），远低于历史平均水平。

自21世纪以来，我们已经见证了两场全球性的经济危机。纵观历史，各国经济的增长并不是平稳发展的，经济的繁荣与衰退总是交替出现，无论是现代资本主义的市场经济、传统的社会主义计划经济，还是当前的社会主义市场经济，经济的周期性波动一直存在，没有停歇。这些或长或短、或猛烈或微弱的周期波动，都在一定程度上映射了一个经济实体乃至全球经济的整体状况。长期以来，经济波动问题一直是经济学界关注的焦点，对经济周期的研究可以分为理论研究和经验研究两个部分。理论研究的主要目标是深入探究一个国家经济周期性波动的原因，并根据模型分析的结果来预测经济可能的发展趋势；而经验研究的主要任务则是详细描绘经济周期，通过大量的数据和现象来研究周期本身，并尝试根据现有的经验来推测未来的情况。

（1）凯恩斯主义。1936 年，凯恩斯在《就业、利息和货币通论》中提出经济系统是内在不稳定的，其承认经济周期存在的事实，认为宏观经济波动主要由有效需求的变动引起，其中，不稳定的自发消费和投资支出是经济周期出现的主要原因。具体来说，在经济繁荣时期，人们对资本的预期收益十分乐观，此时，资本成本的提高和利率上涨均不足以阻止投资增加。然而，随着资本的边际产出趋于下降、利润逐渐走低，生产过剩的特征越发明显。当产能过剩危机发生时，经济从繁荣转向衰退。此时，市场信心崩溃，流动性偏好大增，利率上涨使投资进一步减少，失业上升，存货积压明显。

凯恩斯主义认为需求不足是资本主义运行的主要矛盾，政府部门需要通过逆周期需求管理政策来平滑经济周期波动，“举债支出”是扩大需求、实现就业的最佳途径。

（2）新古典综合学派。萨缪尔森是最早建立起经济周期数学模型的经济学家之一，其经济周期理论是对凯恩斯主义经济周期理论的进一步发展和完善，强调经济运行本身与投资和消费的相互作用会导致经济运行本身的周期性波动，主张采取宏观经济政策来调控这种波动。

萨缪尔森将凯恩斯的“乘数效应”与“加速原理”相结合，形成了一个新的经济周期理论。外部冲击会通过乘数效应和加速原理导致总需求的规律性周期性波动，其中投资需求的变化是经济波动的关键因素，因为它直接影响着经济中的各个部门。此外，经济波动受到许多随机因素的影响，这些因素无法预测，因此经济是“随机游走”的。

新古典综合学派特别关注货币政策和财政政策对经济周期的影响。首先，货币因素是经济周期的主要驱动力。货币供应量的变化会导致名义利率和总需求的变化，从而引发经济周期。当货币供应量增加时，名义利率下降，总需求增加，经济进入繁荣期；而当货币供应量减少时，名义利率上升，总需求减少，经济进入衰退期。其次，财政政策在应对经济周期方面具有重要作用。政府在经济衰退时期应该增加支出和降低税收以刺激总需求，而在经济繁荣时期应该减少支出和提高税收以抑制总需求。这种财政政策的调整可以稳定总需求，从而减轻经济周期的影响。

无论是凯恩斯主义还是新古典综合学派（也被称作后凯恩斯主义），都主张利用财政政策（包括财政赤字、发行公债等）直接干预经济生活以实现社会总供给与总需求的平衡，萨缪尔森在 1948 年出版的《经济学》中写道，“公共债务的数额不应受到限制”。

（3）理性预期学派。理性预期学派的经济周期理论主要关注预期在经济周期中的作用。卢卡斯在 1972 年发表的《预期与货币中性》中提到不完全信息、预料不到的货币供给的变化、价格和产量波动的驱动力，随后，在 1977 年发表的《对经济周期的理解》中，提出了理性预期的概念，认为人们在进行经济决策时会根据已有的信息和预测进行理性的预期，这种预期会影响经济周期。在理性预期的框架下，人们的预期行为会与实际经济状况相符合，从而使得经济周期成为一种自我实现的过程。

理性预期学派认为政府的政策也会对经济周期产生影响，然而不同于凯恩斯主义与新古典综合学派主张逆周期调控的需求管理政策，理性预期学派认为政府的干预可能会扰乱市场机制的正常运行，从而加剧经济周期的波动。例如，政府可能会在经济衰退时期采取扩张性的货币政策和财政政策来刺激经济增长，但这可能会加剧通货膨胀和资产泡沫等问题，从而加剧经济周期的波动。理性预期学派理性认为在给定政府支出和一次性总额税的前提下，利他主义的理性经济人（从而无限期家庭假说）的经济决策只受税收的贴现值影响。在政府跨期预算约束的限制下，理性经济人的财富与公共债务或预算赤字的路径无关，增加债务不会改变消费者的经济行为（Barro，1989）。

（4）实际经济周期理论。20 世纪 80 年代以来，在理性预期学派的基础上，Kydland 和 Prescott（1982）提出实际经济周期理论（Real Business Cycle，RBC），强调随机的实际因素冲击是引发经济周期波动的主要根源。事实上，新古典综合学派和理性预期学派都提出随机因素对经济波动的影响，前者认为经济是随机游走的，但是未说明随机冲击的来源，后者强调货币因素的随机冲击（预料不到的货币供给的变化），而 RBC 认为货币供应量的变化并不会引起名义利率和总需求的变化，因此对实际经济变量如实际产出和就业等没有影响。RBC 主张诸如气候变化、人口增长、消费偏好变化以及技术进步等随机冲击会对生产函数产生影响，从而引发经济周期波动。在技术进步的情况下，生产函数会发生变化，从而提高生产力和实际产出。技术冲击具有持续的影响，但会随着时间的推移而逐渐被吸收和适应，随着其对经济的影响逐渐减弱，经济增长呈现出繁荣与衰退的交替变化。

2.1.2　经济周期的实践分类：长周期、中周期与短周期

大多数经济学家都认为存在着由上升和下降不同阶段构成的重复发生的经济周期，一国宏观经济的成功与否在很大程度上依赖于对现有经济状况的判断，如何度量经济周期，选择用哪些变量来反映宏观经济状态具有重要理论和实践意义。1917 年，哈佛大学就设立了经济研究委员会，主要从事经济周期波动的监测和分析等研究工作。Burns 和 Mitchell（1946）定义“经济周期”是一个能够代表总体经济运行的时间序列（绝对水平）所展现出的一种扩张与收缩交替出现的模式。1950 年，NBER 使用统计计量方法对经济周期的历史和周期各阶段的交替过程进行研究，解决了包括循环波动的分解、趋势调整、平滑技术等一系列问题。20 世纪 60 年代后，“增长率周期（growth rate cycle）”被提出，原因是一些国家（特别是新兴市场经济体，以印度为例，见图 2－1）的经济波动出现了新的现象：经济收缩不再像经典周期所描述的那样表现为产量、价格等指标在水平上的绝对下降，而是这些变量增长率的减小。

当一个人试图理解经济周期波动时，他首先面临的问题是，一个周期何时开始、何时结束以及持续多久。根据经验研究，按发生频率分

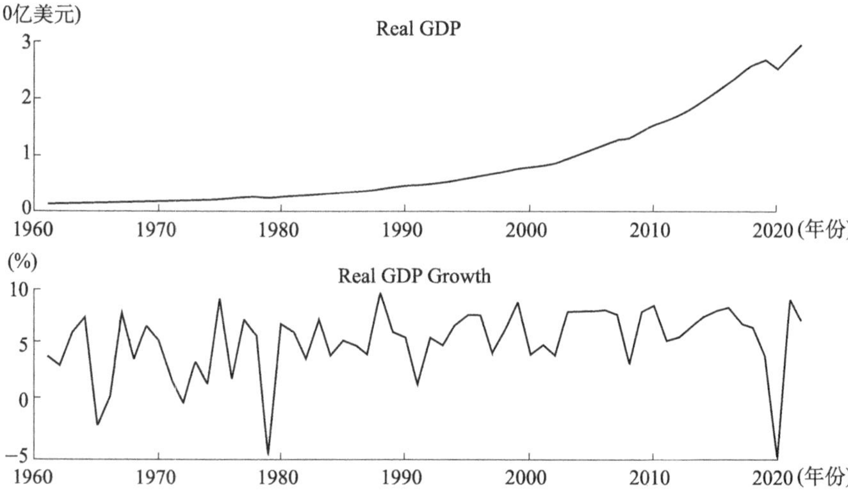

图 2－1　印度经济增长

注：GDP 数据为 2015 年不变价格，以美元表示，使用 2015 年官方汇率换算。

资料来源：World Bank。

类，经济周期可被划分为所谓的康德拉季耶夫周期、库兹涅茨周期、朱格拉周期、基钦周期。

康德拉季耶夫周期，即所谓的康波，是由苏联经济学家尼古拉·康德拉季耶夫于 20 世纪 20 年代提出的一种经济周期理论。这是一种长周期的经济波动，其持续时间通常为 40—60 年，这种长周期的波动是由于技术革新、生产力变化以及社会经济结构的调整所引起的①。值得指

① 回顾经济发展历，18 世纪以来，全球经济已经历了 4 个康德拉季耶夫周期：第一个周期从 18 世纪 60 年代第一次工业革命（蒸汽机）后的经济迅速增长开始，该周期随着拿破仑战争后的金融市场动荡和价格暴跌进入下行期。第二个周期以 19 世纪中期内燃机的面世为标志，钢铁产量上升、汽车和航空工业启动，该周期随着多数国家工业革命潜力的释放以及经济社会基本矛盾的尖锐化进入下行期。第三个周期开始于 19 世纪末，第二次工业革命使人类进入了“电气时代”，新兴工业如电力工业、化学工业、石油工业和汽车工业等，都要求实行大规模的集中生产，这催生了垄断组织，垄断组织的出现，又促进企业规模进一步扩大，劳动生产率进一步提高。同时，控制垄断组织的大资本家为了攫取更多的利润，越来越多地干预国家的经济、政治生活，当第二次科技革命的作用发挥殆尽，众所周知的 1929—1931 年大萧条和第二次世界大战结束了此次周期。第四个周期以电子计算机、航天技术的创新发展为特征，同时，企业为了能够更好地生存、发展，在世界范围内掀起并购重组热潮。21 世纪初互联网泡沫和房地产泡沫破裂，全球金融危机预示着周期进入下行阶段。

出的是，虽然康波和 RBC 都认为技术进步对经济有影响，但它们关注的是不同的时间尺度。康波是一个长周期理论，它关注的是技术进步或创新对整个经济周期的影响，这种影响是经过较长时间（大约 40—60 年）的积累和扩散才显现出来的。例如，新的生产技术或管理方法的引入可能需要一段时间才能被广泛接受和应用，从而引发经济的增长；然而，随着这些技术的普及和成熟，它们对经济增长的贡献可能会逐渐减少，甚至可能引发经济衰退。与此相比，RBC 更关注技术进步对实际经济活动的短期影响，这种影响通常在较短的时间尺度内就能观察到。例如，一项新技术的出现可能会立即提高生产效率，从而增加实际 GDP 和就业。然而，这种影响可能是短暂的，因为其他因素（如市场饱和或竞争加剧）可能会导致经济增长放缓。

库兹涅茨周期，也被称为建筑周期或房地产周期，是 1930 年由美国经济学家西蒙 · 库兹涅茨提出的一种为期 15—25 年的经济周期。这种周期主要是以建筑业的兴旺和衰落这一周期性波动现象为标志加以划分的。库兹涅茨周期的持续时间与房地产行业的需求变化和人口的繁衍迁移密切相关。随着人口增长和城市化进程的加快，房地产需求逐渐增加，推动房价上涨；当房价上涨到一定程度时，人们会开始减少对房地产的投资，导致需求下降，房价下跌。这个过程通常需要 15—25 年的时间。

朱格拉周期是 1862 年由法国经济学家朱格拉提出的，资本主义市场经济中存在着 7—10 年左右的周期波动。这种周期主要是基于设备投资维度进行分析的，因此也被称为“投资周期”。朱格拉周期主要是基于对设备更替和资本投资的研究。他认为生产力水平反映了制造业企业的核心竞争力，而生产力的提升是一个持续的过程，需要企业不断对设备进行更新和再投资。因此这种周期波动，是以设备更替和资本投资为主要驱动因素。朱格拉周期中的设备投资活动可以作为乘数原理的一个应用领域，换句话说，朱格拉周期中的设备投资波动可能会通过乘数效应对整个国民经济的运行产生更广泛的影响。全球经济一体化、国际贸易的增加、跨国公司的扩张以及金融市场的全球化等使得“投资周期”在不同国家之间表现出协同性。

基钦周期，也被称作“短周期”、“库存周期”，是由美国经济学家约瑟夫·基钦于1923年提出的。基钦根据对物价、生产和就业的统计资料的分析，从厂商生产过多时就会形成存货，从而减少生产的现象出发，认为资本主义经济的发展，每隔2—4年就会出现一次有规律的上下波动。需要指出的是，虽然基钦周期和增长周期（去趋势时间序列分析）都是关注经济的短期波动，然而二者的影响因素不同。基钦周期主要受到厂商生产过剩导致存货增加的影响，从而减少生产，引发经济波动。而增长周期则主要受到经济环境、技术进步、政策调整等因素的影响。

2.1.3 经济周期测度与分析：持续时长、波动性、非对称性

一个典型的经济周期持续时长为2—8年，这对应于前文所介绍的朱格拉周期和基钦周期。当我们回顾金融周期（Drehmann 和 Borio 等，2012）和上一章所衡量的公共债务周期时，会看到以下论断：在公共债务（金融市场）的演化动态方面，频率为8—30年的周期性成分要比频率为2—8年的周期性成分更重要。上述判断同时意味着这样两个“众所周知”的前提：（1）经济周期的频率为2—8年；（2）在经济周期波动中，频率为2—8年的周期性成分要比频率为8—30年的成分更重要。但我们似乎很少看到关于后者的证据，因为经济周期通常作为一个参考周期而出现，本书希望为此提供一些来自数据上直观的支撑说明。我们选取人均实际GDP数据（real GDP per capita）[①] 作为衡量经济周期波动的指标，数据来自 World Bank（World Development Indicators）。GDP数据库中不包含土库曼斯坦，其余样本国家与公共债务率数据保持一致。多数国家人均实际GDP的样本开始时间为1960年，所有国家的样本结束时间均为2022年。样本具体情况见表2-1。

---

① 数据来源：World Bank（World Development Indicators）。GDP数据库中不包含土库曼斯坦，其余样本国家与公共债务率数据保持一致。多数国家人均实际GDP的样本开始时间为1960年，所有国家的样本结束时间均为2022年。

表 2－1　　不同国家人均实际 GDP 样本起始时间

发达经济体				新兴市场经济体			
加拿大	1981	澳大利亚	1960	巴拿马	1960	中国	1960
法国	1960	奥地利	1960	菲律宾	1960	智利	1960
德国	1970	比利时	1960	土耳其	1960	波兰	1990
冰岛	1995	塞浦路斯	1975	南非	1960	墨西哥	1960
意大利	1960	丹麦	1960	哥斯达黎加	1960	哈萨克斯坦	1990
荷兰	1960	挪威	1960	马耳他	1970	格鲁吉亚	1965
新西兰	1977	葡萄牙	1960	马来西亚	1960	拉脱维亚	1995
英国	1960	瑞典	1960	印度	1960	立陶宛	1995
美国	1960	瑞士	1980	毛里求斯	1976	罗马尼亚	1990
日本	1960	韩国	1960	埃及	1960	捷克	1990
爱尔兰	1970			匈牙利	1991	圣基茨和尼维斯	1977
芬兰	1960			秘鲁	1960	保加利亚	1980
希腊	1960			哥伦比亚	1960	俄罗斯	1989
新加坡	1960			印度尼西亚	1960	泰国	1960
西班牙	1960			巴西	1960		

注：（1）发达经济体与新兴市场经济体分类依据参考 IMF 的 Fiscal Rules Datasets。
（2）表中数字指的是各国人均实际 GDP 样本的开始时间。
（3）所有国家样本的结束时间均为 2022 年。
资料来源：World Bank（World Development Indicators）。

我们使用 CF 滤波分离出其中的中周期波动成分（频率为 8—30 年）和短周期波动成分（频率为 2—8 年）。我们以美国为例，将人均实际 GDP 的中周期波动成分和短周期波动成分展示在同一图中，如图 2－2 所示。直观上看，短周期成分与中周期成分的波动幅度并无显著差异（回顾上一章讨论公共债务不同频率周期成分波动性的图 1－8，美国公共债务周期中周期成分的波动性远大于短周期）。此外，特别是在“危机”时刻，例如 1974—1975 年能源危机、2008—2009 年金融危机、2020 年新冠疫情，短周期波动项在这些时刻骤降（负值，绝对值增大），然而通过中周期波动项的表现，我们无法定位这些危机时刻。这在一定程度上支撑了“经济周期主要由频率为 2—8 年的短周期波动成分所主导”这一结论。

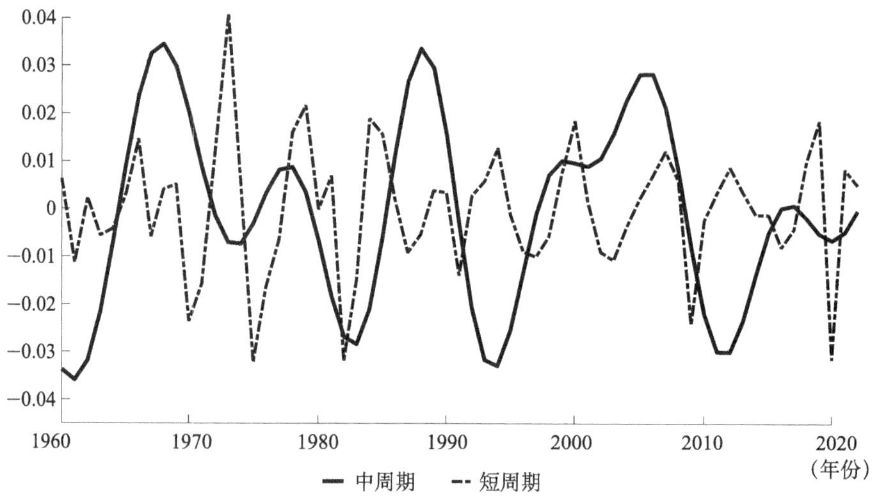

图 2－2　美国经济周期波动（CF 滤波）

注：（1）图中展示的为人均实际 GDP（取对数）周期波动项，即人均实际 GDP 对长期趋势的偏离。

（2）CF 滤波短周期的截断频率为 2 年和 8 年，中周期截断频率为 8 年和 30 年。

HP 滤波在 RBC 研究中被广泛使用，几乎成为经济周期定量分析中求解趋势要素的标准方法。我们对人均实际 GDP 数据应用转折点法和 HP 滤波，得到经典周期与增长周期，结果如表 2－2 所示。为与公共债务周期进行区分，我们使用"繁荣（boom）"和"衰退（recession）"来表示经济周期的不同阶段：对于转折点法所识别的经典周期而言，人均实际 GDP 降低意味着经济周期进入衰退阶段；对于 HP 滤波法识别的增长周期而言，当人均实际 GDP 低于潜在水平时，意味着经济周期进入衰退阶段①。另外，我们粗略地将结果分为 21 世纪之前与 21 世纪之后，试图窥见经济周期波动特征的改变，结果见表 2－3。每个国家具体经济周期的识别在附录中展示。

① 考虑这样一种场景，某个经济体起初快速发展，经济总量不断上涨，人均收入快速上升。然而，当经济社会遭遇自然灾害、疫情等负向冲击时，人均收入出现下降，转折点法将判定该经济体处于衰退阶段，但如果从 HP 滤波后的数据进行分析，此时的人均实际 GDP 有可能大于潜在水平（比如政府即使采取措施挽救经济），经济体被判定处于繁荣阶段。

表 2－2　　　　　　经济周期波动特征分析

方法	国家类型	波幅（%）		斜率		持续时长（年）				事件个数	
		繁荣	衰退	繁荣	衰退	繁荣	衰退	周期（波峰—波峰）	周期（波谷—波谷）	繁荣	衰退
转折点法	发达经济体	31.0	－3.3	3.0	－2.2	7.7	1.5	9.3	9.3	119	142
	新兴市场经济体	37.1	－5.7	4.2	－3.6	6.8	1.5	8.2	8.2	130	148
HP 滤波	发达经济体					3.4	3.1	6.7	6.5	192	203
	新兴市场经济体					3.4	3.0	6.4	6.4	199	210

注：（1）表中所报告的数字指的是均值。

（2）在应用 HP 滤波时对人均实际 GDP 进行了对数处理。

（3）转折点法所使用的审查条件为繁荣期和衰退期的最短持续时长为 1 年，周期最短持续时长为 2 年，HP 滤波的光滑参数为 6.25。

（4）转折点法的繁荣（衰退）指的是从波谷（波峰）至波谷（波峰），滤波法的繁荣（衰退）指的是实际对趋势的偏离为正（负）。

（5）转折点法的波幅指的是峰谷变化率。

（6）考虑到完整性，从开始时间到第一个波峰（波谷）之间的样本不算作繁荣（衰退）。

表 2－3　　　　经济周期波动特征的变化（转折点法）

时期	国家类型	波幅（%）		斜率		持续时长（年）				事件个数	
		繁荣	衰退	繁荣	衰退	繁荣	衰退	周期（波峰—波峰）	周期（波谷—波谷）	繁荣	衰退
21 世纪前	发达经济体	31.7	－2.1	3.7	－1.4	7.0	1.4	8.2	8.5	50	72
	新兴市场经济体	23.4	－6.6	3.8	－3.5	4.8	1.7	6.6	6.5	65	83
21 世纪后	发达经济体	30.6	－4.7	2.5	－3.1	8.2	1.7	10.0	9.8	69	70
	新兴市场经济体	50.7	－4.6	4.7	－3.8	8.7	1.3	9.7	10.0	65	65

注：周期阶段的时间划分标准为收缩期或扩张期的结束时间在 2000 年以前还是以后。

（1）经济周期波动存在明显的非对称性特征。无论是发达经济体还是新兴市场经济体，相比于衰退期，繁荣期的持续时间更长、幅度更大。如表2-2所示，发达经济体经济繁荣期的持续时长平均为7.7年，在一个繁荣期内，人均实际GDP平均增长31.7%，而衰退期的持续时长平均仅为1.5年，在一个衰退期内，人均实际GDP平均减少2.1%。新兴市场经济体繁荣期的持续时长平均为6.8年，在一个繁荣期内，人均实际GDP平均增长37.1%，而衰退期的持续时长平均仅为1.5年，在一个衰退期内，人均实际GDP平均减少6.6%。

（2）21世纪之后，新兴市场经济体经济快速发展，抗衰退能力逐渐增强。21世纪之后的新兴市场经济体，其繁荣期具有更强的持续性，繁荣期的平均持续时长从21世纪前的4.8年延长至21世纪后的8.7年；经济在繁荣期有更强的增长幅度，在一个繁荣期内，人均实际GDP的增长率平均从23.4%上升至50.7%。另外，新兴市场经济体的衰退期在21世纪后持续性和波幅均减弱，衰退期的平均持续时长从21世纪前的1.7年缩短至21世纪后的1.3年，在一个衰退期内，人均实际GDP的变化率平均从-6.6%降低至-4.6%，经济衰退程度减弱。总体而言，新兴市场经济体能够更快速地摆脱衰退、维持高增长。

（3）21世纪后，发达经济体的衰退持续时间变长，且衰退更加剧烈。发达经济体的衰退期的平均持续时长从21世纪之前的1.4年延长至21世纪之后的1.7年，在一个衰退期内，人均实际GDP平均每年下降从1.4%变化至3.1%。上述变化的原因是多方面的。随着全球化的深入发展，各国经济之间的相互依赖性增加，金融市场的波动也会对各国经济产生更大的影响，特别是发达经济体（例如2008年金融危机）。这使得在经济周期的衰退期，各国经济之间的相互影响更加复杂和难以预测，导致衰退期时间变长且衰退更剧烈。此外，人口老龄化会导致社会负担增加，医疗保健支出增加，财政状况恶化，这些因素都会对经济周期的衰退期产生不利影响。

2.2　公共债务与经济增长关系的时间序列分析

2.2.1　协整性检验：存在长期“均衡”关系的公共债务与宏观经济

当我们讨论公共债务和经济周期之间的关系时，考虑到经济时间序列大多是非平稳的，首先面临的问题是，二者之间是否能够建立计量经济学结构模型？在时间序列中，最令人关注的协整关系是（1，1）阶协整，样本中大部分国家的对数债务率和对数人均实际 GDP 序列的单整阶数大于2，但拉脱维亚的相应序列都是单整的，因此后续我们以拉脱维亚为例进行分析。拉脱维亚的对数债务率（$\ln d_t$）和对数人均实际 GDP（$\ln y_t$）① 的单位根检验结果见表2-4。

表2-4　债务率与人均实际 GDP 序列平稳性检验结果（拉脱维亚）

序列	检验统计量	模型滞后阶数 k	p 值
$\ln d_t$	-3.28	1	0.09
$\Delta\ln d_t$	-3.83 **	1	0.03
$\ln y_t$	-2.51	1	0.35
$\Delta\ln y_t$	-3.82 **	1	0.03

注：（1）d_t代表公共债务率，y_t代表人均实际 GDP。

（2）对时间序列 $\{x_t\}$ 进行 ADF 单位根检验，原假设模型为$x_t = c + x_{t-1} + \sum_{i=1}^{k}\beta_i \Delta x_{t-i} + \varepsilon_t$，备择假设模型为 $x_t = c + \delta t + \varphi x_{t-1} + \sum_{i=1}^{k}\beta_i \Delta x_{t-i} + \varepsilon_t$，其中 $\varphi < 1$。

（3）我们对每一个变量都进行了 $k=0$，1，2 三次检验，表中仅报告数值最小的检验统计量所对应的备择模型及结果。

（4）** 表示在5%的显著性水平下拒绝原单位根假设。

（5）样本时间为1995—2022年。

拉脱维亚的 $\ln d_t$ 和 $\ln y_t$ 均是非平稳的，实际上，二者都是1阶单整

① 由于人均实际 GDP 的数量级较大且存在很大的差别，如果利用原始序列直接进行分析，例如建立计量模型，很可能受到异方差的影响，因此我们对其进行对数处理以降低序列的方差。

序列[①]。债务率和人均实际 GDP 事实上表现出了如图 2－3 所示的共同变化趋势（虽然存在一定时滞）。当非平稳的经济时间序列表现出共同的变化趋势时，需要特别谨慎，这些序列之间不一定有直接的因果关系，此时如果对这些序列进行回归，尽管模型拟合优度较高，但其结果不能算得上有实际意义。

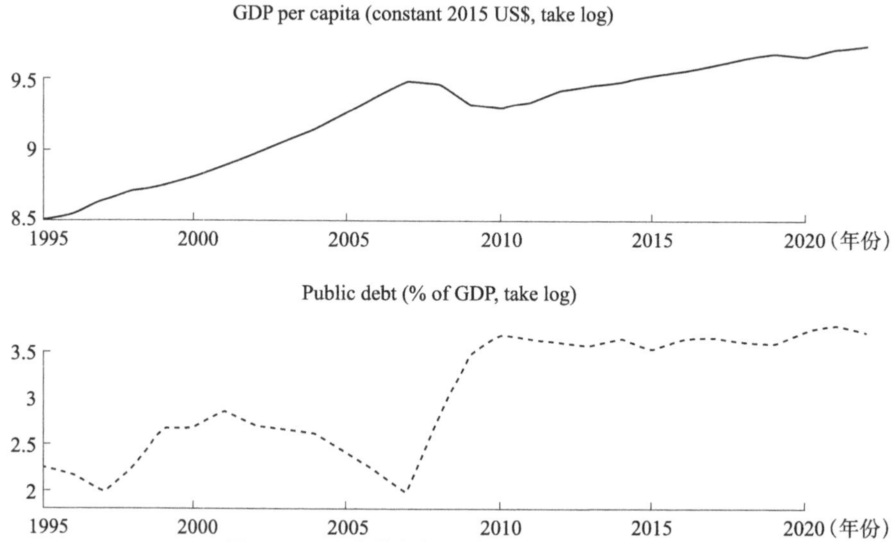

图 2－3　公共债务与经济增长（拉脱维亚）

注："GDP per capita（constant 2015 US$，tahe log）"为"对数人均实际 GDP（以 2015 年美元计价）"，"Public debt（% of GDP，take log）"为"对数公共债务率（%）"。

但是，如果 $\ln d_t$ 和 $\ln y_t$ 的线性组合（μ_t）是平稳的，这提示我们，债务率和人均实际 GDP 之间存在长期稳定的"均衡关系"，该均衡关系意味着，给定债务率的一个值，人均实际 GDP 相应的均衡值也随之确定，人均实际 GDP 对其均衡点的偏离从本质上说是"临时性"的：

$$\ln y_t = \alpha_0 + \alpha_1 \ln d_t + \mu_t \tag{2.1}$$

式中，μ_t是随机干扰项。若μ_t是平稳序列，则称 $\ln y_t$和 $\ln d_t$是协整的。

Granger 和 Engle（1987）提出了协整理论，Johansen（1995）协整检验是基于向量自回归模型的一种检验方法，可直接用于多变量之间的协整检验。表 2－5 中的协整检验结果表明拉脱维亚公共债务率的对数

① 如果两个变量都是单整变量，只有当它们的单整阶数相同时，才可能存在协整关系。

序列（$\ln d_t$）与人均实际 GDP 的对数序列（$\ln y_t$）是（1，1）阶协整的。这意味着拉脱维亚的公共债务与经济发展之间可能存在长期稳定的“均衡”关系。

表 2－5　债务率与人均实际 GDP 序列 Johansen 协整检验结果（拉脱维亚）

变量	原假设	迹（trace）统计量	p 值
$\ln d_t$，$\ln y_t$	无协整关系	17.91 **	0.0213
	至多有一个协整关系	3.61	0.0576

注：(1) d_t 代表公共债务率，y_t 代表人均实际 GDP。
(2) ** 表示在 5% 的显著性水平下拒绝原假设。
(3) 样本时间为 1995—2022 年。

2.2.2　格兰杰因果分析：相互影响的债务率与宏观经济

根据协整检验结果可知，拉脱维亚的公共债务率与人均实际 GDP 之间存在着长期稳定的关系，更深入地，我们希望探求究竟是公共债务促进了经济增长，还是宏观经济的变化引发了公共债务的变化。

格兰杰因果检验（Granger test of causality）的基本思想是，如果变量 X 的变化在统计上显著地预测了变量 Y 的变化，那么我们就可以说 X 是 Y 的 Granger 原因（Granger，1969）。格兰杰因果检验通常通过向量自回归模型受约束的 F 检验来完成，可以用于确定经济金融等领域中变量之间的因果关系。从理论上讲，格兰杰因果检验是针对平稳时间序列的，但同阶单整非平稳序列的格兰杰因果检验结果仍具有一定程度的可靠性。拉脱维亚债务率与其人均实际 GDP 序列的格兰杰因果检验结果如表 2－6 所示。

表 2－6　债务率与人均实际 GDP 序列 Granger 因果检验结果（拉脱维亚）

变量	原假设	F 统计量	p 值
$\ln d_t$，$\ln y_t$	$\ln d_t$ 不是 $\ln y_t$ 的 Granger 原因	0.13	0.72
	$\ln y_t$ 不是 $\ln d_t$ 的 Granger 原因	3.42 *	0.06
$\Delta\ln d_t$，$\Delta\ln y_t$	$\Delta\ln d_t$ 不是 $\Delta\ln y_t$ 的 Granger 原因	4.07 **	0.04
	$\Delta\ln y_t$ 不是 $\Delta\ln d_t$ 的 Granger 原因	0.45	0.50

注：(1) d_t 代表公共债务率，y_t 代表人均实际 GDP。
(2) *，** 分别表示在 10%，5% 的显著性水平下拒绝原假设。
(3) 样本时间为 1995—2022 年。

从债务率和人均实际 GDP 本身而言，GDP 影响了公共债务率，公共债务是对宏观经济的响应；从二者增量（增长率）的关系上来看，经济增长又受到公共债务率动态的影响。总体来说，拉脱维亚的公共债务率与人均实际 GDP 互为因果。

2.3 公共债务与经济的周期间关系与相互影响

公共债务作为财政政策发挥作用的重要工具，在多数情况下，应起到经济稳定器的作用：政府在经济周期下行时举债增加支出以促进总需求增长，在经济繁荣时减支抑制过热经济同时降低债务率建立财政缓冲，即所谓的逆周期调控。然而，不同国家的公共债务的逆周期性存在明显的差异，甚至在有些国家，公共债务表现出顺周期特征。此外，公共债务周期与经济周期并非完全逆向同步的，许多时候，当经济周期已从衰退阶段进入繁荣阶段，政策本身却由于认知滞后、偏差、制定耗时等各种因素未及时调整，这种政策的时滞在一定程度上延长了衰退期的持续时间，加剧了经济的波动。

2.3.1 周期波动相关性：逆周期的公共债务

我们希望对公共债务周期和经济周期的波动特征进行对比分析，考虑到可比性，我们将二者通过 HP 滤波法得到的周期波动项绘制于图 2 - 4 中，分别对发达经济体（以美国和英国为例）以及新兴市场经济体（以南非和印度为例）进行考察。公共债务的波动程度要远远大于人均实际 GDP 的波动程度，特别是在危机时刻。人均实际 GDP 相对于趋势的偏离为负的情况下，总是伴随着公共债务相对于趋势的向上偏离。这反映出公共债务的积极作用，在经济周期下行或经济遇到重大冲击时，财政可以通过举债减税和增加转移支付以促进总需求增长。杨攻研和刘洪钟（2014）认为不应将公共债务是否损害经济增长作为判断公共债务“好”“坏”的唯一标准，因为事实上公共债务有助于降低经济的波动，发挥了经济稳定器的作用。

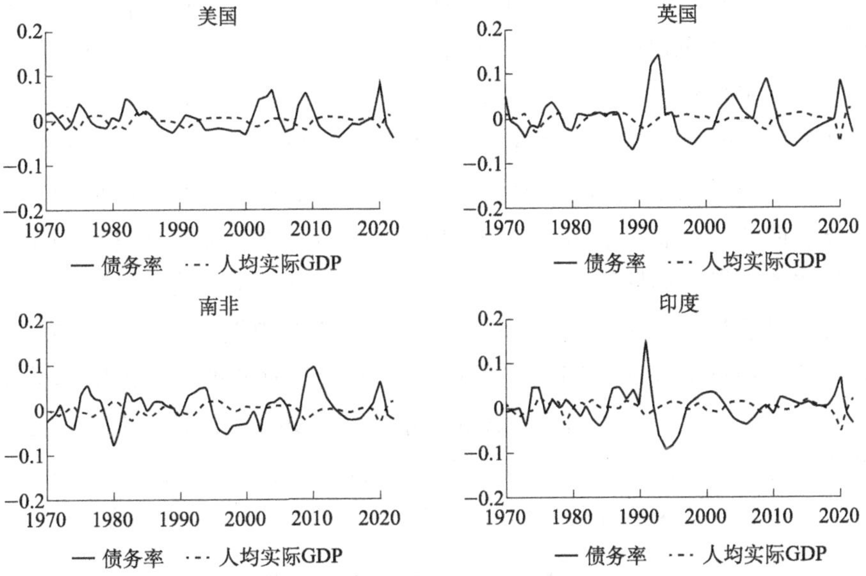

图 2-4　公共债务与经济周期波动特征对比（HP 滤波）

注：（1）人均实际 GDP 和债务率均取对数应用 HP 滤波，HP 滤波的光滑参数为 6.25。

（2）横轴为年份。

另外，公共债务与经济周期的波动方向并不总是相反的，有些时候我们可以观察到公共债务与经济周期同处于正向波动的情况（例如 20 世纪 80 年代的美国和英国，2005 年附近的南非以及 2015 年附近的印度）。公共债务在经济繁荣期的扩张使得财政空间缓冲不足。当经济衰退期到来时，政府举债能力受限，无法实施有效的扩张性财政政策，或者公共债务的大幅增长可能对财政可持续性造成威胁。当财政状况不佳时，面对财政刺激，家庭由于预期到未来的财政紧缩，将减少消费。另外，财政状况疲弱的财政刺激加剧了投资者对主权信用风险的担忧，提高了整个经济体的借贷成本，并降低了私人国内需求。积极财政政策的效果受制于经济周期阶段和公共债务水平，高债务会影响财政政策的有效性，在经济衰退时期，这种影响会更大（Huidrom 和 Kose 等，2020）。

我们计算了公共债务波动与经济周期波动的相关性，如表 2-7 所示。大多数国家公共债务周期与经济周期波动的相关系数显著为负，表明公共债务表现出逆经济周期的波动。经济衰退时，政府扩张公共债务以实施财政刺激，经济繁荣时，国民收入的增加（可能伴有政府削减开支）使债务率得以下降。但同时我们应关注到，不同国家公共债务波动的“逆周期性”存在较大的差异，印度尼西亚（1977—2022 年）公共债务与经济周期波动的相关系数为 -0.90，而澳大利亚（1967—2022 年）公共债务与经济周期波动的相关系数仅为 -0.25。此外，新加坡、挪威、南非、中国、哈萨克斯坦的相关系数结果表明这些国家的公共债务与经济周期波动之间没有显著的相关关系。一方面，相关系数未通过显著性检验并不意味着公共债务是“顺周期的”①；另一方面，公共债务相对于经济周期的“周期性”可能是时变的，当国家的数据样本时间不同时，使用相关系数的大小比较公共债务周期性在国别之间的差异是不可靠的。我们在本章将详细讨论相关性检验方法的局限性，并从一个新视角来研究公共债务的“顺周期性”与“逆周期性”。

表 2-7　公共债务周期与经济周期的相关性

发达经济体				新兴市场经济体			
加拿大	-0.61***	澳大利亚	-0.25*	巴拿马	-0.53***	中国	0.05
法国	-0.29**	奥地利	-0.58***	菲律宾	-0.47***	智利	-0.38**
德国	-0.59***	比利时	-0.55***	土耳其	-0.49***	波兰	-0.66***
冰岛	-0.65***	塞浦路斯	-0.62***	南非	0.02	墨西哥	-0.56***
意大利	-0.57***	丹麦	-0.54***	哥斯达黎加	-0.52***	哈萨克斯坦	-0.21
荷兰	-0.58***	挪威	0.11	马耳他	-0.43***	格鲁吉亚	-0.37*
新西兰	-0.33**	葡萄牙	-0.65***	马来西亚	-0.69***	拉脱维亚	-0.89***
英国	-0.36***	瑞典	-0.53***	印度	-0.43***	立陶宛	-0.86***
美国	-0.52***	瑞士	-0.55***	毛里求斯	-0.44***	罗马尼亚	-0.74***
日本	-0.36***	韩国	-0.55***	埃及	-0.27*	捷克	-0.67***
爱尔兰	-0.77***			匈牙利	-0.42**	圣基茨和尼维斯	-0.40**
芬兰	-0.77***			秘鲁	-0.60***	保加利亚	-0.60***

① 许多研究中将公共债务的“顺周期性”定义为公共债务在经济繁荣期扩张，也就是说在定义顺周期时不涉及公共债务在经济衰退期的表现。“公共债务与经济周期的相关系数显著为正”是“顺周期的公共债务”的充分不必要条件。

续表

发达经济体				新兴市场经济体			
希腊	−0.46***			哥伦比亚	−0.50***	俄罗斯	−0.88***
新加坡	−0.11			印度尼西亚	−0.90***	泰国	−0.76***
西班牙	−0.34**			巴西	−0.36*		

注：(1) *，**，*** 分别表示 10%，5%，1% 的显著性水平。

(2) 该表展示了人均实际 GDP 与公共债务率（均取对数，HP 滤波去趋势，光滑参数为 6.25）的 Pearson 相关系数。

(3) 每个国家样本开始时间不同，结束时间均为 2022 年。

2.3.2　周期间的相位差：公共债务政策的时滞性

在做协整分析时我们提到，债务率和人均实际 GDP 的共同变化趋势之间事实上存在一定的时滞，公共债务的动态在一定程度上代表了财政政策的立场，而财政政策的时滞并不是一个新鲜的概念。实际上，宏观经济政策的实施总是存在着或长或短的时滞。造成这种现象的原因在于意识到经济系统发生变化和宏观经济政策的制定均需要一定的时间。从经济系统发生变化到经济政策得以实施，中间所花费的时间被称为经济政策的内在时滞①（李永友和丛树海，2006）。这个时间越长，意味着经济政策与经济状态的匹配效果越差，进而意味着经济政策的有效性越低（Leeper 和 Walker 等，2010）。在分析财政支出的宏观经济效应时，考虑内在时滞的影响是十分必要的（郭新强和胡永刚，2012）。

当我们从周期波动的角度去分析②（见图 2－5）财政政策的“内在时滞”将会更直观。由于财政政策内在时滞的存在，反映在公共债务周期波动上的财政政策与经济周期之间存在一定的时间间隔。因此，公共债务周期和经济周期之间不是完全（逆向）同步的。根据逆周期

① “内在时滞”是一种外在表现，其本质上受到一系列中间变量的影响，如制度约束和转换成本等（李永友和丛树海，2006），此外还有研究中经常提到的“新兴市场经济体在衰退期所面临的融资约束”和“发达经济体的政治两极分化”等。

② 回顾表 1－8 和表 2－2 可知，HP 滤波所得周期波动项，发达经济体的公共债务周期和经济周期分别平均为 6.8 年和 6.5 年，新兴市场经济体的公共债务周期和经济周期分别平均为 6.7 年和 6.4 年。增长周期长度相近有利于进行周期间“相位差”的分析。

调控理论，理想的情况是，当经济进入繁荣期后，公共债务应该结束扩张，然而，公共债务却会表现出如阶段②所示的繁荣期扩张的顺周期特征。同样地，当经济进入衰退期时，公共债务应该同时开始扩张以刺激经济，然而，内在时滞使公共债务表现出如阶段④所示的衰退期收缩。以周期波动的角度来看，阶段②和阶段④代表了公共债务周期与经济周期之间存在的“相位差”。

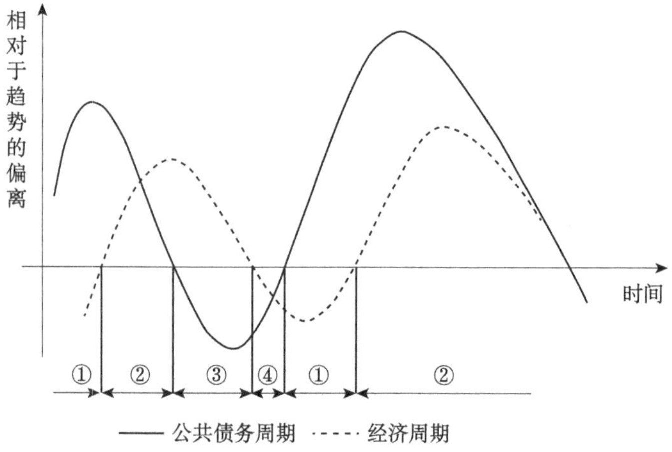

图 2-5　存在相位差的公共债务周期与经济周期（示意图）

注：（1）图中展示的为增长周期，当实际债务率（人均实际 GDP）相对于趋势的偏离为正时，认为公共债务周期（经济周期）处于扩张期（繁荣期），否则，认为公共债务周期（经济周期）处于收缩期（衰退期）。

（2）①指的是此时为经济衰退和债务扩张，②指的是经济繁荣和债务扩张，③指的是经济繁荣和债务收缩，④指的是经济衰退和债务收缩。

在实际的情况中也可以观察到这种相位差的存在（以英国为例），如图 2-6 所示，在 21 世纪之前，英国的公共债务周期与经济周期之间存在稳定的相位差，这种债务政策的内在时滞是一种常态。在 1983—1988 年共计 6 年的经济繁荣期内，公共债务在前 5 年一直处于扩张期，事实上我们知道，此时英国的宏观经济政策以货币政策为主导，体现在公共债务变化上的财政政策主要起配合作用（Ito 和 Watanabe 等，2011）。

首先，我们对这种债务政策的内在时滞做了简单的描述性统计，根

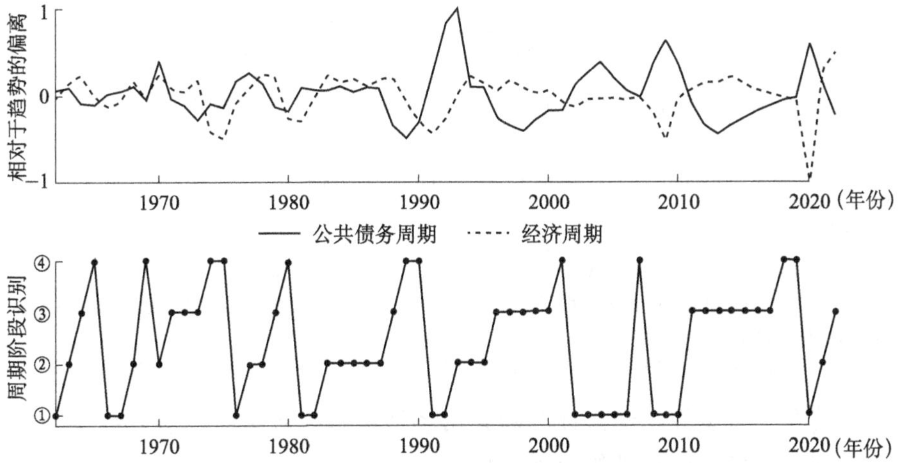

图 2－6　存在相位差的公共债务周期与经济周期（英国）

注：（1）图中展示的 HP 滤波后的公共债务率和人均实际 GDP，当实际债务率（人均实际 GDP）相对于趋势的偏离为正时，认为公共债务周期（经济周期）处于扩张期（繁荣期），否则，认为公共债务周期（经济周期）处于收缩期（衰退期）。

（2）为方便展示，图中所展示的波动成分均做了标准化处理。

（3）①指的是此时为经济衰退和债务扩张，②指的是经济繁荣和债务扩张，③指的是经济繁荣和债务收缩，④指的是经济衰退和债务收缩。

据表2－8可知，不论在发达经济体还是新兴市场经济体中，“政策的时滞”或者说“政策的错配”是普遍存在的①。在我们所识别出的所有相对于宏观经济状态的债务政策事件中，反映出政策内在时滞的事件占比高达 44%。

表 2－8　　　　公共债务周期与经济周期的相位差描述性统计

经济周期，公共债务周期	发达经济体			新兴市场经济体		
	事件数量	持续时长（年）	持续时长占比（%）	事件数量	持续时长（年）	持续时长占比（%）
①衰退，扩张	175	2.19	31.06	152	2.15	30.97
②繁荣，扩张*	123	1.47	14.68	122	1.52	17.52

① 仅由表 2－9 的结果无法明确区分“政策时滞”和“政策错配”，简单理解，“政策时滞”是“政策错配”的一种体现，我们将在后续的研究中更深入地区分并讨论“政策时滞”的影响。

续表

经济周期，公共债务周期	发达经济体			新兴市场经济体		
	事件数量	持续时长（年）	持续时长占比（%）	事件数量	持续时长（年）	持续时长占比（%）
③繁荣，收缩	159	2.86	36.90	147	2.48	34.47
④衰退，收缩*	140	1.53	17.36	117	1.54	17.05

注：（1）*标注周期间的相位差，一定程度上指代债务政策时滞情况。

（2）表中报告的持续时长为平均值，持续时长占比指的是对应阶段的持续时长之和除以所有国家样本时间之和。

（3）不同国家样本开始时间不同，不同经济体类别间事件数量本身不存在可比性。

其次，虽然发达经济体和新兴市场经济体在政策时滞事件数量的存在比例上相近，但从政策时滞的持续时间占比来看，新兴市场经济体略高于发达经济体，这可能是新兴市场经济体信息透明度较低、机构能力和经验不足、外部冲击和不确定性以及政策制定和执行机制的复杂性等因素共同作用的结果。

最后，逆周期调整政策事件的平均持续时间为2.4年，政策时滞事件的持续时间相对较短，平均为1.5年。这可能表明，当政策存在时滞时，政策制定者和执行者可能更加紧迫地采取行动，加速政策调整，以尽快解决时滞问题；在政策与宏观经济状态相匹配的情况下，决策者有更多的时间来评估和调整政策。然而，总体来说，政策时滞的持续时间占比大约在1/3，这种持续存在的政策时滞可能会进一步放大财政政策对经济的影响，从而加大经济波动。

2.3.3 公共债务周期对经济周期的影响：基于扩张期和收缩期的分段研究

公共债务周期与经济周期的重合指的是债务扩张与经济繁荣重合，债务收缩与经济衰退重合，当重合发生在经济衰退（繁荣）期的初期时，这种重合很大程度上反映了财政政策的时滞性①。如表2-9所示，债务政策的“时滞”事件在发达经济体中占比约55%，在新兴市场经

① 如果这种重合发生在经济衰退（繁荣）期的中间阶段或结束阶段，其反映的不再是“政策时滞”，这样的重合在样本中是存在的，但并非我们的研究重点，感兴趣的读者可以深入探讨。

济体中占比约 38%。此外，平均来看，（繁荣期）债务扩张的滞后持续时长要大于（衰退期）债务收缩的持续时长。这种政策滞后持续时间上的非对称性是符合直觉的：首先，当经济繁荣时，人们的信心和乐观情绪通常会增强，这会让他们更愿意承担风险，进行投资和消费。这种心态会导致政府在制定政策时产生乐观预期，认为经济将继续增长，因此可能会继续增加债务以支持经济增长。其次，人们通常存在一种“损失厌恶”的心理现象，即对于同样的收益和损失，人们通常对损失更加敏感。因此，政府和民众更加关注经济的恶化，更快地感知到经济衰退的到来。另外，我们确实发现，存在政策时滞的经济周期的波动幅度更大，这促使我们深入探索公共债务周期对经济周期的影响。

表 2-9　　债务政策内在时滞描述性统计

经济周期阶段转换	国家类型	债务政策内在时滞	事件占比	内在时滞持续时长	经济周期波幅
从衰退到繁荣	发达	不存在（①→③）	44.57%		1.83
		存在（①→②→③）	55.43%	1.47（23.35%）	2.23
	新兴市场	不存在（①→③）	61.40%		2.81
		存在（①→②→③）	38.60%	1.55（26.22%）	2.65
从繁荣到衰退	发达	不存在（③→①）	44.64%		2.25
		存在（③→④→①）	55.36%	1.37（22.83%）	2.46
	新兴市场	不存在（③→①）	62.32%		3.08
		存在（③→④→①）	37.68%	1.38（25.74%）	3.63

注：（1）表中报告结果为平均值。

（2）经济周期波幅指的是在对应时期对数人均实际 GDP 相对于其趋势的最大偏离（绝对值）。

（3）在经济周期阶段转换从繁荣到衰退的情况下，债务政策不存在内在时滞指的是当经济进入繁荣期时，公共债务同时进入收缩期。存在内在时滞指的是，当经济金融繁荣期时，公共债务仍处于扩张期，另一种情况同理。

（4）①指的是此时为经济衰退和债务扩张，②指的是经济繁荣和债务扩张，③指的是经济繁荣和债务收缩，④指的是经济衰退和债务收缩。

（5）括号里的数字表示内在时滞持续时长除以其所处经济周期持续时长。

关于金融周期与经济周期重合的讨论很多，Claessens 和 Kose 等（2012）认为金融周期对经济周期存在显著影响，特别是，当经济衰退开始时，金融周期正处于下行期（尤其是房价和股价崩盘），衰退持续时间将更长、程度更深；相反，当经济繁荣开始时，金融周期正处于上行期（信贷和房价快速增长），繁荣往往更为强劲。Poghosyan（2018）通过研究金融周期对公共债务周期的影响，得出结论：当债务扩张期伴随金融上行，债务扩张持续时间将更长。这些发现通过两个周期之间关系的角度强调了金融市场发展对实体经济的重要性。当类比至公共债务周期与经济周期之间的关系时，自然引出的问题是，伴随着债务收缩的经济衰退持续时间会更长，程度会更深吗？那么伴随着债务扩张的经济繁荣呢？出于此研究目的，我们定义：如果经济衰退（繁荣）事件在（还在持续）债务收缩（扩张）事件开始的同时或之后开始，我们认为衰退（繁荣）与相应的债务收缩（扩张）有关。如表2－10所示，我们一共识别出88个与债务收缩有关的经济衰退和75个与债务扩张有关的经济繁荣①。我们发现，伴随着债务收缩的衰退期持续时间更长，衰退程度更深，伴随着债务扩张的繁荣期持续时间更长，波动程度更大。

表2－10　　　　公共债务周期对经济周期的影响

影响因素	经济周期				
	阶段	事件数量	持续时长（年）	波幅	波动标准差
期初与债务收缩期重合	衰退期	88	3.94	2.58	1.12
未与债务收缩期重合		132	2.39	2.33	0.73
期初与债务扩张期重合	繁荣期	75	4.57	1.68	0.57
未与债务扩张期重合		129	2.91	1.11	0.30

注：（1）波幅指的是在对应时期对数人均实际GDP相对于其趋势的最大偏离（绝对值）。

（2）波动标准差指的是在对应时期对数人均实际GDP相对于其趋势的偏离的标准差。

（3）“期初与收缩期重合”的经济衰退指的是，在债务收缩期结束后，衰退期直至结束，同时伴随着的都是债务扩张期；“期初未与债务收缩期重合”的经济衰退指的是，整个衰退期间伴随着的都是债务扩张期。经济繁荣的对应情况可类比。

根据表2－11的相关系数可知，在经济进入衰退期后，债务政策时滞的时间越长，后续衰退持续的时间越长；在经济进入繁荣期后，债务政策时滞会增大繁荣期波动幅度，但同时可能会缩短政策时滞结束后的

① 实际上，整个样本中我们一个识别出351个经济衰退事件和324个经济繁荣事件。前面提到，如果与债务收缩（扩张）的重合发生在经济衰退（繁荣）期的中间阶段或结束阶段，其反映的不再是“政策时滞”，相关识别结果未在表2－10中报告，在后续研究中也不涉及。

繁荣期的持续时间。面对政策时滞的不利影响，政府部门应加大对经济监测和预测的投入，提高经济数据的准确性和时效性，更好地把握经济运行的脉搏，及时发现问题并采取相应的政策措施，特别是当经济面临负面冲击时，应优化决策流程，加快政策制定和实施的速度，迅速进行逆周期调控。

表 2-11　　债务政策时滞对繁荣和衰退的影响

相关性		债务政策时滞持续时间
与债务收缩相关的衰退	后续衰退持续时间	0.24 **
	整个衰退期波幅	-0.05
与债务扩张相关的繁荣	后续繁荣持续时间	-0.10
	整个繁荣期波幅	0.25 **

注：（1）表中报告的是 Pearson 相关系数。
（2）** 表示在 5% 的显著性水平下拒绝原假设。

综上所述，我们可以用一种简单的方式概括经济周期与公共债务周期之间的互动：当经济衰退引发公共债务扩张时，政府实施赤字政策以促使经济走出衰退；当衰退结束经济进入繁荣期时，如果财政政策未能及时调整，持续扩张的公共债务虽然继续促进经济增长，但更加剧了经济波动，并可能缩短繁荣持续的时间；当经济持续繁荣时，社会总产出和政府收入的增加引发债务收缩；然而当经济再次进入衰退期时，政策未能迅速转变方向，公共债务的持续收缩又将加深衰退的程度。

2.4　基于经济周期的公共债务周期动态研究

通过之前的分析，我们了解到公共债务的周期性行为很重要，例如债务政策时滞其实就是公共债务顺周期性的一种来源，而公共债务的顺周期性会加剧经济波动，事实上，债务相对于经济周期的特征也一直是学术和政治讨论的焦点。我们此前（包括学界目前多数文章）的讨论多是从债务率的周期性波动（去趋势序列）来讨论公共债务的“顺周期性”和“逆周期性”，这是由于自20世纪80年代开始，发达国家的债务率（绝对水平）在经济繁荣和衰退期间都在持续增加（Eichengreen等，2019），许多发展中国家的顺周期财政政策也导致了经济繁荣期间公共债务的增加。此外，根据我们在前文的分析，当对公共债务率本身使用转折点法识别其扩张期与收缩期时，公共债务具有明显的扩张期持续时长大于收缩期时长的非对称性，且公共债务率的经典周期的持续时长平均为14年［该数字在Poghosyan（2018）的研究中约为13年］，远大于经典经济周期的2—8年。在这种情况下，从债务率水平本身讨论其相对于经济周期的“顺周期性”与“逆周期性”似乎是不现实的。

然而即使是基于增长周期，文献中关于公共债务周期性特征的实证研究通常也仅依赖于公共债务与经济周期在特定时期的相关系数分析。这样的相关分析只能得出以下三种结果中的一种：公共债务与经济周期正相关、负相关或不相关。例如，Barseghyan和Battaglini等（2013）得出的结论是，1948—2011年美国的公共债务率与产出之间存在显著的负相关；然而，Lee（2021b）认为，在1983—2008年，这种相关性是不显著的。这两个看似矛盾的结论源于这样一个事实，即公共债务的（相对于经济周期的）周期性特征会随时间而变化，但不考虑时段划分的相关性分析无法捕捉到这种变化。当前实证研究的局限促使我们重新探索公共债务的周期性特征在经济周期中的演变，从一个新的视角衡量公共债务周期。

2.4.1 理论来源：经济周期中的均衡公共债务

均衡公共债务的水平可能会受到多种因素的影响，包括但不限于经济增长率、利率、税收政策、政府支出政策等。在经济周期的不同阶段，这些因素可能会发生变化，从而导致均衡公共债务水平的变化，与此同时，公共债务水平也作为一个状态变量，影响着政策、经济的均衡状态：在Barseghyan和Battaglini等（2013）的模型中，财政政策组合$\{\tau_\theta(d), g_\theta(d), x_\theta(d), s_\theta(d)\}$仅取决于公共债务的初始水平（$d$）和当前宏观经济状态（$\theta$）。经济社会的状态由生产率冲击决定，生产

力为 w_H 意味着经济处于繁荣期，w_L 意味着衰退期（$w_L < w_H$）。政府通过税收（税率为 τ）和发行一期无风险债券[①]（数量为 x）来为公共物品（g）融资，而盈余（s）则作为转移支付返还。在每个时期，给定公共债务的初始水平，政府将根据经济状况选择合适的均衡政策，以满足某些约束条件并最大化总体效用。均衡解中存在一个与经济状态相关的债务下限（a），在繁荣期如果债务水平位于该下限，债务会保持稳定。此外，政府可以出售的债券数量存在一个上限（b），因为如果借款人知道政府无法偿还债务，他们不会愿意持有债券（即使在衰退期间政府不提供公共产品或转移支付）[②]。Barseghyan 和 Battaglini 等（2013）通过 $x_\theta(d)$ 函数来描述公共债务的周期性行为：

$$x_H(d)\begin{cases} > d, when \quad d < a \\ = d, when \quad d = a \\ < d, when \quad a < d \leqslant b \end{cases}, \quad x_L(d)\begin{cases} > d, when \quad d < b \\ = d, when \quad d = b \end{cases} \tag{2.2}$$

显然，公共债务的均衡动态可以清晰地分为两个阶段：在到达债务下限 a 之前，均衡公共债务水平将持续增加（无论经济状态是繁荣还是衰退）。在此阶段，用于偿还期初公共债务的所需公共资金较少，因此税收和公共产品的提供成本相对较低，发行更多的公共债务来增加公共产品能够最大化总体效用。然而，在公共债务超过 a 后（不超过 b），如果债务继续增加而不受控制，税率以及公共产品的提供成本将变得难以承受。在该阶段，公共债务将表现出逆周期行为，即债务率在繁荣期减少，在衰退期增加（由于繁荣期的总产出大于衰退期，且繁荣期的税收扭曲成本较低，因此均衡政策选择在繁荣期减少公共债务）。

Lee（2021b）补充道，在实际情况下，债务超过上限 b 的情况时有发生，此时，债权人要求更高的利率，一方面，发行额外的公共债务来提供公共产品的成本过高；另一方面，债权人由于预期政府将无力偿还债务而不愿意持有债券，并要求政府降低债务。在此阶段，无论经济处

---

① 一期无风险债券意味着 $d_{t+1} = x_t$。

② Barseghyan 和 Battaglini 等（2013）认为均衡公共债务不会超过债务上限 b，因为政府根本借不到这么多的钱。

于繁荣还是衰退期，债务率都表现出下降：

$$x_H(d) < d, \quad when\ d > b, \quad x_L(d) < d, \quad when \quad d > b \quad (2.3)$$

Azzimonti 和 Battaglini 等（2016）从另一个角度解释了上述债务持续减少的阶段：政府遵循预算平衡可能会造成一个新的更低的债务上限 b，这导致债务率 d 实际高于债务上限，政府此时应在繁荣期选择降低公共债务率直至达到债务上限。

区间 $[a, b]$ 值得引起我们的关注，文献中的共识是公共债务将在该区间内表现出逆经济周期的特征。Barseghyan 和 Battaglini 等（2013）提到，如果生产率上升，a 可能会随着生产率的上升而增加；Lee（2021b）证明，a 和 b 与个人可支配收入风险成比例，这意味着收入风险的增加可以使公共债务从逆周期动态转变为持续增长动态；Barseghyan 和 Battaglini（2016）认为紧缩政策会导致一个新的、更低的债务上限 b，从而使公共债务从逆周期动态转变为持续减少动态。

2.4.2 公共债务周期动态阶段的定义

根据上述均衡债务理论，我们可以通过将公共债务划分为三个阶段来重新定义公共债务周期。在给定的有界区间内，如果公共债务水平在某一时刻低于区间的下限，那么它处于“积累阶段（accumulation stage)”；如果处于区间内部，那么它处于“逆周期阶段（counter-cyclical stage)”；如果超过区间的上限，那么它处于“削减阶段（reduction stage)”。其中，该有界区间指的是 Barseghyan 和 Battaglini 等（2013）所提出的政治均衡中的 $[a, b]$。

当公共债务处于“积累阶段”，这首先意味着公共债务水平低于 a。无论当期经济是繁荣还是衰退，公共债务都在增加。而“削减阶段”与“积累阶段”的定义是对偶问题。当公共债务所处阶段为二者之一时，传统的相关性分析很可能会得出公共债务与经济周期之间没有显著相关性的结论（Lee，2021b）。从理论上讲，公共债务最终应该收敛到“逆周期阶段”，这意味着债务处于 $[a, b]$ 的区间内，并且在繁荣期增加，在衰退期减少。这些阶段随着时间的推移（某些冲击的发生）相互转化，形成了公共债务周期。因此，我们提出一种新视角下的公共债务周期：一个公共债务周期始于“积累阶段”或“削减阶段”，然后在公共债务收敛到“逆周期区间”时进入“逆周期阶段”，并随着“逆周期阶段”的结束而结束。

从理论上来讲，“逆周期区间”的变化可以导致债务周期阶段发生变化（Barseghyan 和 Battaglini，2016；Lee，2021b）。从实际情况来看，对公共债务本身的冲击也可能导致债务与逆周期区间之间相对关系的变化，这些因素使得公共债务周期从逆周期阶段转变为其他阶段。例如，如果逆周期区间的下界由于某些因素（如收入风险）而提高，或者公共债务受到冲击而低于下界，那么公共债务将从逆周期阶段转变为积累阶段。

与此前讨论的经典周期、增长周期均不同，在当前视角下，一个完整的公共债务周期并不一定同时包含扩张和收缩，本质上指的是债务水平在持续上升或下降后往往相对稳定。在一轮周期中，由于公共债务最终会在一个有界区间内逆周期地调整，该轮周期结束后公共债务绝对水平的变化，取决于此周期内存在的是积累阶段还是削减阶段。另外，一个周期内有可能出现所有三种阶段。例如，当公共债务从低于逆周期区间下界的水平，激增至超出区间上界时，削减阶段就会跟在积累阶段之后。在这种情况下，此轮周期后的公共债务水平是上升还是下降，取决于究竟是积累阶段还是削减阶段占主导地位。

现在看来，识别公共债务周期的关键是获得上述“逆周期区间”的下界和上界（a 和 b）：一方面，当公共债务超过 b 或下降至 a 以下时，公共债务所处阶段会发生变化；另一方面，a 和 b 本身可能也会受到许多因素的影响而发生变化，这也将导致不同公共债务阶段之间的转换。

公共债务的变化呈现出两种动态：上涨和下降。一个完整的经济周期包含两个阶段：繁荣和衰退。因此，某一时刻，经济周期与公共债务动态组合只有四种可能：（i）债务在繁荣期上涨，（ii）债务在衰退期上涨，（iii）债务在繁荣期下降，（iv）债务在衰退期下降。根据我们对公共债务周期的全新阐释，当初始债务水平低于逆周期区间下界，即 $d < a$ 时，公共债务将持续上涨，可能出现的情况为（i）和（ii）；当 $a \leqslant d \leqslant b$ 时，公共债务对应的状态可能为（ii）和（iii）；当 $d > b$ 时，公共债务将持续下降，对应的状态可能为（iii）和（iv）。反过来，若我们在某一时刻观察到了（i），那么区间下界的值就应该满足 $a>d$。这便是我们迭代求解 a 和 b 的逻辑，即给定初值 a_0 和 b_0，通过观察经济周期与公共债务动态组合，确定实际区间与此刻债务水平的相对关系，迭代更新求解得到 $\{a_t\}_{0\leqslant t\leqslant T}$ 和 $\{b_t\}_{0\leqslant t\leqslant T}$。

在某一样本时间 $t(t=1,2,\cdots,T)$，迭代更新原则为：$a_t=a_{t-1}$，$b_t=b_{t-1}$，观察经济周期与债务动态组合，判断 x_{t-1}（即 d_t）与 $[a_t,b_t]$ 是否满足相应条件，若满足，不再调整，若不满足，更新步长参考相邻样本。经济周期与公共债务的全部可能组合动态见图 2－7，相应迭代方案见表 2－12。

表 2－12　　迭代方案（以 t 期债务上涨为例）

经济周期	$t-1$ 期情况	公共债务周期	迭代方案	t 期情况
繁荣	①	积累阶段	$a_t=a_{t-1},b_t=b_{t-1}$	①
	②		$a_t=a_{t-1},b_t=b_{t-1}$	②
	③		$a_t=\frac{1}{2}(x_{t-1}+x_t),b_t=b_{t-1}$	②
	④		$a_t=\frac{1}{2}(x_{t-1}+x_t),b_t=x_t$	②
	⑤		$a_t=\frac{1}{2}(x_{t-1}+x_t),b_t=x_t$	②
	⑥		$a_t=a_{t-1},b_t=x_t$	②
衰退	①	积累阶段	$a_t=a_{t-1},b_t=b_{t-1}$	①
	②	积累阶段	$a_t=a_{t-1},b_t=b_{t-1}$	②
	③	逆周期阶段	$a_t=a_{t-1},b_t=b_{t-1}$	③
	④	逆周期阶段	$a_t=a_{t-1},b_t=b_{t-1}$	④
	⑤	逆周期阶段	$a_t=a_{t-1},b_t=\frac{1}{2}(x_{t-1}+x_t)$	④
	⑥	无法判断	$a_t=a_{t-1},b_t=b_{t-1}$	⑥

注：(1) ①—⑥所代表的情况参见图 2－7。

(2) 公共债务周期中的阶段指的是根据我们对公共债务周期的重新定义，以当前经济周期与公共债务动态组合情况作为依据，所判断出的公共债务 t 期公共债务最可能所处的周期阶段。

(3) 我们在表中所展示的迭代步长并非是唯一可行的，例如 $a_t=\frac{1}{2}(x_{t-1}+x_t)$ 对应的通用形式应该是 $a_t=x_{t-1}+increment_t^a$，其目的是使 $a_t>x_{t-1}\geqslant a_{t-1}$，同样 $b_t=x_t$ 的通用形式应该是 $b_t=x_t+increment_t^b$，其目的是使 $b_t>a_t$。感兴趣的读者可以尝试不同的迭代方案。

如果 t 期，我们观察到经济处于繁荣期，且债务率上涨（$x_t > x_{t-1}$），则公共债务应该处于积累阶段。如图 2－7 所示，除了情况①和情况②之外，a 和 b 应该被调整以满足情况②。如果 t 期，我们观察到经济处于衰退期，且债务率上涨，则公共债务既可能处于积累阶段也可能处于逆周期阶段，根据“尽量少地迭代更新”的原则，我们判断①和②为积累阶段，③和④为逆周期阶段，⑤更可能处于逆周期阶段，但区间上界 b_t 显然需要进行更新（至少更新至大于 x_{t-1}），但是⑥的情况我们无法判断其处于哪种阶段，暂不对区间上下界的值做迭代处理。

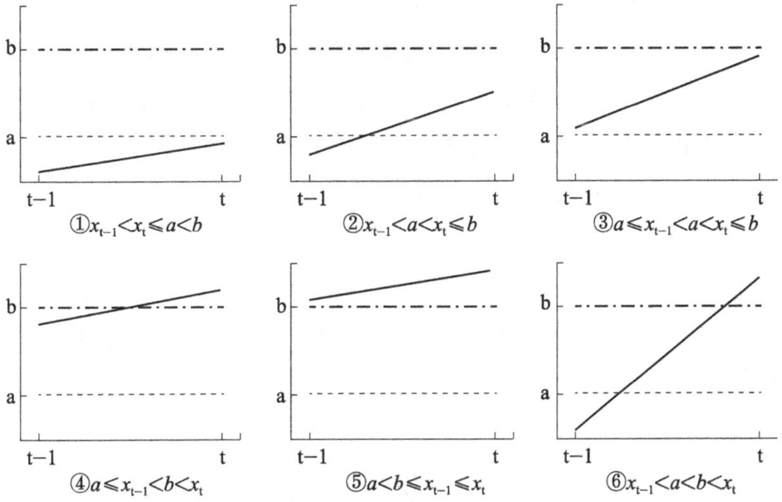

图 2－7　公共债务与逆周期区间的可能关系（以 t 期债务上涨为例）

注：实线指的是公共债务率，虚线和点划线分别表示逆周期区间的下界和上界。

我们需要对初步迭代结果 $\{a_t\}_{0\leqslant t\leqslant T}$ 和 $\{b_t\}_{0\leqslant t\leqslant T}$ 进行适当的后处理。如果结果序列中存在连续上升（或下降）的情况，我们取最大值（或最小值）作为最终解。例如，如果 $a_t \geqslant a_{t-1}$ 在 $t \in [m,n]$ 时间段内均成立，$\{a_t\}_{m\leqslant t\leqslant n-1}$ 序列便应该进行后处理，使得 $a'_m = a'_{m+1} = \cdots = a'_{n-1} = a_n$。

2.4.3　公共债务周期动态阶段的识别

以 HP 滤波所得经济周期结果为参考，我们首先对美国的公共债务周期进行了测量和分析，图 2－8 展示了公共债务率、识别出的逆周期区间，以及每一个公共债务周期的结束日期。自 1962 年以来的 61 年里，美国共经历了 4 个公共债务周期。1983 年后至新冠疫情前，美国的公共债务仅在 1994—2001 年处于逆周期阶段，其余时间均处于积累阶段：1983—1993 年，2002—2019 年，美国的公共债务经历了两个分别持续 11 年和 18 年的积累阶段，因此，美国公共债务总体来看是上升的。上述两个积累阶段都是由逆周期区间下限的上升引起的。区间的边界与收入风险呈正相关（Lee，2021b），而收入波动率可以在一定程度上反映收入风险（Dynan 和 Elmendorf 等，2012）。美国户主收入的波动率在 1985 年达到峰值（Shin 和 Solon，2011；Dynan 等，2012），而男性收入的波动率在 1983—1985 年达到峰值（Moffitt 和 Zhang，2023）。表 2－13 显示了美国公共债务周期的具体日期和阶段。收入波动的峰值时间与债务积累阶段的开始时间一致，实证结果与文献中理论分析之间的一致性支持了我们对公共债务周期的重新定义。

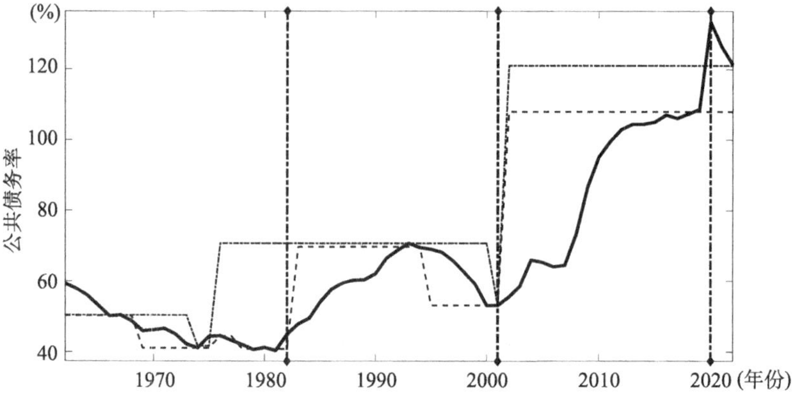

图 2－8　美国公共债务周期

注：（1）虚线代表逆周期区间的下界 a，点划线代表逆周期区间的上界 b，实线代表公共债务率，菱形标记垂直点划线标记出每一个公共债务周期的结束年份。

（2）阴影表示经济衰退。

表 2－13　　公共债务周期日期测定（美国）

阶段	开始日期	结束日期	阶段持续时长（年）	周期持续时长（年）
削减	1962	1966	5	21
逆周期	1967	1982	16	

续表

阶段	开始日期	结束日期	阶段持续时长（年）	周期持续时长（年）
积累	1983	1993	11	19
逆周期	1994	2001	8	
积累	2002	2019	18	19
逆周期	2020	2020	1	
削减	2021	2022	2	2

注：受样本限制，第一个和最后一个阶段（周期）可能是不完整的。

公共债务进入削减阶段有两种可能性：第一种是由逆周期区间界限的下降引起的。这种缩减阶段通常是政府实施财政政策的结果。紧缩政策或预算平衡规则要求政府在特定时限内将其公共债务降低到某一目标水平（Azzimonti 和 Battaglini 等，2016；Barseghyan 和 Battaglini，2016）。例如，克林顿政府在1993年削减了非生产性支出，这有助于减少财政赤字，使政府在1995年实现了周期性盈余。因此，在表2-13中可以发现，美国公共债务从长达11年的积累阶段转变为逆周期阶段。第二种是当公共债务增加到超过逆周期区间的上限时，公共债务的下降通常是由外部因素引起的。例如，政府大量借款为支出提供资金，以减小重大事件引起的波动，但当债务可持续性受到威胁或事件影响消退时，债务可能会减少。在这种情况下，整个过程中逆周期区间保持不变。例如，由于新冠疫情的影响，美国公共债务在2020年激增超出了逆周期区间的上限，次年，公共债务进入削减阶段。我们对新兴市场经济体巴西、菲律宾①的公共债务使用同样的方法进行了分析，结果见图2-9和表2-14。

20世纪80年代的巴西，债务不断积累，然而，由于长期忽视对通胀的管控，1988年巴西人均实际GDP出现负向缺口，一方面，货币贬值导致巴西以外币计价的债务的偿债负担加重；另一方面，政府不得不举借新债应对危机，巴西的公共债务率于1989年突破逆周期区间债务上限，削减阶段的开始标志着其公共债务进入新一轮周期。1993年，

① 之所以选这两个国家为代表，是考虑到20世纪80年代拉美债务危机（巴西）、1997年亚洲金融危机（菲律宾）。

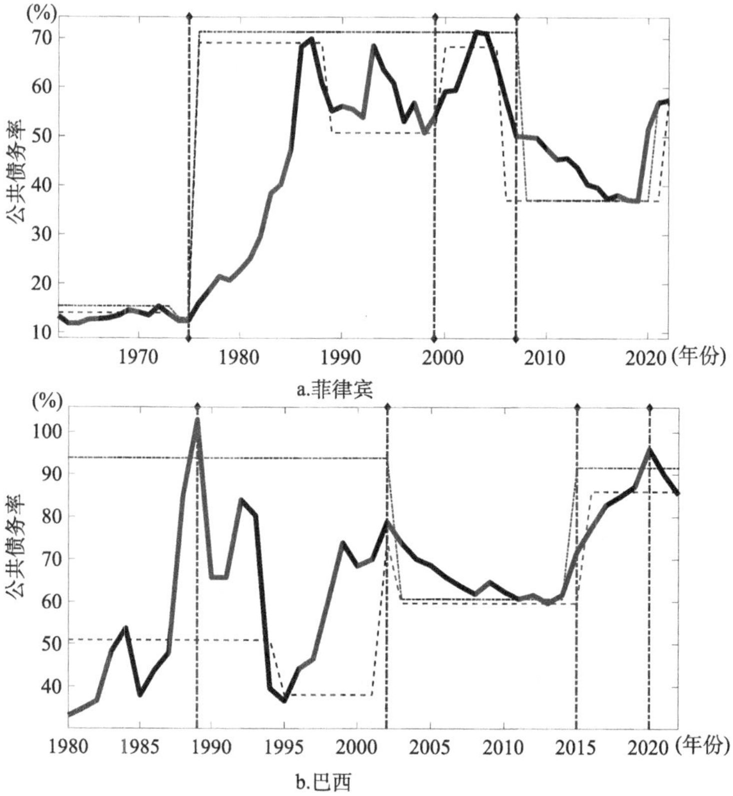

图2－9　公共债务周期（新兴市场经济体）

注：（1）虚线代表逆周期区间的下界 a，点划线代表逆周期区间的上界 b，实线代表公共债务率，菱形标记垂直点划线标记出每一个公共债务周期的结束年份。

（2）阴影表示经济衰退。

巴西政府实施紧缩政策，即“雷亚尔计划”，通过削减开支，增加税收以减少乃至消灭财政赤字，同时强制各州、市政府偿还拖欠联邦政府的债务。巴西的公共债务在政府预算平衡的目标与约束下，实现了长达12年的逆周期阶段。

无独有偶，自1976年开始，在公共债务不断增加的加持下，菲律宾经济增长强劲，然而，受到1979年石油危机的冲击，大宗商品价格骤跌导致菲律宾外资流入减少，菲律宾货币政策收紧，货币大幅贬值，危机推动公共债务率持续攀升。1983—1986年，IMF陆续批准菲律宾的几项贷款申请，作为前提，IMF 要求菲律宾在国内金融政策、对外经济政策以及国民经济结构等方面实行改革。财政整顿使得菲律宾的财政状况得以改善，公共债务自 1987 年进入逆周期调整阶段。

表 2-14　　公共债务周期日期测定（新兴市场经济体）　　单位：年

国家	阶段	开始日期	结束日期	阶段持续时长	周期持续时长
菲律宾	积累	1962	1969	8	14
	逆周期	1970	1975	6	
	积累	1976	1986	11	24
	逆周期	1987	1999	13	
	积累	2000	2003	4	8
	逆周期	2004	2007	4	
	削减	2008	2019	12	15
	逆周期	2020	2022	3	
巴西	积累	1980	1987	8	10
	逆周期	1988	1989	2	
	削减	1990	1990	1	13
	逆周期	1991	2002	12	
	削减	2003	2012	10	13
	逆周期	2013	2015	3	
	积累	2016	2019	4	7
	逆周期	2020	2022	3	
	削减	2021	2021	1	2
	逆周期	2022	2022	1	

注：受样本限制，第一个和最后一个阶段可能是不完整的。

2.5　公共债务周期与经济周期关系的中国事实

过去几十年里，中国的经济增长超过了其他类似发展水平的国家，改革开放以来，中国人均实际 GDP 一直保持正向增长，其中，2002—2007 年，每年增长 8% 以上，且增长率逐年上升。2020 年，虽遭遇新冠疫情影响，中国依然如期完成新时代脱贫攻坚目标任务，人民的生活水平显著提高，极端贫困得以消除。如图 2－10 所示，当使用转折点法识别中国的经典经济周期时，从 1978 年改革开放以来，中国从未经历过衰退期。为应对 2008 年全球金融危机的爆发，2009 年中国实施了积极的财政政策和适度宽松的货币政策，大规模刺激内需。2010 年，中国经济率先走出低谷，这也为推动世界各国加大政策力度、世界经济复苏奠定了基础。2014 年底，经济"新常态"在中共中央政治局会议上被首次提出，其背景是中国人均实际 GDP 增长率自进入 21 世纪以来，首次低于 7%，在全球经济进入调整期，国际合作与竞争格局发生深刻变化的背景下，中国经济也从高速增长转向中高速增长，经济结构不断优化升级。

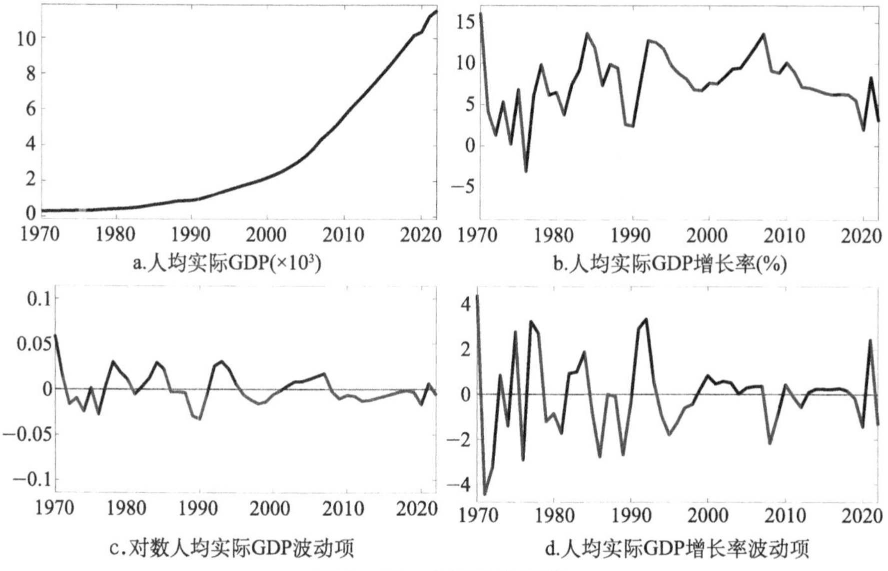

图 2－10　中国经济周期

注：（1）我们对 GDP 和 GDP 增长率原始序列使用转折点法识别波峰波谷，审查规则为相邻波峰波谷的最短间隔为 1 年，相邻波峰（波谷）之间的最短间隔为 1 年，阴影部分表示经济衰退（从波峰到波谷）。

（2）我们使用 HP 滤波得到 GDP 和 GDP 增长率的周期波动项，光滑参数等于 6.25。当波动项为正时，认为经济处于繁荣期，否则处于衰退期。

（3）横轴为年份。

如果说 21 世纪前 10 年见证了中国经济的腾飞，那么这样的经济增长离不开债务的支撑，包括公共债务。根据表 2 – 15 的结果，我国的公共债务率和人均实际 GDP 序列都是一阶单整的，表 2 – 16 的结果表明二者之间存在长期稳定的均衡关系，人均实际 GDP 是债务率的 Granger 原因，而债务率的变化同时又是人均实际 GDP 变化的 Granger 原因。

表 2 – 15　债务率与人均实际 GDP 序列平稳性检验结果（中国）

序列	检验统计量	模型滞后阶数 k	p 值
d_t	– 0. 44	0	0. 98
Δd_t	– 6. 91 **	0	0. 00
y_t	– 0. 80	2	0. 96
Δy_t	– 7. 05	0	0. 00

注：（1）d_t 代表公共债务率，y_t 代表人均实际 GDP。

（2）对时间序列 $\{x_t\}$ 进行 ADF 单位根检验，原假设模型为 $x_t = c + x_{t-1} + \sum_{i=1}^{k} \beta_i \Delta x_{t-i} + \varepsilon_t$，备择假设模型为 $x_t = c + \delta t + \varphi x_{t-1} + \sum_{i=1}^{k} \beta_i \Delta x_{t-i} + \varepsilon_t$，其中 $\varphi < 1$。

（3）我们对每一个变量都进行了 $k = 0, 1, 2$ 三次检验，表中仅报告数值最小的检验统计量所对应的备择模型及结果。

（4）** 表示在 5% 的显著性水平下拒绝原单位根假设。

（5）样本时间为 1984—2022 年。

表 2 – 16　债务率与人均实际 GDP 序列的相关关系（中国）

	变量	原假设	统计量	p 值
Johansen 协整检验	d_t，y_t	无协整关系	52. 94 ***	0. 00
		至多有一个协整关系	3. 49 *	0. 06
Granger 因果检验	d_t，y_t	d_t 不是 y_t 的 Granger 原因	0. 06	0. 80
		y_t 不是 d_t 的 Granger 原因	6. 90 ***	0. 01
	Δd_t，Δy_t	Δd_t 不是 Δy_t 的 Granger 原因	3. 52 *	0. 06
		Δy_t 不是 Δd_t 的 Granger 原因	4. 16 **	0. 04

注：（1）d_t 代表公共债务率，y_t 代表人均实际 GDP。

（2）*，**，*** 分别表示在 10%，5%，1% 的显著性水平下拒绝原假设。

（3）样本时间为 1984—2022 年。

图 2 – 11 展示了中国公共债务周期与经济周期的波动，2003 年以来，公共债务成为政府逆周期调控的工具，特别是从 2008 年起，公共债务成为积极财政政策的重要抓手，在应对经济危机、平稳经济增长方

面起着重要的作用。事实上，2003 年也是我国公共财政体制框架的开局之年。2003 年，党的十六届三中全会提出了完善国家宏观调控体系、健全公共财政体制的战略目标，强调财政政策要在促进经济增长、优化结构和调节收入方面发挥重要功能，完善财政政策的有效实施方式。正如冯静和汪德华（2020）所说的那样，公共债务的定位逐渐从消极弥补赤字变为积极财政工具。

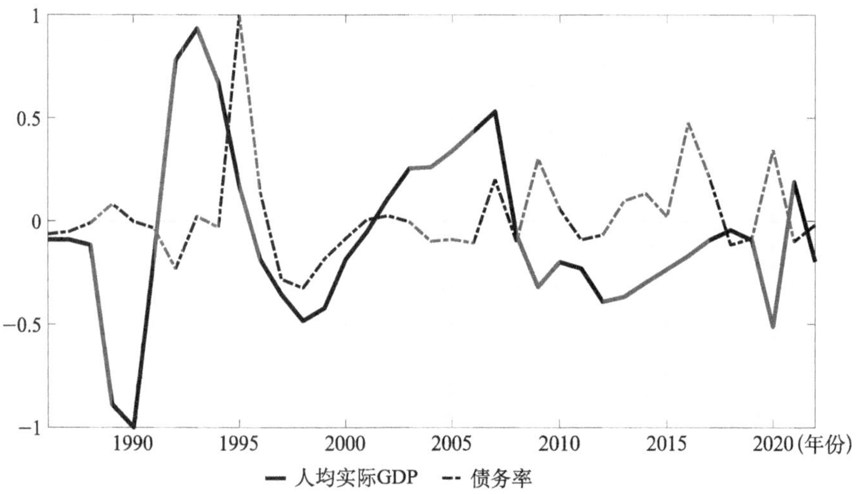

图 2－11　中国公共债务周期与经济周期波动

注：（1）图中展示的是 HP 滤波后的公共债务率和人均实际 GDP（对数），当实际债务率（人均实际 GDP）相对于趋势的偏离为正时，认为公共债务周期（经济周期）处于扩张期（繁荣期），否则，认为公共债务周期（经济周期）处于收缩期（衰退期）。

（2）为方便展示，图中所展示的波动成分均做了标准化处理。

（3）阴影部分表示经济衰退（繁荣）伴随公共债务扩张（收缩）。

然而，我们也应注意到中国近年来的经济增长伴随着的也是公共债务的持续积累和财政脆弱性的日益上升。图 2－12 和表 2－17 展示了中国公共债务周期的积累、削减和逆周期阶段和具体日期。在走出 2008 年全球金融危机的阴影后，我国的公共债务却没有停下扩张的脚步，2010—2022 年，公共债务已经持续 13 年处于积累阶段，新冠疫情的冲击，使得公共债务率突破 70%，并在 2021 年和 2022 年保持上涨趋势。事实上，从 2019 年开始我国的财政空间就出现了大幅度的缩小，除了新冠疫情的冲击外，更主要的原因是前期持续快速增长的公共债务，特别是地方政府债务（李丹和方红生，2021）。

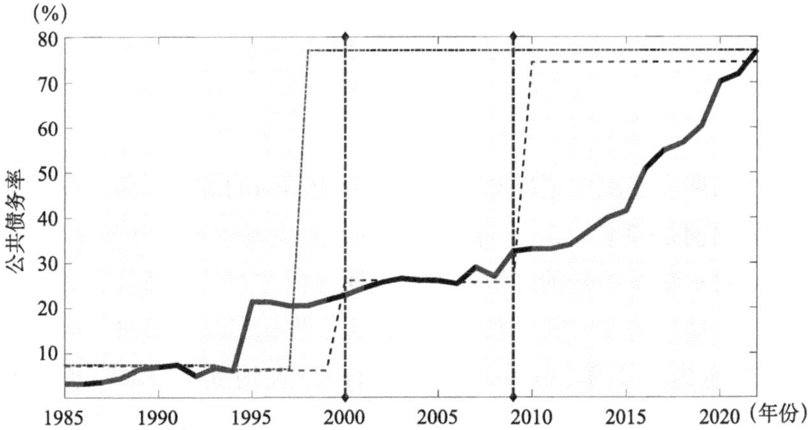

图 2－12　中国公共债务周期

注：（1）虚线代表逆周期区间的下界 a，点划线代表逆周期区间的上界 b，实线代表公共债务率，菱形标记垂直点划线标记出每一个公共债务周期的结束年份。

（2）阴影表示经济衰退（转折点法识别人均实际 GDP 增长率的波峰波谷）。

表 2－17　　公共债务周期日期测定（中国）　　单位：年

阶段	开始日期	结束日期	阶段持续时长	周期持续时长
积累	1985	1995	11	16
削减	1996	1997	2	
逆周期	1998	2000	3	
积累	2001	2003	3	9
逆周期	2004	2009	6	
积累	2010	2022	13	13

注：受样本限制，第一个和最后一个阶段（周期）可能是不完整的。

我国地方政府债务积累速度呈现出明显的顺周期特征，经济越繁荣债务积累越快，经济衰退越严重债务积累越慢，这加剧了宏观经济的波动，对财政可持续造成了威胁（司海平和刘小鸽等，2018）。2023 年第四季度，我国增发了 1 万亿元国债，通过转移支付方式全部安排给地方，如何科学有效防范化解地方政府债务风险，避免过高的政府债务阻碍经济发展，甚至引发危机，是我国目前和未来长期面临的问题。

2.6 小结

经济周期在实践中根据频率不同被分为不同的类别，研究中主要讨论的经济周期是频率为2—8年的短周期，对应基钦周期和朱格拉周期。以产出绝对水平所衡量的经济周期存在明显的非对称性特征，相比于衰退期，繁荣期的持续时间更长、幅度更大。发达经济体经济繁荣期的持续时长平均为7.2年，在一个繁荣期内，人均实际GDP平均增长34.2%，而衰退期的持续时长平均仅为1.5年，在一个衰退期内，人均实际GDP平均减少4.6%。21世纪之后，新兴市场经济体经济快速发展，抗衰退能力逐渐增强，而发达经济体的衰退持续时间变长，且衰退更加剧烈。

公共债务和经济增长之间存在长期稳定的均衡关系，互为因果。一方面，宏观经济状态影响了公共债务率，公共债务是对宏观经济的响应，作为财政政策发挥作用的重要工具，在多数情况下，应起到经济稳定器的作用。另一方面，公共债务又是经济增长的重要引擎，经济增速受到公共债务率动态的影响。不同国家的公共债务与经济周期波动的相关关系存在明显的差异，财政政策的时滞、公共债务的顺周期性在一定程度上延长了衰退期的持续时间，加剧了经济的波动。

通过分析公共债务率本身在经济繁荣期和衰退期的动态，我们从全新的视角衡量了公共债务周期，将公共债务划分为积累、削减和逆周期阶段。进入21世纪，公共债务周期的逆周期阶段的持续时间越来越短，量化宽松政策使发达经济体公共债务不断积累，债务在繁荣期也持续扩张，而对连续经历危机的新兴市场国家而言，其有限的财政空间和主权债务问题使得政府面临融资困境，在衰退期无法增加额外债务来刺激经济。

过去几十年里，中国的经济增长超过了其他类似发展水平的国家，从产出绝对水平来看，自改革开放以来，中国从未经历过衰退期。中国的公共债务和产出之间存在长期协整关系，并且互为因果。2003 年以来，公共债务成为政府逆周期调控的工具，中国的经济增长伴随着的也是公共债务的持续积累和财政脆弱性的日益上升。自 2010 年开始，我国的公共债务从未停下扩张的脚步，财政空间于 2019 年出现大幅缩小。如何科学有效防范化解政府债务风险，保证债务可持续，避免高企的公共债务阻碍经济发展，是我国目前和未来长期面临的问题。

第3章

公共债务周期与金融周期关系研究

3.1 金融周期理论及特征分析

3.1.1 金融周期理论溯源

关于金融周期理论的起源，最早可以追溯到1929年美国大萧条时期，欧文·费雪提出经济萧条的根本原因在于过度负债和通货紧缩，即著名的“债务—通缩”理论：在经济繁荣时期，企业过度投资导致银行体系的货币信贷量大幅增加，债务规模迅速扩大。当“过度投资”超过某一临界点，经济突发意外可能改变经济主体的预期，企业盈利减少。为了及时偿还债务，投资者通过出售资产偿还信贷，导致商品和劳务价格下降。债务和经济下行联合导致通货紧缩，物价水平下降，这又引起产出、就业减少，信心下降，人们追求更多的货币储藏和积蓄，结果名义利率下降、实际利率上升，资金盈余者不愿贷出、资金短缺者不愿借入，通货紧缩发生。反过来，由过度债务所导致的通货紧缩也会反作用于债务。当发生通货紧缩时，实际债务增加，“正是人们减轻其债务负担的努力反而增加了债务负担”（Fisher，1933）。

从大萧条至“战后”近半个世纪，凯恩斯理论占据主导地位，直至 20 世纪 70 年代石油危机爆发，资本主义国家出现的滞胀促使人们对政府干预的利弊进行反思，出现在公众视野的新古典经济学驱动了 80 年代开始的市场化改革，包括“金融自由化”，全球经济在一段时间内出现快增长和低通胀的组合，被称为“大缓和”（the Great Moderation）时代。最初的实际经济周期理论（Real Business Cycle，RBC）假设金融和信贷市场仅是资金流通的中介，对于真实经济是没有影响的（Kydland 和 Prescott，1982）。然而现实中这样理想化的假设难以成立，许多经济危机的产生总是与金融部门的结构和发展有关，金融加速器理论（financial accelerator）和信贷周期理论（credit cycle）应运而生。由于与主流宏观经济学模型具有较好的兼容性，这两个理论直接成为后续很多经济金融周期模型的建模基础（陈雨露和马勇等，2016）。

BGG（Bernanke，Gertler，and Gilchrist，1996）模型在 RBC 模型的基础上引入了信贷市场摩擦，即“金融加速器（financial accelerator）”机制，揭示了金融市场的信息不对称和代理成本会影响企业的投资和资金分配效率，从而放大冲击对经济周期的影响①。由于金融市场的信息不对称，银行获得关于企业项目的信息的成本较高，这导致了企业外部融资（从银行贷款）的代理成本高于内部融资（利用企业自有资金）。金融加速器理论强调“资产负债表渠道”，以负面冲击所导致的经济衰退为例，衰退导致资产价格下降，借款人（企业）的资产负债表恶化，企业（特别是中小企业）的融资需求更多依赖代理成本更高的银行贷款。然而，银行基于借款人恶化的资产负债表，会提高贷款利率，企业融资困难，投资下降，这放大了负面冲击对经济周期的影响。金融加速器的重要特征是其双重不对称效应：第一，资产负债表对企业投融资的影响在经济衰退时期（相对于经济繁荣时期）更大；第二，资产负债表对中小企业（相对于大企业）的影响更大。

① 2022 年，Ben S. Bernanke 获得诺贝尔经济学奖，以表彰其对银行和金融危机的研究。

Kiyotaki-Moore（Kiyotaki 和 Moore，1997）模型使用了“信贷周期（credit cycle）”的概念，强调了信贷市场的不完全性会放大冲击对经济产出的影响。模型中的关键假设是借款人不能被强迫偿还他们的债务，因此贷款只会在有抵押的情况下发生，这意味着借款人必须拥有足够的资本，如果他们无法偿还贷款，这些资本可以被没收。正是这种抵押要求起到了放大经济周期波动的作用。在经济衰退期间，资本收入下降引发资本价格下降，导致资本作为抵押品的价值降低，这不仅限制了企业的投资，迫使他们减少借款，同时还影响了银行等金融中介的资产负债表，引发信贷紧缩（credit crunch），从而加剧了衰退。

3.1.2 金融周期的实证研究进展

通过梳理金融周期理论研究的发展，我们不难发现，无论是 BBG 模型还是 Kiyotaki-Moore 模型，“金融”只是作为一种因素被纳入经济周期波动分析之中，作为一种传导机制，放大冲击对宏观经济影响的持久性。然而，关于“金融周期”本身的定义是模糊的，经济学家并未像衡量经济周期那样去考察金融市场。直至 2008 年全球金融危机的发生，全球范围内的宏观经济与金融体系波动促使学术界对“金融周期”进行更为深入和细致的探讨。

Claessens 和 Kose 等（2012）提出应当使用测定经济周期的方法来测定金融周期，讨论金融周期的不同阶段（而不仅仅是基于叙述性记录的金融危机）对经济周期不同阶段的影响，文章对 44 个国家 1960—2010 年的季度信贷、房价和股价数据进行了转折点的识别，发现与股价和房价崩溃相关的经济衰退持续时间更长、程度更深，而与信贷、房价增长重叠的经济繁荣期往往更加强劲。Drehmann 和 Borio 等（2012）使用转折点和 CF 滤波两种方法描述了金融周期的经验特征，认为应使用信贷（信贷、信贷/GDP 比率）和房价的联合波动来衡量金融周期，研究强调金融周期的频率远低于传统经济周期的 1—8 年，且周期峰值与金融危机密切相关。Borio（2014）将金融周期定义为“在一个有金融约束的环境中，经济参与者权衡风险和收益过程中所形成的经济行为自我强化及由此导致的金融繁荣萧条（boom-bust）交替出现的现象”，正式开辟了“金融周期”实证研究（袁梦怡，2020）。Borio（2014）总结归纳了金融周期的5个典型特征事实。

第一，应使用信贷（credit）和房地产价格（property price）的合成指标来描述一国的金融周期。信贷和房地产价格序列的变异性主要由低频分量主导，并且存在长期稳定的协同运动。相比之下，股票价格、利率等变量的波动频率更高，且与信贷和房价相关性较小。信贷代表了市场的融资约束，房地产价格则反映出投资者对风险的认知和态度。房地产是信贷的重要抵押品，二者相互促进，自我强化。

第二，金融周期的频率远低于传统经济周期。经济周期的频率为1—8年，而7个发达国家1960—2011年的样本表明金融周期的平均持续时长约为16年。此外金融周期的收缩阶段持续数年，而经济周期的衰退期通常不会超过1年。

第三，金融周期的峰值与金融危机密切相关。7个样本国家中所有源自国内的金融危机都发生在金融周期的顶峰（或接近顶峰）。与金融周期收缩阶段重合的经济衰退尤为严重，即使金融危机没有爆发，这种定性关系也存在。

第四，金融周期有助于前瞻性地识别金融困境。信贷缺口表明了金融体系对损失的吸收能力，房地产价格相对于趋势的偏离越大，随后价格逆转的可能性和规模也就越大。相比于单独考虑信贷和房价的其中任何一个变量，二者的组合提供了关于系统性风险积累的一个更清晰的信号。

第五，金融周期的波长和幅度取决于一国的货币金融制度和实体经济制度。金融自由化削弱了融资约束，强化了风险态度和融资条件之间的相互作用。经济全球化提高了经济增长潜力，扩大了信贷和房价飙升的空间，与此同时，经济全球化也限制了货币政策收紧的空间。20世纪80年代中期以来，金融周期的长度和幅度显著增加。

由于金融体系有其自身的运行周期，对实体经济有重要影响，蕴含着关于未来产出水平的重要信息，国内外学者开始尝试使用多种方法对不同国家的金融周期进行测定。大多数学者将信贷、信贷/GDP和房地产价格作为衡量金融周期的最小一揽子指标，一些研究通过对单独序列应用转折点法或滤波法识别多个金融子周期（financial sub - cycles）进行讨论（Poghosyan，2018；Li 等，2021），一些研究则使用不同方法对 CF 滤波后的多个序列进行合成处理，构建“金融周期指数”（Schüler 等，2020；罗朝阳和李雪松，2020；Adarov，2021）。近几年，国内学者参照国外研究的指标和方法，运用中国数据，对中国的金融周期进行实证分析，这些研究在指标选择、方法运用上各不相同，所得具体结果存在一定差异，但总体而言，中国的金融周期频率要略低于经济周期，同时高于发达经济体，大约为 7—11 年（范小云等，2017；朱太辉和黄海晶，2018）。

2008 年全球金融危机与 2010 年欧债危机的接连发生，使经济学界出现了两种不同的说法：一种解释涉及私人部门以及银行体系在经济去杠杆化中的关键作用，另一种则强调公共部门的资产负债表，关键是担心财政扩张带来的风险。Reinhart 和 Rogoff（2010，2011a）通过大量事件研究发现金融危机与主权债务（外债）危机之间存在紧密的联系，金融危机后私人部门的去杠杆通常伴随着公共债务（内债和外债）的大幅增加。同样地，IMF（2015）报告称银行业的大规模扩张所引发的银行危机可能会导致该国财政基本平衡的恶化和主权债务的激增。然而 Jordà 和 Schularick 等（2016）通过研究 1870—2012 年发达国家公共债务和私人债务的关系，发现高水平的公共债务往往会加剧金融危机后私人部门去杠杆对宏观经济的影响，但是没有证据表明公共债务累积或高企与金融危机本身之间存在直接的联系。

随着对金融周期的测定和研究更加细致和深入，越来越多的文献开始从金融周期的不同阶段出发讨论其对公共债务的影响。Poghosyan（2018）特别关注信贷、房价、股价周期的不同阶段对公共债务周期不同阶段的影响，实证结果表明当公共债务与金融周期的扩张期重合时，公共债务扩张期的持续时间会延长，但二者的收缩期之间没有明显的联系。然而 Adarov（2021）通过构建一个综合的金融周期指数和实证计量模型，认为金融周期的正向冲击会使公共债务出现显著收缩，这种影响在高债务国家更加明显和持久。Lee（2021a）认为公共债务与家庭债务之间的关系相当复杂，环境和政策的变化都会改变二者之间的协同关系。例如，在稳态情况下，如果房价和公共债务同时处于上行期，若税率升高，稳态的私人债务也将增加；若税率降低，私人债务的动态将难以确定。

总体而言，目前已有研究大多利用经济周期的分析方法（转折点法、滤波法）对金融周期进行实证分析，得到了一些关于金融周期的特征事实，但是由于不同国家在经济金融体制、指标数据上存在较大差异，在金融周期的特征上，发达经济体和新兴市场经济体之间可能存在一些差异，而目前的研究还未进行针对性的对比分析。此外，金融周期与公共债务周期之间存在相互影响是一个普遍认可的结论，然而在影响渠道、方向的结论上却未达成一致。特别地，多数研究更关注金融周期对公共债务的影响，公共债务周期如何影响金融周期，从而对宏观经济波动产生影响的渠道并未得到深入的研究。因此，本章将分别对发达经济体和新兴市场经济体的金融子周期和合成金融周期进行测度，并与对应的公共债务周期、经济周期特征进行对比分析，讨论公共债务对金融周期的影响。

3.2　金融周期的测度与分析

3.2.1　金融周期的指标与数据介绍

国内外大多数研究均选用信贷、信贷/GDP和房地产价格三个方面的指标来构建金融周期（Drehmann和Borio等，2012；Borio，2014；范小云和袁梦怡等，2017；朱太辉和黄海晶，2018）的合成指标来描述一国的金融周期，主要是考虑到金融周期的波动应兼顾信贷总量和信贷结构：金融体系发放的信贷总量，一部分流向了实体企业投资生产，参与生产GDP，从而“信贷/GDP”指标应被纳入考虑，信贷总量的另一部分流向了金融体系，用于股票、房地产等金融资产投资交易。中国人民银行认为“金融周期的主要核心指标是广义信贷和房地产价格，前者代表融资条件，后者反映投资者对风险的预期和态度”。因此，我们首先选取数量型代理指标“信贷（credit）”和“信贷（credit/GDP）”。具体指标为国内银行向私营非金融部门提供的按市值计算的信贷总额（非金融企业和家庭，但不包括政府），以及信贷总额市值占国内 GDP 的百分比，数据来源于国际清算银行（Bank for International Settlements，BIS）。其次选取“房地产价格（property price）”作为体现风险价值偏好的价格型指标，具体为来自 BIS 的实际住宅物业价格指数（2010 年为基期）。

金融周期的指标频率均为季度，样本国家尽量与讨论公共债务周期时的样本国家一致，然而，受限于数据的可得性，金融周期数据的样本国家最终只有 32 个，且当基于多个指标构建金融周期综合指数时，由于木桶效应，样本量较少的“房地产价格”数据会对可参考样本的时间范围造成限制，具体情况见表 3－1。研究对“信贷”的季度数据使用 CPI 平减①，将名义变量调整为实际变量。此外，当使用滤波方法时，为保证横向可比较性，对“信贷”和“房地产价格”进行了统一度量处理，将 2010 年第四季度设为基期，基期值设为 100。我们对所有指标都进行了季节调整，剔除季节因素和不规则因素。

表 3－1　　　　金融周期指标数据样本起始时间概览

经济体	国家	信贷	信贷/GDP	房价	国家	信贷	信贷/GDP	房价
	澳大利亚	**1971Q1**	1960Q2	1970Q1	日本	**1963Q1**	**1963Q1**	1955Q1
	奥地利	1974Q2	1960Q4	**2000Q1**	荷兰	1961Q1	1961Q1	**1970Q1**
	比利时	**1970Q4**	**1970Q4**	1970Q1	新西兰	1960Q1	1960Q4	**1970Q1**
	加拿大	1954Q1	1955Q4	**1970Q1**	挪威	1955Q1	1960Q4	**1970Q1**
	丹麦	1967Q1	1966Q4	**1970Q1**	葡萄牙	1957Q1	1960Q4	**2008Q1**
发达	芬兰	**1974Q1**	**1974Q1**	1970Q1	新加坡	**2005Q1**	1970Q4	**2005Q1**
	法国	1969Q4	1969Q4	**1970Q1**	西班牙	1970Q1	1970Q1	**1971Q1**
	德国	1955Q1	1960Q4	**1970Q1**	瑞典	1961Q1	1961Q1	**1970Q1**
	希腊	1960Q1	1970Q4	**2006Q1**	英国	1963Q1	1963Q1	**1968Q2**
	爱尔兰	**1976Q1**	1971Q2	**1976Q1**	美国	1955Q1	1947Q4	**1970Q1**
	意大利	**1974Q4**	**1974Q4**	1955Q1				

① 我们未对“信贷/GDP”数据进行 CPI 平减和统一度量处理，因为“信贷/GDP”本身就以百分比的形式出现，同时也考虑到后续与“公共债务率”进行对比，这与 Drehmann 和 Borio 等（2012）研究中的处理一致。

续表

经济体	国家	信贷	信贷/GDP	房价	国家	信贷	信贷/GDP	房价
新兴市场	智利	1983Q1	1983Q1	**2002Q1**	马来西亚	**2000Q1**	1964Q2	**2000Q1**
	中国	1993Q1	1985Q4	**2005Q2**	墨西哥	1980Q4	1980Q4	**2005Q1**
	哥伦比亚	1994Q1	**1994Q4**	1988Q1	波兰	1992Q1	1992Q1	**2010Q1**
	匈牙利	1980Q1	1970Q4	**2007Q1**	俄罗斯	1995Q2	1995Q2	**2001Q1**
	印度	1957Q1	1951Q2	**2009Q1**	南非	1965Q1	1965Q1	**1966Q1**
	印度尼西亚	1976Q1	1976Q1	**2002Q1**				

注：(1) 发达经济体与新兴市场经济体分类依据参考 IMF 的 Fiscal Rules Datasets。

(2) 表中数字指的是对应指标数据样本的开始时间，所有国家样本的结束时间均为 2023Q2。

(3) 表中加粗数字表示该国家不同指标序列最晚的样本开始时间。

资料来源：国际清算银行。

3.2.2　金融周期单个指标实证分析

Borio (2014) 强调金融周期比传统的经济周期要长得多，金融体系不仅分配，而且产生购买力，金融市场绝不仅仅是宏观经济的反映，而是具有自己的生命力，与经济周期之间存在相互作用。传统经济周期的周期波动成分频率大约为 2—8 年，我们将处于此频率范围内的波动成分称为短周期波动成分（short-term cycles），换句话说，Borio (2014) 点明金融周期的波动成分的频率应在 8—30 年范围内，即所谓的中周期成分（medium-term cycles）。

对于“信贷”、“信贷/GDP”、“房地产价格”的时间序列，中、短期周期成分究竟谁更重要？我们使用 CF 滤波将不同序列中的短期、中期波动成分分离出来进行对比。我们在衡量公共债务周期时已经对 CF 滤波法进行了详细的介绍。需要特别指出的是，为了使得不同序列之间、不同波动成分之间横向可比，在应用 CF 滤波器前，我们对实际“信贷”、“房地产价格”以 2010Q4 为基期统一度量，即 2010Q4 时期的指标统一等于 100，“信贷/GDP”由于本身就是百分比形式，未作上述标准化。参考 Drehmann 和 Borio (2012) 等的做法，对于短周期，我们选取截断频率 $p_l=5$，$p_u=32$，对于中周期，我们选取阶段频率 $p_l=32$，$p_u=120$，以上频率单位均为季度。当波动项为正时，认为金融周期处于上行期，当波动项为负时，认为金融周期处于下行期。

回顾之前对公共债务周期和经济周期进行测度时，样本频率为年度，CF滤波法的截断频率分别为短周期“$p_l = 2$，$p_u = 8$”，中周期“$p_l = 8$，$p_u = 30$”。也就是说，虽然样本的频率不同，但我们在衡量金融周期、经济周期和公共债务周期时，在不同方法的参数设定上尽量保持了可比性。表3－2列出了21个发达经济体和11个新兴市场经济体的“信贷”、“信贷/GDP”、“房地产价格”序列的中周期成分和短周期成分的波动性比值，“人均实际GDP”和“公共债务率”的结果代表经济周期、公共债务周期波动作为对比。比值大于1意味着中周期成分比短周期成分的波动性更大（即中周期具有更大的波幅）。样本中除了澳大利亚的房价序列和俄罗斯的信贷序列，其余所有国家的所有金融周期单因素序列的中周期波动成分的标准差都要大于短周期成分。换句话说，在塑造这些序列的行为方面，频率为8—30年的波动比持续时间较短的波动更重要。特别地，我们应关注到，除俄罗斯外，在所有样本国家中，金融周期相关指标的中、短周期相对波动性都要大于经济周期的相应比例。这证实了Drehmann和Borio（2012）针对七个工业化国家金融周期相关序列的发现，并扩展到更多且包括新兴市场经济体的国家，即对于金融周期而言，中周期的波动更加重要。

对于发达经济体来说，“中周期相对短周期波动更大”的这种模式在“信贷/GDP”序列上尤其明显，中、短周期的相对波动性平均值为3.46，“信贷”序列中、短周期的相对波动性标准差为0.87。这与Drehmann和Borio（2012）的结论一致。然而“房地产价格”序列中、短周期的相对波动性平均值为3.31，但同时标准差高达1.88，这意味着不同国家房地产价格中、短周期的相对波动性差异很大。对于新兴市场经济体而言，情况有明显的不同。“中周期相对短周期波动更大”的模式最明显体现在“房地产价格”序列中，中、短周期的相对波动性平均值高达3.93，而“信贷”序列中、短周期的相对波动性平均值仅为1.94，与经济周期的情况差别不大。

表3-2　中周期与短周期的相对波动性：金融周期单因素分析

发达经济体												新兴市场经济体					
国家	信贷	信贷/GDP	房价	人均实际GDP	公共债务率	国家	信贷	信贷/GDP	房价	人均实际GDP	公共债务率	国家	信贷	信贷/GDP	房价	人均实际GDP	公共债务率
澳大利亚	1.95	2.80	0.78	1.84	**3.53**	日本	2.04	2.70	2.69	2.03	**3.59**	智利	1.18	1.53	**3.70**	1.61	
奥地利	**2.38**	2.08	1.81	1.15	1.51	荷兰	2.04	2.19	**4.21**	1.90	2.61	中国	**2.70**	1.04	1.06	2.59	1.60
比利时	2.01	2.76	3.46	1.50	**3.89**	新西兰	1.40	**2.71**	1.50	2.47	2.14	哥伦比亚	1.76	**3.44**	2.18	1.96	2.61
加拿大	1.71	1.77	1.43	1.64	**2.42**	挪威	1.71	**2.77**	1.42	2.61	1.67	匈牙利	4.09	**6.45**	3.49	2.73	2.51
丹麦	2.64	**3.80**	1.97	1.73	3.49	葡萄牙	3.74	4.88	**5.86**	2.15	2.51	印度	2.02	2.98	**5.70**	1.01	2.12
芬兰	2.10	**5.20**	2.27	2.56	3.40	新加坡	1.88	**1.94**	1.92	0.82	1.58	印度尼西亚	2.17	1.76	**4.73**	1.98	1.71
法国	2.24	2.96	**3.82**	1.21	1.52	西班牙	4.43	5.42	**8.03**	2.02	3.76	马来西亚	1.51	1.87	**7.62**	1.51	3.57
德国	1.80	**4.18**	2.97	2.94	2.15	瑞典	1.83	**5.08**	1.40	1.92	3.49	墨西哥	1.46	**6.90**	4.34	1.61	0.43
希腊	4.86	4.95	**6.75**	3.62	2.38	英国	1.91	**3.27**	3.15	1.32	2.31	波兰	2.12	3.56	**5.44**	1.37	3.12
爱尔兰	3.16	4.49	**5.00**	3.35	4.85	美国	2.54	3.05	**3.69**	1.45	2.13	俄罗斯	0.84	1.43	1.88	**2.89**	1.49
意大利	2.91	3.59	**5.48**	1.46	2.53							南非	1.51	2.01	3.09	1.78	**3.24**

注：(1) 表中数字指的是样本期内中周期分量与短周期分量的标准差之比。

(2) 加粗数字标出每个国家相应指标中的最大值。

(3) 对于金融周期季度数据，CF滤波器短周期截断频率为5—32个季度，中周期截断频率为32—120个季度；对于GDP和公共债务率年度数据，CF滤波器短周期截断频率为2—8年，中周期截断频率为8—30年。

(4) 大于（小于）1.0意味着中周期分量比短周期分量的波动性更大（更小）。

(5) 由于时间序列平稳性的要求，CF滤波的结果不包含智利“公共债务率”序列。

(6) 为了使得横向对比更可靠，信贷、房价、人均实际GDP以2010年（2010Q4）为基期统一度量，即2010年（2010Q4）的指标统一等于100，公共债务率、信贷/GDP本身就是百分比形式，不做上述标准化处理。

需要再次强调的是，使用 CF 滤波法所得到的周期波动项事实上指的是指标的真实值对其长期趋势的偏离，结果被称作“增长周期”。例如，当“信贷”高于其长期趋势时，信贷处于上行期；当“信贷”低于长期趋势时，则处于下行期。金融周期单因素指标经 CF 滤波后的周期特征见表 3－3。

针对短周期波动成分，我们一共识别出 1059 个下行期和 1031 个上行期，其中，房地产价格周期的持续时间最长，信贷的波动程度最大。发达经济体的一个完整的房地产价格短周期平均持续 4.8 年，新兴市场经济体平均持续 4.4 年。在上行期，发达经济体的信贷平均最大偏离为 4.27%，新兴市场经济体平均最大偏离为 7.17%，而这个数字在下行期分别为 3.85% 和 6.15%。换句话说，在持续时长和波幅上，我们均观察到金融周期存在明显的非对称性：信贷、信贷/GDP 和房地产价格的上行期波幅均大于下行期，同时，上行期的持续时长均小于下行期。这意味着在金融市场的上行阶段，这些指标的增长速度更快，波动更大，而在下行期，这些指标的下降速度较慢，波动较小。这种非对称性可能与市场参与者的行为和心理预期有关，例如在金融周期上行阶段，投资者往往更加乐观和冒险，推动市场快速上涨，而在金融周期下行时期，投资者则更加谨慎和保守，导致市场缓慢下跌（Barberis 和 Vishny 等，1998）。

表 3－3　金融周期单因素波动特征（CF 滤波）

周期频率	经济体	指标	持续时长（年）				波幅（%）		事件个数	
			上行期	下行期	周期（下行—上行）	周期（上行—下行）	上行期	下行期	上行期	下行期
中期	发达	信贷	9.07	**9.68**	19.09	17.76	**12.35**	9.88	48	57
		信贷/GDP	8.28	**8.81**	16.84	16.91	**9.09**	6.50	63	58
		房地产价格	7.26	**8.68**	15.52	15.41	**9.70**	8.84	43	58
	新兴市场	信贷	9.10	**9.61**	19.08	17.61	15.87	**17.01**	13	22
		信贷/GDP	8.52	**9.26**	17.26	17.05	6.57	**6.76**	22	21
		房地产价格	7.83	**8.18**	15.14	14.50	**14.45**	12.45	10	14

续表

周期频率	经济体	指标	持续时长（年）				波幅（%）		事件个数	
			上行期	下行期	周期（下行—上行）	周期（上行—下行）	上行期	下行期	上行期	下行期
短期	发达	信贷	2.05	**2.12**	4.22	4.07	**4.27**	3.85	267	284
		信贷/GDP	1.99	**2.10**	4.09	4.07	**2.20**	1.88	299	287
		房地产价格	2.38	**2.47**	4.87	4.80	**3.10**	2.70	194	201
	新兴市场	信贷	1.90	**2.11**	3.95	3.87	**7.17**	6.15	101	109
		信贷/GDP	1.91	**1.92**	3.83	3.79	**2.47**	2.18	125	125
		房地产价格	2.27	**2.30**	4.53	4.29	**3.53**	3.38	45	53

注：（1）表中所报告的数字指的是均值。

（2）CF 滤波器短周期截断频率为 5—32 个季度，中周期截断频率为 32—120 个季度。

（3）滤波法的上行期（下行期）指的是实际对趋势的偏离为正（负），波幅指的是相应时间范围内相对于趋势的最大偏离（绝对值）。

（4）加粗数字标明了同一特征指标在“上行期”、“下行期”对比时的较大值。

（5）“信贷”、“房地产价格”经过了统一度量处理，“波动项标准差”存在指标间的横向可比性。

（6）考虑到完整性，不计算样本开始和结束时的上行期或下行期。

由表 3 -2 可知，对于金融周期，特别是对“信贷/GDP”、“房地产价格”来说，中周期波动成分在周期动态演变中起到主导作用（Borio，2014）。针对中周期波动成分，我们一共识别出 230 个下行期和 199 个上行期，其中，信贷周期的持续时间最长，一个完整的信贷周期平均持续 18.4 年。此外，信贷周期的波动程度也最大。在发达经济体中，金融周期的非对称性特征在中、短期表现一致，上行期波动程度更大，发展迅速，下行期波幅相对较小，金融衰退程度能够得到有效的控制。然而，新兴市场经济体的信贷、信贷/GDP 在中、短周期维度却表现出不同的特征，在中周期维度，信贷周期的下行期波幅大于上行期。新兴市场经济体下行期的持续时长也略短于发达经济体。在新兴市场经济体中，金融机构和投资者可能更有投机性，对经济增长的乐观预期可能导致信贷的过度扩张。然而，一旦经济前景恶化，这些机构可能会迅速收紧信贷条件，导致信贷周期的剧烈波动，与发达经济体相比，新兴市场经济体的金融系统和监管框架可能尚不完善，特别是在经济下行时，由于缺乏有效的制度和监管支持，信贷收缩可能更为迅速和剧烈。

这提醒我们把目光聚焦在不同国家群体之间的差异，分析表 3 - 3 中的结果，总体而言，相对于发达经济体，新兴市场经济体金融周期相关指标的周期持续时长更短，波动程度更大。结合新兴市场经济体相对于发达经济体而言完善程度较低的金融制度，上述结果在一定程度上验证了 Broner 和 Rigobon（2006）的实证研究，即经济发展水平可以作为“资本流动波动性”的一个很好的指标。他们使用人均 GDP、金融发展程度、制度质量三个变量来衡量一国的经济发展水平，发现这些变量与资本流动的波动性负相关。我们的结果意味着这种相关性可能扩展到更宽泛的金融周期波动中，金融制度不完善的国家，金融市场的波动程度更大（Schmeling，2009）。另外，在新兴市场中，投资者的行为可能更有投机性，导致市场情绪的快速变化和金融资产的剧烈波动，而在发达经济体中，投资者往往更加理性和成熟，对市场的判断更为稳健（虞晓芬和傅玳，2004）。

研究还使用转折点法对信贷、信贷/GDP 和房地产价格的经典周期进行了识别，具体结果见表 3 - 4。针对短周期，我们一共识别出 572 个下行期和 559 个上行期，其中，信贷的波动程度最大，这与 CF 滤波的发现一致。然而，转折点法的结果反映出了与此前滤波结果不同的金融周期非对称性：对于信贷、信贷/GDP 和房地产价格来说，无论是持续时长还是波幅，上行期均大于下行期。类似的非对称性在经典的经济周期中也可以观察到，然而，经济周期衰退通常不会超过 1 年（Borio，2014），本书对实际人均 GDP（年度数据）波峰波谷进行识别，也发现经济衰退的平均持续时长为 1.5 年，而信贷/GDP 的短期下行期的平均持续时长为 2.35 年。特别地，鉴于金融周期由中期波动主导的事实，加之转折点法季度算法的审查条件仅要求下行期最短持续 2 个季度（年度算法要求衰退最短持续 1 年），这提醒我们金融下行期可能持续存在，从而引发或加重经济衰退。

表3-4　　　　金融周期单因素波动特征（转折点法）

周期频率	经济体	指标	持续时长（年）				波幅（%）		事件个数	
			上行期	下行期	周期（波峰—波峰）	周期（波谷—波谷）	上行期	下行期	上行期	下行期
中期	发达	信贷	**9.54**	3.75	9.92	14.35	**37.71**	17.65	7	12
		信贷/GDP	**12.29**	5.28	16.49	15.65	**36.75**	11.22	48	44
		房地产价格	**9.13**	5.89	14.84	15.05	**39.68**	20.78	35	50
	新兴市场	信贷	**10.75**	3.95	15.00		**128.3**	22.95	1	5
		信贷/GDP	**9.55**	5.21	15.08	13.63	**27.35**	15.99	24	19
		房地产价格	4.67	**6.21**	10.50	10.81	24.72	**34.41**	6	6
短期	发达	信贷	**4.34**	1.39	5.70	5.78	**28.02**	11.49	123	140
		信贷/GDP	**4.46**	2.57	7.12	7.33	**15.51**	7.16	158	153
		房地产价格	**4.18**	2.55	6.81	6.38	**20.78**	11.22	138	132
	新兴市场	信贷	**5.03**	1.25	6.36	6.34	**56.93**	12.84	26	34
		信贷/GDP	**3.49**	1.94	5.56	5.51	**11.69**	6.46	84	83
		房地产价格	**3.88**	2.56	6.46	4.92	**23.77**	14.07	30	30

注：（1）表中所报告的数字指的是均值。

（2）加粗数字标明了同一特征指标在“上行期”、“下行期”对比时的较大值。

（3）“信贷”、“房地产价格”经过了统一度量处理，“波动项标准差”存在指标间的横向可比性。

（4）转折点法所使用的审查条件：短周期2—2—5，即上行期和下行期的最短持续时长为2个季度，周期最短持续时长为5个季度，中周期9—9—20。

（5）转折点法的上行期（下行期）指的是从波谷（波峰）至波谷（波峰），波幅指的是峰谷差值（绝对值）。

（6）考虑到完整性，从开始时间到第一个波峰（波谷）之间的样本不算作上行期（下行期）。

受限于样本数量较少，以及转折点法的审查条件（中周期情况要求峰—谷间隔最小为9个季度，峰—峰、谷—谷间隔最小为20个季度），新兴市场经济体的金融周期中周期识别结果较少，特别是“信贷”序列，仅在墨西哥识别出一个持续时间为15年的完整周期，1999Q3—2003Q3的下行期和2003Q4—2014Q2的上行期。基于以上原因，后续中周期下的金融周期经典周期分析，我们更关注“信贷/GDP”序列。从峰—峰周期来看，发达经济体“信贷/GDP”周期的持续时长平均为16.5年，新兴市场经济体平均为15.8年，更具体地，这之间的差异主要来自上行期，发达经济体“信贷/GDP”上行期的平均持续时长比新兴市场经济体长 2.74 年。Carrière-Swallow 和 Céspedes（2013）的实证研究表明不同国家对经济的不确定性冲击的反应存在很大的异质性，投资和消费的动态与金融市场深度相关，与发达国家相比，金融市场欠发达的新兴经济体在受到外部不确定性冲击后，投资和私人消费的下降要严重得多，并且在投资下降方面，信贷渠道最多可以占到一半。另外，Beirne（2020）的实证研究表明，对亚洲和东欧新兴市场经济体而言，全球风险厌恶情绪对金融周期有抑制作用。Bräuning 和 Ivashina（2020）的研究表明，新兴市场经济体的信贷周期受美国货币政策影响严重，美国货币政策的收紧将导致其他国家的信贷大幅收缩，这种溢出效应在新兴市场经济体更强。总而言之，发达经济体的金融体系和监管框架通常更加成熟和稳健，能够更好地应对经济波动和风险，这使得在经济增长阶段，信贷能够相对平稳地扩张，并在经济下行时提供必要的缓冲。相比之下，新兴市场经济体的金融体系和监管可能尚不完善，导致信贷周期上行期的波动性更大，持续时长相对较短。此外，发达经济体往往在全球经济中具有更高的影响力和话语权，能够更好地应对国际经济波动和资本流动的影响，这种相对稳定的国际经济环境可能有助于延长发达经济体信贷周期的上行期。然而，新兴市场经济体可能更容易受到全球经济波动和资本流动的影响，导致信贷周期上行期的波动性和不确定性增加。

3.2.3 金融周期变量间协同分析

通过上述分析，我们发现，信贷、信贷/GDP 和房地产价格的周期特征存在许多相同点，事实上，三者之间存在密切的相互关联。例如，信贷扩张往往与房地产价格上涨相互强化，而信贷/GDP 则可以反映信贷增长与经济增长之间的关系。这涉及金融周期的多变量因素分析，我们尝试通过构建一致性指数来对三者之间的协同性进行量化的判断（Harding 和 Pagan，2002）。具体而言，对于序列 j 和序列 r，构建 I_{jr} 衡量二者处于同一阶段的概率：

$$I_{jr} = \frac{1}{T}\left[\sum_{t=1}^{T}\{S_{jt} = 1, S_{rt} = 1\}\right] + \frac{1}{T}\left[\sum_{t=1}^{T}\{S_{jt} = 0, S_{rt} = 0\}\right]$$

$$= \frac{1}{T}\left[\sum_{t=1}^{T} S_{jt} S_{rt} + (1 - S_{jt})(1 - S_{rt}) \right] \tag{3.1}$$

其中，T为样本时长，S_{jt}表示序列j在t时刻所处周期阶段，取值1代表上行期，0代表下行期，当且仅当t时刻序列j和序列r同时处于上行期时，$\{S_{jt}=1, S_{rt}=1\}$等于1，否则为0。若$I_{jr}=0$，表示序列j和序列r完全负相关；若$I_{jr}=1$，表示二者完全正向协同；若$I_{jr}=0.5$，则意味着二者几乎彼此独立。

Drehmann和Borio等（2012）的实证研究结果表明，对于金融周期相关指标而言，使用CF滤波器生成的周期分量的协同运动结果与转折点法的结果类似。鉴于CF滤波的周期成分是连续的时间序列，除了一致性指数I_{jr}外还可以计算其Pearson相关系数，同时与转折点法的识别结果相比样本量更充足，我们后续的多变量分析均参考CF滤波的结果。金融周期变量间的协同性结果见表3－5。

首先，我们发现信贷、信贷/GDP、房地产价格之间的协同性总是在中期范围内更加明显。从均值来看，无论是发达经济体还是新兴市场经济体，金融周期相关单因素指标的短期波动一致性指数均在0.5左右，变量间几乎相互独立，然而协同性在中期范围内有明显上升，例如发达经济体信贷与信贷/GDP的一致性指数平均为0.7，即两个序列有70%的时间处于同样的周期阶段。其次，除了印度外，其余所有样本国家均能在中周期范围内观察到一个超过0.6的一致性指数结果，信贷为实体经济和金融资产交易提供了资金，这使得信贷与信贷/GDP、房地产价格之间表现出协同性。同时，房地产是许多国家国民经济的支柱产业，具有系统重要性，房地产价格拉动房地产建筑业以及上下游关联行业的投资以及居民住房消费，影响经济增长，这又使得信贷/GDP和房地产价格之间表现出协同性。作为发达经济体和新兴市场经济体的代表样本，芬兰信贷、信贷/GDP和房地产价格的中周期波动的一致性指数均大于0.8，马来西亚信贷、信贷/GDP和房地产价格的中周期波动的一致性指数均大于0.7。表3－5的结果支撑了Borio（2014）的发现：信贷、房价这些变量往往彼此相当密切地共同变化，特别是在低频率时。

出于交叉验证的目的，我们同时计算了信贷、信贷/GDP和房地产价格周期波动项的相关系数，具体见表3－6。

表 3－5　　　　　　　　金融周期指标间协同性分析

国家		信贷，信贷/GDP			信贷，房地产价格			信贷/GDP，房地产价格		
		T	中期	短期	*T*	中期	短期	*T*	中期	短期
发达经济体	澳大利亚	210	0.65	0.46	210	**0.68**	0.61	214	0.61	0.62
	奥地利	197	0.60	0.37	94	0.33	0.41	94	**0.62**	0.54
	比利时	211	0.71	0.55	211	**0.77**	0.58	211	0.60	0.68
	加拿大	271	0.44	0.61	214	**0.67**	0.58	214	0.36	0.63
	丹麦	226	**0.78**	0.63	214	0.61	0.42	214	0.54	0.50
	芬兰	198	0.80	0.43	198	0.82	0.64	198	**0.84**	0.54
	法国	215	**0.82**	0.35	214	0.73	0.58	214	0.64	0.49
	德国	251	0.52	0.43	214	0.64	0.60	214	**0.73**	0.66
	希腊	211	**0.89**	0.54	70	0.73	0.51	70	0.46	0.41
	爱尔兰	190	**0.95**	0.72	190	0.67	0.80	190	0.70	0.64
	意大利	195	**0.79**	0.37	195	0.70	0.58	195	0.61	0.53
	日本	242	**0.80**	0.48	242	0.70	0.37	242	0.78	0.45
	荷兰	250	**0.71**	0.60	214	0.50	0.32	214	0.57	0.41
	新西兰	251	0.67	0.51	214	0.61	**0.71**	214	0.47	0.58
	挪威	251	**0.67**	**0.67**	214	0.57	0.54	214	0.53	0.57
	葡萄牙	251	**0.70**	0.46	62	0.63	0.52	62	0.61	0.48
	新加坡	74	**0.76**	0.58	74	0.64	0.65	74	0.39	0.36
	西班牙	214	**0.88**	0.49	210	0.68	0.58	210	0.68	0.48
	瑞典	250	0.72	0.45	214	0.64	0.51	214	**0.74**	0.44
	英国	242	0.67	0.50	221	**0.72**	0.57	221	0.63	0.60
	美国	274	0.59	0.54	214	**0.80**	0.55	214	0.57	0.40
新兴市场经济体	智利	162	0.49	0.46	86	0.24	0.43	86	**0.62**	0.56
	中国	122	**0.74**	0.52	73	0.48	0.67	73	0.48	0.32
	哥伦比亚	115	0.75	0.47	118	0.58	0.54	115	**0.85**	0.46
	匈牙利	174	**0.97**	0.49	66	0.67	0.53	66	0.62	0.30
	印度	266	0.24	0.57	58	0.33	0.47	58	0.38	**0.66**
	印度尼西亚	190	**0.86**	0.65	86	0.66	0.34	86	0.60	0.47
	马来西亚	94	**0.89**	0.39	94	0.77	0.72	94	0.87	0.27
	墨西哥	171	0.43	0.63	74	**0.72**	0.55	74	0.16	0.50
	波兰	126	**0.65**	0.50	54	0.63	0.35	54	0.22	0.50
	俄罗斯	113	0.57	0.45	90	0.70	0.69	90	**0.73**	0.71
	南非	234	0.59	0.41	230	**0.70**	0.41	230	0.60	3.65

注：(1) *T* 指的是计算一致性指数所使用的总样本量，在某一时刻，只有当两个序列均有样本观测值时才会开始计算，加粗数字标明了该行中最大的一致性指数。

(2) 表中的“中期”、“短期”指的是周期波动样本来源于不同截断频率的 CF 滤波器。

(3) 周期波动项为正（负）认为相应变量处于上行期（下行期）。

表 3-6　　　　金融周期指标间相关性分析

	国家	信贷，信贷/GDP		信贷，房地产价格		信贷/GDP，房地产价格	
		中期	短期	中期	短期	中期	短期
发达经济体	澳大利亚	0.21***	-0.10	0.05	-0.10	0.28***	0.45***
	奥地利	0.56***	-0.26***	**-0.19***	-0.26***	0.16	0.21**
	比利时	0.36***	0.22***	0.87***	0.22***	0.18***	0.43***
	加拿大	**-0.21*****	0.31***	-0.09	0.31***	**-0.39*****	0.02
	丹麦	0.84***	0.23***	0.24***	0.23***	0.20***	0.02
	芬兰	0.76***	-0.27***	0.58***	-0.27***	0.71***	0.17**
	法国	0.72***	0.07	0.84***	0.07	0.54***	0.14**
	德国	0.00	-0.24***	0.13*	-0.24***	0.44***	0.21***
	希腊	0.80***	0.24***	0.64***	0.24***	-0.13	-0.34***
	爱尔兰	0.97***	0.58***	0.48***	0.58***	0.41***	0.25***
	意大利	0.76***	-0.04	0.83***	-0.04	0.47***	0.00
	日本	0.63***	0.03	0.59***	0.03	0.78***	-0.14**
	荷兰	0.31***	0.27***	0.23***	0.27***	-0.03	-0.16**
	新西兰	0.53***	-0.09	0.10	-0.09	0.03	0.32***
	挪威	0.06	-0.05	0.20***	-0.05	0.23***	0.07
	葡萄牙	0.70***	0.07	0.53***	0.07	0.38***	-0.56***
	新加坡	0.76***	0.05	0.25**	0.05	**-0.36*****	-0.40***
	西班牙	0.97***	0.17**	0.68***	0.17**	0.69***	-0.16**
	瑞典	0.73***	-0.08	-0.03	-0.08	0.46***	-0.05
	英国	0.61***	0.10	0.56***	0.10	0.43***	0.25***
	美国	0.52***	0.17***	0.78***	0.17***	0.46***	-0.33***
新兴市场经济体	智利	-0.02	-0.26***	**-0.38*****	-0.26***	0.17	-0.07
	中国	0.39***	0.03	0.21*	0.03	-0.08	-0.26**
	哥伦比亚	0.61***	-0.37***	0.46***	-0.37***	0.84***	-0.54***
	匈牙利	0.88***	-0.16**	0.58***	-0.16**	0.53***	-0.27**
	印度	**-0.18*****	0.00	**-0.73*****	0.00	**-0.39*****	0.26**
	印度尼西亚	0.66***	0.10	0.42***	0.10	0.28***	-0.16
	马来西亚	0.83***	-0.17	0.48***	-0.17	0.84***	-0.58***
	墨西哥	-0.07	0.10	0.55***	0.10	**-0.81*****	0.03
	波兰	0.55***	-0.22**	0.56***	-0.22**	**-0.40*****	-0.08
	俄罗斯	0.10	-0.42***	0.58***	-0.42***	0.42***	0.17*
	南非	0.51***	-0.37***	0.31***	-0.37***	0.64***	0.31***

注：(1) 表中汇报的是 Pearson 相关系数。

(2) *，**，*** 分别代表 10%，5%，1% 的显著性水平。

(3) 将中周期波动在 10% 水平下表现为显著负相关的结果加粗标出。

(4) 表中的“中期”、“短期”指的是周期波动样本来源于不同截断频率的 CF 滤波器。

相关性分析的结果基本与一致性指数所反映出来的类似。在进行一致性指数分析时，我们特别提到印度是一个例外，其金融周期相关指标的中周期波动的一致性很低，均在0.4%以下，并且都低于相应的短周期波动的一致性。在表3－6中我们特别注意到，印度的信贷、信贷/GDP和房地产价格的中周期波动显著负相关，而短周期波动之间也不存在显著的相关性。这可能是由于印度的国内信贷周期很大程度上受到汇率的影响，削弱了国内金融市场的相关指标短期波动的相关性，同时，印度储备银行坚持通胀目标框架，对产出缺口做出强烈反应，中期来看，信贷、信贷/GDP之间表现出显著的负相关（Prabheesh和Anglingkusumo等，2021）。这提醒我们，由于不同国家货币政策、金融制度、市场监管等存在差异，Borio（2014）所提出的金融周期的衡量标准（例如指标、频率等）并非放之四海而皆准，特别是Drehmann和Borio等（2012）对单因素指标滤波后的周期波动项简单取均值以合成金融周期指标的做法，对于与印度类似的国家将不再适用。

3.2.4 合成金融周期研究

信贷、信贷/GDP、房地产价格这些变量在各自领域内都具有代表性，然而单独使用可能无法全面反映金融市场的状态和趋势。鉴于这些变量之间存在相关关系，通过综合这些变量，我们可以更全面地捕捉金融市场的波动和周期性变化。根据之前的研究，我们知道对单因素变量去趋势序列进行简单均值加总的方法构建合成金融周期波动（Drehmann和Borio等，2012）是有偏差的，特别是当序列之间表现出负相关时，这种方法会掩盖真正的波动情况。许多研究也注意到了这一点。Hiebert和Peltonen等（2015）使用时变权重而非简单加总构建了综合金融周期指标。Menden和Proaño（2017）利用动态因子模型构建了与金融周期相关的金融市场状况指标。English和Tsatsaronis等（2005）使用主成分分析（principal components analysis，PCA），试图从美国、德国和英国的大型数据集中提取各种金融指标的主成分，然而他们并没有明确地关注中期频率。在Borio（2014）明确提出应重点关注金融周期的中期频率之后，许多研究又将PCA应用于相关变量的中期频率范围以构建金融周期综合指数（范小云和袁梦怡等，2017；罗朝阳和李雪松，2020）。本书考虑对信贷、信贷/GDP、房地产价格的中周期波动项应用 PCA，提取合成金融周期指数。

PCA 通过线性变换将原始数据变换为一组各维度线性无关的表示，旨在减少数据集的维数，同时保留大部分有效信息（将带有重复信息的特征合并，并删除带有无效信息的特征）。PCA 基本思想是将原来众多的具有一定相关性的变量 X_1，X_2，…，X_p（比如 p 个指标），重新组合成一组个数较少的互不相关的综合指标F_1，F_2，…，F_p，这些新的变量按照方差依次递减的顺序排列，F_i 为第 i 主成分，且 $\sum_{i=1}^{p}\mathrm{Var}(X_i)=\sum_{i=1}^{p}\mathrm{Var}(F_i)$，对应的线性变换为：

$$F_i = U_i'X = U_i'\begin{bmatrix} X_1' \\ X_2' \\ \vdots \\ X_p' \end{bmatrix},(i = 1,2,\cdots,p) \tag{3.2}$$

其中，$X_p=(X_{p1}, X_{p2}, \cdots, X_{pT})'$，$U_i$是协方差矩阵 $\Omega=\frac{1}{T}XX'$的第 i 大特征值λ_i所对应的标准化特征向量（$p\times 1$ 维列向量）。

然而最终应保留多少个主成分呢？假设最终保留 k 个主成分，如果 k 的值过大，数据压缩率不高，在极限情况 $k=p$ 时，等于是在使用原始数据，然而，如果 k 过小，数据的近似误差又会太大。因此，实际应用时通常会考虑不同 k 值可保留的方差百分比：

$$\mathrm{AVC}_k = \frac{\sum_{i=1}^{k}\lambda_i}{\sum_{i=1}^{p}\lambda_i} \tag{3.3}$$

我们将 AVC_k 称作前 k 个主成分的累计方差贡献率（accumulative variance contribution）。注意，特征值 $\{\lambda_i\}_{i=1}^{p}$ 由大到小按顺序排列，并与标准化特征向量 $\{U_i\}_{i=1}^{p}$ 和主成分 $\{F_i\}_{i=1}^{p}$ 一一对应。对于金融周期的分析，一般以 $\mathrm{AVC}_k\geqslant 80\%$ 为界限选定 k 的值（范小云和袁梦怡等，

2017）。最终根据 k 个主成分组合得到最终的综合指标：

$$F = CR' \times \begin{bmatrix} F_1 \\ F_2 \\ \vdots \\ F_k \end{bmatrix} = (CR_1, CR_2, \cdots, CR_k) \times \begin{bmatrix} F_1 \\ F_2 \\ \vdots \\ F_k \end{bmatrix} \tag{3.4}$$

其中 CR 为主成分因子权重矩阵，根据主成分的方差贡献率来确定，$CR_i = \frac{\lambda_i}{\sum_{i=1}^{k} \lambda_i}$。

本研究中，在衡量某个国家的金融周期时，涉及的样本集的数据维度并不大，$p=3$（信贷、信贷/GDP 和房地产价格），然而 PCA 方法依然有它独特的贡献（范小云和袁梦怡等，2017），即我们可以得到不同指标在合成金融周期指数时的权重：

$$F = CR' \times \begin{bmatrix} U_1'X \\ U_2'X \\ \vdots \\ U_k'X \end{bmatrix} = (CR_1, CR_2, \cdots, CR_k) \times \begin{bmatrix} U_{11}, U_{12}, \cdots, U_{1p} \\ U_{21}, U_{22}, \cdots, U_{2p} \\ \vdots \quad \vdots \quad \ddots \quad \vdots \\ U_{k1}, U_{k2}, \cdots, U_{kp} \end{bmatrix}$$

$$\times \begin{bmatrix} X_1' \\ X_2' \\ \vdots \\ X_p' \end{bmatrix} = IR' \times \begin{bmatrix} X_1' \\ X_2' \\ \vdots \\ X_p' \end{bmatrix} \tag{3.5}$$

其中 IR 为指标权重矩阵（维度为 $p \times 1$）。最终的合成金融周期波动指标 Financial Cycle Indicator 可表示为：

$$\text{Financial Cycle Indicator}_t = IR_1 \times \text{信贷}_t + IR_2 \times \frac{\text{信贷}}{\text{GDP}}_t + IR_1 \times \text{房地产价格}_t \tag{3.6}$$

33 个样本国家的信贷、信贷/GDP 和房地产价格的主成分分析的具体结果见表 3－7。从 PCA 的指标权重来看，信贷、信贷/GDP 和房地产价格对金融周期的影响程度不同，合成金融周期并非简单地取平均。前文一致性分析中提到，马来西亚的信贷、信贷/GDP 和房地产价格周期波动之间存在明显的协同性，而 PCA 结果表明第一主成分解释了超过 84%的综合金融周期波动，而指标间存在显著负相关关系的印度，其房价的指标权重为 -0.28。另外，PCA 结果提示我们不同国家的金融周期一揽子指标可能存在不同，例如荷兰的信贷/GDP 指标权重仅为 -0.03，智利、波兰的房地产价格指标权重分别为 -0.05 和 -0.02，这些绝对值较低的权重意味着在这些国家中，相应指标在构成其金融周期波动上的重要程度很小。

表 3-7　　　　金融周期主成分分析

国家		指标权重（IR）			主成分个数（k）	累计方差贡献率（AVC_k,%）
		信贷	信贷/GDP	房价		
发达经济体	澳大利亚	0.53	0.21	0.21	3	100
	奥地利	0.50	0.56	0.22	2	95.50
	比利时	0.43	0.52	0.34	2	96.23
	加拿大	0.11	0.50	-0.49	2	83.52
	丹麦	0.42	0.40	0.49	2	94.89
	芬兰	0.38	0.48	0.60	2	93.24
	法国	0.62	0.54	0.57	1	80.08
	德国	0.57	0.26	0.34	2	83.22
	希腊	0.63	0.26	0.37	2	99.80
	爱尔兰	0.43	0.42	0.54	2	99.14
	意大利	0.49	0.53	0.41	2	97.45
	日本	0.58	0.45	0.45	2	92.66
	荷兰	0.53	-0.03	0.29	3	100
	新西兰	0.45	0.38	0.44	2	83.34
	挪威	0.07	0.28	0.53	3	100
	葡萄牙	0.75	0.62	0.23	1	87.40
	新加坡	0.51	0.53	0.15	2	98.58
	西班牙	0.60	0.60	0.52	1	85.90
	瑞典	0.25	0.50	0.49	2	96.28
	英国	0.48	0.33	0.57	2	87.85
	美国	0.41	0.63	0.31	2	93.37

续表

国家		指标权重（IR）			主成分个数（k）	累计方差贡献率（AVC_k,%）
		信贷	信贷/GDP	房价		
新兴市场经济体	智利	0.69	-0.35	-0.05	2	93.46
	中国	0.55	0.26	0.43	2	94.13
	哥伦比亚	0.55	0.46	0.42	2	95.06
	匈牙利	0.71	0.63	0.31	1	86.76
	印度	0.47	0.53	-0.28	2	93.29
	印度尼西亚	0.37	0.19	0.65	2	83.40
	马来西亚	0.50	0.71	0.50	1	84.05
	墨西哥	0.56	-0.20	0.57	2	98.32
	波兰	0.47	0.54	-0.02	2	95.17
	俄罗斯	0.18	0.58	0.41	2	89.04
	南非	0.59	0.44	0.27	2	89.41

注：（1）PCA 的样本为各指标应用截断频率为 32—120 季度的 CF 滤波器后得到的中周期波动项。

（2）累计方差贡献率的门槛值选定为 80%。

（3）只有信贷、信贷/GDP、房地产价格均可以观察到的样本时间才会被纳入 PCA。

在 PCA 所得到的合成金融周期波动指标（Financial Cycle Indicator，FCI）的基础上，我们重新对 33 个国家的金融周期特征进行了识别，具体结果见表 3-8。新兴市场经济体金融周期的持续时长似乎要略长于发达经济体，从 FCI 的正负（缺口）角度来看，新兴市场经济体的金融周期似乎有更长的时间处于上行期。然而考虑到新兴市场经济体的样本有限（特别是受限于房地产价格数据），或者说样本起始时间较晚，而金融周期的特征很可能随着时间发生变化，以上分析的可靠性有待验证。

表 3-8　　合成金融周期波动特征

经济体	周期识别	持续时长（年）				波幅（%）		事件个数	
		上行期	下行期	周期（下行—上行）	周期（上行—下行）	上行期	下行期	上行期	下行期
发达	缺口	8.70	**8.75**	17.42	17.52	**1.75**	1.30	42	45
	波峰—波谷	6.17	**6.83**	12.69	13.31	2.10	**2.43**	56	60

续表

经济体	周期识别	持续时长（年）				波幅（%）		事件个数	
		上行期	下行期	周期（下行—上行）	周期（上行—下行）	上行期	下行期	上行期	下行期
新兴	缺口	**10.40**	8.39	21.08	17.05	1.49	**1.92**	5	11
	波峰—波谷	7.18	**7.89**	15.55	14.46	2.58	**3.10**	10	11

注：（1）表中所报告的数字指的是均值。

（2）基础样本为通过PCA所得到的合成金融周期波动指标FCI。

（3）使用"缺口"识别周期指的是FCI大于（小于）0，认为金融周期处于上行期（下行期）；使用"波峰—波谷"识别周期指的是对FCI应用转折点法（审查条件为2—2—5季度[①]），从波峰到波谷为下行期，从波谷到波峰为下行期。

（4）加粗数字标明了同一特征指标在"上行期"、"下行期"对比时的较大值。

（5）考虑到完整性，不计算样本开始和结束时的上行期或下行期。

为了更直观地展示金融周期长期以来的演变，我们以美国为例，将其"信贷"、"信贷/GDP"和"房地产价格"的中、短周期的滤波结果、波峰波谷识别结果以及FCI结果绘制出来，见图3－1和图3－2（其余国家的合成金融周期波动见附录）。

对于单因素指标波动来说，中周期波动程度大于短周期，这种特征在20世纪90年代后变得更加明显。从合成金融周期波动来看，1985年之后美国金融周期的持续时间和波动幅度都有所增加（经济周期的持续时长也有所增加）。20世纪80年代的金融自由化浪潮让金融力量得以充分发挥作用，与此同时，伴随着低通胀的经济扩张，使紧缩货币政策的必要性有所降低，金融体系的顺经济周期性得到进一步强化（Drehmann和Borio等，2012）。

此外，通过图3－2我们更加直观地发现美国金融周期的频率远低于经济周期，例如在1988Q4—2007Q2这一轮（峰—峰）金融周期内，有三轮经济周期，包含两个完整的经济衰退期和一个完整的经济繁荣期。考虑到金融体系的顺周期性特征，如果不能认识到金融周期的频率低于经济周期，而是只关注经济周期指标，忽视金融周期的持续积累，

① FCI作为合成指数，其序列相对于单因素指标序列而言更加光滑，转折点法审查条件参数的不同设置对结果的影响并不大。当对FCI应用审查条件为"9—9—20季度"的转折点法时，发达经济体周期持续时长平均比使用审查条件为"2—2—5季度"的转折点法的结果仅多0.84年，新兴市场经济体仅多0.36年，差异远小于单因素变量分析时的结果。

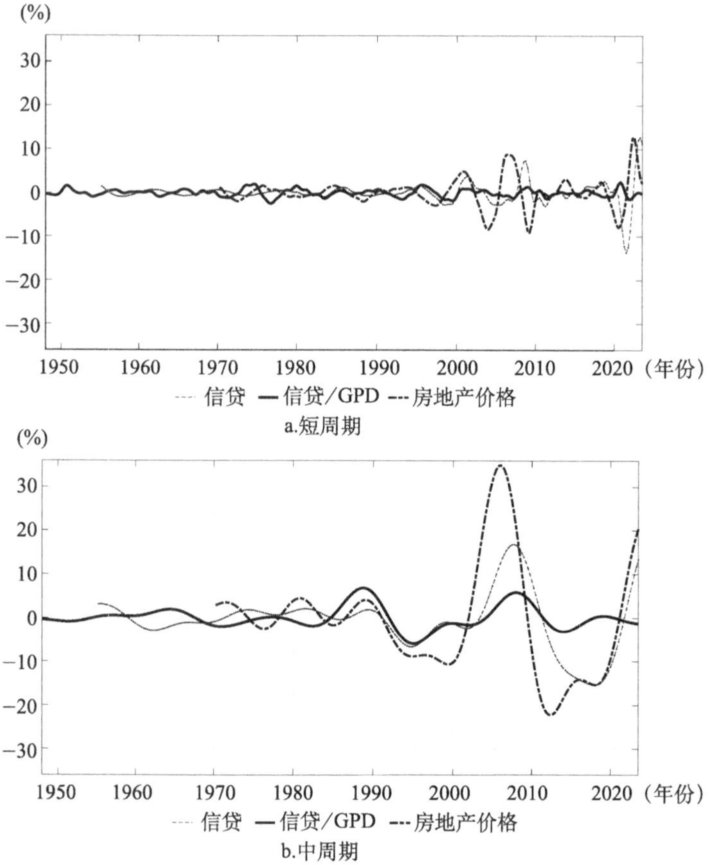

图 3－1　金融周期单因素波动（美国，CF 滤波）

注：（1）对于金融周期季度数据，CF 滤波器短周期截断频率为 5—32 季度，中周期截断频率为 32—120 季度。

（2）信贷、房价以 2010 年（2010Q4）为基期统一度量，即 2010 年（2010Q4）信贷/GDP 本身就是百分比形式，不作上述标准化处理。基于以上处理，可进行指标间的波动性大小的横向对比。

政策制定者可能会误入歧途。具体来说，假如政策制定者只观测经济指标的短期波动特征，使用财政或货币刺激遏制短期经济衰退（同时推动金融繁荣），而没有考虑到中期金融周期的持续影响，在不受约束的金融上行期之后，随之而来的泡沫破裂会带来更严重的经济混乱。例如，在 1994Q4—2014Q1 这一轮（谷—谷）金融周期内，面对 21 世纪初经济的迅速下滑，美联储于 2001 年 1 月两次降息，采取一切必要措施以遏制经济衰退。然而，当美国经济于 2002 年走出衰退后，扩张性的货币政策仍未停止，推动金融周期持续繁荣，直至 2007Q2 金融周期

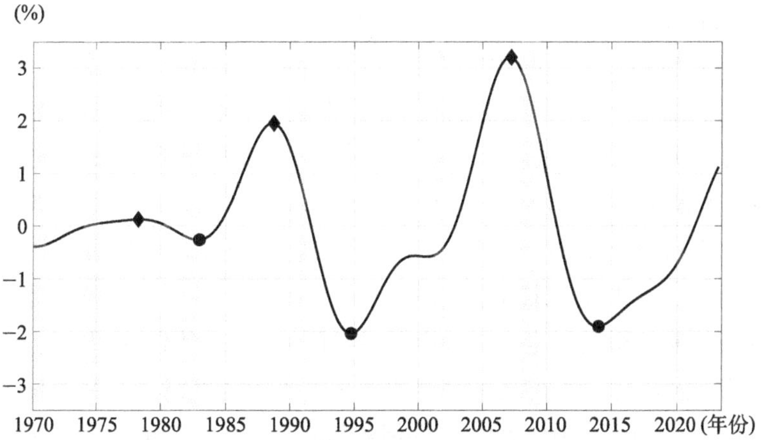

图3－2 合成金融周期波动（美国，FCI）

注：(1) 图中展示的是对信贷、信贷/GDP和房地产价格的中周期波动（CF滤波得到）应用PCA得到的合成金融周期波动。

(2) 使用转折点法（审查条件：2—2—5季度）对合成金融周期波动的转折点进行识别，菱形标注波峰，圆形标注波谷。

(3) 阴影部分表示美国经济衰退。

资料来源：NBER's Business Cycle Dating Committee。

达峰，高企的信贷总量伴随着房地产价格泡沫的破裂，使美国在2008年进入严重的经济危机。

3.3 公共债务与私人债务的周期间关系与相互影响

3.3.1 公共债务与私人债务的周期协同性

债务是一把双刃剑，明智而适度地使用债务可以提高福利，有利于经济增长，但如果使用不当或过度发债，债务将成为经济的沉重负担。由于全球债务积累的趋势，债务现在越来越像一种负担。公共债务（public debt，government debt）和私人债务[①]（private debt，credit）作为经济体中

① 在本研究中，私人债务（private debt）与信贷（credit）指代相同，均为国内银行向私营非金融部门提供的按市值计算的信贷总额（非金融企业和家庭，但不包括政府）。为与文中提到的公共债务进行对比，私人债务指的是信贷占GDP比率。

的债务组成部分，共同影响着国家的财政和经济发展，许多研究都讨论了公共债务与私人债务的相关关系。Schularick（2014）对1970—2010年17个发达经济体的数据进行实证研究，发现私人信贷增长强劲的经济体的公共债务增长率明显较低，而公共债务与私人债务的负相关关系在2008年全球金融危机后进一步加强（Blas和Malmierca，2020；Lee，2021a）。Rant和Marinč（2021）认为公共债务率在金融危机期间（以及之后）飙升，至少在一定程度上是为了应对私人债务问题。私人部门去杠杆化和公共债务积累可能会影响衰退后各国的复苏之路。然而以上研究多聚焦于发达经济体，所得结论是否适用于新兴市场经济体有待商榷。事实上，如图3-3所示，中美两国公共债务与私人债务之间的关系直观上即可看出明显的差异，中国的公共债务与私人债务似乎一直是正向相关的，特别是在全球金融危机之后。这提醒我们对不同国家群体的公共债务周期与私人债务周期的相关性进行分析、对比、讨论是必要的。

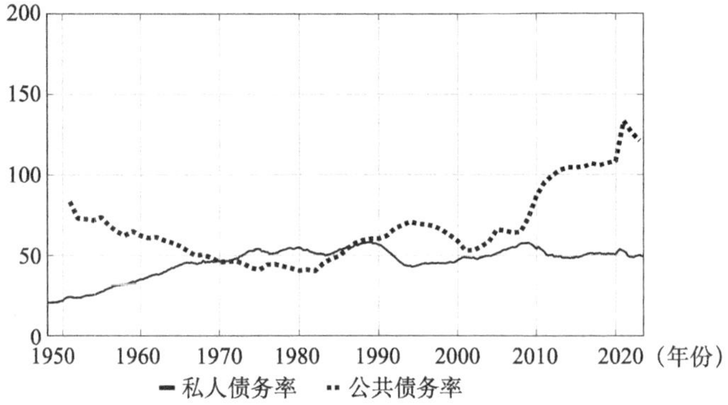

a.债务率水平(美国)

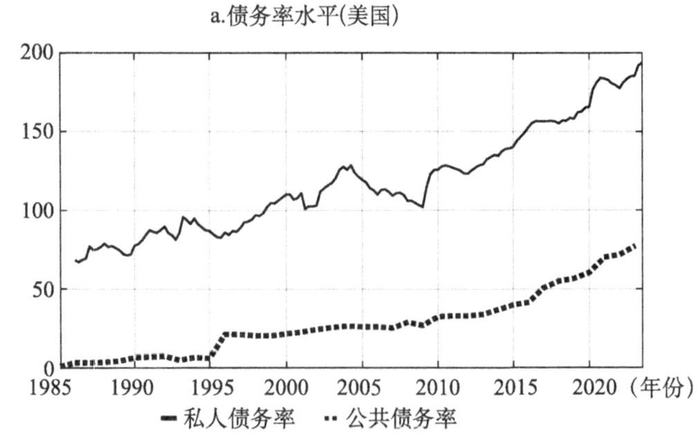

b.债务率水平(中国)

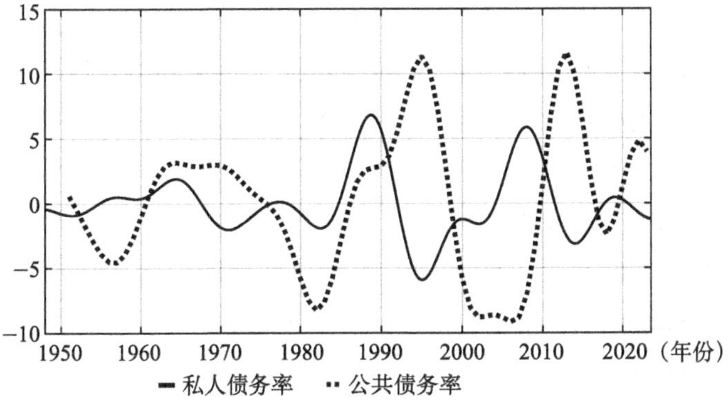

c.债务率波动(美国)

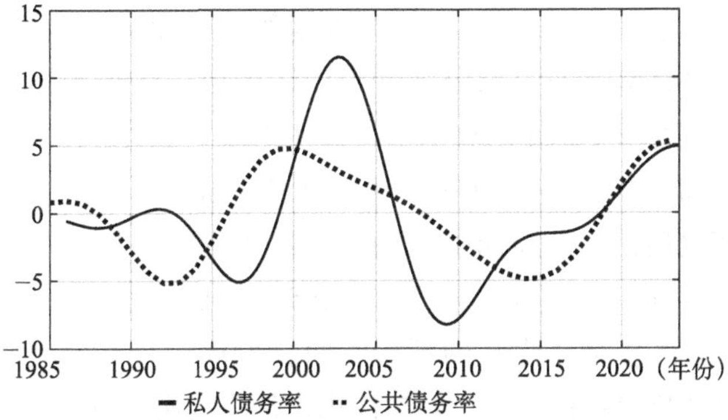

d.债务率波动(中国)

图 3－3　公共债务与私人债务（中国，美国）

注：（1）债务率水平为原始数据，单位为%；债务率波动指的是经 CF 滤波后的去趋势序列，单位为%。

（2）私人债务率滤波器的截断频率为 32 季度、120 季度，公共债务率滤波器的截断频率为 8 年、30 年。

通过对公共债务周期和经济周期的相关性分析我们知道，公共债务的顺周期性加剧了经济周期的波动，而与金融周期下行阶段重合的经济衰退尤为严重（Claessens 和 Kose 等，2012；Borio，2014）。另外，公共债务对私人投资可能存在挤出效应（Broner 和 Martin 等，2014；Huang 和 Pagano 等，2020），而房地产价格和信贷的崩溃在一定程度上会延长公共债务扩张期的持续时间（Poghosyan，2018）。一个直觉是，当私人债务受到负面冲击而减少，或资产价格泡沫破裂时，投资必然会下降，从而产出降低，如果税率固定，产出的下降意味着政府收入的减少，为维持政府支出，随之而来的便是公共债务的上升。2008 年全球金融危机后，去杠杆化一直是许多国家（包括中国）的政策目标之一，其中就包括公共部门和私人部门的去杠杆化。在这种情况下，正确认识公共债务与私人债务周期（波动）的协同性或相关性是必要的，如果私人和公共债务向相反方向运动的机制是确定的，就意味着货币政策和财政政策的标准组合不足以同时稳定两个变量，政策制定者应考虑更加有效和协调的政策组合。

我们希望考察公共债务周期与私人债务周期关系在时间维度上的演变，受限于“公共债务/GDP”季度数据的可得性和样本量①，我们将私人债务相关数据（即“信贷/GDP”）转变为年度频率样本，具体操作为取该年度内季度观测的算术平均值作为该年度对应样本，后续对年度数据进行 CF 滤波、采取转折点法识别私人债务周期。

1985 年之后的金融周期中周期波动性和持续时长有了明显的增加（Drehmann 和 Borio 等，2012），20 世纪 80 年代中期也是美国金融自由化（或者说是经济全球化）的开始时间。2008 年全球金融危机的爆发使得许多国家开始对私营部门去杠杆化，量化宽松政策在全球范围内的流行使得公共债务大幅增加。此外，根据之前的研究我们知道，私人债务周期的平均持续时间为 16.5 年，公共债务周期的平均持续时间为 14 年。因此，我们粗略地以 1985 年和 2008 年作为两个时间断点，讨论公共债务周期与私人债务周期协同性的变化。

我们首先计算了公共债务与私人债务经典周期的一致性指数，结果如表 3 -9 所示。如果我们认为两个周期的一致性指数大于 0.6 意味着存在正向协同，小于 0.4 意味着存在逆向运动，而在 0.4 和 0.6 之间意味着两个周期可能相互独立，很明显，不同国家公共债务周期与私人债务周期的协同性同时存在异质性和时变性。首先，确实在一些国家中观察到了公共债务周期与私人债务周期的逆向关系，例如爱尔兰、西班

① 虽然国际清算银行提供了“一般政府债务/GDP”的样本数据，但在 32 个样本国家中，有 40% 的国家的公共债务从 2000 年之后才开始有观测，例如智利从 2008Q1 才开始有观测值，而智利的公共债务年度数据库从 1990 年开始有观测值。

牙、瑞典和南非，这些国家的结果在一定程度上支撑了 Schularick（2014）和 Lee（2021a）的观点，即公共债务与私人债务存在显著的负相关关系。然而同时也存在如澳大利亚、意大利、新加坡这样的发达经济体，其公共债务与私人债务周期一直为正向协同关系，特别是新加坡，其公共债务周期与私人债务周期的同步性在 2008 年全球金融危机后进一步增加。其次，公共债务周期与私人债务周期的协同性在同一国家也会随时间发生改变，并且这种改变的方向在发达经济体和新兴市场经济体之间存在明显的分化。

表 3-9　公共债务周期与私人债务周期协同性分析（经典周期）

经济体	国家	起止时间			国家	起止时间		
		1950—1984 年	1985—2007 年	2008—2022 年		1950—1984 年	1985—2007 年	2008—2022 年
发达	澳大利亚	**0.93**	**0.91**	**0.73**	日本	**0.64**	**0.83**	0.60
	奥地利	**0.80**	**0.61**	0.60	荷兰	0.42	<u>0.30</u>	**0.73**
	比利时	0.53	0.57	0.40	新西兰	<u>0.32</u>	0.57	0.40
	加拿大	<u>0.30</u>	**0.78**	**1.00**	挪威	**1.00**	0.52	<u>0.33</u>
	丹麦	0.53	**0.61**	<u>0.33</u>	葡萄牙	<u>0.20</u>	0.52	0.60
	芬兰	**1.00**	**0.74**	<u>0.00</u>	新加坡	**0.80**	**0.83**	**1.00**
	法国	<u>0.31</u>	0.43	0.53	西班牙	<u>0.07</u>	<u>0.17</u>	<u>0.33</u>
	德国	0.48	**0.65**	0.40	瑞典	0.47	<u>0.17</u>	<u>0.13</u>
	希腊	**0.67**	**0.70**	0.40	英国	<u>0.32</u>	0.52	0.40
	爱尔兰	0.57	<u>0.30</u>	<u>0.27</u>	美国	0.50	**0.74**	0.47
	意大利	**0.64**	**0.61**	**0.80**				
新兴市场	智利		<u>0.22</u>	0.40	马来西亚	0.50	0.48	**0.67**
	中国		0.56	**0.87**	墨西哥		0.47	**1.00**
	哥伦比亚		<u>0.36</u>	0.53	波兰		0.50	**0.80**
	匈牙利	0.53	**0.70**	0.53	俄罗斯		<u>0.18</u>	0.60
	印度	**1.00**	0.43	0.53	南非	<u>0.35</u>	<u>0.39</u>	<u>0.13</u>
	印度尼西亚	0.43	<u>0.22</u>	**0.67**				

注：（1）在某一时刻，只有当公共债务与私人债务均有样本观测值时才会开始计算，样本量小于 10 的结果未在表中展示。

（2）将大于 0.6 的一致性指数加粗表示，将小于 0.4 的一致性指数加下划线表示。

（3）表中展示的均为中周期结果，即转折点法的审查条件为 2—2—5 年。

具体而言，我们确实在一些发达经济体中观察到在 2008 年全球金融危机之后，其公共债务与私人债务的同步性降低（Blas 和 Malmierca，2020），例如芬兰、希腊、美国。一方面，为了应对私营部门杠杆率的恶化和经济衰退，这些国家在增加公共支出以刺激经济的同时采取了措施来支持或救助陷入困境的私人部门，而经济结构中的深层次问题，如房地产泡沫等，导致私人部门和政府部门在债务积累方面出现差异，这降低了二者周期之间的同步性。然而对于绝大多数新兴市场经济体而言，2008 年之后，公共债务周期与私人债务周期的同步性都表现出不同程度的增强，最明显的是中国、印度尼西亚和波兰。另一方面，2008 年全球金融危机对新兴市场经济体的损害程度远小于发达经济体，私人部门的杠杆率没有在危机后受到大量限制，公共部门的杠杆率同样在持续增加。新兴市场经济体的公共部门在经济衰退期可能存在融资约束，加之金融周期的顺周期特征，公共债务周期与私人债务周期表现出同步性。此外，Gu 和 Guo 等（2022）的研究表明中国的公共投资对私人投资存在挤入效应，这可能进一步加强了两种债务周期之间的同步性。

我们还对公共债务和私人债务的增长周期进行了协同性分析作为交叉验证，具体结果如表 3 - 10 所示。经典周期根据债务率本身的上升下降划分阶段，而增长周期根据债务率相对于长期趋势的偏离情况划分阶段。如果说经典周期反映了财政货币政策、市场反应等因素最终呈现在债务率上的结果，那么增长周期从一定程度上衡量的是这些因素发挥作用的过程和债务率在过程中的波动变化。

通过对比表 3 - 9 和表 3 - 10 的结果，我们发现大多数国家公共债务与私人债务的协同性在经典周期、增长周期的不同视角上表现出类似的特征，然而，在日本，情况却截然不同。参考图 3 - 4，20 世纪 80 年代，日本经济的迅速崛起伴随着公共债务与私人债务的同步上涨，然而 20 世纪 90 年代初，日本央行加息引发房地产泡沫破裂，导致经济下滑和通货紧缩。此后，尽管日本政府采取了一系列措施，例如日本央行大量买入国债，将长期利率控制在较低水平，试图拉动私人投资，刺激经济增长，公共债务与私人债务增长周期协同性在 2008 年之后高达 0.73，但效果有限，私人债务一直维持在原有水平附近，从经典周期来看，两种债务的协同性仅为 0.6，私人债务并未与公共债务产生明显的协同效应。

表 3 –10　公共债务周期与私人债务周期协同性分析（增长周期）

经济体	国家	起止时间			国家	起止时间		
		1950—1984 年	1985—2007 年	2008—2022 年		1950—1984 年	1985—2007 年	2008—2022 年
发达	澳大利亚	**0.79**	0.39	0.40	日本	0.14	0.26	**0.73**
	奥地利	0.60	0.17	0.47	荷兰	0.46	0.43	0.60
	比利时	0.33	0.35	0.47	新西兰	0.52	**0.61**	0.20
	加拿大	0.27	**0.87**	**0.73**	挪威	0.20	0.39	0.60
	丹麦	0.40	**0.61**	0.60	葡萄牙	0.27	0.22	0.53
	芬兰	**0.64**	0.43	0.60	新加坡	0.13	0.43	0.20
	法国	0.56	0.30	0.60	西班牙	0.13	0.26	0.20
	德国	0.56	**0.61**	0.20	瑞典	0.60	0.39	**0.67**
	希腊	0.40	0.48	0.60	英国	0.77	0.26	0.53
	爱尔兰	0.50	**0.65**	**0.67**	美国	0.49	0.52	0.27
	意大利	**0.91**	**0.70**	0.33				
新兴市场	智利				马来西亚	**0.94**	0.30	0.27
	中国		**0.61**	**1.00**	墨西哥		**0.72**	**0.93**
	哥伦比亚		0.21	0.53	波兰			
	匈牙利	0.60	0.43	**0.87**	俄罗斯		0.27	0.20
	印度	0.28	0.43	0.20	南非	0.20	0.22	0.40
	印度尼西亚	0.00	0.30	**0.67**				

注：（1）在某一时刻，只有当公共债务与私人债务均有样本观测值时才会开始计算，样本量小于 10 的结果未在表中展示。

（2）表中展示的为中周期结果，即波动项均来源于 CF 滤波器（截断频率为 8 年、30 年），波动项同号认为两个债务周期处于同一阶段。

（3）智利、波兰的公共债务率序列不符合 CF 滤波器对序列平稳性的要求，故无结果。

（4）将大于 0.6 的一致性指数加粗表示，将小于 0.4 的一致性指数加下划线表示。

最后，我们计算公共债务和私人债务的周期波动项的相关系数，考虑到显著性检验对样本数量的限制，我们不再对样本进行时间上的划分，结果如图 3 –4 所示。私人债务和公共债务的周期波动在大多数国

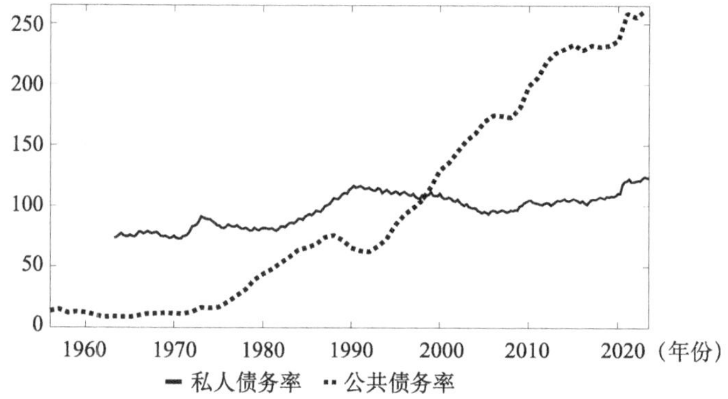

a.债务率水平

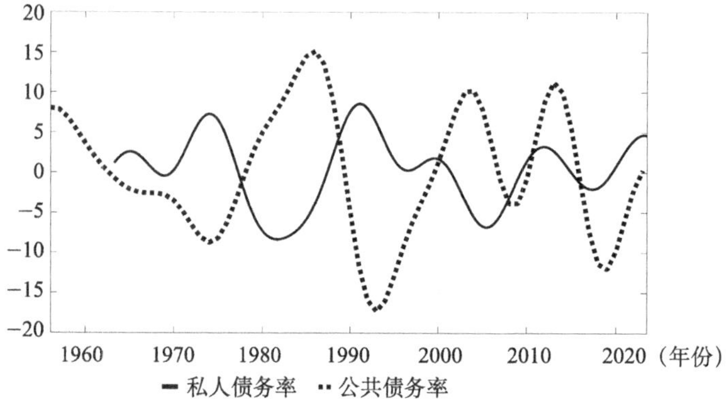

b.债务率波动

图 3－4　公共债务与私人债务（日本）

家是不相关或负相关的（Schularick，2014；Blas 和 Malmierca，2020；Lee，2021a），然而在加拿大、中国、墨西哥，两种债务的波动却在 1% 的显著性水平下存在正相关关系（见表 3－11）。当我们回顾表 3－9 和表 3－10 中的协同性结果，这三个国家的公共债务周期与私人债务周期也存在明显的正向协同。

表 3－11　公共债务与私人债务周期波动相关系数（1985—2022 年）

发达经济体				新兴市场经济体	
澳大利亚	－0.29*	日本	－0.42***	智利	
奥地利	－0.03	荷兰	－0.16	中国	0.52***
比利时	－0.54***	新西兰	－0.07	哥伦比亚	－0.49***

续表

发达经济体				新兴市场经济体	
加拿大	0.71***	挪威	0.26	匈牙利	0.16
丹麦	0.09	葡萄牙	-0.06	印度	-0.37
芬兰	-0.35**	新加坡	-0.47***	印度尼西亚	-0.61
法国	-0.32*	西班牙	-0.63***	马来西亚	-0.4***
德国	-0.03	瑞典	-0.52***	墨西哥	0.27***
希腊	0.21	英国	-0.42***	波兰	
爱尔兰	0.02	美国	-0.44***	俄罗斯	-0.59***
意大利	0.31*			南非	-0.64***

注：（1）表中展示的是中周期波动项的 Pearson 相关系数，波动项均来源于 CF 滤波器（截断频率为 8 年、30 年）。

（2）在某一时刻，只有当公共债务与私人债务均有样本观测值时才会开始计算，除哥伦比亚、墨西哥、俄罗斯外，其余所有样本国家的样本数量均为 38 年，智利、波兰的公共债务率序列不符合 CF 滤波器对序列平稳性的要求，故无结果。

（3）*，**，***分别代表 10%，5%，1% 的显著性水平。

综上所述，公共债务周期与私人债务周期的协同性或相关性在不同国家之间存在明显的异质性。在一些国家，政府债务膨胀与金融高杠杆如影随形（如中国），其背后可能是财政刺激造成信贷过度扩张（李建强等，2020），这使得债务风险问题被放大；在一些国家，高企的公共债务对私人投资产生了挤出效应（如日本），金融市场的疲软反过来使公共债务率居高不下（Schularick，2014）。此外，公共债务周期与私人债务周期的协同性也会随时间或者说政策组合、市场体制发生变化。

3.3.2　公共债务、私人债务周期与经济增长的关系研究

大量的实证研究发现，无论是公共债务还是私人债务，其对经济增长的影响都呈现出倒“U”型，即适度的债务有利于经济增长，但是，过多的债务将成为经济的沉重负担，或威胁到财政可持续性，债务对经济增长将出现负面影响。Reinhart 和 Rogoff（2010）通过比较 44 个国家 200 多年的数据发现公共债务对经济增长的影响存在显著的阈值效应，阈值变量是公共债务率本身，当公共债务率较低时，其对经济增长的影

响并不显著；当公共债务率高于 90% 时，经济增长与公共债务率之间表现出较强的负相关关系。邓晓兰和黄显林等（2013）使用 1978—2010 年中国的国债余额数据，建立二次项模型以检验公共债务率对 GDP 的影响，公共债务率平方项前的系数估计值为负数，直观地表明公共债务水平与经济增长之间存在倒“U”型的非线性关系。Reinhart 和 Rogoff 等（2012）进一步讨论了这种负相关关系出现的原因，认为过高的公共债务将对私人投资产生挤出效应，从而抑制经济增长。Woo 和 Kumar（2015）同样发现公共债务对经济增长的影响存在明显的非线性效应，但具体阈值很难确定。关于私人债务对经济增长的影响，Rioja 和 Valev（2004）对 74 个国家的面板数据进行了检验，结果发现私人债务的增加对生产率增长具有强烈的积极影响，这主要是因为私人债务率增加放松了流动性约束并改善了金融状况，促进了企业投资的增加和全要素生产率的提高。然而，Rousseau 和 Wachtel（2011）发现，20 世纪 80 年代末和 90 年代初在缺乏法律或监管的基础上实行的金融自由化导致了过度的金融深化（以私人债务率衡量），而过度的金融深化或过快的信贷增长可能会导致通货膨胀和银行体系的削弱，进而引发抑制经济增长的金融危机。Arcand 和 Berkes 等（2015）的研究证明私人债务对经济增长的影响存在阈值效应，当私人债务率低于 100% 时，金融深化对经济增长存在积极影响，而当私人部门信贷达到 GDP 的 100% 时，金融深度开始对产出增长产生负面影响。

根据前文的研究我们知道，公共债务周期与私人债务周期的协同性或相关性在不同国家之间存在明显的异质性。在某些国家，财政刺激措施导致信贷过度扩张（李建强等，2020），或者公共债务扩张对私人投资存在挤入效应（Gu 和 Guo 等，2022），公共债务与私人债务存在显著的正相关。而在另一些国家，过高的公共债务对私人投资产生了挤出效应，公共债务的扩张可能会削弱私人债务对经济增长的正向影响。

另外，在 2020 年，我们观察到自第二次世界大战以来最大的一年债务激增，因为受新冠疫情和严重衰退影响，全球债务上升到 226 万亿美元，根据 IMF 报告，到 2020 年，全球债务占 GDP 的比例上升了 28 个百分点，达到 256%。如果说公共债务的累积在很大程度上归因于各国政府面临的两次重大经济危机（2008 年全球金融危机、新冠疫情），那么在这两次危机中，公共债务与私人债务表现出了明显不同的动态。全球金融危机期间的挑战在于遏制私人部门过度杠杆化造成的损害，发达经济体不同程度上采取了私人部门去杠杆化的政策，伴随着的是发达经济体的公共债务率从 2007 年的 70% 左右上升到 2020 年的 124%，同期私人债务率从 164% 仅增长到 178%，增幅较为温和。然而仅在 2020 年当年，全球公共债务率上升了 19 个百分点，与 2008 年和 2009 年这两年全球金融危机期间的增幅相当，虽然全球私人债务率上升了 14 个百分点，低于公共债务率增幅，但这几乎是全球金融危机期间的两倍。可见，面对新冠疫情所带来的冲击，公共债务与私人债务均出现了史无前例的激增，以遏制经济衰退。然而，一个自然的问题是，公共债务和私人债务发挥了同样的作用吗？

因此，我们希望讨论三个问题。第一，探索公共债务、私人债务对经济增长的影响，我们参考邓晓兰和黄显林等（2013）的研究，建立二次项模型，检验公共债务、私人债务对经济增长的倒“U”型影响。第二，讨论公共债务扩张期、收缩期对私人债务和经济增长之间关系的影响，私人债务上行期和下行期对公共债务和经济增长之间关系的影响，将公共债务、私人债务周期不同阶段作为虚拟变量分别与私人债务和公共债务组成交互项放入模型中进行分析。第三，讨论公共债务、私人债务在经济繁荣期和衰退期发挥的不同作用。我们构建了时间范围在 1962—2022 年（T = 61），包含 31 个国家（N = 31）共计 1804 个观测的非平衡面板数据，面板回归的具体结果见表 3 - 12。其中，“经济增长”使用人均实际 GDP 增长率来表示；公共债务率与私人债务率为取对数后的值，考虑到可能存在的内生性问题，以及债务对经济增长产生影响需要一定时间，所有与债务相关的解释变量均采用其滞后一期值；“产出缺口”和“通货膨胀”是控制变量，分别使用 HP 滤波后的人均实际 GDP（百分比表示）和 CPI 增长率表示；债务周期均使用转折点法进行识别；经济周期根据产出缺口确定，缺口为正（负），认为经济周期处于繁荣期（衰退期）。所有模型均考虑了个体固定效应和时点固定效应。

问题一可以根据表3－12的（1）—（4）列的结果回答。当不考虑门槛效应时，公共债务对经济增长的影响显著为负，而私人债务和经济增长之间不存在明显的联系。然而当我们将债务率的二次项纳入考虑范围时，无论是公共债务还是私人债务，其二次项前的系数均显著为负，同时，一次项前的系数显著为正，这表明公共债务和私人债务与经济增长之间均存在倒“U”型关系。无论是公共债务还是私人债务，当债务率较低时，其对经济增长起到积极作用，而当债务率超过一定门槛值时，关系逆转，债务增长将阻碍GDP增长率的提高。政府可以通过公共债务融资以增加开支，从而刺激总需求，促进经济增长。但是，如果公共债务水平过高，政府可能会面临财政可持续性问题，同时在一定程度上挤出私人投资，阻碍经济增长。而私人债务可以直接促进消费和投资，从而推动经济增长。然而，考虑到信贷周期的存在，私人债务水平过高会导致信贷紧缩和金融体系不稳定，引发金融危机和经济衰退。另外，从系数大小来看，私人债务率的门槛值要高于公共债务率，这与Reinhart和Rogoff（2010）得出的公共债务率90%的门槛值和Arcand和Berkes等（2015）得出的私人债务率100%的门槛值的相对大小关系相符。

问题二可以根据表3－12的（5）—（7）列的结果回答。在私人债务上行期，公共债务对经济增长的积极影响被放大，在公共债务收缩期，私人债务对经济增长的消极影响被加剧。在私人债务上行期，房地产市场等可能同时表现出强劲的上涨趋势，消费者信心增强，企业增加投资，市场就业机会增加。此时，流动性的增加和信贷的放松在一定程度上改善了政府的财政状况，并且使政府更容易获得融资，而适度增加的公共债务对私人投资的挤出效应减弱，公共债务对经济增长的积极作用被加强。Ağca和Igan（2019）利用涵盖15个发达经济体1990—2014年的贷款水平数据，发现信贷成本随着财政整顿而增加，这种成本的增加在增税和削减支出的情况下都可以观察到。而我们知道增税和削减支出很大可能最终表现为公共债务的削减，这意味着在公共债务收缩期，私人信贷成本增加，同时政府面临的政策空间很可能受限，难以通过增加公共支出等手段来缓解私人债务对经济增长的负面影响。

表 3-12　　公共债务、私人债务对经济增长的影响

	(1)	(2)	(3)	(4)	(5)	(6)	(7)	(8)	(9)	(10)	(11)
公共债务率	-1.33***	0.68		1.70**	0.67		1.64**	0.55		1.45*	1.36
公共债务率二次项		-0.28**		-0.40***	-0.27**		-0.40***	-0.26**		-0.38***	-0.38***
公共债务率 × 私人债务上行期					0.08***		0.06**				0.07**
公共债务率 × 经济衰退期								0.09***		0.22***	0.04***
私人债务率	-0.72		14.63***	13.17***		14.12***	12.92***		14.84***	13.14***	12.89***
私人债务率二次项			-1.91***	-1.80***		-1.85***	-1.76***		-1.95***	-1.80***	-1.76***
私人债务率 × 公共债务扩张期						-0.07	-0.07*				-0.08**
私人债务率 × 经济衰退期									0.09***	-0.11	-0.11
产出缺口	1.67***	1.72***	1.63***	1.73***	1.73***	1.65***	1.75***	1.78***	1.68***	1.79***	1.82***
通货膨胀	-3.71	-3.87	-0.43	-3.16	-3.26	-3.11	-3.01	-3.76	-0.38	-3.00	-2.83
个体固定效应	是	是	是	是	是	是	是	是	是	是	是
时点固定效应	是	是	是	是	是	是	是	是	是	是	是

注：(1) 被解释变量为经济增长，使用人均实际 GDP 增长率衡量。

(2) 公共债务率与私人债务率为取对数后的值，考虑到可能存在的内生性问题，以及债务对经济增长产生影响需要一定时间，所有与债务相关的解释变量均采用其滞后一期值。

(3) 公共债务、私人债务扩张期为虚拟变量，相关债务周期使用转折点法进行识别。

(4) “产出缺口” 和 “通货膨胀” 是控制变量，分别使用 HP 滤波后的人均实际 GDP（百分比表示）和 CPI 增长率表示。

(5) 经济衰退期均为虚拟变量，经济周期根据产出缺口确定，缺口为负（正），认为经济周期处于衰退期（繁荣期）。

(6) *，**，*** 分别代表 10%，5%，1% 的显著性水平。

问题三可以根据表3－12的（8）—（11）列的结果回答。相对于经济繁荣期，公共债务在经济衰退期确实能发挥更大的作用，而私人债务在经济周期的不同阶段对经济增长的影响没有明显的区别。一方面，在经济衰退期，失业率上升可能会导致社会福利支出增加。公共债务可以用于维持社会福利支出，如失业保险、贫困救助等，同时，在经济衰退期，金融市场可能会出现不稳定的情况，政府可以通过公共债务来稳定金融市场，增加市场信心和降低利率，从而促进投资和消费。另一方面，通常来讲，财政乘数在经济衰退时期更大（Auerbach和Gorodnichenko，2012），此时，以公共债务为融资来源的政府支出增加对经济增长的促进作用更大。

3.4 金融周期对公共债务周期的影响：基于扩张期和收缩期的分段研究

一些文献讨论了金融市场或金融周期对公共债务或公共债务周期的影响。Schularick（2014）发现私人信贷增长强劲的发达经济体的公共债务增长率明显较低，换句话说，与私人信贷的上行期重合的公共债务扩张期的持续时间更短或波幅更小。支撑以上结论的是Poghosyan（2018）的实证研究结果，与金融周期下行期重合的公共债务扩张期的持续时间更长。同样地，Rant和Marinč（2021）也认为2008年全球金融危机后公共债务的激增实际上是对私人信贷崩溃的响应。根据以上研究，金融周期对公共债务扩张期存在明显的影响，但对公共债务收缩期似乎没有明显的影响。

Claessens和Kose等（2012）研究了金融周期对经济周期的影响，陈雨露和马勇等（2016）讨论了金融周期对经济增长的影响，Poghosyan（2018）研究了金融周期对公共债务周期的影响，罗朝阳和李雪松（2020）讨论了金融周期对上市公司债券违约的影响机制。在这些研究中，关于“金融周期”的衡量，有使用转折点法对信贷、信贷/GDP、房地产价格分别进行识别，也有使用滤波法最终得到合成周期，然而当其作为解释变量时，研究都不约而同采用了“极值”的定义，即将金融周期的波峰、波谷或金融周期波动超出一定范围的时期纳入模型的考虑范围，讨论金融周期的特殊时期所产生的影响。在本研究中，我们使用之前得到的合成金融周期指标（financial cycle indicator，FCI）作为金融周期的度量（范小云和袁梦怡等，2017；罗朝阳和李雪松，2020）。FCI 的具体计算过程为：将信贷、信贷/GDP 和房地产价格数据进行 CF 滤波（截断频率为 32 季度、120 季度），随后采用主成分分析法将得到的三个周期波动数据合成为 FCI，再对 FCI 使用转折点法识别波峰、波谷，更直观的展示见图 3－2（以美国为例）。

我们考虑金融周期对公共债务水平本身的影响，即将使用转折点法（审查条件为 2—2—5 年）识别出的公共债务扩张期和收缩期的相关特征作为被解释变量，以公共债务扩张期与收缩期是否与金融周期波峰、波谷相关作为解释变量。具体而言，我们构建了如下事件库：每一个完整的公共债务扩张期和收缩期为不同事件，（1）每个事件对应的周期特征，包括持续时长和波幅；（2）每个事件的开始年份 t，波谷（波峰）为扩张期（收缩期）的开始标记；（3）每个事件发生时的外部环境，包括公共债务存量、金融周期状态和宏观经济状态，我们使用 t 公共债务率表示事件对应的期初债务水平，使用 $[t-1, t+1]$ 时间范围内是否存在金融周期波峰、波谷来表示金融周期状态，使用 $[t-1, t+1]$ 时间范围内人均实际 GDP 增长率和通货膨胀（均取平均值）来表示宏观经济状态。最终我们的样本库如表 3－13 所示，一共包含 115 个完整的公共债务扩张期（52 个）和收缩期（63 个）[①]，扩张期和收缩期的开始时间最早为 1969 年，最晚为 2018 年，其中，伴随着金融下行期的债务扩张期有 18 个，债务收缩期有 11 个，伴随着金融上行期的债务扩张期有 9 个，收缩期有 16 个。根据之前的研究我们知道，公共债务周期存在显著的不对称性，即债务扩张期的持续时长和波幅均大于债

① 由于样本库中变量较多，同一个国家不同变量的开始时间存在较大差异，为了完整性损失了许多国家的样本，最终样本库中包含 98 个发达经济体事件和 17 个新兴市场经济体事件，不同国家群体之间样本数量差异较大，在本节研究中，我们不再分国家群体进行讨论。

务收缩期，而根据表3－13的描述性分析，我们发现，金融周期实际上放大了公共债务周期的这种不对称性，如果公共债务周期阶段在开始时与金融繁荣（financial boom，FCI波峰）或金融崩溃（financial bust，FCI波谷）不相关，公共债务扩张期的持续时长与收缩期差异不大，扩张期的波幅也仅比收缩期高3.66%。

表3－13　　被解释变量描述性统计分析

		持续时间（年）	波幅（%）	事件数量
公共债务收缩期		6.75	15.61	36
	［$t-1$，$t+1$］存在金融周期波峰	4.09	10.89	11
	［$t-1$，$t+1$］存在金融周期波谷	5.63	13.52	16
公共债务扩张期		6.32	19.27	25
	［$t-1$，$t+1$］存在金融周期波峰	7.17	36.40	18
	［$t-1$，$t+1$］存在金融周期波谷	10.22	24.08	9

注：（1）持续时间、波幅展示的均为平均值。
（2）识别公共债务周期所采用的转折点法的审查条件为2—2—5年。
（3）转折点法的波幅指的是峰谷差值（绝对值）。
（4）收缩期、扩张期的开始时间为t，［$t-1$，$t+1$］存在金融周期波峰（波谷）就意味着该债务阶段伴随着金融周期下行期（上行期）。

我们使用回归分析讨论了金融周期对公共债务周期的影响，并参考Poghosyan（2018）的做法，同时控制了期初债务水平、经济状态和通货膨胀①的影响，回归结果如表3－14所示。我们发现，与金融周期上行期重合的公共债务扩张期持续时间更长，我们为此提供一个可能的解释，即"财政错觉（fiscal illusion）"。Wagner（1976）曾提出债务错觉假说，即公众对公共支出程度的认识更多地依赖当前税收，而不是债务融资。在金融周期上行期的早期，杠杆率较低，信用扩张对经济增长的拉动较大，房地产市场繁荣拉动房地产开发投资和相关的上下游行业，金融周期上行期伴随着就业增加和产出上升。一方面，政府有动力增加支出以支持经济增长和社会福利，并且金融市场繁荣和信贷扩张为政府提供了更多的融资来源，政府更容易进行债务扩张；另一方面，收入的

① 通货膨胀使用CPI年同比增长率衡量。

增加使公众对税收的感知下降，债务错觉延长了公共债务扩张期的持续时间。

表3-14　　回归结果（金融周期对公共债务周期的影响）

	公共债务扩张期		公共债务收缩期	
	持续时间	波幅	持续时间	波幅
［$t-1$，$t+1$］存在金融周期波峰	2.05	17.30**	-2.60*	-4.56
［$t-1$，$t+1$］存在金融周期波谷	4.46**	6.53	-1.30	-2.99
期初债务水平（t期公共债务率）	-0.05	-0.18	0.03	0.12**
实际人均GDP增长率（［$t-1$，$t+1$］平均值）	0.66	0.86	0.34	0.85
通货膨胀（［$t-1$，$t+1$］平均值）	0.11	-0.34	0.07	0.28
截距项	6.73***	27.29**	4.04	4.77

注：(1) t指的是公共债务扩张期或收缩期开始的年份。
(2)"［$t-1$，$t+1$］存在金融周期波峰（波谷）"为虚拟变量。
(3) *，**，***分别代表10%，5%，1%的显著性水平。

与金融周期下行期重合的公共债务扩张期的波幅更大，这与Poghosyan（2018）的结果相符。因为金融周期的波峰同样意味着泡沫的破裂或者紧跟着的金融市场混乱，一个被认可的结论是当经济衰退叠加金融周期下行期，经济衰退程度会加重（Claessens和Kose等，2012；Borio，2014），这往往会对经济复苏产生显著的负面影响，加深经济衰退的程度，延长经济走出衰退的时间。在经济衰退情况下，政府税收收入降低，为进行逆周期调控，大量发行债务以增加财政支出刺激经济，促进经济复苏。同样地，与金融周期下行期重合的公共债务收缩期的持续时间更短，政府很难在金融市场不振、经济衰退时进行财政整顿或债务削减，因为财政紧缩在衰退时期对经济社会产出的影响更大（Barnichon和Debortoli等，2022）。

综上所述，金融繁荣与金融崩溃对公共债务周期存在明显的非对称影响，金融繁荣会延长公共债务扩张期的持续时间，而在金融周期达峰后紧跟着的泡沫破裂或金融市场混乱，将增加公共债务扩张的幅度，缩短公共债务收缩的持续时长。金融周期的存在放大了公共债务周期的非对称性。

3.5 公共债务周期与金融周期关系的中国事实

以应对全球金融危机为起点，我国银行信贷快速增长，在非金融部门，尤其是企业部门杠杆率显著上升。在 Borio（2014）定义了金融周期的基础上，国内学者参照国外研究的指标和方法，运用中国数据，对中国的金融周期进行了广泛的实证分析。范小云和袁梦怡等（2017）对 1996—2015 年中期低频范围内的中国金融周期进行了测度，认为我国金融周期的波动幅度与周期的长度均大于经济周期，并且在研究中指出中国股票价格与信贷、房地产价格等构建的金融周期的主要指标的协同性较差，不适宜纳入合成金融周期的综合变量。彭文生（2017）认为自 2008 年以来，中国的金融周期持续时长至少超过 10 年。朱太辉和黄海晶（2018）选择广义信贷、广义信贷/GDP 以及房地产价格作为金融周期的构建指标以及具体的代理指标，实证结果表明中国金融中周期的持续时间和波动幅度显著低于西方发达国家，金融周期平均持续时长为 7 年，略大于相应的经济周期持续时长。罗朝阳和李雪松（2020）使用主成分分析将信贷、信贷/GDP 和房地产价格的中周期波动合成为金融周期指标。

尽管过往研究在指标选择、方法运用上略有差异，但总体上均选取了信贷、信贷/GDP 和房地产价格作为金融周期的代理指标，所得结论均认为中国的金融周期应从 8—30 年的中周期维度去分析。由图 3 - 5 可知，对于我国金融周期的代理指标而言，中周期波动幅度在 21 世纪后明显变大，其中，信贷的波动程度最大。房地产价格的中周期波动在 2020 年左右达峰，之后直至 2023 年一直处于下降状态。为了防止房地产泡沫的形成，许多城市采取了土地供应减少、房地产企业融资受限等措施，这影响了住宅投资的增长。此外，在某些二三线城市，房屋供应过剩，商品住宅销售价格的降幅持续扩大。

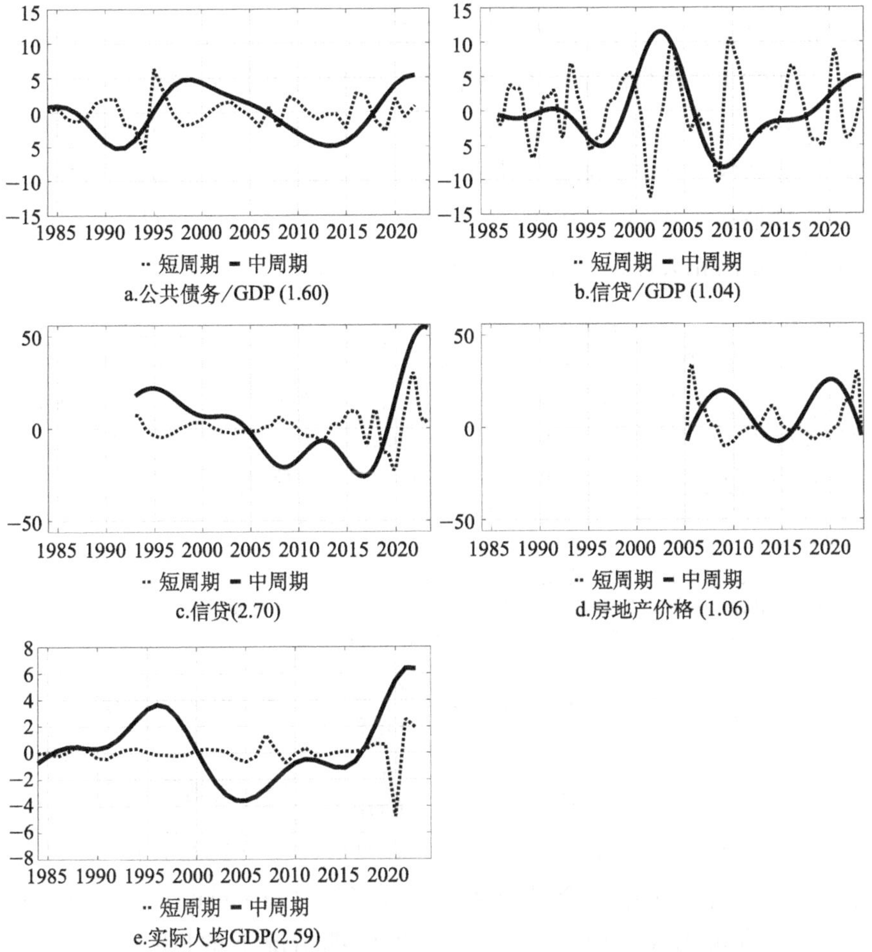

图 3－5　公共债务周期与金融周期（中、短周期波动对比）

注：（1）括号内数字指的是样本期内中周期分量与短周期分量的标准差之比。

（2）对于金融周期季度数据，CF 滤波器短周期截断频率为 5—32 季度，中周期截断频率为 32—120 季度；对于 GDP 和公共债务率年度数据，CF 滤波器短周期截断频率为 2—8 年，中周期截断频率为 8—30 年。

（3）大于（小于）1.0 意味着中周期分量比短周期分量的波动性更大（更小）。

（4）为了使指标间横向对比更可靠，信贷、房价、人均实际 GDP 以 2010 年（2010Q4）为基期统一度量，即 2010 年（2010Q4）的指标统一等于 100，公共债务率、信贷/GDP 本身就是百分比形式，不做上述标准化处理。

（5）横轴为年份。

表3－15展示了中国金融周期代理指标间的协同性分析。其中相关系数指的是信贷、信贷/GDP和房地产价格的周期波动的Pearson相关系数，一致性指数衡量的是样本时间内各变量处于相同周期阶段的时间占比。综合相关系数和一致性指数的结果来看，我国金融周期代理指标在中周期频率内存在更为明显的协同性，其中，信贷、信贷/GDP两个变量的协同性最强，有74%的时间处于同一周期阶段，二者之间的波动也存在显著的正向相关性，这与朱太辉和黄海晶（2018）的研究结果一致。

表3－15　　　　金融周期指标间协同性分析（中国）

	信贷，信贷/GDP			信贷，房地产价格			信贷/GDP，房地产价格		
	T	中期	短期	T	中期	短期	T	中期	短期
相关系数	122	0.39***	0.03	73	0.21*	0.03	73	－0.08	－0.26**
一致性指数	122	0.74	0.52	73	0.48	0.67	73	0.48	0.32

注：（1）T指的是计算一致性指数所使用的总样本量，在某一时刻，只有当两个序列均有样本观测值时才会开始计算。

（2）加粗数字标明了该行中最大的一致性指数。

（3）表中的“中期”、“短期”指的是周期波动样本来源于不同截断频率的CF滤波器。

（4）*，**，***分别代表10%，5%，1%的显著性水平。

$$\begin{aligned} FCI_{短周期} &= 0.17 \times 信贷 + 0.69 \times \frac{信贷}{GDP} + 0.15 \times 房地产价格 \\ FCI_{中周期} &= 0.55 \times 信贷 + 0.26 \times \frac{信贷}{GDP} + 0.43 \times 房地产价格 \end{aligned} \tag{3.7}$$

参考范小云等（2017）以及罗朝阳和李雪松（2020）的做法，我们使用PCA计算了中国金融周期的合成指标（financial cycle indicator，FCI），具体如式（3.7）所示。对于短周期情况下的$FCI_{短周期}$，信贷/GDP对金融周期动态的刻画起主导作用，而$FCI_{中周期}$综合考虑了信贷、信贷/GDP和房地产价格的波动。

最终，综合考虑当前文献中的研究结论以及本研究中的实证结果（见图3－6），我们选取中周期频率（8—30年）作为我国金融周期的研究基础。

根据之前的研究我们知道，债务对经济增长的影响都存在显著的门槛效应，明智而适度地使用债务有利于经济增长，但如果使用不当或过度发债，那么债务就会对经济增长造成负面影响。由于全球债务逐渐积累，债务现在越来越像一种负担。公共债务和私人债务作为经济体中的

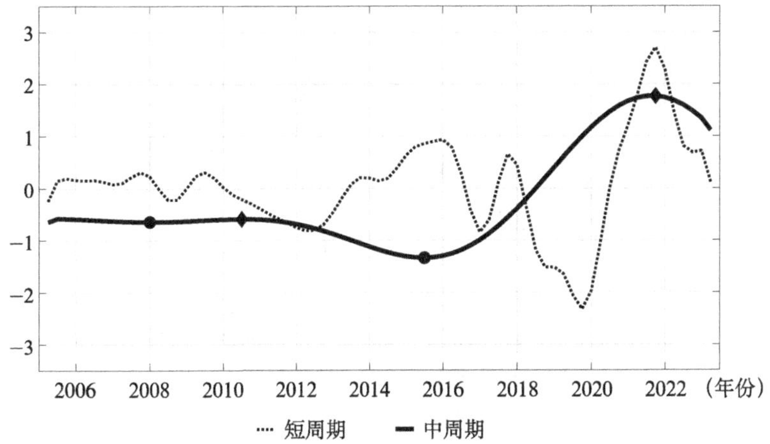

图 3－6　合成金融周期（中国，FCI）

注：（1）图中展示的是对信贷、信贷/GDP 和房地产价格的中周期波动（CF 滤波得到）应用 PCA 得到的合成金融周期波动。

（2）使用转折点法（审查条件：2—2—5 季度）对合成金融周期波动（中周期）的转折点进行识别，菱形标注波峰，圆形标注波谷。

（3）在图中所示时间范围内，转折点法未对中国的实际人均 GDP 序列识别出波峰，即 2005 年后，中国经济周期始终处于繁荣期。

债务组成部分，共同影响着国家的财政和经济发展，根据前文的研究，我们知道，不同国家公共债务与私人债务的协同性存在显著差异，同时，在同一国家，二者的协同性也存在时变特征。如图 3－7 所示，中国的公共债务与私人债务似乎一直是正相关的，表 3－16 也向我们证实了这种正向协同的存在，事实上，政府高债务与金融高杠杆并存正是我国的债务特征（李建强和朱军等，2020）。

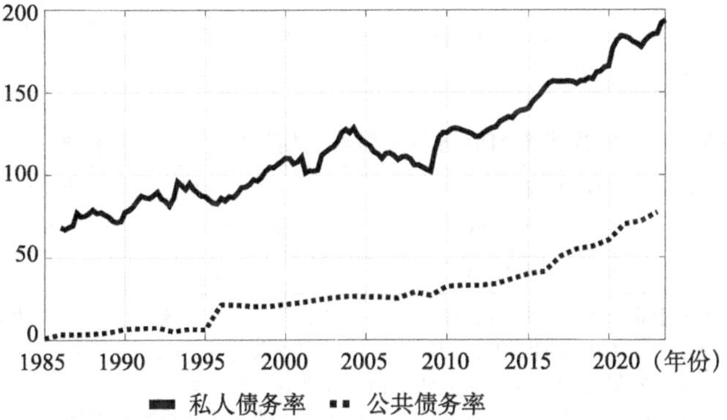

a.债务率水平

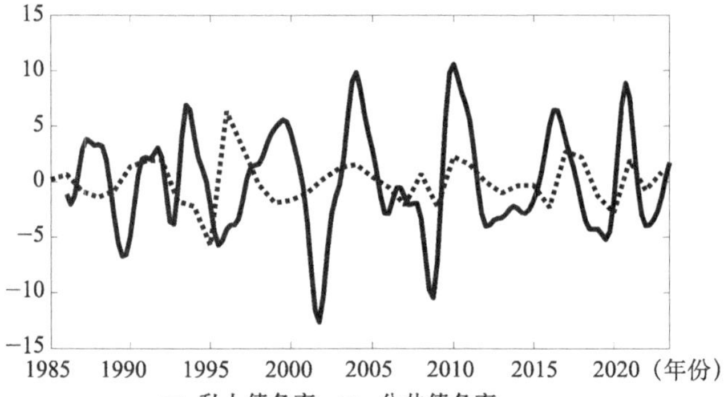

b.债务率波动（短周期）

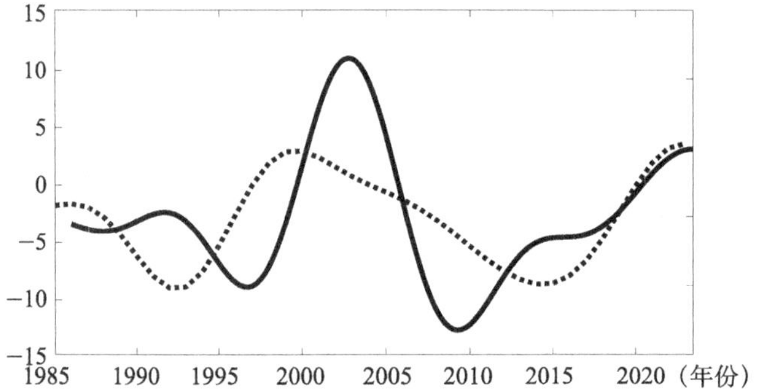

c.债务率波动（中周期）

图 3－7　公共债务与私人债务（中国）

注：（1）债务率水平为原始数据，单位为%；债务率波动指的是经 CF 滤波后的去趋势序列，单位为%。

（2）短周期波动：私人债务率 CF 滤波器的截断频率为 5 季度、32 季度，公共债务率滤波器的截断频率为 2 年、8 年。

（3）中周期波动：私人债务率 CF 滤波器的截断频率为 32 季度、120 季度，公共债务率滤波器的截断频率为 8 年、30 年。

表 3－16　公共债务周期与私人债务周期协同性分析（中国）

增长周期（CF 滤波）		经典周期（转折点法）	
1985—2007 年	2008—2022 年	1985—2007 年	2008—2022 年
0.61	1.00	0.56	0.87

注：（1）将大于 0.6 的一致性指数加粗表示，将小于 0.4 的一致性指数加下划线表示。

（2）表中展示的均为中周期结果，即转折点法的审查条件为 2—2—5 年 CF 滤波器的截断频率为 8 年、30 年，滤波所得波动项同号认为两个债务周期处于同一阶段。

（3）将大于 0.6 的一致性指数加粗表示，将小于 0.4 的一致性指数加下划线表示。

钟辉勇和陆铭（2017）在研究中国经济“去杠杆”问题时，强调了“财政与金融分家”的重要性。他们指出，中国经济的债务结构中，政府债务尤其是地方政府债务是一个重要的组成部分。同时，李建强等（2020）也提出，政府债务的去杠杆化是必要的，但不应盲目进行。他们认为，应理顺中央和地方的财政关系，遏止政府债务的不合理膨胀，并调整财政支出结构以提高效率。总而言之，增强经济内生增长的动力是关键，以便逐步消化政府债务①。

3.6　小结

金融周期的波动应兼顾信贷总量和信贷结构，我们选用信贷、信贷/GDP 和房地产价格三个方面的指标作为金融周期的代理变量：金融体系发放的信贷总量代表了融资条件，而信贷一部分流向了实体企业，用于投资生产，增加 GDP，另一部分流向了金融体系，用于股票、房地产等金融资产投资交易，价格反映了投资者对风险的预期和态度。我们对 21 个发达经济体和 11 个新兴市场经济体的金融周期进行了研究，计算了信贷、信贷/GDP 和房地产价格中、短周期的波动及协同性，对比得出结论：中周期波动主导了金融周期的动态，三个变量在 8—30 年的频率范围内的协同性更强。金融周期的持续时长约为 15.5 年（中位数），远大于相应的经济周期 2—8 年的持续时长。在持续时间和波幅上，我们观察到金融周期存在明显的非对称性，但非对称程度小于经济周期中繁荣期和衰退期之间的差异。信贷、信贷/GDP 和房地产价格的上行期波幅均大于下行期，同时，上行期的持续时长均小于下行期。在金融市场的上行阶段，这些指标的增长速度更快，波动更大，而在下行期，这些指标的下降速度较慢，波动较小。

---

① 本研究不对地方政府债务问题进行深入探讨。

研究中所使用的“信贷（credit）”变量指的是国内银行向私营非金融部门提供的按市值计算的信贷总额（非金融企业和家庭，但不包括政府），即“私人债务（private debt）”，我们使用“信贷/GDP”作为私人债务指标，将公共债务周期与私人债务周期之间的关系进行了对比分析。结果表明公共债务周期与私人债务周期之间的协同性或相关性在不同国家之间存在明显的异质性。在一些国家，政府债务膨胀与金融高杠杆如影随形（如中国），这使得债务风险问题被放大；在一些国家，高企的公共债务对私人投资产生了挤出效应（如日本），金融市场的疲软反过来使公共债务率居高不下。此外，公共债务周期与私人债务周期的协同性也会随时间或者说政策组合、市场体制发生变化。2008年全球金融危机之后，为应对私人部门杠杆率恶化的挑战，一些国家（如美国）公共债务飙升，公共债务与私人债务表现出明显的负相关关系。

关于公共债务、私人债务及其周期与经济增长的关系，我们通过面板回归分析发现：（1）公共债务和私人债务与经济增长之间均存在倒“U”型关系。无论是公共债务还是私人债务，当债务率较低时，其对经济增长起到积极作用，而当债务率超过一定门槛值时，关系逆转，债务增长将阻碍 GDP 增长率的提高。（2）公共债务和私人债务之间存在相互作用，这种作用对债务和经济增长之间的关系产生了影响。在私人债务上行期，公共债务对经济增长的积极影响被放大，在公共债务收缩期，私人债务对经济增长的消极影响被加剧。（3）公共债务和私人债务在经济周期的不同阶段发挥的作用存在差异。相对于经济繁荣期，公共债务在经济衰退期能发挥更大的作用，而私人债务在经济周期的不同阶段对经济增长的影响没有明显的区别。

同时，我们发现金融周期的存在放大了公共债务周期的非对称性。金融上行会延长公共债务扩张期的持续时间，而在金融周期达峰后紧跟着的泡沫破裂或金融市场混乱，将增加公共债务扩张的幅度，缩短公共债务收缩的持续时长。

最后我们对中国的金融周期进行了分析，并简析了其与公共债务之间的关系。我国的金融周期在 2008Q2—2010Q3 和 2015Q4—2021Q4 期间处于上行期，在 2010Q4—2015Q3 期间处于下行期。我国公共债务与私人债务持续正向协同的，这种相关性在 2008 年之后得到进一步加强，政府高债务与金融高杠杆并存是我国的债务特征。应加强金融监管，提高财政支出使用效率，把防控金融风险、防范化解地方政府债务风险放在更加重要的位置。

第4章

公共债务周期与财政政策关系研究

4.1 财政立场与财政政策的周期性

4.1.1 结构性赤字与周期性赤字的估算

财政变量，支出（expenditure）、收入（revenue）以及相应的赤字（deficit）、盈余（surplus）或财政收支（balance），既取决于相机抉择的财政政策（discretionary fiscal policy），也同时会对宏观经济变化（通常是产出的周期波动）做出“自动”的反应。例如，削减税收或增加支出——这是相机抉择的财政政策——会导致财政赤字增加；而当经济活动放缓时，若税率不变，税收自动减少，而由于如失业救济金等转移支付的存在，财政支出可能会自动增加，这也会导致财政赤字增加。因此当我们试图通过财政赤字的变化来判断相机抉择的财政政策的扩张性和收缩性时，经典的做法是对基本财政收支（primary balance）或基本赤字（primary deficit）进行周期性调整，将其分解为周期性部分与结构性部分。

（1）周期性部分反映了财政支出与收入对经济周期波动的自动响应，即自动稳定器（automatic stabilizers），研究中通常将其称为周期性赤字（cyclical deficit，例如，郭庆旺和贾俊雪，2004；曾晓安和王志刚等，2015）或周期性基本财政收支（cyclical primary balance，例如，石柱鲜和王立勇等，2006；Fedelino 和 Horton 等，2009）。

（2）结构性部分反映了相机抉择的财政政策，代表了一个国家的财政立场（fiscal stance）[①]，国内研究多称其为结构性赤字（structural deficit，例如，郭庆旺和贾俊雪，2004；石柱鲜和王立勇等，2006；曾晓安和王志刚等，2015），国外更普遍地称其为周期调整的基本财政收支（cyclically adjusted primary balance，CAPB，例如，Fedelino 和 Horton 等，2009；Escolano，2010；Alesina 和 Ardagna，2010；Gnangnon，2014；Aaskoven 和 Wiese，2022）。

需要特别指出的是，我们使用基本支出（即不包括政府债务利息支付）而不是总支出，以剔除利率变化对财政支出所产生的影响，从而尽可能多地反映财政当局的相机政策选择，而非财政收支对经济增长或货币政策引起的利率变化的自动反应。

关于 CAPB（cyclically adjusted primary balance，structural deficit）的计算方法有许多种。Fedelino 和 Horton 等（2009）和 Escolano（2010）假设财政收入和支出对产出的弹性恒定，通过估计该弹性及潜在产出对财政收支进行周期调整；Alesina 和 Ardagna（2010）根据失业率的逐年变化对财政收支的周期性成分进行调整；Carnazza 和 Liberati（2020）首先使用 HP 滤波分离了财政收支的趋势性成分和周期性成分，再计算潜在产出情况下的财政收支。另外，IMF 和 OECD 的数据库也定期更新 CAPB 数据，然而 OECD 数据库只汇报了发达国家的 CAPB 情况，IMF 的数据库最早可追溯至 1990 年，出于对发达国家和发展中国家的财政政策进行全面分析与比较的目的，同时便于后续讨论财政政策与公共债务周期的关系，我们参考 Escolano（2010）提供的经典方法，

---

① 郭庆旺和贾俊雪（2004）、石柱鲜和王立勇（2006）将“fiscal stance”译作“财政态势”。在本书中，我们将其翻译为更为直白和易于理解的“财政立场”。

对 CAPB 的估算方法进行简要介绍：

$$Y = (1 + \alpha)\tilde{Y} \tag{4.1}$$

其中，Y 是真实产出（actual output），$\tilde{Y}$ 是潜在产出（potential output）[①]。假设政府收入可以表示为产出的函数，记真实收入 $R = R(Y)$，于是政府收入对产出的弹性 η 为：

$$\eta = \frac{\frac{\mathrm{d}R}{R}}{\frac{\mathrm{d}Y}{Y}} = \frac{\ln R}{\ln Y} \tag{4.2}$$

上式中，我们忽略了标注时间的角标，因为同一式子中的所有变量均指的是同一时期。当我们假设弹性 η 恒定，微分方程（4.2）的解为：

$$\ln R = \eta \ln Y + \text{constant} \tag{4.3}$$

根据式（4.2）可知，在潜在产出情况下，政府的财政收入应为 $\tilde{R} = R(\tilde{Y})$：

$$\ln \frac{R}{\tilde{R}} = \eta \ln \frac{Y}{\tilde{Y}} = \eta \ln(1 + \alpha) \tag{4.4}$$

即

$$\tilde{R} = R(1 + \alpha)^{-\eta} \tag{4.5}$$

对上式两边同时除以 $\tilde{Y}$，可得：

$$\tilde{r} = \frac{\tilde{R}}{\tilde{Y}} = \frac{R}{\tilde{Y}}(1 + \alpha)^{-\eta} = \frac{R}{Y}(1 + \alpha)^{1-\eta} = r(1 + \alpha)^{1-\eta} \tag{4.6}$$

其中，r 指的是政府收入—产出比率。同样地，我们可以得到：

$$\tilde{e} = e(1 + \alpha)^{1-\kappa} \tag{4.7}$$

其中，e 指的是政府支出—产出比率，κ 代表政府支出对产出的弹性（恒定），综上，我们可以得到周期调整的基本财政收支（作为潜在产出的比率）：

$$\text{CAPB} = \tilde{r} - \tilde{e} = r(1 + \alpha)^{1-\eta} - e(1 + \alpha)^{1-\kappa} \tag{4.8}$$

$$\text{Cyclical Surplus} = \frac{(R - \tilde{R}) - (E - \tilde{E})}{\tilde{Y}} = (1 + \alpha)(r - e) - \text{CAPB} \tag{4.9}$$

① 请读者注意区分真实产出（actual output）与实际产出（real output），真实产出对应的是潜在产出（potential output），而实际产出所对应的是名义产出（nominal output）。

实际计算时，我们使用 HP 滤波得到名义 GDP 的趋势成分，从而估计 α，通过线性回归，大致估计弹性 η 和 κ。

我们根据上述方法重新计算了 24 个发达国家和 24 个新兴市场经济体 1962—2022 年的 CAPB。具体地，我们使用名义 GDP（数据来源：World Bank，World Development Indicators）来代表 Y，使用政府基本支出率（government primary expenditure,% of GDP，数据来源：IMF，Public Finances in Modern History Database）和政府收入率（government revenue,% of GDP，数据来源：IMF，Public Finances in Modern History Database）分别代表 e 和 r。各国 CAPB 的样本起始时间见表 4 - 1，绝大多数国家的样本范围超过 30 年。

表 4 - 1　　CAPB（or structural deficit）数据起始时间

发达经济体				新兴市场经济体			
加拿大	1962	希腊	1962	巴拿马	1966	中国	1989
法国	1962	西班牙	1962	菲律宾	1962	智利	1974
德国	1972	澳大利亚	1962	土耳其	1970	波兰	1995
冰岛	1962	奥地利	1962	南非	1965	墨西哥	1962
意大利	1962	比利时	1962	哥斯达黎加	1962	格鲁吉亚	1995
荷兰	1962	塞浦路斯	1995	马来西亚	1990	拉脱维亚	1998
新西兰	1973	丹麦	1968	印度	1962	罗马尼亚	1986
英国	1962	挪威	1962	匈牙利	1995	捷克	1995
美国	1962	葡萄牙	1962	秘鲁	1970	圣基茨和尼维斯	1990
日本	1962	瑞典	1962	哥伦比亚	1962	保加利亚	1995
爱尔兰	1962	瑞士	1982	印度尼西亚	1972	俄罗斯	1998
芬兰	1962	韩国	1962	巴西	1974	泰国	1962

注：（1）发达经济体与新兴市场经济体分类依据参考 IMF 的 Fiscal Rules Datasets。
（2）表中数字指的是各国 CAPB 样本的开始时间。
（3）所有国家样本的结束时间均为 2022 年。
（4）CAPB 来自作者的计算。

我们将 CAPB > 0 的情况称为结构性盈余，表明在剔除经济周期波动的影响后，政府收入超过非利息支出；我们将 CAPB < 0 的情况称为结构性赤字，表明即使在剥离经济周期波动的影响后，政府支出也超过

收入。结构性盈余在一定程度上代表了在不危及财政可持续性的情况下政府进行减税、减债或增加公共投资的空间，而长期的结构性赤字表明政府的财政政策在长期内是不可持续的，可能导致债务积累或财政失衡。换句话说，CAPB 持续为正值的国家通常被认为拥有更审慎的财政政策和更强大的财政状况，而 CAPB 持续为负值的国家可能面临更大的财政挑战和风险。不同国家 CAPB 的具体情况见表 4－2 和表 4－3。

表 4－2　结构性盈余（CAPB >0）描述性统计分析　单位：%

发达经济体	均值	最大值	占比	新兴市场经济体	均值	最大值	占比
加拿大	3.25	10.03	90.16	巴拿马	2.29	6.12	50.88
法国	0.98	3.62	39.34	菲律宾	2.43	6.21	77.05
德国	1.59	4.34	60.78	土耳其	2.93	7.00	45.28
冰岛	4.25	18.59	75.41	南非	2.20	4.32	29.31
意大利	2.51	6.55	44.26	哥斯达黎加	1.50	3.62	44.26
荷兰	1.94	5.61	68.85	马来西亚	5.51	8.72	30.30
新西兰	3.91	9.85	66.00	印度	0.67	0.67	1.64
英国	2.64	6.68	37.70	匈牙利	1.42	4.72	53.57
美国	1.19	3.94	32.79	秘鲁	1.47	5.20	52.83
日本	2.27	5.42	37.70	哥伦比亚	1.29	3.52	44.26
爱尔兰	2.83	6.72	50.82	印度尼西亚	1.56	3.85	58.82
芬兰	4.05	9.55	65.57	巴西	3.58	7.67	87.76
希腊	1.91	4.16	24.59	中国	0.42	0.60	14.71
西班牙	1.44	4.01	40.98	智利	3.77	13.06	67.35
澳大利亚	1.98	4.16	57.38	波兰	0.71	1.39	21.43
奥地利	1.35	3.32	63.93	墨西哥	2.71	8.49	65.57
比利时	3.10	6.83	52.46	格鲁吉亚	1.65	4.94	42.86
塞浦路斯	2.72	5.97	46.43	拉脱维亚	0.56	1.69	40.00
丹麦	4.09	11.62	87.27	罗马尼亚	2.87	8.84	32.43
挪威	8.44	25.25	98.36	捷克	1.02	2.21	25.00
葡萄牙	1.13	3.45	37.70	圣基茨和尼维斯	4.41	14.39	72.73
瑞典	2.49	6.86	59.02	保加利亚	3.72	9.68	64.29

续表

发达经济体	均值	最大值	占比	新兴市场经济体	均值	最大值	占比
瑞士	1.28	3.43	80.49	俄罗斯	4.41	8.57	60.00
韩国	2.43	5.09	68.85	泰国	1.94	7.44	45.90
均值	2.66	7.29	57.79	均值	2.29	5.95	47.01

注：(1) CAPB 的单位为“% of potential GDP”。

(2)“占比”指的是该国家运行结构性盈余的时间占比。

表 4-3　　结构性赤字（CAPB <0）描述性统计分析　　单位：%

发达经济体	均值	最小值	占比	新兴市场经济体	均值	最小值	占比
加拿大	-2.03	-7.98	9.84	巴拿马	-2.43	-7.53	49.12
法国	-1.68	-7.82	60.66	菲律宾	-1.50	-4.43	22.95
德国	-1.65	-5.97	39.22	土耳其	-1.72	-5.47	54.72
冰岛	-1.29	-4.84	24.59	南非	-1.78	-5.40	70.69
意大利	-2.98	-7.40	55.74	哥斯达黎加	-1.86	-4.49	55.74
荷兰	-1.51	-3.58	31.15	马来西亚	-1.53	-4.09	69.70
新西兰	-1.86	-3.88	34.00	印度	-3.21	-7.20	98.36
英国	-2.41	-11.15	62.30	匈牙利	-2.76	-5.42	46.43
美国	-2.61	-11.45	67.21	秘鲁	-2.32	-7.11	47.17
日本	-3.00	-7.48	62.30	哥伦比亚	-1.34	-4.01	55.74
爱尔兰	-4.02	-28.14	49.18	印度尼西亚	-1.13	-4.02	41.18
芬兰	-1.63	-4.88	34.43	巴西	-1.51	-6.17	12.24
希腊	-3.29	-10.19	75.41	中国	-1.89	-8.87	85.29
西班牙	-2.68	-9.56	59.02	智利	-2.19	-6.70	32.65
澳大利亚	-1.90	-7.45	42.62	波兰	-1.88	-5.63	78.57
奥地利	-1.33	-6.68	36.07	墨西哥	-0.74	-1.95	34.43
比利时	-2.02	-7.38	47.54	格鲁吉亚	-2.65	-7.74	57.14
塞浦路斯	-1.92	-3.62	53.57	拉脱维亚	-2.34	-5.85	60.00
丹麦	-1.00	-2.54	12.73	罗马尼亚	-2.54	-8.21	67.57
挪威	-1.87	-1.87	1.64	捷克	-3.25	-11.42	75.00
葡萄牙	-2.68	-9.07	62.30	圣基茨和尼维斯	-4.11	-9.45	27.27
瑞典	-3.23	-8.13	40.98	保加利亚	-1.59	-3.20	35.71

续表

发达经济体	均值	最小值	占比	新兴市场经济体	均值	最小值	占比
瑞士	-1.00	-2.74	19.51	俄罗斯	-2.19	-5.44	40.00
韩国	-2.66	-7.64	31.15	泰国	-2.03	-5.77	54.10
均值	-2.18	-7.56	42.21	均值	-2.10	-6.07	52.99

注：（1）CAPB 的单位为“% of potential GDP”。
（2）“占比”指的是该国家运行结构性盈余的时间占比。

总体来看，相对于新兴市场经济体，发达经济体更频繁地运行结构性盈余。一方面，发达经济体通常拥有更稳定和成熟的经济，经济增长和收入产生的波动性更低①；另一方面，发达经济体通常拥有更强大的财政制度，包括透明的预算程序、有效的财政规则和独立的财政机构，同时更为完善的福利计划能够使得发达经济体的自动稳定器在经济衰退期间发挥更大的作用。这些因素有助于减轻发达经济体在经济衰退期间对巨额赤字支出的需求，使政府能够更好地计划和执行结构性盈余，帮助政府坚持运行审慎财政政策。相比之下，新兴市场经济体往往更容易受到外部脆弱性的影响，包括商品价格波动、汇率波动和资本流动逆转，政府不得不努力稳定经济，减轻这些外部冲击的影响，这导致了政府入不敷出。特别是，Talvi 和 Végh（2005）研究发现，税基（产出）较大的波动性往往意味着政治压力，这种压力致使政府倾向于增加公共支出或减税，以安抚选民或刺激经济活动，将短期经济增长和社会支出置于财政可持续性之上，甚至不惜以加剧财政失衡为代价。

相对于新兴市场经济体，发达经济体通常能够运行更大规模的结构性盈余或赤字。这意味着发达经济体具备更大的政策灵活性或更强的相机抉择能力，可以根据经济状况采取紧缩性和扩张性财政政策。这种能力允许政府在经济扩张期间实施更大的盈余，在经济衰退期间实施更大的赤字。此外，发达经济体的税收基础往往更加多样化和稳健，包括更高的税收水平和更有效的税收征管系统，这种更广泛的税收基础为发达国家的政府提供了更稳定的收入来源，尽管政府支出水平较高，但仍允

① 在第 2 章我们对发达经济体和新兴市场经济体经济周期的波动性进行了细致深入的对比分析。

许更大的结构性盈余。

值得注意的是，根据表4－2和表4－3的结果，自1962年以来，挪威几乎一直在运行结构性盈余，而印度则几乎自始至终维持结构性赤字。2022年，挪威的人均实际GDP排名世界第二（World Bank），挪威政府同时拥有相当大的公共资产存量（公共债务率在2022年仅为39.6%）和经常账户盈余，同时保持低而稳定的通货膨胀。从20世纪60年代中期开始，石油和海上石油活动逐渐成为挪威经济增长的引擎，也是挪威政府部门收入的重要来源。同时，政府通过全球政府养老基金（Government Pension Fund Global，也被称作挪威石油基金，即Norwegian Oil Fund）有效地管理这些资源，通过将石油收入的一部分分配给未来几代人，该基金使挪威能够平衡当前支出与未来投资。另外，挪威政府遵守严格的财政规则，例如规定石油基金的年度支出不得超过基金的预期实际回报，这确保了石油收入得到负责任的管理，并有助于长期财政可持续性（Sivramkrishna，2019）。相比之下，印度面临着诸如补贴支出、基础设施需求、税收问题和广泛的社会福利计划等挑战。2022年，在48个样本国家中，印度的人均实际GDP排末位，债务率高达83.13%。印度在补贴方面的支出很大，特别是在食品、燃料和化肥方面，同时，印度需要大量的基础设施投资来支持经济增长和发展。然而，印度在税收方面面临巨大挑战，包括逃税、庞大的非正规部门和行政效率低下（Niehaus和Sukhtankar，2013）。这些因素限制了印度政府增加收入和减少财政赤字的能力。

4.1.2　财政政策顺、逆周期性的基本判断

疫情引发的前所未有的经济和卫生危机导致全球GDP大幅萎缩，纵观总体趋势，我们看到两个截然不同的发展。根据IMF数据，在发达经济体，财政赤字因经济衰退而大幅增加，随着新冠疫情的蔓延，各国采取了全面的财政措施，到2020年，公共债务占GDP的比例上升了19个百分点，与2008年和2009年这两年全球金融危机期间的增幅相当。然而，新兴市场经济体面临严峻的融资约束，此外，新兴市场经济体之间存在巨大差异：2020年，中国占了全球债务激增的26%，而其

他新兴市场（不包括中国）仅占全球债务增长的小部分。与此同时，新兴市场经济体同样面临着债务比率上升的问题，原因是 2020 年名义 GDP 大幅下降。

回溯 2008 年全球金融危机，欧洲出台了一揽子刺激计划，然而在危机影响减弱后，欧洲政府却并未停下财政扩张的脚步，随后爆发的欧洲主权债务危机引发了欧洲顺周期的财政整顿，加重了经济衰退。值得注意的是，为应对新冠疫情所带来的衰退风险，中国政府持续增加财政支出，公共债务率从 2019 年的 60.4% 提升至 2022 年的 77.1%，然而在债务规模持续扩大甚至带动全球债务增长的情况下，根据政府工作报告，2024 年预算财政赤字和地方政府债券规模仍小幅提升，并且拟连续几年发行超长期特别国债。这容易引发人们对经济繁荣时期的顺周期性的财政扩张（错失在经济上行时改善债务可持续性的机会）的担忧。

基于此，我们分别使用结构性盈余（CAPB）和周期性盈余衡量相机抉择的财政政策和自动稳定器的顺、逆周期性，以评估各国政府平滑经济周期的能力。需要指出的是，周期性盈余也作为潜在产出的比率［具体参考式（4.9）］。参考曾晓安和王志刚等（2015）的做法，我们用横轴表示产出缺口，纵轴表示基本盈余，使用如图 4－1 的四象限法初步地逐年判断财政政策的周期性。当纵轴为 CAPB 时：散点落在第一象限表示，在经济繁荣期，政府实施紧缩的相机抉择政策，即逆周期紧缩；散点落在第二象限表示，在经济衰退期，政府实施紧缩的相机抉择政策，即顺周期紧缩；散点落在第三象限表示，在经济衰退期，政府实施扩张的相机抉择政策，即逆周期扩张；散点落在第四象限表示，在经济繁荣期，政府实施扩张的相机抉择政策，即顺周期扩张。当纵轴为周期性盈余时：散点落在第一、第三象限表示财政政策的自动稳定器分别在经济繁荣期、衰退期发挥作用；散点落在第二、第四象限表示财政政策的自动稳定器并未发挥作用，甚至加剧了经济周期的波动。需要指出的是，由于我们使用的是财政基本收支数据，即排除了政府债务的利息支付，因此，自动稳定器更大程度上反映的是税收、失业补贴等转移支付对经济周期波动的反应情况。根据凯恩斯主义的需求管理策略，政府应该实施逆周期的财政政策以熨平经济周期波动。

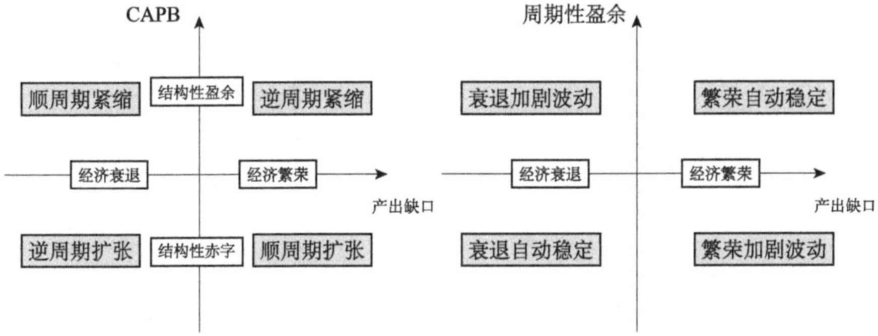

a. 相机抉择的财政政策　　b. 财政政策的自动稳定器

图 4-1　财政政策的顺、逆周期性

如图 4-2 至图 4-5 所示，我们展示中国、美国的财政政策周期性四象限法的识别结果，同时也展示前文分析的挪威（持续运行结构性盈余）、印度（持续运行结构性赤字）的识别结果，其余国家的识别结果见附录图 A-5。我们在表 4-4 和表 4-5 中报告了所有样本国家的财政政策周期性结果。总体来看，相比于新兴市场经济体，发达经济体财政立场的逆周期性更强，自动稳定器更有效，其中后者的差异更大。

需要特别指出的是，在图 4-2 至图 4-5 中比较第一、第三象限（第二、第四象限）的散点数量，在表 4-4 中比较逆周期（顺周期）的扩张或紧缩的占比，在表 4-5 中比较自动稳定（加剧波动）的赤字或盈余的占比，都是没有意义的。因为总体上讲，经济繁荣期的持续时长显著大于经济衰退期（数据结果请参考本书第 2 章），逆周期紧缩、自动稳定的盈余（顺周期扩张、加剧波动的赤字）本身就相对较大。

衰退时期（第二、第三象限），从图 4-2 至图 4-5 来看，除挪威外，无论是在发达经济体还是新兴市场经济体，在经济衰退期实施紧缩的相机抉择的财政政策都是罕见的。经济衰退期间的紧缩财政政策可能会抑制总需求，通常以失业率上升和经济活动低迷为特征，从而加剧经济下滑。在这段时期，政府通常采用扩张性的财政政策，包括增加支出或减税，以刺激需求和支持复苏。

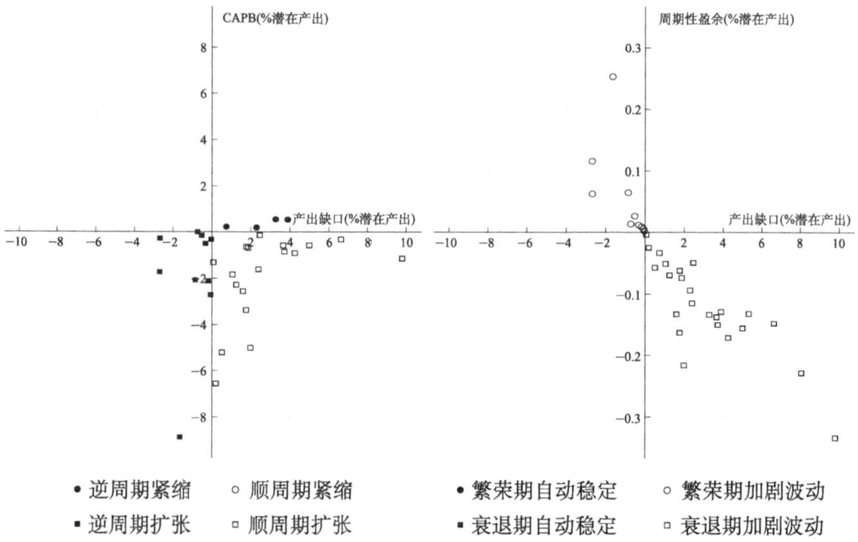

a.相机抉择的财政政策　　b.财政政策的自动稳定器

图 4－2　财政政策的顺、逆周期性（中国）

注：实心表示逆周期，空心表示顺周期，方形表示赤字，圆形表示盈余。

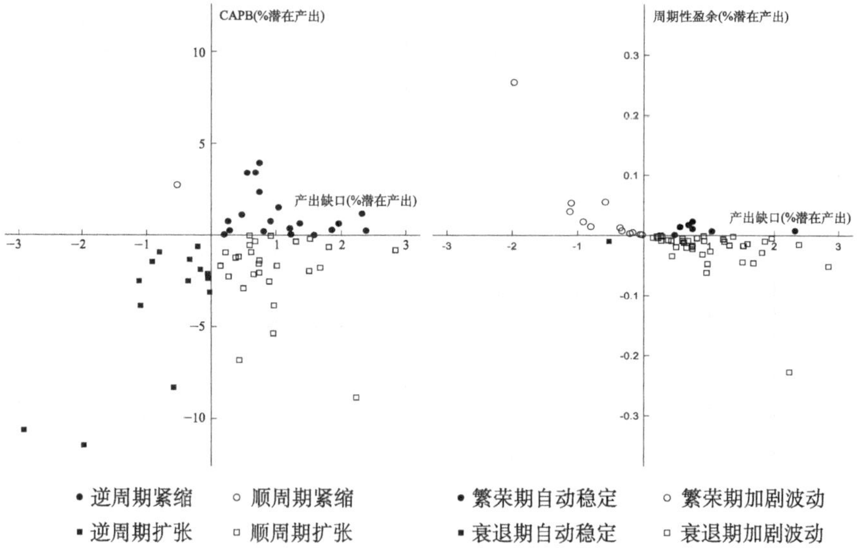

a.相机抉择的财政政策　　b.财政政策的自动稳定器

图 4－3　财政政策的顺、逆周期性（美国）

注：实心表示逆周期，空心表示顺周期，方形表示赤字，圆形表示盈余。

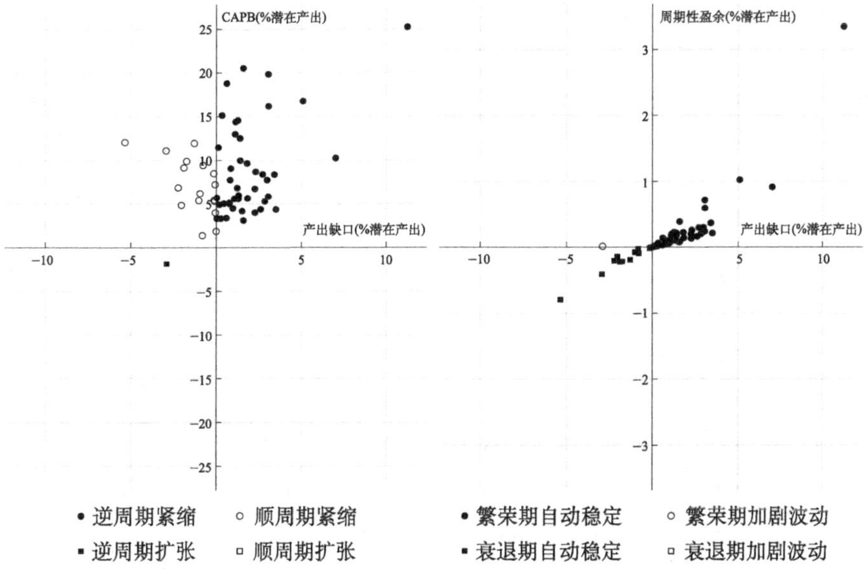

a.相机抉择的财政政策　　b.财政政策的自动稳定器

图 4－4　财政政策的顺、逆周期性（挪威）

注：实心表示逆周期，空心表示顺周期，方形表示赤字，圆形表示盈余。

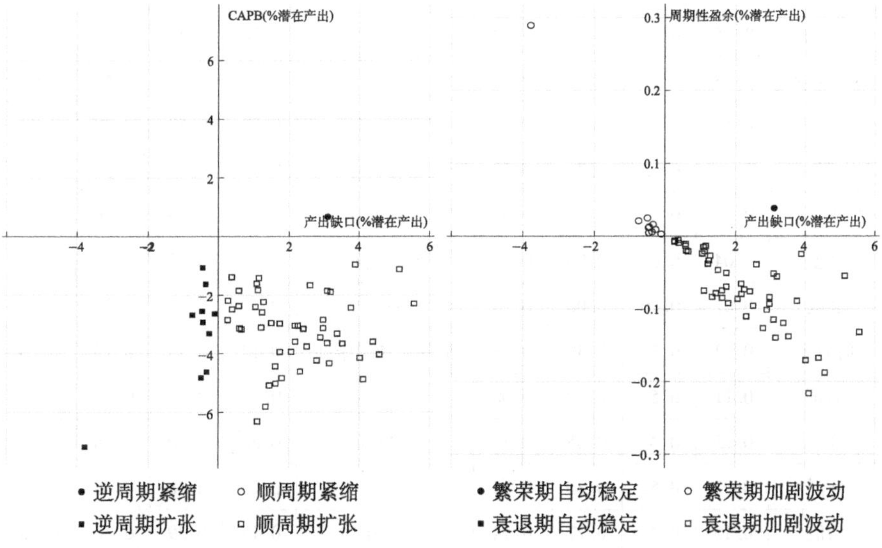

a.相机抉择的财政政策　　b.财政政策的自动稳定器

图 4－5　财政政策的顺、逆周期性（印度）

注：实心表示逆周期，空心表示顺周期，方形表示赤字，圆形表示盈余。

表 4－4　　　相机抉择的财政政策的周期性（CAPB）

发达经济体	逆周期		顺周期		新兴市场经济体	逆周期		顺周期	
	衰退扩张	繁荣紧缩	繁荣扩张	衰退紧缩		衰退扩张	繁荣紧缩	繁荣扩张	衰退紧缩
加拿大	0.07	0.74	0.03	0.16	巴拿马	0.21	0.33	0.28	0.18
法国	0.26	0.36	0.34	0.03	菲律宾	0.07	0.69	0.16	0.08
德国	0.20	0.39	0.20	0.22	土耳其	0.02	0.43	0.53	0.02
冰岛	0.07	0.61	0.18	0.15	南非	0.07	0.28	0.64	0.02
意大利	0.10	0.23	0.46	0.21	哥斯达黎加	0.11	0.44	0.44	0.00
荷兰	0.16	0.51	0.15	0.18	马来西亚	0.15	0.24	0.55	0.06
新西兰	0.08	0.48	0.26	0.18	印度	0.16	0.02	0.82	0.00
英国	0.20	0.28	0.43	0.10	匈牙利	0.25	0.46	0.21	0.07
美国	0.23	0.31	0.44	0.02	秘鲁	0.09	0.38	0.38	0.15
日本	0.33	0.30	0.30	0.08	哥伦比亚	0.07	0.38	0.49	0.07
爱尔兰	0.11	0.41	0.38	0.10	印度尼西亚	0.10	0.51	0.31	0.08
芬兰	0.15	0.49	0.20	0.16	巴西	0.06	0.73	0.06	0.14
希腊	0.15	0.20	0.61	0.05	中国	0.29	0.15	0.56	0.00
西班牙	0.15	0.39	0.44	0.02	智利	0.10	0.57	0.22	0.10
澳大利亚	0.18	0.56	0.25	0.02	波兰	0.36	0.18	0.43	0.04
奥地利	0.18	0.51	0.18	0.13	墨西哥	0.07	0.59	0.28	0.07
比利时	0.11	0.33	0.36	0.20	格鲁吉亚	0.25	0.36	0.32	0.07
塞浦路斯	0.36	0.43	0.18	0.04	拉脱维亚	0.24	0.36	0.36	0.04
丹麦	0.04	0.60	0.09	0.27	罗马尼亚	0.19	0.22	0.49	0.11
挪威	0.02	0.70	0.00	0.28	捷克	0.43	0.21	0.32	0.04
葡萄牙	0.23	0.34	0.39	0.03	圣基茨和尼维斯	0.12	0.36	0.15	0.36
瑞典	0.11	0.51	0.30	0.08	保加利亚	0.21	0.43	0.14	0.21
瑞士	0.15	0.44	0.05	0.37	俄罗斯	0.32	0.60	0.08	0.00
韩国	0.02	0.52	0.30	0.16	泰国	0.25	0.38	0.30	0.08
均值	0.15	0.44	0.27	0.14	均值	0.17	0.39	0.36	0.08

注：表中数字指的是财政政策表现出该情况的年份占该国总样本年份的比例。

然而，根据表 4－4，在衰退期，发达经济体选择实施扩张财政或紧缩财政政策的平均比例分别为 0. 15 和 0. 14，而在新兴市场经济体，相应比例分别为 0. 17 和 0. 08。也就是说，在经济下行时，尽管存在潜在的经济收缩效应，相比于新兴市场经济体，发达经济体并未有意避免实施财政紧缩。一方面，发达经济体较高的公共债务水平可能促使发达经济体政府出于维持财政可持续性的考虑在经济衰退期实施顺周期的紧缩政策（Combes 等，2017）；另一方面，根据表 4 – 5 的结果，发达经济体的经济通常具有更强大的自动稳定器，这可能会减少衰退期间采用大规模酌情财政刺激的需求。因此，相比于新兴市场经济体，发达经济体的政策制定者可能会更多地依赖自动稳定器并维持积极的资产负债表，以应对周期性波动，同时保持长期财政可持续性。

繁荣时期（第一、第四象限），并非所有国家都会有意识地积累盈余。尽管在经济扩张期间普遍存在审慎的财政观念，但包括中国和美国在内的一些国家，在经济繁荣时期也经常出现结构性赤字。这与传统财政规范背离，表明了一种顺周期财政扩张的倾向。一方面，政治压力和选举周期在形成财政政策决策方面发挥着重要作用（Persson 和 Svensson，1989；Alesina 和 Tabellini，1990）。在经济繁荣时期，政府可能会优先考虑短期经济收益和选举目标，以加强民众支持和确保连任。另一方面，顺周期财政扩张也可能是政府腐败的结果：当经济繁荣时，政府收入充裕，而财政盈余是腐败的温床，选民为减少政府官员腐败的机会，理性地要求政府减税和扩大开支（Alesina 等，2008）。根据表 4 – 4，我们进一步发现，与发达经济体相比，新兴市场经济体在繁荣时期的顺周期扩张更为普遍。以相当极端的印度为例，在其 51 个繁荣的年份中，有 50 年都是实施的财政扩张政策。一方面，在以强劲的经济增长和财政收入增加为特征的繁荣时期，新兴市场的政策制定者可能会感到有必要扩大政府支出，以解决紧迫的发展需求问题，同时，薄弱的财政规则、有限的透明度和治理缺陷，可能导致顺周期财政扩张在新兴市场经济体盛行（Frankel 和 Végh，2013）。另一方面，新兴市场经济体往往更容易受到顺周期资本流动的影响，其中外国投资流入在繁荣时期激增，在经济低迷时期急剧下降。资本流动的波动性可以放大顺周期财政政策，因为政府可能会通过增加公共支出或减税来应对外国资本的涌入，以支持国内需求并吸引进一步的投资。然而，当资本流动在经济低迷期间逆转方向时，新兴市场经济体可能面临融资约束（Caballero 和 Krishnamurthy，2004），这进一步加强了对其在繁荣时期顺周期财政扩张的激励。

表 4-5　　财政政策自动稳定器的作用（周期性盈余）

发达经济体	自动稳定		加剧波动		新兴市场经济体	自动稳定		加剧波动	
	衰退赤字	繁荣盈余	衰退盈余	繁荣赤字		衰退赤字	繁荣盈余	衰退盈余	繁荣赤字
加拿大	0.16	0.74	0.07	0.03	巴拿马	0.25	0.35	0.14	0.26
法国	0.02	0.26	0.28	0.44	菲律宾	0.08	0.70	0.07	0.15
德国	0.31	0.51	0.10	0.08	土耳其	0.02	0.43	0.02	0.53
冰岛	0.16	0.67	0.05	0.11	南非	0.03	0.33	0.05	0.59
意大利	0.25	0.28	0.07	0.41	哥斯达黎加	0.00	0.44	0.11	0.44
荷兰	0.16	0.51	0.18	0.15	马来西亚	0.00	0.24	0.21	0.55
新西兰	0.18	0.48	0.08	0.26	印度	0.00	0.02	0.16	0.82
英国	0.10	0.18	0.20	0.52	匈牙利	0.04	0.25	0.29	0.43
美国	0.02	0.11	0.23	0.64	秘鲁	0.19	0.38	0.06	0.38
日本	0.07	0.25	0.34	0.34	哥伦比亚	0.07	0.38	0.07	0.49
爱尔兰	0.10	0.41	0.11	0.38	印度尼西亚	0.16	0.69	0.02	0.14
芬兰	0.16	0.52	0.15	0.16	巴西	0.12	0.69	0.08	0.10
希腊	0.05	0.23	0.15	0.57	中国	0.00	0.00	0.29	0.71
西班牙	0.00	0.38	0.16	0.46	智利	0.14	0.65	0.06	0.14
澳大利亚	0.02	0.51	0.18	0.30	波兰	0.00	0.07	0.39	0.54
奥地利	0.11	0.46	0.20	0.23	墨西哥	0.08	0.61	0.05	0.26
比利时	0.21	0.44	0.10	0.25	格鲁吉亚	0.07	0.39	0.25	0.29
塞浦路斯	0.14	0.54	0.25	0.07	拉脱维亚	0.04	0.36	0.24	0.36
丹麦	0.27	0.60	0.04	0.09	罗马尼亚	0.11	0.19	0.19	0.51
挪威	0.28	0.70	0.02	0.00	捷克	0.14	0.39	0.32	0.14
葡萄牙	0.11	0.41	0.15	0.33	圣基茨和尼维斯	0.39	0.45	0.09	0.06
瑞典	0.11	0.52	0.08	0.28	保加利亚	0.11	0.36	0.32	0.21
瑞士	0.37	0.44	0.15	0.05	俄罗斯	0.00	0.56	0.32	0.12

续表

发达经济体	自动稳定		加剧波动		新兴市场经济体	自动稳定		加剧波动	
	衰退赤字	繁荣盈余	衰退盈余	繁荣赤字		衰退赤字	繁荣盈余	衰退盈余	繁荣赤字
韩国	0.16	0.59	0.02	0.23	泰国	0.10	0.38	0.23	0.30
均值	0.15	0.44	0.14	0.27	均值	0.09	0.39	0.17	0.36

注：表中数字指的是财政政策表现出该情况的年份占该国总样本年份的比例。

自动稳定器指的是在不需要政府明确行动的情况下自动抵消经济周期波动的政府政策，包括累进所得税、失业救济金和福利计划。它们的作用是在衰退期间抑制经济衰退的影响和刺激需求，在扩张期间缓和经济过热。根据图 4 -2 至图 4 -5，挪威的财政政策发挥了相当有效的自动稳定器作用，而中国和印度的财政政策几乎没有发挥自动稳定器作用，在一定程度上反而加剧了经济周期的波动。根据表 4 -5 的结果，相比于新兴市场经济体，发达经济体的财政政策发挥了更加有效的自动稳定器作用：一方面，发达经济体往往拥有更健全和全面的社会安全网，它们通常有完善的税收和转移制度，包括失业救济、社会保障和累进税。这些系统通过重新分配收入和在经济衰退期间为个人和家庭提供支持，产生自动稳定效应。相比之下，新兴市场经济体的社会安全网可能不太发达，税收制度也较弱，限制了自动稳定器的有效性。另一方面，发达经济体往往有更稳定的政治制度、更强大的机构和更好的治理结构，这有利于设计和实施有效的自动稳定器，并且发达经济体通常有更强的财政能力，这意味着它们有更多的资源和灵活性来实施自动稳定器——它们有能力维持较高水平的政府支出和税收。相比之下，新兴市场经济体可能面临腐败、制度薄弱和政策不稳定等挑战，这些挑战可能会削弱自动稳定器的有效性，并限制它们应对经济冲击的能力。

4.2　财政政策对公共债务周期的影响

在 2008 年全球金融危机和新冠疫情的冲击下，各国都实施了大规模的财政刺激，伴随着的是公共债务率在全球范围内的上升。随着新冠疫情的影响逐渐降低，削减公共债务，扩大财政可自主抉择空间，提高财政政策应对各种不确定冲击的能力，稳定经济高质量增长，是当今各国面临的共同议题。财政空间的核心在于“政府偿还债务的能力”（Kose 等，2022）。在我国，由于多年持续的积极财政政策，财政可自主抉择空间自 2016 年就呈现出快速缩小的趋势，使得财政应对外生冲击的能力变得非常有限（李永友和杨春飞，2023）。

由于公共债务是政府融资的主要渠道，一种符合直觉的观点是，政府扩张冲动是财政趋紧和债务规模快速累积的关键原因，而财政紧缩或财政整顿能够带来公共债务率的降低（至少不再增加）。然而，当我们考虑到财政扩张与紧缩对经济增长的影响时，结果将不再如此直接：扩张性财政政策，其特点是增加政府开支或减少税收，通常在短期内刺激经济活动，但如果没有足够的创收或经济增长，可能导致更高的公共债务水平。相反，紧缩的财政政策，包括减少支出或增加税收，可以帮助减轻公共债务积累，但可能在短期内抑制经济增长。事实上，根据第 1 章关于公共债务周期的描述性分析，我们知道，一些国家（如爱尔兰）确实通过财政紧缩降低了公共债务率，主要是因为相应的财政紧缩措施以非凯恩斯主义的方式促进了经济增长，但同时还有一些国家的财政整顿引发经济下行，当产出下降幅度大于债务削减幅度时，公共债务率反而进一步增长。进一步地，根据前文的分析，考虑到顺、逆周期的财政政策对经济周期波动的影响不同，除了探讨不同的财政立场对公共债务率的影响，讨论不同经济周期状态下财政立场对公共债务率的影响对政策制定者也具有重要意义。

分析财政立场对公共债务的影响，可以深入了解财政政策措施在实现预期经济成果方面的有效性。通过评估财政刺激或紧缩措施对债务动态的影响，决策者可以评估其政策干预的有效性，并相应地调整策略。这有助于改善财政政策的定位和设计，以实现充分就业、价格稳定和经济可持续增长等预期的宏观经济目标。

4.2.1 财政立场的重大变化：财政刺激与财政整顿事件

根据 Alesina 和 Ardagna（2010）的经典做法，我们仅关注财政立场发生重大变化的时期。具体而言：

（1）财政刺激（fiscal stimulus）被定义为在某年内，CAPB（% 潜在产出）改善（即上升）至少 1.5 个百分点。

（2）财政整顿（fiscal adjustment）被定义为在某年内，CAPB（% 潜在产出）恶化（即下降）至少 1.5 个百分点。

这是非常严格的定义，排除了一些变化幅度较小、持续时间较长的财政立场调整。之所以这样做，是考虑到难以避免的由财政政策和经济增长之间的双向互动所带来的内生性问题。具体而言，假设我们观察到 CAPB 的增加、经济的繁荣和债务率的降低，便得到结论说减少政府赤字能够带来经济增长和债务率降低，这样的论断是不负责任的。这是因为其中的因果关系很可能是相反的：排除财政政策，还有其他不同的因素促进了经济增长，并由此导致更高的税收收入，或者更低的转移支付，同时还有更低的公共债务率。这个问题一直是所有关于财政政策影响的实证研究的核心。因此，我们需要上述识别假设来衡量财政政策变化对经济增长、债务率动态的影响：一方面，我们已经使用基本收支（税收减去支出，但支出不包括政府债务支付）以避免利率变化对政府总支出产生影响；另一方面，我们使用如此严格的定义来反映真正由财政当局做出的相机抉择的政策选择。也就是说，我们试图尽可能多地剥离财政变量对宏观经济的自动反应，具体而言，使用基本收支来剥离财政变量对经济增长和货币政策所引发的利率变化做出的自动反应，使用财政立场重大变化的定义剥离税收、转移支付等财政变量对经济增长的自动反应。在这种情况下，在某种程度上，我们可以认为上述识别出的“财政刺激”和“财政整顿”是外生的财政冲击。

当然，即便如此，财政刺激和财政整顿的内生性问题仍然存在。正如上述经典方法的提出者在其后续文章（Alesina 等，2019）中指出的那样，原则上，对应识别假设下的变量仍然可能受到各国宏观经济状况的影响，例如仍然包括由经济状况驱动的税收和支出方面的其他立法变化。在此，我们也介绍一种由 Romer 和 Romer（2010）所提出的一种识别外生财政冲击的“叙事性方法（narrative approach）”：每一次财政整顿事件背后都是（美国）预算文件、国会辩论记录、演讲中的明确表态。Leigh 等（2011）使用该方法，参考多边机构的报告，如 IMF 工作人员报告和 OECD 国家经济调查，以及与预算相关的文件和央行报告，构建了 17 个 OECD 国家 1978—2009 年财政变量外生变化的面板数据集；在此基础上，David 和 Leigh（2018）添加了 14 个拉丁美洲国家 1989—2016 年的数据。然而，以上数据集只涵盖了削减赤字（即财政刺激或财政整顿）的时期，另外，许多新兴市场经济体很少公开宣告削减赤字，因此，当我们试图分析包含全球多数新兴市场经济体在内的财政刺激和财政整顿对经济增长、债务率动态的影响时，使用 CAPB 的大幅变化依然是目前最科学、最可行的方法（Aaskoven 和 Wiese，2022；Chrysanthakopoulos 和 Tagkalakis，2023）。

在 48 个国家 1963—2022 年共计 2395 个[①]样本中，根据定义（1）和（2），我们分别识别出了 388 个财政刺激年份（占比 16.2%）和 385 个财政整顿年份（占比 16.1%）。年份的识别结果的具体情况详见附录表 A－1 至表 A－4，财政刺激和财政整顿事件的描述性分析见表 4－6 和表 4－7。需要特别说明的是，我们此处所定义的财政刺激与财政整顿均是基于 CAPB 的变化的方向，换句话说，即使政府一直在实施结构性盈余，但如果结构性盈余下降超过 1.5 个百分点，依然认为政府此时的政策取向为财政刺激。根据之前的分析，挪威几乎一直在持续运行结构性盈余，但依然可能在其中识别出财政刺激的年份，同样地，也有可能在印度识别出财政整顿的年份。事实上，1963—2022 年，挪威经常性地改变其财政立场，有 23% 的样本时间被识别为财政刺激，27% 的样本时间被识别为财政整顿；作为对比，同样的时间内，印度仅有 8% 的时间被识别为财政刺激，7% 的时间被识别为财政整顿。

表 4－6　　发达经济体的财政立场的重大变化事件

经济体	财政刺激（fiscal stimulus）				财政整顿（fiscal adjustment）				政策偏好
	发生次数	年均 CAPB 变化	最大持续时长	占比	发生次数	年均 CAPB 变化	最大持续时长	占比	
加拿大	6	－4.39	2	0.13	7	1.73	4	0.22	－0.08
法国	8	－2.90	1	0.13	5	1.95	1	0.12	0.02
德国	6	－4.29	2	0.14	7	2.88	2	0.16	－0.02

① CAPB 的最早样本开始时间为 1962 年，但财政刺激和财政整顿的识别涉及 CAPB 的年度变化，所以样本从 1963 年开始。

续表

经济体	财政刺激（fiscal stimulus）				财政整顿（fiscal adjustment）				政策偏好
	发生次数	年均 CAPB 变化	最大持续时长	占比	发生次数	年均 CAPB 变化	最大持续时长	占比	
冰岛	11	-4.79	2	0.22	12	3.97	3	0.25	-0.03
意大利	7	-3.53	1	0.12	7	2.08	1	0.13	-0.02
荷兰	5	-4.45	2	0.10	5	3.39	1	0.10	0.00
新西兰	6	-2.42	4	0.27	5	2.38	2	0.14	0.12
英国	7	-4.24	3	0.22	8	2.47	3	0.25	-0.03
美国	8	-3.66	2	0.15	3	2.57	1	0.08	0.07
日本	5	-4.86	1	**0.08**	5	2.30	2	**0.10**	-0.02
爱尔兰	5	-4.58	4	0.15	5	3.59	4	0.20	-0.05
芬兰	9	-3.14	2	0.17	8	2.78	3	0.22	-0.05
希腊	8	-3.74	2	0.17	9	2.90	2	0.20	-0.03
西班牙	4	-4.88	2	0.10	4	2.54	1	0.10	0.00
澳大利亚	7	-2.54	2	0.17	3	1.98	1	0.08	0.08
奥地利	6	-3.78	1	0.12	7	1.89	2	0.17	-0.05
比利时	7	-3.52	1	0.12	5	3.08	1	0.08	0.03
塞浦路斯	5	-4.14	2	<u>0.30</u>	6	3.17	2	<u>0.33</u>	-0.04
丹麦	7	-2.89	3	0.20	7	3.09	4	0.22	-0.02
挪威	8	-4.29	4	0.23	9	2.96	3	0.27	-0.03
葡萄牙	9	-4.00	2	0.18	13	2.24	2	0.32	-0.13
瑞典	5	-3.10	3	0.17	8	2.23	4	0.22	-0.05
瑞士	2	-2.97	1	**0.05**	1	2.84	1	**0.03**	0.03
韩国	5	-2.11	2	0.10	6	2.38	2	0.13	-0.03
合计	156			0.15	155			0.17	-0.02

注：(1) CAPB 的单位是“% potential GDP”。

(2)“最大持续时长”的单位是年，根据定义，“最小持续时长”一定是1年。

(3) 若财政刺激（整顿）事件从第1年开始，第T年结束，则财政刺激（整顿）事件的持续时间为T年，CAPB 变化指的是第T年的 CAPB 减去第0年的 CAPB。

(4)“CAPB 变化（平均每年）”的计算方式为，先计算该国家每一次财政刺激（整顿）事件中 CAPB 平均每年的变化，再计算该平均变化的平均值。

(5)“占比”指的是发生财政刺激（整顿）的年份占该国家总样本时长的比例。

(6) 加粗（下划线）的“占比”表示该国家财政立场发生重大变化的时间低于（高于）总样本时间的20%（50%）。

(7) 政策偏好指的是“财政刺激的占比 - 财政整顿的占比”。若政策偏好 >0，则表明在样本时间内，该国财政当局更多时间选择了财政刺激；若政策偏好 <0，则表明该国财政当局更多时间选择了财政整顿；若政策偏好 =0，则表明该国财政当局选择财政刺激和整顿的时间一样长。

表 4－7　　　　新兴市场经济体的财政立场的重大变化事件

经济体	财政刺激（fiscal stimulus）				财政整顿（fiscal adjustment）				政策偏好
	发生次数	年均 CAPB 变化	最大持续时长	占比	发生次数	年均 CAPB 变化	最大持续时长	占比	
巴拿马	8	－4.56	2	0.18	9	4.96	3	0.24	－0.05
菲律宾	4	－3.36	1	0.07	4	2.97	1	0.07	0.00
土耳其	9	－2.68	2	0.19	8	3.18	2	0.19	0.00
南非	8	－2.81	2	0.16	6	3.46	1	0.11	0.05
哥斯达黎加	7	－2.50	2	0.13	5	2.46	2	0.15	－0.02
马来西亚	4	－2.87	3	0.19	2	1.74	1	0.06	0.13
印度	5	－2.88	1	**0.08**	4	2.19	1	**0.07**	0.02
匈牙利	4	－3.29	2	0.22	5	3.11	1	0.19	0.04
秘鲁	10	－3.11	2	0.23	8	2.98	3	0.21	0.02
哥伦比亚	5	－2.42	1	**0.08**	3	2.71	1	**0.07**	0.02
印度尼西亚	8	－2.00	2	0.18	6	2.40	1	0.16	0.02
巴西	6	－3.45	1	0.13	4	5.00	1	0.09	0.04
中国	3	－2.17	2	0.15	2	2.68	1	0.06	0.09
智利	6	－3.90	2	0.21	5	4.68	3	0.21	0.00
波兰	4	－3.02	2	0.19	2	3.72	1	0.07	0.11
墨西哥	8	－2.35	2	0.15	8	2.67	1	0.13	0.02
格鲁吉亚	4	－3.47	3	0.22	4	3.20	2	0.26	－0.04
拉脱维亚	3	－2.92	2	0.21	1	3.36	2	0.08	0.13
罗马尼亚	6	－4.94	3	0.26	6	3.22	2	0.26	0.00
捷克	3	－3.70	1	0.11	4	4.50	1	0.19	－0.07
圣基茨和尼维斯	5	－2.88	4	0.34	5	4.95	3	0.25	0.09
保加利亚	4	－2.78	2	0.19	3	3.14	1	0.15	0.04
俄罗斯	6	－4.13	2	0.33	5	4.00	2	0.38	－0.04
泰国	10	－2.83	2	0.20	5	4.54	2	0.13	0.07

续表

经济体	财政刺激（fiscal stimulus）				财政整顿（fiscal adjustment）				政策偏好
	发生次数	年均 CAPB 变化	最大持续时长	占比	发生次数	年均 CAPB 变化	最大持续时长	占比	
合计	140			0.17	114			0.15	-0.02

注：（1）CAPB 的单位是“% potential GDP”。

（2）“最大持续时长”的单位是年，根据定义，“最小持续时长”一定是 1 年。

（3）若财政刺激（整顿）事件从第 1 年开始，第 T 年结束，则财政刺激（整顿）事件的持续时间为 T 年，CAPB 变化指的是第 T 年的 CAPB 减去第 0 年的 CAPB。

（4）“CAPB 变化（平均每年）”的计算方式为，先计算该国家每一次财政刺激（整顿）事件中 CAPB 平均每年的变化，再计算该平均变化的平均值。

（5）“占比”指的是发生财政刺激（整顿）的年份占该国家总样本时长的比例。

（6）加粗（下划线）的“占比”表示该国家财政立场发生重大变化的时间低于（高于）总样本时间的 20%（50%）。

（7）政策偏好指的是“财政刺激的占比 - 财政整顿的占比”。若政策偏好 >0，则表明在样本时间内，该国财政当局更多时间选择了财政刺激；若政策偏好 <0，则表明该国财政当局更多时间选择了财政整顿；若政策偏好 =0，则表明该国财政当局选择财政刺激和整顿的时间一样长。

从财政刺激和财政整顿的发生频率和时长占比来看，发达经济体财政刺激和财政整顿的发生概率相当，但在样本期内，财政整顿的时长占比更大，这反映了发达经济体决策者的灵活性和自由裁量权，同时，发达经济体更强调持续的财政整顿努力，以确保长期财政可持续性。相反，在新兴市场经济体，相比于财政整顿，财政刺激的频率更高，持续时间更长，这一方面反映出新兴市场经济体面对经济波动、外部冲击，更频繁地采取扩张性财政措施来稳定经济和支持增长，另一方面也意味着财政空间的收紧和财政脆弱性的加剧。

从 CAPB 平均每年的变化来看，在发达经济体中，财政刺激期间 CAPB 的年绝对降幅往往大于财政调整期间 CAPB 的年绝对增幅，相比之下，许多新兴市场经济体在财政刺激期间 CAPB 的年绝对值下降幅度较小。发达经济体和新兴市场经济体在财政刺激和财政调整期间 CAPB 平均年变化的对比模式，凸显了不同背景下政策制定者所面临的不同财政政策应对和宏观经济挑战：发达经济体在经济衰退期间往往优先采取更大规模的财政刺激措施，而新兴市场经济体可能会表现出更有限的财政空间；相比于财政刺激，发达经济体通常采取更为渐进的财政整顿，以避免可能破坏经济复苏和社会福利的突然整顿措施，而新兴市场经济体面临资本流动不稳定、外债负担等财政压力，需要采取更多的财政调整措施，以恢复宏观经济稳定和投资者信心，减少财政脆弱性并确保长期可持续性。

从财政刺激和财政整顿的持续时间来看，识别出的刺激和整顿事件持续时间为1—4年，其中大多数事件的持续时长为1年。一方面，这反映出不同国家在实施财政政策干预时在持久性上的多样性；另一方面，一年期财政刺激和整顿事件的普遍存在，突出表明了政府在应对经济冲击或周期性波动时实施的财政政策措施往往是短期的，旨在为经济提供及时支持，同时最大限度地降低长期财政风险。另外，根据附录表A-1至表A-4中事件的具体年份，我们得到一项补充信息：在48个样本国家中，几乎所有国家在2009年和2020年均选择通过增加政府赤字（减少CAPB）来刺激经济，但存在区别的是，全球金融危机后的2010—2011年，只有23个国家发生了财政整顿，而新冠疫情后的2021—2022年，41个国家发生了财政整顿。这种区别可能来源于2008年全球金融危机后，大范围流行的一种“非常规货币政策”——量化宽松（quantitative easing，QE）。QE是中央银行通过从市场购买政府债券来刺激经济的货币政策工具，虽然QE是一种货币政策工具而不是财政政策工具，但其实施可能对财政动态产生影响，并可能影响财政整顿的必要性：QE导致长期利率降低，进一步降低政府发行新债或为现有债务再融资的借贷成本，这缓解了金融危机期间大规模财政刺激可能带来的财政压力，使政府不必实施或推迟了财政整顿。然而，随着QE的持续实施，全球公共债务水平被抬升，许多国家2019年的公共债务率与2008年不可同日而语。为应对新冠疫情而进行的大规模财政刺激引发了债务的进一步激增，更广泛和一致的财政整顿应对措施符合预期，这反映了大多数国家财政空间的收紧以及遏制公共债务水平上升和恢复财政可持续性的必要性。

从政策偏好来看，财政当局在财政刺激和财政整顿的取向上并没有显著差异，政策刺激事件和财政整顿事件往往交替发生，这反映出经济周期繁荣与衰退的更替和政府的应对。多数情况下，财政刺激和财政整顿事件不会连续发生，即在财政立场发生重大转变后，政府往往倾向于维持当前状况，或渐进、缓慢地调整财政预算，而非立刻反方向调整预算。事实上，短时间内财政立场的逆转往往意味着政府决策的失效或经济状况的重大转变，一个典型的例子是爱尔兰。2007—2014 年，爱尔兰先后经历了持续四年的财政刺激和持续四年的财政整顿。早在全球金融危机爆发前，爱尔兰就面临经济严重过热、房地产泡沫和银行过度放贷等诸多问题。在 2007 年之前的 20 年里，爱尔兰从欧盟最贫穷的国家之一变成了最繁荣的国家之一。低税收、中等工资和受过良好教育的年轻劳动力吸引了大量大公司，爱尔兰年平均增长率超过 6%。但持续的繁荣引发了外资、银行和监管机构的自满情绪，不断增长的收入和廉价信贷也助长了房地产泡沫。2007 年，全球经济的脆弱性开始显现，爱尔兰的经济繁荣失去了动力。2008 年金融危机爆发后，爱尔兰经历了严重的经济衰退，主要表现为房地产价格暴跌，失业率上升，经济活动急剧萎缩。为应对危机，爱尔兰实施了财政刺激措施，增加政府在基础设施、社会福利和公共服务方面的支出，以及有针对性地减税，以刺激消费和企业投资，旨在减轻经济衰退的不利影响，支持经济复苏。爱尔兰从 2007 年到 2010 年实施了四年的财政刺激计划，这反映了爱尔兰为抵御经济衰退和恢复经济信心所做的持续努力。然而，尽管最初采取了刺激措施，但由于房地产市场崩溃、银行业的脆弱性和公共债务水平不断上升，爱尔兰的财政状况显著恶化，面对这场相当严重的财政危机与全球金融危机的“完美结合”，爱尔兰于 2010 年与欧盟和 IMF 达成了一项金融救助计划。该计划提出了严格的条件，旨在恢复财政可持续性并实施结构性改革。为了遵守救助计划的要求并努力恢复市场信心，爱尔兰开始进行财政整顿，措施包括削减支出、增加税收和旨在减少预算赤字、控制公共债务水平和恢复宏观经济稳定的结构性改革。爱尔兰从 2011 年到 2014 年经历了四年的财政整顿，这反映了为解决金融危机遗留问题和确保长期财政可持续性所需的长期调整和改革。

从财政刺激和财政整顿时间的总占比来看，在样本期内，绝大多数国家发生上述事件的频率为 20%—50%，总体而言财政立场维持相对稳定。发达经济体中，日本和瑞士财政立场发生重大变化（CAPB 发生重大改变）的时间低于 20%，而塞浦路斯高于 50%；新兴市场经济体中，印度和哥伦比亚的财政立场发生重大变化的时间低于 20%，而罗马尼亚、圣基茨和尼维斯和俄罗斯高于 50%，特别是俄罗斯，这一数字高达 71%。财政立场发生重大变化的频率较低，可能反映出在面临外部不确定性和国内挑战的情况下，政府努力维护财政纪律，坚持中期财政框架，优先考虑宏观经济稳定。俄罗斯财政立场发生重大变化的频率异常之高，可能反映出该国面临商品价格波动、地缘政治不确定性，需要频繁进行财政调整以管理经济风险和维持宏观经济稳定。

4.2.2 财政刺激和财政整顿对公共债务周期的影响

由于较高的公共债务可能损害经济增长（Phelps 和 Shell，1969；Reinhart 和 Rogoff，2010；Woo 和 Kumar，2015），许多研究开始探索债务削减的有效方案。“财政整顿”通常以改善预算平衡状况、降低公共债务率作为目标，Alesina 和 Ardagna（2010）明确地将“成功的财政整顿（successful fiscal adjustment）”定义为公共债务率在财政整顿开始的后续 3 年，累计降幅超过 4.5%。影响财政整顿成功与否的因素有很多，例如整顿策略、经济条件（包括经济增长率、利率、汇率、通货膨胀、初始债务负担率等）。多数学者认为财政整顿策略对于整顿成功的概率极其重要，一个共识是：支出型财政整顿优于收入型财政整顿。支出型财政整顿比收入型财政整顿更容易取得成功（Alesina 和 Ardagna，2010；Heylen 等，2013；Ren 等，2024），同时，支出型财政整顿比收入型财政整顿的调整时间更短（Agnello 等，2013）。

直觉上，财政刺激措施包括削减税收、增加支出，当支出主要以债务融资时，财政刺激会引起公共债务率的上升。但通常来讲，公共债务率的上升是由多种因素共同导致的，包括基本财政收支（primary fiscal balance）的恶化、利率持续大于增长率，以及资产和负债估值的急剧变化，如汇率贬值引起的变化（Baldacci 等，2012）。特别是，财政刺激与公共债务率上升的正向相关性更多对应于经济繁荣时期的财政刺激，而在经济疲软时采取扩张性的财政政策不仅可以刺激产出，还可以降低公共债务率和政府债券实际回报率（Auerbach 和 Gorodnichenko，2017）。换句话说，在经济疲软的情况下，财政刺激通常是提振经济的有效工具，并且这样做对债务水平和借贷成本上升的影响可能不大。事实上，在前文关于公共债务与经济增长的研究中，我们就发现，相对于经济繁荣期，公共债务在经济衰退期确实能够发挥更大的作用。一方面，在经济衰退期，公共债务可以用于维持社会福利支出，如失业保险、贫困救助等，同时，金融市场可能会出现不稳定的情况，政府可以通过公共债务来稳定金融市场，增加市场信心和降低利率，从而促进投资和消费；另一方面，通常来讲，财政乘数在经济衰退时期更大（Auerbach 和 Gorodnichenko，2012），此时，以公共债务为融资来源的政府支出的增加对经济增长的促进作用更大，财政刺激引起的 GDP 的增加一定程度上控制了公共债务率的增长（Cherif 和 Hasanov，2018）。

为了综合、全面地理解财政政策对公共债务率动态的影响，我们将公共债务周期的不同阶段与财政刺激和财政整顿事件相结合，试图通过回归分析来探讨财政刺激、财政整顿对公共债务扩张期、收缩期持续时间和波幅的影响。我们关注财政刺激和财政整顿事件是否会引起公共债务扩张期和收缩期的特征变化，因此，我们将公共债务扩张期和收缩期按照期初是否存在财政立场重大转变事件进行分类，表 4－8 汇报了 118 个公共债务收缩期和 112 个公共债务扩张期的特征的描述性统计分析。根据之前的分析，我们知道，财政刺激和财政整顿事件并非频繁发生，在 48 个国家的样本期内，上述事件发生的频率仅为 32%，然而，我们在超过 38% 的债务收缩期初检测到了财政整顿事件，在 46% 的债务扩张期初检测到了财政刺激事件。这些描述性统计结果与直觉性的理解是一致的：财政刺激与公共债务扩张相关，财政整顿与公共债务收缩相关。财政刺激措施通常涉及增加政府支出或减税，目的是在经济衰退期间刺激经济活动。虽然财政刺激可以短期缓解经济衰退和支持经济复苏，但它也可能导致政府借贷和债务积累增加，特别是在未来没有相应增加收入或削减支出的情况下。而财政整顿措施，如削减支出或增加税收，通常用于解决不断上升的公共债务水平，减少预算赤字，恢复财政可持续性。虽然财政整顿可能带来短期经济成本，但其目的往往是改善长期财政健康和防止出现不可持续的债务动态。

表 4－8　　　　被解释变量描述性统计分析

		持续时间（年）	波幅（%）	事件数量
公共债务收缩期	$[t-1,t]$ 财政立场未发生重大变化	5.57	12.70	63
	$[t-1,t]$ 发生财政刺激	9.60	23.60	10
	$[t-1,t]$ 发生财政整顿	6.13	18.29	45
公共债务扩张期	$[t-1,t]$ 财政立场未发生重大变化	8.55	25.19	44
	$[t-1,t]$ 发生财政刺激	7.96	31.34	52
	$[t-1,t]$ 发生财政整顿	6.56	21.20	16

注：（1）持续时间、波幅展示的均为平均值。

（2）识别公共债务周期所采用的转折点法的审查条件为 2—2—5 年。

（3）转折点法的波幅指的是峰谷差值（绝对值）。

（4）收缩期、扩张期的开始时间为 t，“$[t-1,t]$ 发生财政刺激（整顿）”指的是在相应时间段内存在“财政刺激（整顿）”事件，当该时间段内同时存在财政刺激和财政整顿事件时，“财政刺激（整顿）”事件的发生时间在后，因此，“$[t-1,t]$ 发生财政刺激”与“$[t-1,t]$ 发生财政整顿”二者互斥。

根据表 4－8 我们发现，与未发生财政立场重大转变事件相比，财政整顿事件的发生与后续债务收缩期的持续时间和债务率削减幅度正相关；相比之下，尽管财政刺激事件似乎会引发后续债务率扩张幅度的进一步增大，但并未导致债务扩张期持续时间的进一步延长，这表明，财政刺激对债务扩张持续时间的影响可能相对短暂，在最初的经济刺激期之后，债务积累的速度将恢复到刺激前的水平。

上述观察强调了财政政策在塑造债务动态方面的重要性。这些发现突出了财政政策选择的内在权衡，因为政策制定者需要平衡短期经济刺激的需求与长期财政可持续性的必要性。进一步地，我们控制经济条件（通货膨胀、经济增长和期初债务水平的影响）对公共债务周期动态的影响，回归结果见表 4－9。

我们使用债务扩张期或收缩期的年均实际 GDP 增长率（数据来源：世界银行）代表该债务阶段所面临的经济增长情况：较高的经济增长率通常会导致税收收入增加和社会福利支出减少，从而减少通过债务融资以增加支出的需求，对债务率动态会产生积极影响。

我们使用债务扩张期或收缩期的季均 CPI 增长率（数据来源：世界银行）代表该债务阶段所面临的通货膨胀情况：通货膨胀会侵蚀未偿

债务的实际价值，从而影响债务动态，较高的通货膨胀率可能会减轻债务的实际负担，特别是债务是以名义价格持有的。

初始债务水平反映公共债务周期的起点，并可影响债务动态的长期轨迹，高初始债务水平可能限制财政空间，阻碍债务的持续扩张，同时增强了债务削减的动力。

表4-9　　回归结果（财政政策对公共债务周期的影响）

	公共债务扩张期				公共债务收缩期			
	持续时间		波幅		持续时间		波幅	
	(1)	(2)	(3)	(4)	(5)	(6)	(7)	(8)
[t-1,t] 发生财政刺激	-0.14		0.01		0.23		0.25	
[t-1,t] 发生财政整顿		-0.50*		-0.71		0.29*		0.57**
t期公共债务率（取对数）	-0.28*	-0.26*	-0.18	-0.18	0.26*	0.21	0.65**	0.58**
实际GDP增长率（[1,t]平均值）	-0.02	-0.01	-0.20***	-0.18***	0.02	0.03	-0.00	0.02
CPI增长率（[1,t]平均值）	-0.12*	-0.11*	-0.02	-0.03	0.05	0.05	0.20	0.19
截距项	3.09***	2.97***	3.86***	3.92***	0.38	0.47	-0.70	-0.66
样本量	80	80	80	80	78	78	78	78

注：(1) t指的是公共债务扩张期或收缩期开始的年份。

(2) 被解释变量均做了取对数处理。

(3) “[t-1,t] 发生财政刺激（整顿）”为虚拟变量（取值为0和1），“[t-1,t] 发生财政刺激（整顿）”取值1表明在相应时间段内存在“财政刺激（整顿）”事件，当该时间段内同时存在财政刺激和财政整顿事件时，“财政刺激（整顿）”事件的发生时间在后。

(4) *，**，***分别代表10%，5%，1%的显著性水平。

回归结果表明，财政刺激事件对后续的公共债务扩张或收缩均不存在显著影响。这表明，在表4-8描述性统计分析中所观察到的财政刺激事件与公共债务动态之间的关系可能主要由潜在的经济状况驱动，而不是财政政策干预的直接影响。从另一个角度来看，这与Auerbach和Gorodnichenko（2017）的结论一致：财政刺激通常是提振经济的有效工具，并且对债务水平和借贷成本上升的影响可能不大——财政刺激引起的 GDP 的增加一定程度上控制了公共债务率的增长。相比之下，财政整顿事件会显著缩短随后的债务扩张期的持续时间，增大债务收缩期的持续时间和波幅。这表明，财政整顿有助于遏制债务扩张阶段的持续时间，甚至逆转债务积累趋势，延长债务削减。

总体而言，我们的结果支持了财政整顿对债务削减的有效性，同时表明财政刺激并不一定会加剧债务扩张，因此，在经济面临下行风险时，暂时搁置债务挤压或债务可持续问题，采取积极的财政政策提振经济或许是更有效的应对方案。

4.3 公共债务积累对财政政策的影响

根据之前的分析，我们知道财政刺激能够促进 GDP 的增长，并不一定会加剧公共债务率的扩张。然而，我们清楚，较高的公共债务可能会抑制经济增长（Reinhart 和 Rogoff，2010；Woo 和 Kumar，2015），同时，当人们预期政府将在未来采取整顿措施来进行债务削减时（债务率越高，人们预期政府实施财政整顿的可能性越大），财政刺激的效果将大打折扣，甚至起到反作用（Nickel 和 Tudyka，2014）。也就是说，当债务率超出某一阈值后，财政刺激对经济增长的促进作用将被削弱，在这种情况下，财政刺激更可能导致债务率的进一步增加。上述恶性循环的形成基于一个前提，即政府仍然试图进行财政刺激（特别是在经济下行时进行逆周期调控），然而，一种可能性是，高企的公共债务本身就限制了政府实施扩张性财政政策的能力。IMF 首席经济学家 Blanchard 曾在书中（Blanchard 等，2013）写道：在债务不断上升的背景下，投资者会担心更高的违约风险，并要求更高的政府债券回报，这使得政府更难偿还债务，从而减少了财政政策相机抉择的空间。从另一个角度考虑，风险溢价的影响在经济下行期更为显著，经济衰退时期政府面临的融资成本上升甚至融资约束可能会加强政府在繁荣期顺周期扩张的动机（Caballero 和 Krishnamurthy，2004）。Combes 等（2017）明确指出，公共债务会显著影响财政政策的周期性，当公共债务率较高时，财政政策将从逆周期转向顺周期。在本书中，我们试图进一步探讨公共债务对财政政策周期性的影响，具体而言，我们希望探明高水平的公共债务究竟是通过限制财政政策逆周期调控的能力，还是通过增强政府实施顺周期财政政策的动机，使财政政策从逆周期转向顺周期。

在此基础上，如何判断公共债务水平的高低呢？正如 Kourtellos 等（2013）所指出的那样，公共债务对经济增长的影响存在显著的国家异质性，Woo 和 Kumar（2015）也表明对于不同国家来说，这种非线性影响很难以一个单一的、普适的门槛值来衡量。然而，从另一个角度考虑，当政府有能力继续偿还债务，确保其财政可持续时，公共债务率可以被认为处于一个可持续的水平（Bohn，1998）：如果财政表现出不可持续，那么通过发行政府债券来增加政府支出的逆周期财政政策是值得商榷的，因为它可能会使经济陷入更深的衰退；但是，如果财政仍然是可持续的，逆周期财政政策就仍存在较大的实施空间。因此，我们通过衡量各国的财政可持续性来判断该国公共债务水平是否已对财政政策和经济增长产生不良影响。

4.3.1　公共债务积累对财政政策周期性的影响

参考 Combes 等（2017）的做法，我们通过线性回归衡量公共债务对财政政策周期性的影响，不同的是，我们的被解释变量为 CAPB［而非 Combes 等（2017）所使用的 primary fiscal surplus］以衡量政府财政立场对经济周期波动的动态响应，具体模型为：

$$\mathrm{CAPB}_{i,t} = \beta_0 + (\beta_1 + \beta_2 \times \mathrm{lnDebt}_{i,t-1})\,\mathrm{Outputgap}_{i,t} + \mathbf{Control}'_{i,t}\boldsymbol{\beta}_3 + \varepsilon_{i,t} \tag{4.10}$$

其中，$\mathrm{Outputgap}_{i,t}$ 指的是国家 i 在 t 年份的产出缺口，代表真实名义产出相对于潜在名义产出的偏离，$\mathrm{lnDebt}_{i,t-1}$ 表示国家 i 在 $t-1$ 年份的公共债务率，$\mathbf{Control}_{i,t}$ 代表同期控制变量（变量可能不止一个，因此 $\mathbf{Control}_{i,t}$ 可能为列向量）。$\beta_1>0$ 表示经济繁荣（衰退）程度越大，CAPB 越大（越小），政府的财政立场越偏向于紧缩（扩张），即政府实施逆周期的财政政策；$\beta_2 \neq 0$ 表示当前的公共债务率存量会影响政府的财政立场对于经济周期波动的响应，其中，$\beta_2 < 0$ 表示公共债务越高，财政立场逆周期响应的程度越小。

线性回归结果如表 4 - 10 所示。我们使用同期的实际利率和经济增长作为控制变量以纳入财政政策实施时经济环境的影响，同时考虑到由于融资约束、制度质量、财政纪律、产出波动性、发展需要等各方面因素的影响，财政政策的周期性具有个体异质性。

由第（1）列和第（2）列的估计结果可知，控制国家类型的影响与考虑个体固定效应的结果类似，换句话说，财政政策的异质性主要体现为发达经济体和新兴市场经济体之间的结构性差异，考虑到样本量，我们控制国家类型以笼统地纳入上述结构性因素对财政政策周期性的影响。

由第（2）列和第（3）列的估计结构可知，在模型中考虑时点固定效应是必要的，这可能控制了一些特殊时期（如 2008 年金融危机、新冠疫情等）带来的经济周期波动冲击对财政立场的影响。在纳入控制变量后，样本最终包含 34 个国家（13 个发达经济体，21 个新兴市场经济体）共计 1084 个样本点。

表 4 - 10　公共债务对财政政策周期性的影响（被解释变量：CAPB）

	（1）	（2）	（3）	（4）	（5）
产出缺口	0. 23 *	0. 23 *	0. 08	0. 84 ***	1. 28 ***
公共债务率 × 产出缺口					-0. 10 *
国家类型 × 产出缺口				-0. 78 ***	-0. 85 *
国家类型		-1. 90 **	-1. 28	-0. 98	-8. 40 **
公共债务率	0. 27	0. 19	0. 61 *	0. 51	-0. 76
公共债务率 × 国家类型					1. 94 *
实际利率	0. 08 **	0. 07 **	0. 01	0. 01	0. 02
经济增长	-0. 00 *	-0. 00 *	-0. 00 *	-0. 00 *	-0. 00 **
个体固定效应	是	否	否	否	否
时点固定效应	否	否	是	是	是

注：（1）公共债务率使用滞后一期的对数值。

（2）经济增长使用名义 GDP 增长率表示。

（3）国家类型为虚拟变量，当国家为发达经济体时，国家类型取值 0；当国家为新兴市场经济体时，国家类型取值 1。

（4）“产出缺口”使用 HP 滤波后的名义 GDP 的波动项（% 潜在产出）。

（5）*，**，*** 分别代表 10%，5%，1% 的显著性水平。

β_1 的估计值显著为正，表示各国的财政立场相对于经济周期而言是逆周期的。从第（4）列的估计结果可知，新兴市场经济体的财政立场的逆周期性要显著低于发达经济体。第（5）列的结果表明，公共债务率对财政立场存在显著影响。

第一，对于新兴市场经济体而言，公共债务率与 CAPB 之间存在显著的正向相关性，而这种相关性在发达经济体中并未被观察到。在新兴市场经济体，高水平的公共债务带来更高的风险溢价，攀升的融资成本限制了政府为赤字融资的能力，当公共债务水平过高甚至趋于不可持续时，恢复财政信誉和重新进入资本市场的需要可能会促使政府采取财政整顿措施以解决债务可持续性问题。相比之下，发达经济体往往拥有更健全的财政制度，在稳定的经济条件和较低的主权风险的支持下，即使公共债务水平较高，也可能有更大的能力维持财政赤字。

第二，公共债务率显著削弱了财政政策的逆周期性，该结果与 Combes 等（2017）的发现一致。大致上，对于新兴市场经济体而言，当债务率超过 80% ［这一数字在 Combes 等（2017）的研究中为 87%］，财政立场对经济周期的响应将从逆周期变为顺周期。

进一步地，我们希望进一步探明高水平的公共债务究竟是通过限制财政政策逆周期调控的能力，还是通过增强政府实施顺周期财政政策的动机，使财政政策从逆周期转向顺周期。我们以四象限法来划分财政立场对经济周期的响应，当我们以顺、逆周期两种特征来刻画财政政策周期性时，被解释变量是二元离散变量，当区分繁荣期与衰退期来讨论财政政策的周期性时，政策周期性是多元离散变量。因此我们分别使用二元 Logit 模型和多元 Logit 模型进行回归分析，回归模型设定如下：

$$\text{Cyclicality}_{i,t} = X'_{i,t}\beta^m + \varepsilon^m_{i,t} = \begin{pmatrix} 1 \\ \text{lnDebt}_{i,t-1} \\ \textbf{Control}_{i,t} \end{pmatrix}' \begin{pmatrix} \beta^m_0 \\ \beta^m_1 \\ \boldsymbol{\beta}^m_2 \end{pmatrix} + \varepsilon^m_{i,t}, (m = 1,2,\cdots,M) \tag{4.11}$$

其中，$\text{Cyclicality}_{i,t}$ 表示国家 i 在 t 年份的财政政策周期性，$\text{lnDebt}_{i,t-1}$ 表示国家 i 在 $t-1$ 年份的公共债务率，$\textbf{Control}_{i,t}$ 代表同期控制变量（变量可能不止一个，因此 $\textbf{Control}_{i,t}$ 可能为列向量）。之所以使用滞后一期的

债务率作为解释变量，是因为这样可以使解释变量随国家 i 变化，而不随方案 m 变化。

（1）对于多项 Logit 模型而言，$M = 4$；$m = 1$ 表示财政政策周期性处于第一象限（CAPB：繁荣期实施逆周期的紧缩政策；周期性盈余：繁荣期盈余增加发挥自动稳定器作用），$m = 2,3,4$ 分别表示财政政策周期性处于第二、第三、第四象限。

（2）对于二项 Logit 模型而言，$M = 2$；$m = 1$ 表示逆周期的财政政策（第一和第三象限），$m = 2$ 表示顺周期的财政政策（第二和第四象限）。

在每一年份 t，我们总将"$m = 1$"的国家作为"参照方案"，因此国家 i 在 t 年份对应财政政策周期性方案 m 的概率为：

$$P(\text{Cyclicality}_{i,t} = m \mid X_{i,t}, \beta^m) = \begin{cases} \dfrac{1}{1 + \sum\limits_{m=2}^{M} e^{X'_{i,t}\beta^m}}, m = 1 \\ \dfrac{e^{X'_{i,t}\beta^m}}{1 + \sum\limits_{m=2}^{M} e^{X'_{i,t}\beta^m}}, m = 2, \cdots, M \end{cases} \tag{4.12}$$

表 4－11 展示了 Logit 模型的系数估计值。由第（1）列估计结果可知，财政政策表现为顺周期的概率随公共债务率的增加而变大。更具体地，由第（2）—（4）列估计结果可知，公共债务率的上升显著降低了衰退期财政政策发生逆周期调整的概率。换句话说，公共债务率的上升限制了政府的财政空间，同时高水平的公共债务使政府债务风险加大，这种风险在经济下行时更加明显，市场要求更高的利率，融资成本的上升使政府难以在经济衰退时采取扩张性的财政政策，这降低了政府使用财政政策进行逆周期调控的能力，可能引发经济持续的、更深程度的衰退。

表 4－11　Logit 回归系数估计值（公共债务对财政政策周期性的影响）

	$M = 2$	$M = 4$		
	（1）顺周期	（2）衰退期紧缩	（3）衰退期扩张	（4）繁荣期扩张
（象限）	（第二、四）	（第二）	（第三）	（第四）
公共债务率	0.26**	－0.54**	－1.07***	0.16

续表

	$M=2$	$M=4$		
	（1）顺周期	（2）衰退期紧缩	（3）衰退期扩张	（4）繁荣期扩张
实际利率	-0.02**	0.09***	0.07***	-0.05***
经济增长	0.00	-0.53***	-0.62***	-0.00
国家类型	0.37***	0.83***	1.43***	0.72***
截距项	-1.55***	3.50***	6.01***	-1.30**

注：（1）公共债务率使用滞后一期的对数值。

（2）经济增长使用名义 GDP 增长率表示。

（3）国家类型为虚拟变量，当国家为发达经济体时，国家类型取值 0；当国家为新兴市场经济体时，国家类型取值 1。

（4）*，**，***分别代表 10%，5%，1%的显著性水平。

4.3.2　公共债务积累对财政可持续性的影响

根据前文的分析，我们知道，高水平的公共债务会限制政府维持财政赤字的能力，同时削弱财政政策的逆周期性。然而，我们也发现，公共债务对财政政策的影响在发达经济体和新兴市场经济体之间存在显著的差异，换句话说，不同国家参考一个单一的门槛值以判断是否要将债务削减放在首要位置，是不现实、不科学的。因此，我们试图从财政可持续性的角度出发，衡量各国债务对财政政策的影响。具体而言，我们根据 Bohn（1998，2007）的研究与主张，从财政盈余对公共债务的反应函数①出发，探讨财政的可持续性。

我们首先介绍政府预算恒等式（government budget identity，GBI）：

$$G_t + (1 + r_t) D_{t-1} = R_t + D_t \tag{4.13}$$

其中 G_t 和 R_t 代表 t 时期政府支出（primary expenditure，不包含债务利息支付）和政府收入（revenue），D_t 是 t 时期结束时的公共债务存量，r_t 是利率。假设利率恒定（$r_t \equiv r$），我们可以递推得到：

① 财政可持续性问题是各国政府长期高度关注的重要问题，但是，对于财政可持续性的内涵及度量方式，学界尚未达成共识。目前被广泛使用的三种方法为：公共债务率平稳性检验、财政收支协整分析以及财政反应函数。我们推荐读者阅读吕冰洋等（2024）所给出的关于财政可持续性判别方法的全面的文献综述，本书中，我们采用财政反应函数来衡量财政可持续性，同时探讨公共债务对财政可持续性的影响。

$$D_t = \sum_{i=1}^{+\infty} \frac{1}{(1+r)^i} E_t(R_{t+i} - G_{t+i}) + \lim_{n\to\infty} \frac{1}{(1+r)^n} E_t(D_{t+n}) \tag{4.14}$$

其中 E_t 表示期望。当且仅当 $\lim_{n\to\infty} \frac{1}{(1+r)^n} E_t(D_{t+n}) = 0$（文献中通常称之为横截条件，transversality condition）时，政府满足跨期预算约束（intertemporal budget constraints，IBC）：

$$D_t = \sum_{i=1}^{+\infty} \frac{1}{(1+r)^i} E_t(R_{t+i} - G_{t+i}) \tag{4.15}$$

IBC 表明，当债务的现值在无穷远期趋近于零时，“庞氏骗局”就不会发生——当前的债务存量可以被贴现后的政府预期未来盈余的总和所抵消，政府不会通过发行新的债务来支付利息。换句话说，政府如果要维持 IBC，其必须确保未来有足够的基本盈余来偿还债务。基于此，Bohn（1998）提出如果政府能够通过增加基本盈余来积极应对债务的上升，则财政可持续性得到满足，这种关系被称为财政反应函数（fiscal response function，FRF）：

$$s_t = \rho d_{t-1} + \alpha_0 + \alpha_1 \mathrm{GVAR}_t + \alpha_2 \mathrm{YVAR}_t + \varepsilon_t = \rho d_{t-1} + \mu_t \tag{4.16}$$

其中 s_t 是基本盈余率，d_t 是公共债务率，μ_t 代表影响财政盈余的其他因素，在 Bohn（1998）所提出的基础模型中指代 GVAR_t 和 YVAR_t，分别表示政府支出和产出的暂时性波动。

如果 $\rho > 0$，则表明财政可持续。然而 Bohn（2007）强调债务率序列的平稳性、政府收支的协整关系是政府 IBC 的充分不必要条件，关于财政可持续性，应该更加关注财政反应函数——检验政府是否对债务有足够的响应。

关于 FRF（响应系数 ρ 的估计）的研究，Beqiraj 等（2018）的计量结果表明 OECD 国家的 CAPB 与公共债务率之间表现出显著的负向相关性，这意味着长期情况下财政的不可持续。Lee 等（2021）在 FRF 中考虑了债务对财政盈余的长期影响（债务存量的影响）与短期影响（债务增量的影响），以及财政盈余对债务增加与减少的不对称响应。基于上述研究，我们构建如下 FRF：

$$\text{CAPB}_t = \rho^L(1+\rho^+ I_{\{\Delta\text{Debt}_{t-1}>0\}})\ln\text{Debt}_{t-1} + \rho^S\Delta\text{Debt}_{t-1} + \alpha_0 + \alpha_Y(1+\alpha_Y^+ I_{\{\text{YVAR}_t>0\}})\text{YVAR}_t + \alpha_G\text{GVAR}_{t-1} + \varepsilon_t \quad (4.17)$$

其中，Debt_t 是 t 时期的公共债务/GDP，$\Delta\text{Debt}_t = \text{Debt}_t - \text{Debt}_{t-1}$，$\text{GVAR}_t$ 是 HP 滤波后的政府总支出/GDP 的周期性波动项，YVAR_t 是 HP 滤波后的名义 GDP 的波动项相对于趋势项的偏离百分比。$I_{\{A\}}$ 为示性函数，当 A 为真，$I_{\{A\}}$ 取值 1，否则取值 0。

①我们使用 ρ^L 刻画财政盈余对债务的长期响应，$\rho^L > 0$ 表示面对高企的债务存量，政府将积极改善盈余以维持财政可持续；

②我们用 ρ^S 刻画财政盈余对债务的短期响应，$\rho^S > 0$ 表示面对债务的增长，盈余在短期做出积极调整；

③我们用 α_Y 衡量财政政策的周期性，$\alpha_Y > 0$ 意味着逆周期的财政政策；

④我们用 α_G 衡量财政立场自身的调整，$\alpha_G > 0$ 表示上期的意外支出越多，政府本期改善财政收支的激励越强，$\alpha_G < 0$ 表示财政盈余存在一定的持续性，政府倾向于渐进地调整财政收支，而非迅速逆转财政政策的方向；

⑤我们使用 ρ^+ 衡量盈余对债务的不对称响应，若 $\rho^+ < 0$，表示政府在债务状况得到改善时采取扩张政策增加赤字（若 $\rho^L > 0$），在债务增加时却不会以相同程度积极地增加盈余；

⑥我们使用 α_Y^+ 衡量盈余对经济周期的不对称响应，若 $\alpha_Y^+ < 0$，表示政府在衰退时增加赤字（若 $\alpha_Y > 0$），在繁荣时却不会以相同程度积极地增加盈余。

发达经济体财政反应函数的估计结果见表 4－12，新兴市场经济体财政反应函数的估计结果见表 4－13。从 α_Y 的估计结果来看，除了保加利亚外，不同国家的财政政策对经济周期的响应总体而言是逆周期的（至少是非周期的）。然而，我们在超过一半的发达经济体中检测出 $\alpha_Y^+ < 0$，这意味着这些国家在繁荣期并不会积极地增加盈余，当经济进入衰退期，逆周期扩张的财政政策引发债务扩张，长期来看，这很可能导致公共债务的积累。

事实上，根据 ρ^L 和 ρ^S 的估计结果，无论从长期还是短期视角来看，法国、美国、日本、西班牙、韩国的财政都已趋近于不可持续。无一例外，这些国家在经济繁荣期未能逆周期地积累盈余，在持续的赤字政策下，除韩国外，这些国家的公共债务率（2022 年）均超过 100%，财政盈余无法积极地对高企的公共债务做出反应。

表 4－12　　财政反应函数估计结果（发达经济体）

国家	ρ^L	ρ^S	ρ^+	α_Y	α_Y^+	α_G
加拿大	4.63***	−0.39***	0.14	1.71***	−1.69***	0.52
法国	−1.09***	−0.21***	0.09	1.72***	−1.65***	0.13
德国	1.41**	−0.27*	0.13	1.34***	−1.48*	−0.09
冰岛	2.55***	−0.13	−0.17	0.60	−0.64	0.22
意大利	2.77***	−0.20*	0.07	1.10**	−2.02***	−0.03
荷兰	0.23	−0.16	−0.01	1.34**	−1.44**	−0.18
新西兰	−0.09	−0.09	−0.73**	0.22	−0.41	−0.96**
英国	−2.44**	−0.08	−0.27	2.74***	−2.53***	−0.25***
美国	−1.84**	−0.30***	−0.22	2.84***	−3.04***	0.05
日本	−1.03***	−0.35***	0.07	0.87	−1.05	0.66
爱尔兰	2.07	−0.26***	−0.37	1.53***	−2.1***	−0.27
分兰	−1.48***	−0.21	−0.67**	1.13***	−1.9***	0.25
希腊	1.34***	0.01	0.05	1.06***	−1.32***	−0.63**
西班牙	−2.39**	−0.23***	−0.18	1.98***	−1.99***	0.17**
澳大利亚	−0.10	−0.34**	−0.29	0.41	−0.64	−1.48***
奥地利	−0.10	−0.13	0.14	1.49***	−1.39***	−0.74**
比利时	7.63***	−0.44***	0.08	2.04***	−2.55***	0.28
塞浦路斯	0.74	0.15	−0.43	0.93*	−0.23	−0.85
丹麦	1.46**	−0.22*	−0.27	0.05	0.53	0.05
挪威	−1.34	0.09	−0.43	−0.40	1.64*	−0.66
葡萄牙	4.52***	−0.13	−0.10	1.38***	−1.63***	−0.10
瑞典	6.84***	−0.70***	−0.16	0.02	0.06	−0.02
瑞士	1.92	−0.19*	0.05	0.55*	−0.18	−0.20

续表

国家	ρ^L	ρ^S	ρ^+	α_Y	α_Y^+	α_G
韩国	-1.3***	-0.26*	0.17	0.59**	-1.14***	0.07

注：(1) 系数的经济含义见式 (4.17)。

(2) *，**，***分别代表10%，5%，1%的显著性水平。

(3) 下划线标注出了ρ^L和ρ^S均显著小于0的国家。

尽管新兴市场经济体暂未出现ρ^L和ρ^S均显著小于0的情况，但根据ρ^+的估计结果，新兴市场经济体也并非高枕无忧。包括中国在内，检测到6个新兴市场经济体的$\rho^+ < 0$，这意味着这些国家的政府一旦发现债务状况得到改善，便有动机采取扩张政策增加赤字，而非维持当前债务状况。另外，根据ρ^L和ρ^S的估计结果，马来西亚、智利、泰国政府需对财政可持续状态提高警惕。

表4-13　　财政反应函数估计结果（新兴市场经济体）

国家	ρ^L	ρ^S	ρ^+	α_Y	α_Y^+	α_G
巴拿马	2.46**	0.01	-0.31	0.56**	-0.71*	-0.27
菲律宾	1.99***	0.00	-0.29	0.74**	-0.39	-0.55
土耳其	4.96***	-0.04	-0.44	0.57	-0.51	0.14***
南非	0.99	-0.22	-0.45**	2.07***	-2.25***	0.23***
哥斯达黎加	1.07**	-0.04	-0.35**	0.70	-0.53	-0.30
马来西亚	1.53	-0.77***	0.24	0.90***	-1.47***	1.32**
印度	0.09	0.01	-0.10	0.86**	-0.93**	-1.08***
匈牙利	9.86**	-0.11	-0.43	0.41	-1.24	-0.25
秘鲁	2.46**	0.19**	-1.03***	0.41	-0.46	-0.47
哥伦比亚	1.45**	-0.22*	0.01	1.34***	-1.43***	-0.28
印度尼西亚	2.05***	0.00	-0.24	0.75**	-0.69*	-0.14
巴西	-8.02	0.04	-0.29	-0.02	1.20	0.12
中国	-0.86	0.06	-0.55*	0.52	-0.53	0.33
智利	-1.59*	-0.25	-1.24*	1.43**	-1.28*	-0.18
波兰	-1.26	0.00	-0.14	0.30	0.08	-0.08
墨西哥	0.59	0.00	-0.19	0.09	-0.01	-0.07
格鲁吉亚	2.57	-0.07	-0.50	0.38	-0.29	-0.14

续表

国家	ρ^L	ρ^S	ρ^+	α_Y	α_Y^+	α_G
拉脱维亚	0.76	-0.13	-0.14	0.13	0.03	-0.49
罗马尼亚	-1.58	0.05	0.40	1.10**	-1.13*	-0.31
捷克	2.15	-0.36	-0.13	0.52	-0.28	0.05
圣基茨和尼维斯	5.86*	-0.16	-0.93	-0.54	0.81	-0.11
保加利亚	3.03**	0.04	-0.77**	-0.43	1.10*	-0.56
俄罗斯	0.59	0.05	-0.29	1.14***	-0.57	-0.72***
泰国	-4.48	-0.4**	0.09	0.86**	-1.02	0.37

注：(1) 系数的经济含义见式 (4.17)。
(2) *，**，*** 分别代表 10%，5%，1% 的显著性水平。

4.4 公共债务周期与财政政策关系的中国事实

财政不仅是国家治理的基石，更是支撑国家稳健发展的支柱，在推动我国高质量发展的进程中，财政发挥着至关重要的作用。自改革开放以来，财政始终扮演着关键角色，在我国的发展实践中留下了深刻的印记。特别是在应对 1997 年亚洲金融危机和 2008 年全球金融危机的挑战时，积极财政政策以扩大支出为主要手段，为我国经济抵御危机冲击发挥了重要的作用。从 2008 年中央经济工作会议再次强调实施积极财政政策以来，"更加积极"便成为历年中央对财政政策的一贯要求。2020 年，面对新冠疫情的严重冲击，更加有力的积极财政政策在促生产、稳增长、保就业等方面实现了多目标协同，发挥了至关重要的作用。然而，我们也必须清醒地认识到，发挥财政的作用并非没有代价，我们必须审慎而明智地运用这一重要工具，以确保财政的可持续发展。如图 4-6 所示，据本书估算，2020 年我国结构性赤字高达 8.87%；事实上，自 2015 年以来，我国已持续 8 年（至 2022 年）维持结构性赤字。正如李永友和杨春飞（2023）所指出的那样，我国财政可自主抉择空间自 2016 年就呈现出快速缩小趋势。

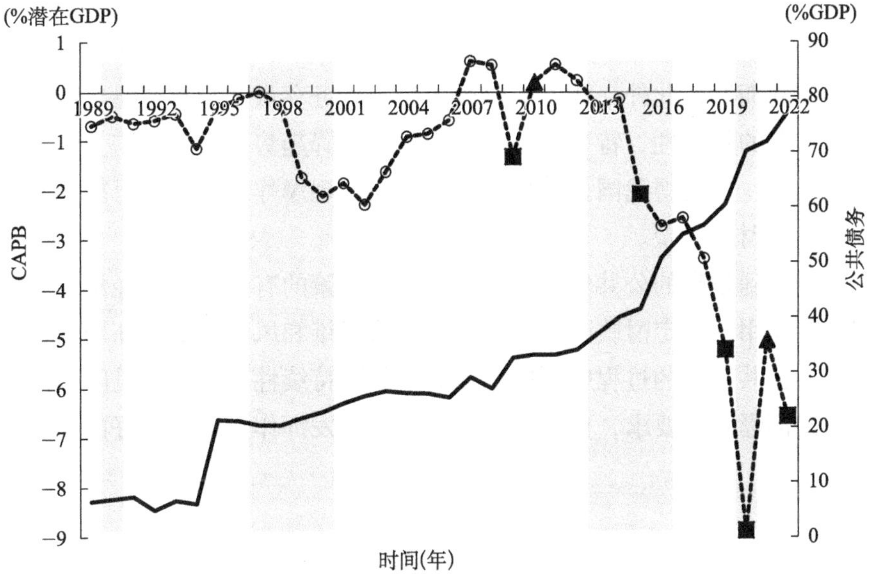

图 4－6　中国财政立场动态变化图（CAPB）

注：(1) 带标记虚线代表 CAPB，实线代表公共债务率。

(2) 用实心图形标记财政立场发生重大变化的年份，其中方形代表财政刺激（CAPB 年降低超过 1.5%），三角形代表财政整顿（CAPB 年增加超过 1.5%）。

(3) 阴影部分表示经济衰退（HP 滤波后的名义 GDP 波动项小于 0）。横轴为年份。

根据图 4－6 我们发现，面对经济下行，财政政策总能迅速有力地做出反应，扩大赤字以刺激经济社会产出，然而，随着经济逐渐恢复，财政立场却难以得到及时有效的调整，2017—2019 年，我国经济实际上已走出低谷，然而，或许是为了应对名义 GDP 增长率的下降，我国结构性赤字在此期间仍逐年扩大，相应地，我国的公共债务率在此期间迅速攀升，在新冠疫情暴发前，我国公共债务率已达 60.4%。在 2020 年，我国公共债务率增幅将近 10%，此次债务激增的规模之大，几乎主导了新兴市场经济体在此期间的债务扩张（Gaspar，2021）。更值得注意的是，在 2021 年短暂的财政调整之后，2022 年，在全球不同国家普遍进行财政整顿的时期（见附录表 A－3 和表 A－4），我国结构性赤字继续增大。

如图 4－6 所示，我国 1998—2006 年紧缩的财政政策使公共债务率维持在 30% 以下，2013 年之后，大规模的财政刺激使公共债务率持续攀升，并且财政盈余似乎并未对公共债务的增加做出反应。如表 4 - 13 所示，由于在繁荣期未有效扩大盈余，长期来看，这削弱了我国财政政策的逆周期性，此外，我国的财政盈余与债务存量和债务增量之间均不存在显著的相关性，特别是在债务率出现下降趋势时，后续扩大赤字的动机强烈，这使得我国公共债务率很可能出现爆炸式增长，可能导致债务风险与财政风险。

考虑到较高的公共债务可能削弱财政政策的有效性、对经济增长起到抑制作用，制定财政政策时应具有底线思维和风险意识。在用财政风险置换公共风险的过程中，应确保财政的可持续性，这不仅是防范财政风险局部爆发的要求，更是为积极财政政策发挥作用创造更好的条件。

4.5 小结

我们通过对财政收支进行周期性调整，分析了 48 个经济体的结构性盈余（cyclically adjusted primary balance，CAPB）与周期性盈余的动态变化。CAPB 反映政府在不损害财政可持续性下的减税、减债或投资空间。正值 CAPB 通常意味着更审慎的财政政策和更强的财政状况，而负值则可能意味着财政挑战和风险。对比发现，发达经济体相较于新兴市场经济体更频繁地发生结构性盈余，例如挪威几乎持续运行结构性盈余而印度自始至终实施结构性赤字。通过进一步分析，我们发现，在经济衰退时，政府多采取逆周期财政刺激，然而在经济繁荣期，并非所有国家都会积累盈余，这种顺周期财政扩张的倾向在新兴市场经济体尤为明显。

总体来看，财政刺激作为提振经济的有效手段，由于能够促进 GDP 的增加，并不一定导致公共债务的积累，相比之下，财政整顿则有助于缩短债务扩张期，削减债务。因此，经济下行时，采取积极财政政策提振经济是有效的。然而，公共债务率的上升显著降低了衰退期财政政策发生逆周期调整的概率，这可能引发经济持续的、更深程度的衰退。为了判断各国公共债务率对财政政策的影响，我们针对各个国家估计了其财政反应函数，结果表明许多国家财政状况已接近不可持续，繁荣期未积累盈余，债务改善后又扩张赤字，这导致公共债务持续积累，财政盈余难以对公共债务的增加做出积极调整。

在我国，财政政策在改革开放以来的发展实践，特别是在应对全球金融危机时发挥了关键作用。但持续的结构性赤字压缩了我国的财政空间，同时，财政政策对经济周期反应不对称，刺激时迅速有力，但调整迟缓。大规模的持续的财政刺激引发了债务积累，为确保财政可持续性，在制定政策时需有风险意识，为积极财政政策创造良好条件。

第5章

多维度、新视角的公共债务周期实证研究

在前面的章节，我们已经对公共债务周期、公共债务周期与经济周期、金融周期和财政政策的关系做了详细的实证讨论。在本书实证研究部分的最后章节，我们将基于此前的讨论，并结合学界具有影响力的理论模型和实证结果，构建一个综合、全面的公共债务周期理论。通过该理论，我们将澄清理想情况下公共债务与经济周期的相对动态关系，讨论影响公共债务动态的因素，分析公共债务的宏观经济效应，最终阐释实际情况下所观察到的长期公共债务周期的机理。

5.1 短期公共债务周期：一种逆经济周期的理想动态

首先需要阐明的是，我们所讨论的公共债务，指的是“公共债务/GDP”，尽管该指标受到经济增长（GDP）的影响，但多数情况下，公共债务的动态直接由财政政策所决定，特别是公共债务的增长。一个自然的联系是：在经济下行时，政府仍然能够通过发债提供基本的社会服

务，在这种情况下，公共债务/GDP 是一个上涨的动态。换句话说，这也是公共债务存在的意义：它使国家在面临军事威胁时能够扩大国防支出，在金融危机肆虐时能够稳定银行体系，在飓风、地震、流行病以及其他自然或非自然灾害侵袭时能够提供人道主义援助（Eichengreen 等，2021）。短期公共债务周期理论框架见图 5－1。

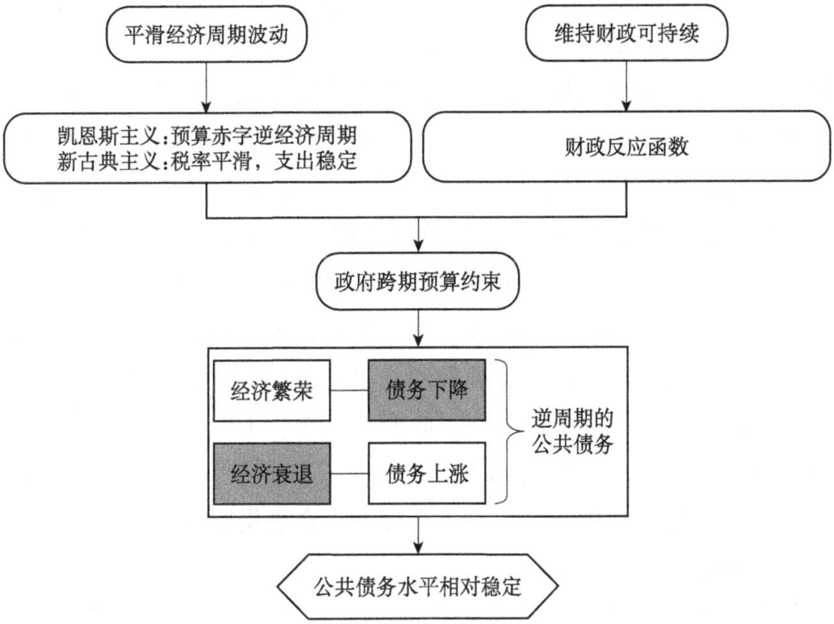

图 5－1　短期公共债务周期理论框架

要想从财政问题出发讨论公共债务问题，我们首先要理解政府的预算约束是什么。回顾政府预算恒等式：

$$E_t + (1 + r_t) D_{t-1} = R_t + D_t \tag{5.1}$$

其中 E_t 和 R_t 代表 t 时期政府支出（不包含债务利息支付）和政府收入，D_t 是 t 时期结束时的公共债务存量，r_t 是利率。我们在等式两边同时除以国民收入（GDP）Y_t：

$$\Delta d_t = (e_t - \tau_t) + \frac{r_t - g_t}{1 + g_t} d_{t-1} \tag{5.2}$$

其中 $d_t = \frac{D_t}{Y_t}$ 为公共债务/GDP，即我们在本书中所探讨的公共债务率，

$\Delta d_t = d_t - d_{t-1}$。$e_t = \frac{E_t}{Y_t}$表示政府支出占GDP的比率，$\tau_t = \frac{R_t}{Y_t}$在一定程度上可以代表总体税率，$e_t - \tau_t$即为预算赤字率。$g_t = \frac{Y_t - Y_{t-1}}{Y_{t-1}}$表示经济增长率（GDP增长率）。

Escolano（2010）依据形式如式（5.2）的方程提出：公共债务率的动态只取决于利率、经济增长和财政调整。换句话说，在给定某一经济状态时，公共债务率很大程度上将随着赤字率同步变动。大量的文献通过理论推导证明，政府的赤字率应该随经济周期波动逆向变化。具体而言，凯恩斯主义将"逆周期的财政政策"定义为预算赤字率与经济周期负相关，即政府在经济衰退期间增加支出、降低税率，在经济繁荣期间减少支出，增加税率（Kaminsky等，2004；Talvi和Végh，2005）。新古典主义认为政府应遵循税收平滑原则，税率应该在经济周期中保持不变。在这种情况下，也应该观察到"逆周期的财政政策"：在经济繁荣时期，由于自动稳定器的作用，政府总支出占GDP的比例应该下降，同时在恒定税率和一定程度的累进税率下，政府收入占GDP的比例应该会上升，因此，预算赤字率应该会降低；在衰退时期，情况应该正好相反（Alesina等，2008）。

我们发现，凯恩斯主义和新古典主义关于"逆周期的财政政策"的定义的区别在于赤字率的组成部分，即支出和收入随经济周期波动的变化方向，但两种定义有一个共同的结果：公共债务率在经济衰退时上涨，在经济繁荣时下降。如果说最优财政政策是逆周期的，那么最优公共债务动态也应该是逆周期的。事实上，逆周期财政政策通过构建有力的预算约束体系，抑制政府在经济过热时期的扩张偏向，从而促使政府在高增长阶段实施紧缩性财政政策以主动积累财政盈余，为衰退时期的财政扩张创造财政空间。凯恩斯主义的经济学家通过理论推导证明在价格黏性的情况下，最优的财政政策应该是逆周期的（Christiano等，2011），新古典主义在李嘉图等价的框架下也从理论上支持最优的公共债务路径应该是相对于经济周期逆向变化（Barro，1979）。Barseghyan等（2013）综合了凯恩斯主义和新古典主义的观点，直接根据公共债务率在经济周期中的动态来定义所谓的“逆周期的财政政策”，其理论结果表明最优公共债务动态应该是逆周期的，公共债务在经济繁荣期下降，在经济衰退期上涨，而且，公共债务率应处于某一有界区间内。

除了从逆周期的财政政策的角度出发讨论公共债务率的动态之外，还有一些学者认为以维持财政可持续为出发点，则赤字率应当根据公共债务存量进行调整，进而，当前公共债务率取决于上一期的公共债务率，从而形成公共债务率的时序动态。具体而言，假设利率不变（$r_t \equiv r$），通过迭代式（5.1）可得到政府跨期预算约束：

$$D_t = \sum_{i=1}^{+\infty} \frac{1}{(1+r)^i} E_t(R_{t+i} - G_{t+i}) + \lim_{n \to \infty} \frac{1}{(1+r)^n} E_t(D_{t+n}) \quad (5.3)$$

首先，无穷远期不应该再发行新的公共债务（因为无穷远期的债务不会再被偿还），即 $\lim_{n \to \infty} \frac{1}{(1+r)^n} E_t(D_{t+n}) = 0$；其次，当期可发行的债务应等于此后至未来无穷远期的政府盈余的折现累计和，即 $D_t = \sum_{i=1}^{+\infty} \frac{1}{(1+r)^i} E_t(R_{t+i} - G_{t+i})$，这就是政府跨期预算约束，只有满足跨期预算约束，政府债务才不会成为庞氏骗局。换句话说，如果当期债务受到正向冲击（例如为应对战争、自然灾害、流行病，政府发行债务），未来政府就应该提高盈余以偿还积累的债务，这就是财政反应函数（Bohn，1998）：

$$\tau_t - e_t = \rho d_{t-1} + \mu_t \quad (5.4)$$

如果 $\rho > 0$，则意味着财政是可持续的。进一步地，我们将式（5.2）代入可得：

$$\Delta d_t = -\left(1 - \frac{1+r_t}{1+g_t} + \rho\right) d_{t-1} - \mu_t = \alpha d_{t-1} + \varepsilon_t \quad (5.5)$$

如果 $\frac{1+r_t}{1+g_t} < 1 + \rho$，即 $\alpha < 0$，那么公共债务率序列 $\{d_t\}_{t=0}^{\infty}$ 是均值回归的（平稳的），即公共债务率有围绕某一均值周期波动的趋势。许多文献（Sarno，2001；Nguyen 等，2017；Cuestas 和 Regis，2018；Rengel，2020）从不同的角度讨论了公共债务率的平稳性，Blanchard（2019）认为在低利率时代，公共债务率在长期的均值回归特性是可以保证的。然而，我们也要意识到 $\alpha < 0$ 是政府跨期预算约束的充分不必

要条件（Bohn，2007）。但无论如何，根据财政反应函数，我们知道为维持财政可持续，公共债务的上涨应引发财政盈余，公共债务水平上涨后应该伴随着一定程度的回调。

综上所述，从政府预算约束出发，理论上讲，为平滑经济周期波动、维持财政政策可持续性，短期来看，公共债务率的最优动态为逆周期变化，在经济衰退期上涨，在经济繁荣期下降，Dalio（2022）① 将这种动态称为短期债务周期（short-term debt cycles）。

5.2 公共债务积累现象、成因及其影响

公共债务积累理论框架见图 5－2。

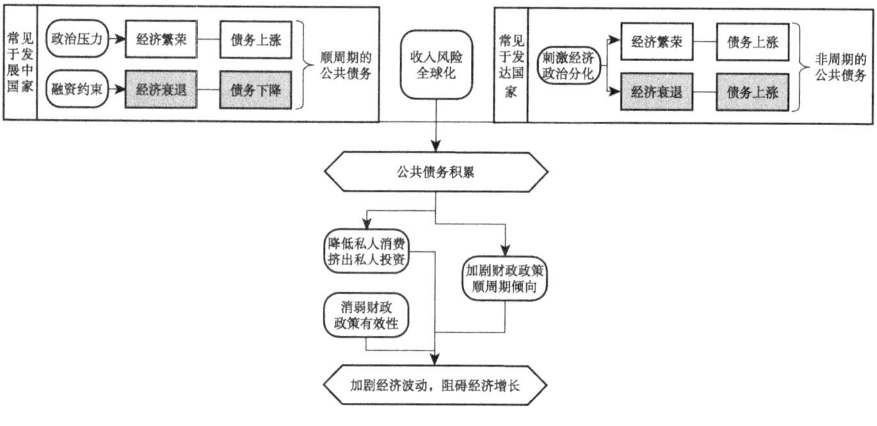

图 5－2　公共债务积累理论框架

5.2.1　公共债务积累现象

如果公共债务率按照理论最优路径演变，长期来看，公共债务率应

① 需要注意的是，Dalio（2022）在《Principles for Navigating Big Debt Crises》一书中所讨论的“债务”指的是一国公共债务和私人债务的总和。

该稳定在某一有界区间内，呈现上升、下降交替变化的周期性动态，并且这种频率应该与经济周期保持一致。然而，当我们回顾历史，事实却并非如此。发达经济体更早地发展出了国债市场，20 世纪 80 年代之前，战争是债务飙升的原因。Eichengreen（2021）等明确指出，第二次世界大战及之后的几十年，世界经历了一轮超大规模的债务周期（debt cycle）：1939—1945 年，政府发动战争，发达经济体公共债务率飙升至 140%，此后经过 25 年的整合，债务率下降至 40% 左右[①]。结合本书之前的实证分析，同样使用转折点法，经济周期的持续时长平均为 8—9 年，而公共债务周期的持续时长平均为 13—14 年。这样看来，实际的公共债务周期与经济周期的频率并不一致。

另外，在实际情况下，我们从总体上很少能观察到公共债务理想的扩张与收缩交替动态，具体而言，更多观察到的是公共债务积累（public debt accumulation）的情况。Dalio（2022）发现在典型情况下，每个短期债务周期的波峰和波谷都会高于此前一个短期债务周期；换句话说，尽管政府试图对公共债务的上涨做出积极响应，但是公共债务率难以回调至原来的水平，从而公共债务可能存在长期上涨趋势。

毫无疑问，战争是债务飙升的主要原因，然而，时过境迁，政府也会出于其他目的扩大借债。例如，许多文献（Reinhart 等，2012；Yared，2019；Eichengreen 等，2019）明确指出，发达经济体从 20 世纪 80 年代至今长达 40 年的公共债务率表现出持续上涨。此外，在 21 世纪，国家面临的紧急状况又有所不同，如 2008 年全球金融危机或者 2020 年暴发的新冠疫情：在 2008—2009 年，为挽救银行和金融体系，政府的公共支出大幅上升，这些支出无法依靠当期收入来满足，必然导致公共债务大幅上升；在 2020—2021 年，为防止企业倒闭、筑牢医疗卫生保障，政府不得不大幅扩张支出和债务。然而值得注意的是，2008 年金融危机后，主要受到影响的发达经济体的公共债务却持续上涨；2021 年新冠疫情的影响消退后，在受影响的发达经济体和新兴市场经济体，虽然多数的公共债务率出现了下调，然而，有一些国家，例如中

① Eichengreen（2021）在《In Defense of Public Debt》一书中讨论的是中央政府债务。

国，却依然保持债务率的持续上涨。

综上所述，公共债务为何长期积累、何时会发生下降受到许多因素的影响，并存在明显的异质性。因此，讨论公共债务积累的成因及其宏观经济效应，对理解公共债务动态的长期发展是必要的。

5.2.2 公共债务积累成因

公共债务率之所以未如经济学家理论设想的那样在经济衰退期上涨、在经济繁荣期下降，长期在一个有界区间内围绕均值上下波动，一个非常重要且直观的原因是，实际情况下的财政政策并不是逆周期的。许多发展中国家的财政政策是顺周期的：政府在经济衰退期削减支出，增加税收，但由于紧缩的财政政策可能使经济陷入更深的衰退，政府也很难创建盈余以减少债务率，而在经济繁荣期政府又实施扩张性政策，政府扩张债务为赤字融资。而许多发达国家则是无论经济周期处于何种状态，总是维持扩张性财政政策。在上述两种情况下，公共债务率无论经济周期处于何种阶段，总是维持上涨趋势。

对于发展中国家来说，Gavin 和 Perotti（1997）首先指出拉丁美洲国家的财政政策是顺周期的，Talvi 和 Végh（2005）注意到顺周期的财政政策并非只存在于拉美国家，而是普遍存在于许多发展中国家。顺周期财政政策意味着在财政资源相对充裕的繁荣时期，赤字和债务积累也处于上升态势；在衰退时期，政府没有充足的资金结余以应对经济下行（孙琳和王姝黛，2019）。这往往会加剧经济周期的波动，甚至使繁荣走向泡沫，使衰退走向萧条。既然如此，发展中国家的政策制定者为什么要推行顺周期财政政策？毕竟，这样的政策不可能是最优的。研究中最具有说服力和影响力的原因有两个：一是发展中国家进入国际信贷市场的渠道不完善，存在融资约束（Gavin 和 Perotti，1997；Kaminsky 等，2004）。在经济不景气时，缺乏信贷市场的渠道自然会使政府别无选择，只能削减支出和提高税收。二是发展中国家的政府存在“贪婪效应（voracity effect）”（Tornell 和 Lane，1999；Talvi 和 Végh，2005；Alesina 等，2008），如果政府会挪用部分税收用于非生产性公共消费（即所谓的政治租金），由于选民能观察到经济状态，但不能观察到政府的借款情况和政治租金，在经济繁荣时，选民会支持这样的政府扩张生产性支出或减税，以避免政府将更多的收入用于政治租金。

对于发达国家来说，公共债务率高企并非孤立和偶然的现象，其背后是财政政策中的赤字偏好（deficit bias）造成了政府债务的过度扩张（Reinhart 等，2012；李建强等，2020）。发达国家在经济衰退时实施大规模财政刺激是符合理想的“逆周期”财政政策路径的，特别是大量的理论结果证明财政政策在经济衰退期更为有效（Christiano 等，2011；Parker，2011；孙琳和王姝黛，2019；Bentour，2022），政府在经济下行时期以债务为赤字融资来提高社会总需求，能够帮助经济更快地走出衰退。然而发达国家在经济繁荣期为何依然选择扩张债务以实施预算赤字？特别是发达国家并不存在我们此前在发展中国家情境下所讨论的衰退期更高的融资约束，同时发达国家的政府整体上腐败程度更低，信息透明度更高，迫于政治压力减少盈余的渠道也很难发挥作用。以上情况使得发达国家在繁荣期产生无效率的财政赤字的现象更加令人困惑，一个具有影响力的政治经济学解释为：民选领导人可能会积累无效率债务以限制继任者的开支，每个利益集团都试图让其他集团承担与之不相称的赤字负担（Persson 和 Svensson，1989；Alesina 和 Tabellini，1990），现任决策者认为较高的政府债务会限制未来决策者的支出，于是形成了“战略性债务积累（strategic debt accumulation）”（Pettersson-Lidbom，2001；Romer，2001）。

除了考虑上述因素，通过影响财政政策的周期性从而影响公共债务率的动态，许多研究表明如果某些宏观结构因素（而非经济周期状态的变化）发生改变，公共债务率的最优路径也将随之改变，其中最被广泛讨论的两个因素是“收入风险”和“全球化”。有研究通过理论模型证明当个人的收入面临不可保障的风险时，政府发行债务是有益的，并且政府债务的收益也会随着上述风险的增大和相对风险厌恶程度的增加而增加（Azzimonti 等，2014；Gottardi 等，2015）；并且个人收入风险的正向冲击可能使公共债务率的最优路径变为非周期性的持续上涨（Lee，2021）。Azzimonti 等（2014）提出当一国的金融市场与国际接轨时，该国的公共债务水平会更高，因为在一个全球化的世界里，政府债务的需求和供给不仅来自国内代理人（投资者和政府），也来自他们的外国同行。随着全球金融市场的日益自由化及其随后的一体化，全球化对公共债务的影响可能是巨大的，特别是对高收入国家和外债占比较高的国家（Isomitdinov 等，2024）。

事实上，公共债务由于其用途的不同对经济社会造成的影响也存在区别。例如，生产性公共基础设施的公共投资，如道路、桥梁、高速公路、水坝、数字技术投资，增加了国家的资本存量，可以对经济增长产生积极影响，债务资助的政府在教育和卫生方面的支出也可以改善工人的人力资本（Makin 和 Layton，2021）。值得一提的是，中国在一定程度上还通过基础设施的公共投资限制了财政政策的顺周期倾向（Aizenman 等，2021）。

5.2.3 高水平公共债务的宏观经济效应

公共债务的积累在全球范围内发生，如果高水平的公共债务并不会引发其他的负面后果，政府也无须为此担忧。然而，一个理论结果是一旦公共债务水平超出某一门槛值，公共债务长期将通过降低私人消费、挤出私人投资，进一步削弱财政政策的有效性，更高的债务率将加剧财政政策的顺周期倾向，使一国陷入“顺周期陷阱”，阻碍经济增长，这使公共债务率进一步升高，引发恶性循环。事实上，上述高水平公共债务的宏观经济效应，特别是公共债务率与经济增长之间的倒“U”型关系已经在现实中被广泛观察到。

当公共债务水平超出某一门槛值时，债务将通过李嘉图渠道和利率渠道分别挤出私人消费和私人投资，从而削弱财政刺激的效果。从李嘉图渠道来看，高企的公共债务水平使得消费者预期到未来高额的纳税义务，这种预期将使家庭降低当前消费，从而削弱甚至逆转财政扩张对社会总需求的短期刺激效果（Sutherland，1997；Camous 和 Gimber，2018；Geiger 和 Zachariadis，2022；Roth 等，2022）。从利率渠道来看，如果私人储蓄和资本的流入不足以弥补政府借贷导致的亏空，长期将导致利率水平的上升。最终，私人投资被挤出，资本和总产出下降，这将抵消短期扩张性政策带来的好处（Checherita-Westphal 和 Rother，2012；de

Mendonça和Brito，2021；Bentour，2022）。Huang等（2020）通过实证研究发现，2006—2013年，中国地方公共债务增加了对民营企业的资金限制，挤出了它们的投资。基于上述结果，许多研究明确使用公共债务/GDP作为财政状况的衡量指标，公共债务率越高，财政状况越糟糕（李丹等，2017；Huidrom等，2020），总体而言，当财政状况较弱时，财政乘数往往较小，甚至为负（Ilzetzki等，2013；Nickel和Tudyka，2014）。

更糟糕的是，许多研究发现，财政政策的逆周期性与公共债务率水平负相关（Frankel等，2013），当公共债务超出一定门槛值后，一国的财政政策将从逆周期变成顺周期（Combes等，2017），并且我们知道，顺周期的财政政策将引发公共债务积累，这种恶性循环如果不被打破，一国的财政政策和公共债务将陷入顺周期陷阱（Camous和Gimber，2018）。

总的来说，公共债务与经济增长之间存在显著的门槛效应，尽管具体的门槛值存在明显的国家的异质性。Reinhart和Rogoff（2010）首先发现了公共债务率与经济增长之间的门槛效应，当公共债务率低于某一门槛值时，短期由债务融资的赤字有助于刺激社会总需求，促进经济增长，而当公共债务率超出该门槛值后，公共债务的扩张将失去预期效果，甚至阻碍经济增长。邓晓兰等（2013）在中国也发现了经济增长对公共债务率的这种非线性响应，Woo和Kumar（2015）的实证结果表明公共债务率每增加10个百分点，实际人均GDP增长率就会平均放缓约0.2个百分点，而这种负面影响在急需发展的新兴市场经济体中更大，而在发达经济体，这种影响略小。更令人担忧的是，Rant等（2021）研究发现，公共债务率和国家“趋同（convergence）”之间存在明显的负相关，所谓“趋同”指的是不发达国家会以相对更快的经济增长速度追赶发达国家，然而高水平的公共债务会阻碍非发达国家的快速发展。

5.3　公共债务削减现象及对策

基于公共债务积累对宏观经济的种种负面影响，特别是对经济增长的抑制作用，公共债务率不会无限制地扩张下去。一方面，如果公共债务积累的恶性循环不断发展，财政状况持续恶化，经济脆弱性不断上升，经济萎缩的局势将难以扭转，最终危机在债务率顶峰出现，政府违约、被迫紧缩，债务率最终进入收缩阶段。另一方面，明智的政府将在合适的时机实施适当的财政整顿策略以削减债务，避免债务危机和经济危机的发生。公共债务削减理论框架见图 5－3。

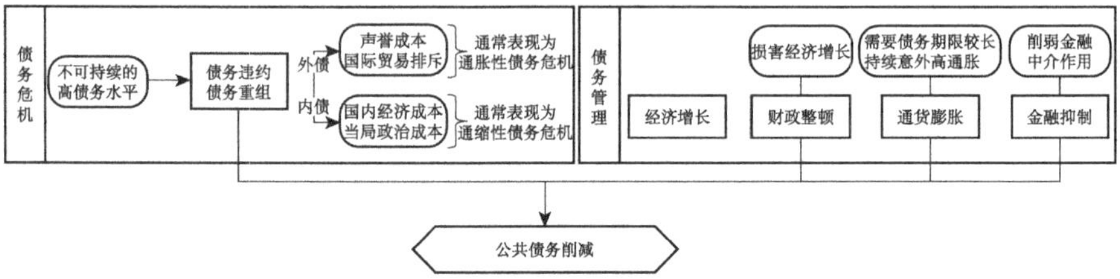

图 5－3　公共债务削减理论框架

5.3.1　公共债务危机与债务违约

若不对持续的公共债务积累加以干预，高水平的公共债务/GDP 往往会引发债务违约（default）或重组（restructuring）（Reinhart 和 Sbrancia，2015），而债务违约或重组事件的发生通常意味着债务危机的开始（Reinhart 和 Rogoff，2011a）。换言之，公共债务危机或政府债务危机在广义上被定义为政府不能按时偿还债务本金或利息。

公共债务危机又被分为外债危机（external debt crisis）和国内债务危机（domestic debt crisis）。事实上，到目前为止，学者们对外债危机进行了大量的研究，对国内公共债务危机的关注和研究却很少，研究中广泛提到的主权债务危机（sovereign debt crisis）通常指的也是外债危机。外债危机发生的频率较低，例如 20 世纪 80—90 年代在拉丁美洲和东南亚发生的债务危机主要是由外债引起的。关于国内债务危机的资料很少，但这并不是因为这些危机没有发生。第一，国内债务危机通常发生在比一般外债违约糟糕得多的经济条件下（Reinhart 和 Rogoff，2011b），并且国内宏观基本面几乎决定了国内债务的可容忍水平，不同国家经济基础不同决定了国内债务危机的发生存在强异质性（Park 和 Song，2011）。第二，只要债务是以一国本币计价，决策者将有能力把债务问题的不良影响分散到未来若干年，这能够避免债务危机导致严重的经济问题（Dalio，2022），同时也意味着国内债务违约的终点并不总是可知的（Reinhart 和 Rogoff，2011a）。

主权通常基于国家或政府信用进行融资，在主权违约之时，并不存在法律或破产机制确保债权人对其进行清算。既然债权人没有对主权的直接制裁手段，那为何主权仍极力避免债务违约或债务重组的发生呢？因为债务违约或债务重组是有成本的，具体包括声誉（reputation）成本、国际贸易排斥（international trade exclusion）成本、通过金融体系对国内经济造成的成本，以及当局的政治成本（Borensztein 和 Panizza，2009）。Eaton 和 Gersovitz（1981）开创性地提出了主权债务违约的声誉成本的观点，Atkeson（1991）证明在以声誉为基础的债务偿付机制下，主权预期债务违约会使其失去在国际市场持续融资的机会和能力。Rose（2005）通过实证分析表明债务重组与债务人和其债权人之间的双边贸易存在显著的负相关。不难发现，声誉成本与国际贸易排斥成本主要聚焦于外债违约。然而，在20世纪90年代墨西哥债务危机之后，吸取经验教训，许多国家开始有意识地降低外债比例，政府债券的持有者不再仅仅是外国投资者，事实上，在许多情况下，政府债券的大多数投资者可能是国内机构和居民个人，这引发学界开始更多地关注违约对国内经济，特别是银行业的影响（Reinhart 和 Rogoff，2011a；IMF，2015；Jordà 和 Schularick，2016）。这一渠道尤为重要，因为在许多新兴经济体，银行在其投资组合中持有大量政府债券，主权违约将削弱银行的资产负债表，甚至带来银行挤兑的威胁。更糟糕的是，银行危机通常是通过注入政府“资本重组”债券和央行流动性来解决的，但在债务危机中，政府债券的价值值得怀疑，而本国货币可能不会受到公众的青睐。最后，债务危机必然涉及当局的政治成本，因为经济下滑和银行体系陷入危机，对执政党和决策层的生存来说不是一个好兆头。

基于上述成本，政府总是尽量避免走向债务违约与重组，然而，这种延迟不能避免不可持续的债务发展为危机，而债务重组的延迟在一定程度上导致了持续时间更长的、更具破坏性的债务危机（Eichengreen 等，2021）。事实上，许多研究认为债务危机是自我实现（self-fulfilling）的。早在21世纪初，Cole和Kehoe（2000）构建了一个自我实现的公共债务危机模型，其中一个最直接的结果表明，政府债务违约一方面取决于自我实现的信念，另一方面取决于经济的基本面。尤其是当政府希望增加借债时，无风险利率增加和潜在税收分布的下降都会提高违约发生的可能性（Romer，2001）。而Galli（2021）提出面对政府债券的风险溢价，财政紧缩是政府对于高额借贷成本的最佳响应（或者说是不得不），但是这会引发恶性循环，形成自我实现的债务危机。

Dalio（2022）指出，公共债务危机并非偶然事件，而是遵循一定逻辑、以固定模式反复发生的事件。虽然债务危机重现的方式和持续时间不尽相同，但每个债务危机事件发展的特征相似。当政府债务主要依赖国内融资并以本币计价时，债务危机通常表现为通缩性经济萧条（Fisher，1933）。初期，决策者会通过降低利率来应对经济下滑与高债务水平的双重压力。然而，一旦利率触及零下限，这一政策手段便失去效力。若政府难以筹集资金扩大开支以刺激经济，经济衰退将进一步降低政府收入，加重偿债负担，最终可能引发国内债务的强制违约。但值得注意的是，这种情况通常不会引发汇率或国际收支问题。反之，当一国政府债务中外债占比较大时，通胀性债务危机更易显现。初期，债务融资推动的房地产、固定投资和基础设施建设刺激经济快速增长，此时外债增加和外资涌入通常导致该国汇率上升，但货币升值可能削弱出口竞争力。一旦资本流入减少（有时是由于外国货币政策紧缩导致外资撤离），经济增长将放缓，国际收支状况恶化，最终可能爆发债务危机。此时，货币贬值、利率上升和通胀持续攀升成为常态，直至债务违约或获得国际援助，债务率降低，进口大幅减少，国际收支才能逐渐恢复平衡。

总的来说，避免债务危机的唯一方法是避免可能发生债务危机的基本面条件，特别是避免较高水平的短期债务（Cole和Kehoe，2000）。而一旦债务趋近于不可持续，及时的债务重组将控制国内外投资者的损失，避免后续更大幅度的财政紧缩，降低债务危机对经济社会的破坏程度（Eichengreen等，2021）。

5.3.2 公共债务主动削减策略

结合前文的分析，面对公共债务积累，维持债务可持续性、进行债务削减，是避免债务危机发生的必要条件，而选择减少公共债务的最佳时机、速度和工具是政策制定者的主要挑战。从债务动态方程式（5.2）来看，财政整顿、高增长、高通胀或低利率构成了债务削减战略的要素。上述削减债务的方式并非互斥，历史上的债务削减事件亦源于以上多种方式的结合。通常而言，我们将高通胀或低利率称作非常规方法，将经济增长和财政整顿作为削减债务的常规方法（Eichengreen等，2019）。

从历史上看，高通胀和金融抑制是导致第二次世界大战后公共债务降低的重要因素（Aizenman和Marion，2011；Hall和Sargent，2011；Reinhart和Sbrancia，2015）。金融抑制指的是名义利率被某些政策、监管或制度因素人为地保持在低位，高通胀和低名义利率的结合使得政府借款的实际利率较低。当经济增长陷入停滞时，一个拥有大量以本国货币计价的名义债务的政府有动机试图通过通货膨胀来减少债务负担（Aizenman和Marion，2011）。然而，对于如今发达经济体而言，在私人部门所持有的公共债务期限较短，且持续的意外高通胀发生的可能性较低的情况下，通胀在债务削减策略中的重要程度大幅降低；但新兴市场经济体通常采用金融抑制手段延长债务期限，增加了使用通胀进行债务削减的可能性（Fukunaga等，2022；Hilscher等，2022）。然而，即使对于新兴市场经济体而言，金融抑制政策也会削弱金融中介作用，从而给经济带来巨大成本（纪洋等，2021）。因此，在当前情况下，为了降低公共债务/GDP或使公共债务/GDP维持在一个可持续范围内，政府不得不进行财政整顿。

事实上，回顾第1章中我们对全球公共债务周期典型案例的描述性分析，我们发现在20世纪80年代，许多国家曾通过经济增长和财政整顿这两项常规手段降低了公共债务/GDP，这些成功的经验催生了关于财政整顿和债务削减之间的研究。所谓财政整顿（亦称财政调整），是指政府在一定时期内，通过削减财政支出和（或）增加财政收入来降低财政赤字率或公共债务率。Alesina和Ardagna（2010）首先将财政整顿是否引起公共债务率的下降作为财政整顿成功与否的标准，而财政整顿的工具、时机和持续时间是财政整顿能否成功的关键因素。关于财政整顿工具，一个被普遍认可的结论是，财政整顿总是以牺牲经济增长为代价，但支出型财政整顿（以削减支出为主）比收入型财政整顿（以增加收入为主）对经济增长的负面影响相对较小，同时，支出型财政整顿更可能成功降低公共债务率（Alesina 和 Ardagna，2010；Baldacci 等，2012；Attinasi 和 Metelli，2017；Beetsma 等，2021）；当综合考虑政府实施财政整顿的压力与财政整顿的效果，一种削减开支同时降低税收的混合型财政整顿策略或许是财政整顿的出路（Cogan 等，2013；Ren 等，2024）。关于财政整顿时机，由于大多数财政整顿难以避免给经济发展带来负面影响，考虑到财政乘数在经济衰退期更大，通常不推荐在经济下行或衰退时开展财政整顿（Fatás 和 Summers，2018；Georgantas 等，2023）；另外，将财政整顿推迟到金融市场压力威胁到一个国家发行债务的能力时，财政整顿成功的概率将大幅降低，甚至弄巧成拙（Attinasi 和 Metelli，2017；Fotiou，2022；Georgantas 等，2023）。关于财政整顿的持续时间，经验表明，成功的财政整顿的持续时间平均要比不成功的财政整顿的持续时间长（Agnello 等，2019）。对中国而言，也有研究结果表明，稳步而持久的财政整顿措施要优于大力而迅速的财政整顿措施（Ren 等，2024）。

5.4 长期公共债务周期：跨越多个经济周期

经济周期的持续时间通常为2—8 年，本书对25 个发达经济体和29 个新兴市场经济体 1960—2022 年的人均实际 GDP 年度数据进行经济周期测定，结果表明经济周期的平均持续时长为 8—9 年。理想情况下，公共债务/GDP 应该是逆经济周期的，公共债务/GDP 在经济繁荣期下降，在经济衰退期上涨，公共债务/GDP 周期性波动的频率应与经济周期大致保持一致。然而，由于融资约束、贪婪效应、赤字偏好、收入风险、全球化等多种因素的影响，公共债务呈现出持续积累的动态。这种持续积累通常超过一个经济周期，直到公共债务不可持续扩张，债务违约引发债务危机，或是政府考虑到高水平债务阻碍经济社会发展，财政可持续性受到威胁，主动进行债务削减，公共债务/GDP 才会下降。也就是说，公共债务/GDP 与经济周期之间的关系是复杂的，公共债务/GDP 周期（扩张与收缩）的持续时长要大于经济周期。

5.4.1　基于转折点法的公共债务周期特征

Poghosyan（2018）使用转折点法，对 27 个发达经济体和 30 个新兴市场经济体 1960—2014 年的公共债务/GDP 年度数据，进行了“公共债务周期”的系统测定与分析。在本书第 1 章，我们同样使用转折点法，对 25 个发达经济体和 30 个新兴市场经济体 1950—2022 年的公共债务/GDP 年度数据进行了周期特征测定与分析。我们的结果与 Poghosyan（2018）的结果总体相符。

公共债务/GDP 的周期特征可以被总结为：

（1）公共债务周期的平均持续时长约为 14 年。

（2）公共债务的扩张期、收缩期在持续时长和波幅方面表现出不对称性，扩张期的持续时长和波幅均大于收缩期，这种不对称程度在发达经济体中更明显。

（3）发达经济体的公共债务扩张期的持续时长与波幅均大于新兴市场经济体，而公共债务收缩期的持续时长与波幅均小于新兴市场经济体。

（4）初始债务水平越高，公共债务的扩张期持续时间越短，收缩期持续时间越长、幅度越大。

公共债务周期与经济周期相比：

（1）公共债务周期的持续时长要大于经济周期。

（2）经济周期的繁荣期与衰退期也存在不对称性，繁荣期持续时长与波幅大于衰退期，但公共债务周期的不对称程度要远小于经济周期。

（3）公共债务周期扩张期与收缩期的特征在不同类型国家间存在明显差异，相比之下，经济周期繁荣期和衰退期的特征在不同国家类型间并不存在显著差异。

将公共债务的周期特征与前文分析的公共债务积累与削减现象对应：

（1）公共债务扩张期与收缩期的非对称性的结果为公共债务积累，本质上反映了财政政策可能存在的顺周期性以及赤字偏好，这种赤字偏好在发达经济体尤甚。

（2）公共债务/GDP 的可持续水平在不同国家之间存在异质性。发达经济体金融体系相对稳定，市场监督制度与财政规则更加完善，国际借贷市场畅通，政府有能力维持更高的公共债务水平。

（3）公共债务/GDP 不会无限扩张，当债务水平已经很高时，债务可持续性或财政空间将限制政府扩张债务的能力，同时，财政整顿的持久性会随着公共债务水平的增加而增加。

5.4.2 基于动态阶段划分的公共债务周期特征

公共债务积累、削减与逆周期动态示意图见图 5 -4。

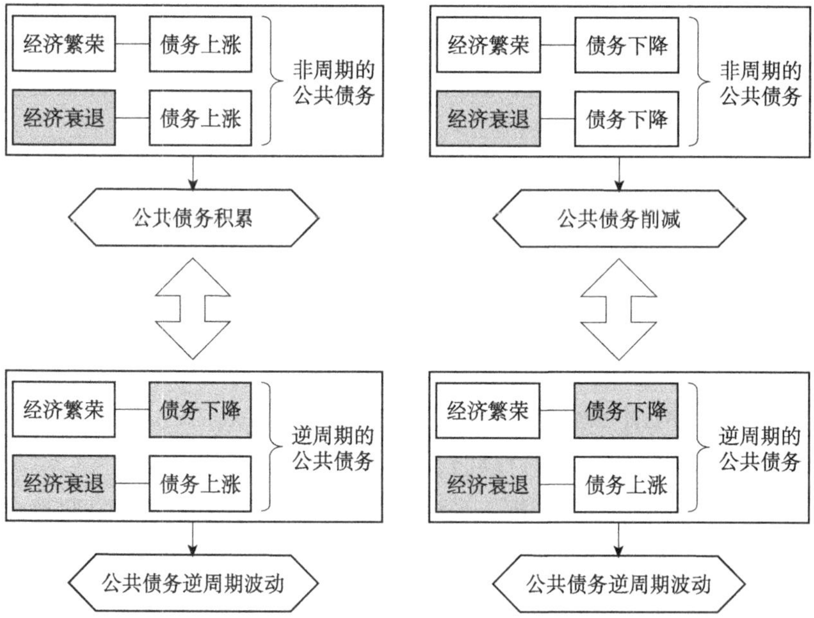

图 5 -4 公共债务积累、削减与逆周期动态示意图

Barseghyan 等（2013）通过构建一个关于初始债务水平和经济周期状态的公共债务动态方程，阐明了公共债务相对于经济周期的动态特征：存在一个有界区间，当债务水平低于该区间下界时，无论经济周期状态如何，公共债务将持续上涨，当债务水平处于区间内部时，公共债务将在该有界区间内表现出逆周期动态，在经济繁荣期下降，在经济衰退期上涨。Lee（2021）拓展了 Barseghyan 等（2013）的研究，表明当债务水平高于该区间上界时，无论经济周期状态如何，公共债务将持续下降。更重要的是，上述“有界区间”不是固定不变的：Barseghyan 等（2013）推测区间下界将随经济生产率的上涨而上涨，Barseghyan 和 Battaglini（2016）的研究表明财政紧缩将导致一个区间上界下降，Lee（2021）证明区间上下界与个人可支配收入风险成正比。

综合来看，给定一个有界区间，如果公共债务/GDP 在某一特定时期低于区间的下界，则处于“积累”阶段，债务/GDP 在繁荣和衰退期间都将持续增加，直到达到区间下界。如果债务/GDP 在区间范围内，债务/GDP 将在衰退期上升而在繁荣期下降，处于“逆周期”阶段。如果债务/GDP 超出区间上界，则处于“削减”阶段，债务/GDP 在繁荣和衰退期间都将持续下降，直到达到区间上界。

换言之，在一段时间内，公共债务最终会收敛至某一有界区间，表现出理想的“逆周期”动态；但当公共债务受到冲击（例如新冠疫情冲击导致公共债务激增）低于或超出原区间范围，或该区间受影响发生变化，致使公共债务低于或超出新的区间范围时，公共债务将呈现出持续上涨或持续下降的动态，直至重新收敛至当前有界区间内。不同于直觉中或传统意义上的扩张与收缩、上涨与下降交替出现的周期，公共债务在持续上升或持续下降后，紧跟着的将是公共债务的逆经济周期动态，公共债务处于在有界区间内波动，公共债务水平相对稳定。

在本书中，我们在实际数据中验证了上述模式的存在。当我们将时间跨度增大，将发现公共债务的“逆周期”动态是周期性复现的：冲击使公共债务的逆周期性消失，而随着冲击影响的消退，公共债务将重回逆周期动态，尽管冲击带来的影响持续时间可能很长，尽管债务可能是在新的区间范围内逆周期波动。如果说“周期”关注的是一种特征、动态或模式的复现性，那么公共债务的逆周期阶段将可以作为“公共债务周期”的一种标志。本书的实证结果表明，两个相邻的逆周期阶段的时间，即一个公共债务周期的持续时长为7—20年。

5.5 小结

本章通过概括总结公共债务实证研究的结论，对公共债务周期进行了多维度分析，揭示了短期与长期公共债务的动态特性及其宏观经济影响。

短期公共债务在经济衰退期通常呈现上涨趋势，以支持政府提供必要的公共服务与经济稳定措施，这体现了其逆经济周期的特性。然而，长期来看，由于融资约束、财政政策顺周期性、政府赤字偏好及全球化等因素，公共债务往往持续积累，跨越多个经济周期。这种积累不仅增加了债务违约的风险，还可能通过李嘉图渠道和利率渠道削弱财政政策的有效性，进一步影响经济增长。我们还探讨了公共债务削减的策略及其效果。面对债务积累问题，政府需采取适时的财政整顿措施，通过削减支出或增加收入以降低公共债务率。然而，财政整顿的时机、工具及持续时间均需谨慎选择，以避免对经济增长造成不必要的负面影响。同时，高通胀或低利率等非常规方法也可作为债务削减的辅助手段，但其效果及副作用需综合评估。总体来看，维持公共债务的可持续性，避免债务危机，是政策制定者面临的重要挑战。

第6章

公共债务周期模型

本章构建了一个新凯恩斯动态随机一般均衡模型（New Keynesian Dynamic Stochastic General Equilibrium，DSGE），旨在深入剖析公共债务周期波动现象。我们的模型基于 G－K 模型（Gertler 和 Karadi，2011）所提出的理论框架进行了全方位、深层次的改进，特别是在财政政策的建模过程中纳入 Bi 和 Traum（2012）提出的政府债务违约压力，以期更精准地捕捉公共债务动态变化的内在机制。

另外，我们对 G－K 模型进行了细节方面的修改，以更适应对我国公共债务周期波动进行建模，具体而言：首先，为了更细致地描绘我国政府支出的特性，我们将财政支出细分为政府消费和政府投资两大类别，这一区分不仅体现了我国政府在促进经济增长与民生改善方面的双重职能，也为模型注入了更多的现实解释力。通过分别建模这两类支出，我们能够更全面地分析它们对宏观经济变量（如产出、就业、通胀等）的差异化影响，以及它们在公共债务周期波动过程中的角色。其次，为了更准确地模拟我国政府债券市场的实际情况，我们假设商业银行是政府债券的持有者，这一设定基于我国金融市场结构的特殊性，即商业银行在政府债券市场中占据重要地位。通过引入这一机制，模型能够更真实地反映政府债券市场的运作及其对宏观经济的影响。最后，为了全面捕捉我国（特别是地方政府）可能面临的财政压力与违约风险，我们引入了内生财政压力变量，这一变量不仅考虑了政府债务水平、财政收支状况等静态因素，还融入了经济增长预期、金融市场反应等动态因素，从而能够更全面地刻画政府财政状况的脆弱性和潜在的违约风险。通过这一设定，模型能够更深入地探讨财政压力如何影响政府行为、市场预期以及整个经济系统的稳定性。

当前关于基于 G－K 模型的关于财政政策与政府债务的研究，更多地关注财政整顿对债务削减的直接影响（如李建强等，2020）。我们在类似的理论框架下，更加聚焦于公共债务的周期波动的驱动因素。为此，我们详细阐述了模型中不同经济部门之间的相互作用机制，从理论层面揭示了公共债务周期的形成机理。同时，为了增强模型的可读性和可复制性，我们无遗漏地展示了模型一阶条件的推导过程，并对关键参数的经济意义进行了深入剖析，尽量全面地展示均衡系统的构建、参数的校准以及稳态值的求解过程，以期帮助读者更好地理解模型的内在逻辑和运行机制，也希望能够为 DSGE 模型的初学者提供一份实用的学习资料。

6.1 公共债务周期模型的构建

6.1.1 家庭：消费、工作、储蓄、纳税

家庭由同质的、永续存活的代表性居民组成。代表性家庭在 t 期的效用函数为：

$$U_t = e^{\vartheta_t} \frac{(C_t - hC_{t-1})^{1-\sigma}}{1-\sigma} - \chi \frac{L_t^{1+\varphi}}{1+\varphi}$$

$$C_t = \left[\omega C_t^{p\frac{\eta-1}{\eta}} + (1-\omega)\, C_t^{g\frac{\eta-1}{\eta}}\right]^{\frac{\eta}{\eta-1}}$$

其中，C_t 为家庭的有效消费（Consumption），C_t^p 为家庭私人消费（private Consumption），C_t^g 为公共消费（government Consumption），ω 为私人消费占有效消费的权重，η 衡量了公共消费与私人消费的替代弹性，公共消

费由政府决定。ϑ_t 衡量了消费偏好，h 是消费习惯参数（habit）。L_t 是家庭的劳动供给（labor），χ 衡量了劳动带来的负效用，φ 为劳动供给的 Frisch 弹性的倒数①，σ 是相对风险厌恶参数②。

家庭的效用最大化问题为：

$$\max_{C_t^p, L_t, D_t} E_0 \sum_{t=0}^{\infty} \beta^t U_t$$

$$s.t.\ C_t^p + D_t = W_t L_t + R_{t-1} D_{t-1} + \Psi_t^f + \Psi_t^b - T_t$$

可以理解为整个社会是以消费品为单位进行计价的。其中，β 为家庭的贴现率（$0 < \beta < 1$），D_t 为家庭在商业银行的储蓄（一期存款，Deposit），R_t 为实际存款利率，Ψ_t^b 是银行利润，Ψ_t^f 是厂商利润，T_t 为政府向家庭征收的一次性总量税（lump - sum Tax）。政府消费未出现在居民预算约束中，表现出公共消费的非排他性特点。一个家庭中的成员分为工人和银行家两类，其中工人占比 $1-f$，提供劳动获取工资，银行家占比 f。每期有 θ 比例的银行家存活，于是有 $1-\theta$ 比例的银行家退出市场成为工人，只有退出市场的银行家才会把资产转入家庭（Strobel，2018），同时，有 θ 比例的工人继续工作，$1-\theta$ 比例的工人从家庭获得启动资金成为银行家。因此，家庭中工人和银行家的比例不变。

构建拉格朗日函数如下：

$$\mathcal{L} = E_0 \sum_{t=0}^{\infty} \beta^t [U_t + \lambda_t (W_t L_t + R_{t-1} D_{t-1} + \Psi_t^b + \Psi_t^f - T_t - C_t^p - D_t)]$$

求解一阶条件：

$$\frac{\partial \mathcal{L}}{\partial C_t^p} = \beta^t \left[e^{\vartheta_t} (C_t - hC_{t-1})^{-\sigma} \frac{\partial C_t}{\partial C_t^p} - \lambda_t \right] + E_t \beta^{t+1} \left[e^{\vartheta_{t+1}} (C_{t+1} - hC_t)^{-\sigma} (-h) \frac{\partial C_t}{\partial C_t^p} \right] = 0$$

$$\frac{\partial \mathcal{L}}{\partial D_t} = -\beta^t \lambda_t + E_t \beta^{t+1} \lambda_{t+1} R_t = 0$$

---

① Frisch 劳动供给弹性（Frisch Labor Supply Elasticity，FLSE）通常用于衡量短期工资率的波动对人们工作意愿（劳动供给）的影响，$\varphi = d\ln L_t / d\ln W_t$。

② $\sigma = 1$ 时，效用函数退化为：$U_t = e^{\vartheta_t} \ln(C_t - hC_{t-1}) - \chi \frac{L_t^{1+\varphi}}{1+\varphi}$。

$$\frac{\partial\mathcal{L}}{\partial L_t}=\beta^t(-\chi L_t^{\varphi}+\lambda_t W_t)=0$$

$$\frac{\partial\mathcal{L}}{\partial\lambda_t}=\beta^t(W_tL_t+R_{t-1}D_{t-1}+\Psi_t^b+\Psi_t^f-T_t-C_t^p-D_t)=0$$

其中，$\frac{\partial C_t}{\partial C_t^p}=\omega\left(\frac{C_t}{C_t^p}\right)^{\frac{1}{\eta}}$，整理得到：

$$\lambda_t=[e^{\vartheta_t}(C_t-hC_{t-1})^{-\sigma}-h\beta E_te^{\vartheta_{t+1}}(C_{t+1}-hC_t)^{-\sigma}]\omega\left(\frac{C_t}{C_t^p}\right)^{\frac{1}{\eta}} \tag{6.1}$$

$$\frac{1}{\beta}=E_t\Lambda_{t,t+1}R_t \tag{6.2}$$

$$\lambda_tW_t=\chi L_t^{\varphi} \tag{6.3}$$

$$C_t^p+D_t=W_tL_t+R_{t-1}D_{t-1}+\Psi_t^b+\Psi_t^f-T_t \tag{6.4}$$

其中，定义变量 $\Lambda_{t,t+1}$（$t+1$ 期和 t 期私人消费的边际效用比）：

$$\Lambda_{t,t+1}\equiv\frac{\lambda_{t+1}}{\lambda_t} \tag{6.5}$$

6.1.2 厂商：生产、贷款、投资

（1）最终品厂商

最终品厂商从中间品厂商那里购买产品，加总为最终品在完全竞争市场中出售。最终品生产函数（加总函数）为：

$$Y_t=\left[\int_0^1 Y_t(j)^{\frac{\varepsilon-1}{\varepsilon}}\right]^{\frac{\varepsilon}{\varepsilon-1}}$$

其中，Y_t 为最终品，$Y_t(j)$ 为中间品厂商 j 生产的产品，不同中间品厂商生产的产品具有异质性，ε 是不同中间品的替代弹性[①]。在完全竞争条件下，最终品厂商将中间品价格 $P_t(j)$ 与最终品价格 P_t 视为给定，选择

---

① $\varepsilon=d\ln\frac{Y_t(j)}{Y_t(i)}/\ln\frac{P_t(j)}{P_t(i)}$。$\varepsilon=\infty$，中间品 j 可以完全替代中间品 i，换句话说，若中间品 i 相对于中间品 j 的价格上涨，最终品厂商将完全弃用中间品 i；$\varepsilon=1$，中间品 j 可以等比例替代中间品 i；$\varepsilon<1$，中间品 j 不能很好地替代中间品 i，换句话说，即使中间品 i 相对于中间品 j 的价格上涨，中间品 i 的使用也不会等比例下降。因此，当 $1<\varepsilon<\infty$，中间品厂商将具有定价权，获得垄断利润。

不同中间品的投入以最大化利润：

$$\max_{Y_t(j)}\left[P_tY_t - \int_0^1 P_t(j)Y_t(j)dj\right]$$

其中，$\int_0^1 P_t(j)Y_t(j)dj$ 仅表示简单加总，$\frac{\partial\int_0^1 P_t(j)Y_t(j)dj}{\partial Y_t(j)} = P_t(j)$ 。求解上式的一阶条件容易得到异质性中间品的需求函数：

$$Y_t(j) = \left[\frac{P_t(j)}{P_t}\right]^{-\varepsilon} Y_t \tag{6.6}$$

将上述需求函数代入最终品厂商生产函数，容易得到总价格指数CPI的演化方程：

$$P_t = \left[\int_0^1 P_t(j)^{1-\varepsilon}dj\right]^{\frac{1}{1-\varepsilon}} \tag{6.7}$$

将CPI的演化方程式（6.7）和中间品需求函数式（6.6）代入最终品厂商的利润表达式：

$$\begin{aligned}P_tY_t - \int_0^1 P_t(j)Y_t(j)dj &= P_tY_t - \int_0^1 P_t(j)\left[\frac{P_t(j)}{P_t}\right]^{-\varepsilon}Y_tdj \\ &= P_tY_t - \frac{Y_t}{P_t^{-\varepsilon}}\int_0^1 P_t(j)^{1-\varepsilon}dj \\ &= P_tY_t - \frac{Y_t}{P_t^{-\varepsilon}}P_t^{1-\varepsilon}\end{aligned}$$

容易得到最终品厂商的利润为0，这也是完全竞争条件所决定的：

$$\Pi_t^f = P_tY_t - \int_0^1 P_t(j)Y_t(j)dj = 0 \tag{6.8}$$

（2）中间品厂商

中间品厂商j的生产函数①为：

$$Y_t(j) = \bar{A}_t[L_t(j)]^{1-\alpha}[\xi_t\bar{K}_t(j)]^{\alpha} \tag{6.9}$$

$$\bar{K}_t(j) \equiv u_tK_{t-1}(j) \tag{6.10}$$

$$\bar{A}_t = A_t(K_{t-1}^g)^{\alpha^g} \tag{6.11}$$

其中，A_t为生产技术，$\bar{A}_t$为考虑到公共资本的有效生产技术。K_t为私人资

① 中间品厂商部分的推导我们参考了李向阳（2018）书中的解释，在此特别感谢。

本，$\bar{K}_t$ 为有效私人资本（辅助变量），u_t 为私人资本的使用率（utilize），ξ_t 为资本质量冲击，用以代表外生金融冲击（Gertler 和 Karadi，2011）。K_t^g 为公共资本，公共资本由政府决定，α 是私人资本的产出弹性，α^g 是公共资本的产出弹性。

$$K_t^g = I_t^g + (1 - \delta^g) K_{t-1}^g \tag{6.12}$$

$$K_t = I_t + (1 - \delta_t) \xi_t K_{t-1} \tag{6.13}$$

$$K_t = \int_0^1 K_t(j) dj \tag{6.14}$$

$$L_t = \int_0^1 L_t(j) dj \tag{6.15}$$

$$\bar{K}_t \equiv u_t K_{t-1}$$

I_t^g 是公共投资，来自政府财政支出，δ^g 为公共资本折旧率，I_t 是私人投资，来自资本品厂商，δ_t 是内生私人资本折旧率，私人资本使用率越大，私人资本折旧率越高：

$$\delta_t = \delta^p + b \frac{u_t^{1+\zeta}}{1 + \zeta} \tag{6.16}$$

δ^p 是私人资本固有折旧率，ζ 是折旧中的资本使用率弹性，b 是折旧中资本使用率的系数。

$t-1$ 期：中间品厂商从资本品厂商处购买资本 $Q_{t-1} K_{t-1}(j)$，以预备 t 期的生产，Q_t 是以消费计价的资本价格，购买资本品的钱来自中间品厂商向商业银行的贷款，贷款利率为 R_t^k。t 期：中间品厂商 j 雇佣劳动力进行生产，将折旧后的资本卖给资本品厂商 $Q_t(1 - \delta_t) \xi_t K_{t-1}(j)$，并偿还上期的贷款。而公共资本的使用不需要中间品厂商付出成本。

第一阶段，中间品厂商选择要素投入以解决成本最小化问题，约束条件为产量式（6.9）不小于需求式（6.6）：

$$\begin{gathered}\min_{u_t, K_{t-1}(j), L_t(j)} W_t L_t(j) + \bar{R}_t^k \bar{K}_t(j), \bar{R}_t^k \equiv \frac{R_t^k Q_{t-1} - Q_t(1 - \delta_t) \xi_t}{u_t} \\ s.t.\ \bar{A}_t [L_t(j)]^{1-\alpha} [\xi_t \bar{K}_t(j)]^{\alpha} \geqslant \left[\frac{P_t(j)}{P_t}\right]^{-\varepsilon} Y_t\end{gathered} \tag{6.17}$$

$\bar{R}_t^k$ 为我们构建的辅助变量，代表一单位有效资本的使用成本。构建拉格朗日函数：

$$\mathcal{L} = -W_t L_t(j) - \bar{R}_t^k \bar{K}_t(j) + r_t(j)\left[\bar{A}_t[L_t(j)]^{1-\alpha}[\xi_t \bar{K}_t(j)]^{\alpha} - \left[\frac{P_t(j)}{P_t}\right]^{-\varepsilon} Y_t\right]$$

对中间品生产函数式（6.9）和私人资本折旧率式（6.14），求解一阶条件得：

$$\frac{\partial \mathcal{L}}{\partial K_{t-1}(j)} = \left(-\bar{R}_t^k + Y_t(j)\alpha \bar{A}_t\left[\frac{L_t(j)}{\bar{K}_t(j)}\right]^{1-\alpha}\xi_t^{\alpha}\right)u_t = 0 \quad (6.18)$$

$$\frac{\partial \mathcal{L}}{\partial L_t(j)} = -W_t + Y_t(j)(1-\alpha)\bar{A}_t\left[\frac{L_t(j)}{\bar{K}_t(j)}\right]^{-\alpha}\xi_t^{\alpha} = 0 \quad (6.19)$$

$$\frac{\partial \mathcal{L}}{\partial u_t} = -Q_t \xi_t K_{t-1}(j)(bu_t^{\zeta}) + Y_t(j)\alpha \bar{A}_t\left[\frac{L_t(j)}{\bar{K}_t(j)}\right]^{1-\alpha}\xi_t^{\alpha}K_{t-1}(j) = 0 \quad (6.20)$$

联立式（6.18）、式（6.19）易得：

$$\frac{\bar{K}_t(j)}{L_t(j)} = \frac{\alpha}{1-\alpha}\frac{W_t}{\bar{R}_t^k}$$

联立式（6.18）、式（6.20）易得：

$$\bar{R}_t^k = bQ_t\xi_t u_t^{\zeta} \quad (6.21)$$

根据资本的加总式（6.14）和劳动的加总式（6.15），有：

$$\bar{K}_t \equiv \int_0^1 \bar{K}_t(j)dj = \frac{\alpha}{1-\alpha}\frac{W_t}{\bar{R}_t^k}\int_0^1 L_t(j)dj = \frac{\alpha}{1-\alpha}\frac{W_t}{\bar{R}_t^k}L_t$$

故：

$$\frac{\bar{K}_t}{L_t} = \frac{\bar{K}_t(j)}{L_t(j)} = \frac{\alpha}{1-\alpha}\frac{W_t}{\bar{R}_t^k} \quad (6.22)$$

即不同中间品厂商所投入的“资本—劳动比”其实是一致的，也就是说，每一个中间品厂商面临的实际边际成本事实上是相同的[①]，根据式（6.19）：

$$mc_t \equiv r_t(j) = \frac{W_t}{(1-\alpha)\bar{A}_t\xi_t^{\alpha}}\left[\frac{\bar{K}_t(j)}{L_t(j)}\right]^{-\alpha} = \frac{W_t}{(1-\alpha)\bar{A}_t\xi_t^{\alpha}}\left[\frac{\bar{K}_t}{L_t}\right]^{-\alpha} \quad (6.23)$$

① $r_t(j)$ 代表每增加一单位产量需要增加的成本。

重新整理成本最小化的一阶条件得到有效资本收益率和实际工资决定方程：

$$\bar{R}_t^k = \alpha \bar{A}_t mc_t \xi_t^{\alpha} \left[\frac{\bar{K}_t}{L_t} \right]^{\alpha - 1} \tag{6.24}$$

$$W_t = (1 - \alpha) \bar{A}_t mc_t \xi_t^{\alpha} \left[\frac{\bar{K}_t}{L_t} \right]^{\alpha} \tag{6.25}$$

此时（在解决了成本最小化问题后），中间品厂商 j 的实际利润为：

$$\begin{aligned}
\Pi_t(j) &= \frac{P_t(j) Y_t(j)}{P_t} - W_t L_t(j) - \bar{R}_t^k \bar{K}_t(j) \\
&= \frac{P_t(j) Y_t(j)}{P_t} - (1 - \alpha) \bar{A}_t mc_t \xi_t^{\alpha} \left[\frac{\bar{K}_t}{L_t} \right]^{\alpha} L_t(j) \\
&\quad - \alpha \bar{A}_t mc_t \xi_t^{\alpha} \left[\frac{\bar{K}_t}{L_t} \right]^{\alpha - 1} \bar{K}_t(j) \\
&= \frac{P_t(j) Y_t(j)}{P_t} - (1 - \alpha) \bar{A}_t mc_t \xi_t^{\alpha} \left[\frac{\bar{K}_t(j)}{L_t(j)} \right]^{\alpha} L_t(j) \\
&\quad - \alpha \bar{A}_t mc_t \xi_t^{\alpha} \left[\frac{\bar{K}_t(j)}{L_t(j)} \right]^{\alpha - 1} \bar{K}_t(j) \\
&= \frac{P_t(j) Y_t(j)}{P_t} - (1 - \alpha) mc_t Y_t(j) - \alpha mc_t Y_t(j)
\end{aligned}$$

$$\Pi_t(j) = \left[\frac{P_t(j)}{P_t} - mc_t \right] \left[\frac{P_t(j)}{P_t} \right]^{-\varepsilon} Y_t \tag{6.26}$$

以上推导过程用到了中间品需求函数式（6.6）、中间品生产函数式（6.9）、有效资本定义式（6.10）、中间品厂商资本劳动比式（6.22）、资本收益率决定方程式（6.24）、实际工资决定方程式（6.25）[①]。

中间品厂商遵循交错定价（Calvo，1983）[②]，中间品厂商每期可以调整价格的概率为 $1 - \gamma$，则价格维持不变的概率为 γ。在 t 期，中间

---

① 整个经济以消费品 C_t（最终品 Y_t）为单位进行计价，一单位消费品的价格为 P_t，假如实际工资 $W_t L_t$ 能够得到一单位的消费品，$W_t L_t = C_t$，那么意味着名义工资率为 $P_t W_t$。资本收益率、资本价格则同样以消费品计价。

② 这种交错定价方式带来的结果是（也可以理解为），每一期，有 $1 - \gamma$ 比例的中间品厂商可以调整价格，γ 比例的厂商则只能维持价格不变。

品厂商 j 在预期此后各期无法调整的情况下，决定价格 $P_t(j)$，为中间品厂商的贴现率，其目标为决定价格以实现利润流的最大化[①]：

$$\max_{P_t(j)} E_t \sum_{s=0}^{\infty} (\beta\gamma)^s \frac{U'(C_{t+s})}{U'(C_t)} \Pi_{t+s}(j)$$

我们知道，消费的边际效用 $U'(C_t) = \lambda_t$，代入实际利润表达式(6.26)，考虑到 $P_{t+s}(j) = P_t(j)$，$s > 0$，构建拉格朗日方程：

$$\mathcal{L} = E_t \sum_{s=0}^{\infty} (\beta\gamma)^s \frac{\lambda_{t+s}}{\lambda_t} \left\{ \left[\frac{P_t(j)}{P_{t+s}} \right]^{1-\varepsilon} Y_{t+s} - mc_{t+s} \left[\frac{P_t(j)}{P_{t+s}} \right]^{-\varepsilon} Y_{t+s} \right\}$$

$$\begin{aligned}
\frac{\partial \mathcal{L}}{\partial P_t(j)} &= E_t \sum_{s=0}^{\infty} (\beta\gamma)^s \frac{\lambda_{t+s}}{\lambda_t} P_{t+s}^{\varepsilon-1} Y_t (1-\varepsilon) [P_t(j)]^{-\varepsilon} \\
&\quad - E_t \sum_{s=0}^{\infty} (\beta\gamma)^s \frac{\lambda_{t+s}}{\lambda_t} mc_t P_{t+s}^{\varepsilon} Y_t (-\varepsilon) [P_t(j)]^{-\varepsilon-1} \\
&= \frac{(1-\varepsilon)[P_t(j)]^{-\varepsilon}}{\lambda_t} E_t \sum_{s=0}^{\infty} (\beta\gamma)^s \lambda_{t+s} P_{t+s}^{\varepsilon-1} Y_{t+s} \\
&\quad + \frac{\varepsilon [P_t(j)]^{-\varepsilon-1}}{\lambda_t} E_t \sum_{s=0}^{\infty} (\beta\gamma)^s \lambda_{t+s} mc_{t+s} P_{t+s}^{\varepsilon} Y_{t+s}
\end{aligned}$$

根据 $\frac{\partial \mathcal{L}}{\partial P_t(j)} = 0$，整理得到最优定价（未来利润流最大化）：

$$P_t^* = P_t^*(j) = \frac{\varepsilon}{\varepsilon - 1} \frac{E_t \sum_{s=0}^{\infty} (\beta\gamma)^s \lambda_{t+s} mc_{t+s} P_{t+s}^{\varepsilon} Y_{t+s}}{E_t \sum_{s=0}^{\infty} (\beta\gamma)^s \lambda_{t+s} P_{t+s}^{\varepsilon-1} Y_{t+s}} = \frac{\varepsilon}{\varepsilon - 1} \frac{X_{1,t}}{X_{2,t}}$$

我们注意到中间品厂商在 t 期的最优定价实际上是一致的（最优定价与 j 无关）。在上式中我们引入了两个辅助变量 $X_t^1 \equiv E_t \sum_{s=0}^{\infty} (\beta\gamma)^s \lambda_{t+s} mc_{t+s} P_{t+s}^{\varepsilon} Y_{t+s}$，$X_t^2 \equiv E_t \sum_{s=0}^{\infty} (\beta\gamma)^s \lambda_{t+s} P_{t+s}^{\varepsilon-1} Y_{t+s}$，接下来我们希望推导得到其递归关系式，方便求解：

---

① γ 的大小决定了一个价格维持不变的期望时间，具体而言，假设某中间品厂商在 t 期初调整了价格，一直维持该价格直至 $t+n$ 期初再次调整价格，那么该价格维持了 n 期，上述情况可以表示为 $P\{\text{duration} = n\} = \gamma^{n-1}(1-\gamma)$，则 $E(\text{duration}) = \sum_{n=1}^{\infty} n \times P\{\text{duration} = n\} = \frac{1}{1-\gamma}$。也就是说，对于季度数据而言，如果 $\gamma = 0.75$，价格将平均 4 个季度（1 年）调整一次。

$$X_{1,t} = E_t\left[\sum_{s=0}^{\infty}(\beta\gamma)^s\lambda_{t+s}mc_{t+s}P_{t+s}^{\varepsilon}Y_{t+s}\right]$$

$$= \lambda_t mc_t P_t^{\varepsilon}Y_t + E_t\sum_{s=1}^{\infty}(\beta\gamma)^s\lambda_{t+s}mc_{t+s}P_{t+s}^{\varepsilon}Y_{t+s}$$

$$= \lambda_t mc_t P_t^{\varepsilon}Y_t + E_t\sum_{s=0}^{\infty}(\beta\gamma)^{s+1}\lambda_{t+1+s}mc_{t+1+s}P_{t+1+s}^{\varepsilon}Y_{t+1+s}$$

$$= \lambda_t mc_t P_t^{\varepsilon}Y_t + \beta\gamma E_t\left\{E_{t+1}\left[\sum_{s=0}^{\infty}(\beta\gamma)^s\lambda_{t+1+s}mc_{t+1+s}P_{t+1+s}^{\varepsilon}Y_{t+1+s}\right]\right\}$$

$$X_{1,t} = \lambda_t mc_t P_t^{\varepsilon}Y_t + \beta\gamma E_t X_{1,t+1}$$

同理易得：

$$X_{2,t} = \lambda_t P_t^{\varepsilon-1}Y_t + \beta\gamma E_t X_{2,t+1}$$

一般而言，价格是非平稳变量，我们构建一个平稳变量，重定价通胀率 $\pi_t^* \equiv \frac{P_t^*}{P_{t-1}}$，$x_{1,t} = \frac{X_{1,t}}{P_t^{\varepsilon}}$，$x_{2,t} = \frac{X_{2,t}}{P_t^{\varepsilon-1}}$：

$$\pi_t^* = \frac{\varepsilon}{\varepsilon-1}\frac{x_{1,t}}{x_{2,t}}\pi_t \tag{6.27}$$

$$x_{1,t} = \lambda_t mc_t Y_t + \beta\gamma E_t x_{1,t+1}\pi_{t+1}^{\varepsilon} \tag{6.28}$$

$$x_{2,t} = \lambda_t Y_t + \beta\gamma E_t x_{2,t+1}\pi_{t+1}^{\varepsilon-1} \tag{6.29}$$

上式中 $\pi_t \equiv \frac{P_t}{P_{t-1}}$ 为通胀。

同样地，我们将式（6.7）所示的总价格指数 CPI 的演化方程改写为通胀的演化方程，已知每期有 $1-\gamma$ 比例的中间品厂商可以调整价格 $[P_t(j) = P_t^*]$，γ 比例的厂商则只能维持价格不变 $[P_t(j) = P_{t-1}(j)]$：

$$P_t^{1-\varepsilon} = \int_0^1 P_t(j)^{1-\varepsilon}dj$$

$$= \int_0^{\gamma} P_{t-1}(j)^{1-\varepsilon}dj + \int_{\gamma}^1 (P_t^*)^{1-\varepsilon}dj$$

$$= \gamma\int_0^1 P_{t-1}(j)^{1-\varepsilon}dj + (1-\gamma)(P_t^*)^{1-\varepsilon}$$

$$= \gamma P_{t-1}^{1-\varepsilon} + (1-\gamma)(P_t^*)^{1-\varepsilon}$$

$$\pi_t^{1-\varepsilon} = \gamma + (1-\gamma)(\pi_t^*)^{1-\varepsilon} \tag{6.30}$$

回顾中间品需求方程式（6.6）$Y_t(j) = \left[\frac{P_t(j)}{P_t}\right]^{-\varepsilon}Y_t$，我们定义价

格离散核 d_t^p（price dispersion）：

$$d_t^p \equiv \int_0^1 \left[\frac{P_t(j)}{P_t}\right]^{-\varepsilon} dj = \int_0^{\gamma} \left[\frac{P_{t-1}(j)}{P_{t-1}} \frac{P_{t-1}}{P_t}\right]^{-\varepsilon} dj + \int_{\gamma}^1 \left[\frac{P_t^*}{P_{t-1}} \frac{P_{t-1}}{P_t}\right]^{-\varepsilon} dj$$

$$d_t^p = \gamma \pi_t^{\varepsilon} d_{t-1}^p + (1-\gamma)\left(\frac{\pi_t}{\pi_t^*}\right)^{\varepsilon} \tag{6.31}$$

另外，根据中间品生产函数式（6.9）和资本劳动比式（6.22），我们可以得到：

$$d_t^p \equiv \int_0^1 \frac{Y_t(j)}{Y_t} dj = \frac{\int_0^1 \bar{A}_t [L_t(j)]^{1-\alpha} [\xi_t \bar{K}_t(j)]^{\alpha} dj}{Y_t}$$

$$= \frac{\bar{A}_t \left(\frac{\xi_t \bar{K}_t}{L_t}\right)^{\alpha} \int_0^1 L_t(j)\, dj}{Y_t} = \frac{\bar{A}_t}{Y_t}\left(\frac{\xi_t \bar{K}_t}{L_t}\right)^{\alpha} L_t$$

即加总生产函数：

$$Y_t = \frac{\bar{A}_t (\xi_t \bar{K}_t)^{\alpha} L_t^{1-\alpha}}{d_t^p} \tag{6.32}$$

我们有必要对价格离散核 d_t^p 的性质进行解释说明：

$$d_t^p \equiv \int_0^1 \left[\frac{P_t(j)}{P_t}\right]^{-\varepsilon} dj = \int_0^1 e^{-\varepsilon[\ln P_t(j) - \ln P_t]} dj$$

记 $\tilde{p}_t(j) \equiv \ln P_t(j) - \ln P_t$，对上式在 $\tilde{p}_t(j) = 0$ 处进行二阶泰勒展开：

$$d_t^p = \int_0^1 e^{-\varepsilon \tilde{p}_t(j)} dj$$

$$\approx \int_0^1 \left\{ e^{-\varepsilon \times 0} - \varepsilon e^{-\varepsilon \times 0}[\tilde{p}_t(j) - 0] + \frac{\varepsilon^2}{2} e^{-\varepsilon \times 0} [\tilde{p}_t(j) - 0]^2 \right\} dj$$

$$= 1 - \varepsilon \int_0^1 \tilde{p}_t(j)\, dj + \frac{\varepsilon^2}{2} \int_0^1 \tilde{p}_t(j)^2 dj$$

因为 $E[\ln P_t(j)] = \ln P_t$，故①：

$$d_t^p = 1 + \frac{\varepsilon^2}{2} Var[\ln P_t(j)] \geqslant 1$$

① 根据总价格指数演化方程式（6.7）$P_t = \left[\int_0^1 P_t(j)^{1-\varepsilon} dj\right]^{\frac{1}{1-\varepsilon}}$，我们知道 P_t 实际上是 $P_t(j)$ 的加权平均，因此认为 $E[\ln P_t(j)] = \ln P_t$。

显然，当且仅当所有中间品价格相同（$\gamma = 0$，价格完全弹性；$\gamma = 1$，价格完全刚性）时，$d_t^p = 1$，在价格黏性（$0 < \gamma < 1$）情况下，$Y_t = \frac{\bar{A}_t(\xi_t \bar{K}_t)^{\alpha} L_t^{1-\alpha}}{d_t^p} < \bar{A}_t(\xi_t \bar{K}_t)^{\alpha} L_t^{1-\alpha}$，存在效率损失。

（3）资本品厂商

在 t 期，资本品厂商从全部中间品厂商处以 Q_t 的价格收购资本品 $(1-\delta_t)\xi_t K_{t-1}$，同时投入投资品 I_t，生成 K_t，K_t 以 Q_t 的价格再卖给中间品厂商（中间品厂商购买以预备下期生产），这就是式（6.13）所示的资本积累方程：$K_t = I_t + (1-\delta_t)\xi_t K_{t-1}$。

资本品厂商在 t 期的成本分为三项，即回收折旧资本品、购入新的投资和投资调整成本：$Q_t(1-\delta_t)\xi_t K_{t-1} + I_t + \frac{\phi}{2}\left(\frac{I_t}{I_{t-1}} - 1\right)^2 I_t$，当 $\phi > 0$ 时表示存在投资调整成本，只有 $I_t = I_{t-1}$ 或 $I_t = 0$，投资调整成本为0。资本品厂商在 t 期的收入为 $K_t Q_t$，因此，资本品厂商在 t 期的利润 Π_t^I 为：

$$\Pi_t^k = K_t Q_t - Q_t(1-\delta_t)\xi_t K_{t-1} - I_t - \frac{\phi}{2}\left(\frac{I_t}{I_{t-1}} - 1\right)^2 I_t$$

将私人资本积累方程代入整理后得到：

$$\Pi_t^k = [I_t + (1-\delta_t)\xi_t K_{t-1}]Q_t - Q_t(1-\delta_t)\xi_t K_{t-1} - I_t - \frac{\phi}{2}\left(\frac{I_t}{I_{t-1}} - 1\right)^2 I_t$$

$$= I_t Q_t - I_t - \frac{\phi}{2}\left(\frac{I_t}{I_{t-1}} - 1\right)^2 I_t$$

因此，资本品厂商的利润最大化条件可写作：

$$\max_{I_t} E_t \sum_{s=0}^{\infty} \beta^s \Lambda_{t,t+s}\left[Q_{t+s} I_{t+s} - I_{t+s} - \frac{\phi}{2}\left(\frac{I_{t+s}}{I_{t+s-1}} - 1\right)^2 I_{t+s}\right]$$

其中 $\Lambda_{t,t+s} = \frac{\lambda_{t+s}}{\lambda_t} = \frac{U'(C_{t+s})}{U'(C_t)}$，构建拉格朗日方程：

$$\mathcal{L} = Q_t I_t - I_t - \frac{\phi}{2}\left(\frac{I_t}{I_{t-1}} - 1\right)^2 I_t$$

$$+ E_t\left\{\beta\Lambda_{t,t+1}\left[Q_{t+1}I_{t+1} - I_{t+1} - \frac{\phi}{2}\left(\frac{I_{t+1}}{I_t} - 1\right)^2 I_{t+1}\right]\right\}$$

$$+E_t\sum_{s=2}^{\infty}\beta^s\Lambda_{t,t+s}\left[Q_{t+s}I_{t+s}-I_{t+s}-\frac{\phi}{2}\left(\frac{I_{t+s}}{I_{t+s-1}}-1\right)^2 I_{t+s}\right]$$

$$\frac{\partial\mathcal{L}}{\partial I_t}=Q_t-1-\frac{\phi}{2}\left(\frac{I_t}{I_{t-1}}-1\right)^2-\phi\left(\frac{I_t}{I_{t-1}}-1\right)\frac{I_t}{I_{t-1}}$$

$$+\beta\phi E_t\left[\Lambda_{t,t+1}\left(\frac{I_{t+1}}{I_t}-1\right)\left(\frac{I_{t+1}}{I_t}\right)^2\right]=0$$

于是我们得到资本品价格决定方程：

$$Q_t=1+\frac{\phi}{2}\left(\frac{I_t}{I_{t-1}}-1\right)\left(3\frac{I_t}{I_{t-1}}-1\right)-\beta\phi E_t\left[\Lambda_{t,t+1}\left(\frac{I_{t+1}}{I_t}-1\right)\left(\frac{I_{t+1}}{I_t}\right)^2\right] \tag{6.33}$$

6.1.3　商业银行：吸收储蓄、发放贷款、购买国债

在 t 期，第 m 家商业银行①吸收家庭部门的储蓄 $D_t(m)$（银行只能被动吸收存款，不能拒绝存款），存款利率为 R_t；银行向中间品厂商发放贷款 $Q_tK_t(m)$，贷款利率为 R^k_{t+1}；购买政府债券 $B_t(m)$（Bond），债券价格为 Q^b_t，政府债券实际收益率为 R^b_{t+1}。因此第 m 家商业银行的资产负债表（ t 期预算约束）为：

$$Q_tK_t(m)+Q^b_tB_t(m)=N_t(m)+D_t(m) \tag{6.34}$$

其中净资产 $N_t(m)$ 的变动情况为：

$$N_{t+1}(m)=R^k_{t+1}Q_tK_t(m)+R^b_{t+1}Q^b_tB_t(m)-R_tD_t(m)$$

我们知道银行实际不能决定存款，因此，将资产负债表代入，上式改写为：

$$N_{t+1}(m)=(R^k_{t+1}-R_t)Q_tK_t(m)+(R^b_{t+1}-R_t)Q^b_tB_t(m)+R_tN_t(m) \tag{6.35}$$

这家银行每一期的存活率为 θ（在家庭部门中我们也提到，每一期有 $1-\theta$ 的银行家退出市场成为工人），于是，第 m 家银行在 t 期的价值 V_t（Value）为：

---

① 商业银行部分的推导我们参考了 Strobel（2018）和朱军（2019）中的解释，在此特别感谢。

$$V_t(m) = \sum_{s=0}^{\infty} \theta^s (1-\theta)\beta^{s+1}\Lambda_{t,t+1+s}N_{t+1+s}(m)$$

其中，回顾式（6.5）我们知道：$\Lambda_{t,t+1+s} = \frac{\lambda_{t+1+s}}{\lambda_t}$，$\Lambda_{t,t+1+s} = \Lambda_{t,t+1}\Lambda_{t+1,t+1+s}$。同样地，我们需要将 $V_t(m)$ 写成递归形式以便求解：

$$\begin{aligned}V_t(m) &= (1-\theta)\beta\Lambda_{t,t+1}N_{t+1}(m) + \sum_{s=1}^{\infty}\theta^s(1-\theta)\beta^{s+1}\Lambda_{t,t+1+s}N_{t+1+s}(m)\\ &= (1-\theta)\beta\Lambda_{t,t+1}N_{t+1}(m) + \sum_{s=0}^{\infty}\theta^{s+1}(1-\theta)\beta^{s+1+1}\Lambda_{t,t+1+1+s}N_{t+1+1+s}(m)\\ &= (1-\theta)\beta\Lambda_{t,t+1}N_{t+1}(m)\\ &\quad + \theta\beta\Lambda_{t,t+1}\left[\sum_{s=0}^{\infty}\theta^s(1-\theta)\beta^{s+1}\Lambda_{t+1,t+1+1+s}N_{t+1+1+s}(m)\right]\end{aligned}$$

$$V_t(m) = \beta\Lambda_{t,t+1}[(1-\theta)N_{t+1}(m) + \theta V_{t+1}(m)] \tag{6.36}$$

而储户和商业银行之间存在由信息不对称造成的道德风险，因此，要求银行资产大于可转移资产的价值，以保证储户存款在银行的安全性，因此，这家银行的利润最大化（价值最大化）问题为：

$$\max_{K_t,B_t} V_t(m)$$

$$s.t.\ V_t(m) \geqslant \lambda^k Q_t K_t(m) + \lambda^b Q_t^b B_t(m)$$

其中，λ^k 是私人贷款资产被转移的比率，λ^b 是政府债券资产被转移的比率。

我们使用一种新的方法对上述最大化问题求解，猜解为线性的：

$$V_t(m) = \nu_t^k Q_t K_t(m) + \nu_t^b Q_t^b B_t(m) + \nu_t^n N_t(m) \tag{6.37}$$

若上式成立，则 ν_t^k 实际为私人贷款的影子价值，ν_t^b 为政府债券的影子价值，ν_t^n 为商业银行净资产的影子价值。构建拉格朗日函数：

$$\begin{aligned}\mathcal{L} = &\nu_t^k Q_t K_t(m) + \nu_t^b Q_t^b B_t(m) + \nu_t^n N_t(m) + \mu_t[\nu_t^k Q_t K_t(m)\\ &+ \nu_t^b Q_t^b B_t(m) + \nu_t^n N_t(m) - \lambda^k Q_t K_t(m) - \lambda^b Q_t^b B_t(m)]\end{aligned}$$

求解 $\frac{\partial\mathcal{L}}{\partial K_t(m)} = 0$，$\frac{\partial\mathcal{L}}{\partial B_t(m)} = 0$，$\frac{\partial\mathcal{L}}{\partial\mu_t} = 0$ 得到：

$$\nu_t^k = \frac{\lambda^k\mu_t}{1+\mu_t} \tag{6.38}$$

$$\nu_t^b = \frac{\lambda^b \mu_t}{1+\mu_t} \tag{6.39}$$

$$Q_t K_t(m) = \frac{\nu_t^b - \lambda^b}{\lambda^k - \nu_t^k} Q_t^b B_t(m) + \frac{\nu_t^n}{\lambda^k - \nu_t^k} N_t(m) \tag{6.40}$$

将上式代入银行价值猜解式（6.37）得到（我们的目标是"返璞归真"，将银行价值重新表达为净资产的函数）：

$$\begin{aligned}
V_t(m) &= \frac{\lambda^k \mu_t}{1+\mu_t}\left[\frac{\nu_t^b - \lambda^b}{\lambda^k - \nu_t^k} Q_t^b B_t(m) + \frac{\nu_t^n}{\lambda^k - \nu_t^k} N_t(m)\right] \\
&\quad + \frac{\mu_t \lambda^b}{1+\mu_t} Q_t^b B_t(m) + \nu_t^n N_t(m) \\
&= \frac{\mu_t}{1+\mu_t}\left(\lambda^k \frac{\nu_t^b - \lambda^b}{\lambda^k - \nu_t^k} + \lambda^b\right) Q_t^b B_t(m) \\
&\quad + \left(\frac{\mu_t \lambda^k}{1+\mu_t} \frac{\nu_t^n}{\lambda^k - \nu_t^k} + \nu_t^n\right) N_t(m) \\
&= \frac{\mu_t}{1+\mu_t}\left(\lambda^k \frac{\dfrac{\mu_t \lambda^b}{1+\mu_t} - \lambda^b}{\dfrac{\mu_t \lambda^k}{1+\mu_t} - \nu_t^k} + \lambda^b\right) Q_t^b B_t(m) \\
&\quad + \left(\frac{\mu_t \lambda^k}{1+\mu_t} \frac{\nu_t^n}{\lambda^k - \dfrac{\mu_t \lambda^k}{1+\mu_t}} + \nu_t^n\right) N_t(m)
\end{aligned}$$

$$V_t(m) = \nu_t^n (1+\mu_t) N_t(m) \tag{6.41}$$

将上式代入银行价值原递归式（6.36）可得：

$$V_t(m) = \beta \Lambda_{t,t+1}\left[(1-\theta) + \theta \nu_{t+1}^n (1+\mu_{t+1})\right] N_{t+1}(m)$$

为方便书写，我们定义一个辅助变量 Ω_t：

$$\Omega_t \equiv \Lambda_{t-1,t}\left[(1-\theta) + \theta \nu_t^n (1+\mu_t)\right] \tag{6.42}$$

再将银行净资产变动情况式（6.35）代入可得：

$$V_t(m) = \beta \Omega_{t+1}\left[(R_{t+1}^k - R_t) Q_t K_t(m) + (R_{t+1}^b - R_t) Q_t^b B_t(m) + R_t N_t(m)\right]$$

上式确实是一个线性形式，我们与猜解式（6.37）$V_t(m) = \nu_t^k Q_t K_t(m) + \nu_t^b Q_t^b B_t(m) + \nu_t^n N_t(m)$ 对照得到：

$$\nu_t^k = \beta \Omega_{t+1}(R_{t+1}^k - R_t) \tag{6.43}$$

$$\nu_t^b = \beta\,\Omega_{t+1}(R_{t+1}^b - R_t) \tag{6.44}$$

$$\nu_t^n = \beta\,\Omega_{t+1}\,R_t \tag{6.45}$$

接下来，我们关注整个银行部门的情况：$K_t = \int_0^1 K_t(m)\,dm$，$B_t = \int_0^1 B_t(m)\,dm$，$N_t = \int_0^1 N_t(m)\,dm$，$D_t = \int_0^1 D_t(m)\,dm$。虽然式（6.34）—式（6.45）是针对第 m 家商业银行的推导结果，但在这些式子中，带有 m 的变量是线性的，因此容易对等式两边进行积分加总。银行价值最大化一阶条件的加总形式为：

$$\nu_t^k = \frac{\lambda^k \mu_t}{1+\mu_t}$$

$$\nu_t^b = \frac{\lambda^b \mu_t}{1+\mu_t}$$

$$Q_t K_t = \frac{\nu_t^b - \lambda^b}{\lambda^k - \nu_t^k} Q_t^b B_t + \frac{\nu_t^n}{\lambda^k - \nu_t^k} N_t$$

资产负债表加总形式为：

$$Q_t K_t + Q_t^b B_t = N_t + D_t$$

关于整个银行部门的资产配置结构（政府信贷与私人信贷之比）：

$$\psi_t \equiv \frac{Q_t^b B_t}{Q_t K_t} \tag{6.46}$$

关于全部信贷占整个银行部门净资产的比重：

$$\zeta_t \equiv \frac{Q_t K_t + Q_t^b B_t}{N_t} \tag{6.47}$$

代入 $Q_t K_t = \frac{\nu_t^b - \lambda^b}{\lambda^k - \nu_t^k} Q_t^b B_t + \frac{\nu_t^n}{\lambda^k - \nu_t^k} N_t$ 得到：

$$Q_t K_t = \frac{\nu_t^b - \lambda^b}{\lambda^k - \nu_t^k} \psi_t Q_t K_t + \frac{\nu_t^n}{\lambda^k - \nu_t^k} N_t$$

$$\nu_t^n N_t = [(\lambda^k - \nu_t^k) + \psi_t(\lambda^b - \nu_t^b)]\,Q_t K_t$$

根据式（6.38）和式（6.39）我们知道 $\frac{\nu_t^b}{\nu_t^k} = \frac{\lambda^b}{\lambda^k}$，代入上式可得：

$$\nu_t^n N_t = \left[(\lambda^k - \nu_t^k) + \psi_t \lambda^b \left(1 - \frac{\nu_t^k}{\lambda^k}\right)\right] Q_t K_t$$

$$= (\lambda^{k} - \nu_{t}^{k})\left(1 + \psi_{t}\frac{\lambda^{b}}{\lambda^{k}}\right)Q_{t}K_{t}$$

因此，银行杠杆率（总信贷/银行资产）：

$$\zeta_{t} = \frac{(1 + \psi_{t})\ Q_{t}K_{t}}{N_{t}} = \frac{(1 + \psi_{t})\ \nu_{t}^{n}}{(\lambda^{k} - \nu_{t}^{k})\left(1 + \psi_{t}\frac{\lambda^{b}}{\lambda^{k}}\right)} \tag{6.48}$$

即银行杠杆率由资产配置情况（ ψ_{t} ）、不同资产影子价值（ ν_{t}^{n} 、ν_{t}^{k} 、ν_{t}^{b} ）、道德风险因素（ λ^{b} 、λ^{k} ） 内生决定。

关于加总的 K_{t} 、B_{t} 、N_{t} ，前两项分别出现在厂商和政府部门，而整个银行部门的净资产 N_{t} 需要在此定义。从 $t-1$ 期成功存活的银行家在 t 期的净资产为：

$$N_{t}^{old} = \int_{0}^{\theta} N_{t}(m)\,dm$$

$$= \theta\int_{0}^{1}[R_{t}^{k}Q_{t-1}K_{t-1}(m) + R_{t}^{b}Q_{t-1}^{b}B_{t-1}(m) - R_{t-1}D_{t-1}(m)]\,dm$$

$$N_{t}^{old} = \theta(R_{t}^{k}Q_{t-1}K_{t-1} + R_{t}^{b}Q_{t-1}^{b}B_{t-1} - R_{t-1}D_{t-1}) \tag{6.49}$$

在 $t-1$ 期退出市场的银行家，将当时总资产（ $Q_{t-1}K_{t-1} + Q_{t-1}^{b}B_{t-1}$ ）全部返回家庭，而家庭拿出ϱ比例，给新的银行家在 t 期作为启动资金：

$$N_{t}^{new} = \varrho(Q_{t-1}K_{t-1} + Q_{t-1}^{b}B_{t-1}) \tag{6.50}$$

$$N_{t} = N_{t}^{new} + N_{t}^{old} \tag{6.51}$$

6.1.4　政府：财政政策与货币政策

(1) 财政政策

财政部门的预算约束为：

$$G_{t} + R_{t}^{b}Q_{t-1}^{b}B_{t-1} = Q_{t}^{b}B_{t} + T_{t} \tag{6.52}$$

$$G_{t} \equiv C_{t}^{g} + I_{t}^{g} \tag{6.53}$$

其中 G_{t} 为财政支出，分为当期进入家庭部门效用中的政府消费（公共消费）和下期进入中间品厂商生产函数中的政府投资（公共投资）。

李建强等（2020）对我国财政支出规则的刻画非常详细。根据1998 年和 2008 年两次经济危机期间我国政府配套实施的一系列财政刺激计划，我国政府投资具有逆周期调控的特征：

$$\log I_t^g - \log I^g = \rho^{I_g}(\log I_{t-1}^g - \log I^g) + \kappa^{GY}(1 - \rho^{I_g})(\log Y_t - \log Y) + u_t^{I_g} \tag{6.54}$$

其中，I^g 为政府投资稳态值，$0 < \rho^{I_g} < 1$ 代表政府投资的持续性，κ^{GY} 刻画了政府投资对 GDP（产出缺口）逆周期调控的力度，$u_t^{I_g}$ 代表外生的政府投资冲击。而我国的政府消费支出属于常规支出，服从一阶自回归过程，自回归系数为 ρ^{C_g}：

$$\log C_t^g - \log C^g = \rho^{C_g}(\log C_{t-1}^g - \log C^g) + u_t^{C_g} \tag{6.55}$$

其中，C^g 为公共消费稳态值，$u_t^{C_g}$ 代表外生的公共消费冲击。

Phelps 和 Shell（1969）认为当公共债务过高时，政府会征收大额一次性总量税，Bohn（1998，2007）认为当且仅当财政盈余对公共债务率做出正向反应时，财政才是可持续的，因此，我们借鉴 Leeper 和 Walker（2011）的研究，设定税收规则如下：

$$\log \frac{T_t}{T} = \rho^T \log \frac{T_{t-1}}{T} + \kappa^{TB}(1 - \rho^T)\log \frac{B_{t-1}}{B} + \kappa^{TG}(1 - \rho^T)\log \frac{G_t}{G} \tag{6.56}$$

式中，$0 < \rho^T < 1$ 代表税收的持续性，κ^{TB} 和 κ^{TG} 分别代表税收对滞后一期的政府债务和当期财政支出的反应，$\kappa^{TB} > 0$ 、$\kappa^{TG} > 0$ 表示政府在维持财政可持续。

作为积极的财政政策的重要工具之一，近年来，我国地方政府专项债券发行力度进一步加大。2024 年政府预算报告明确，新增地方政府专项债务限额 39000 亿元，比上年增加 1000 亿元，支持地方加大重点领域补短板力度。2023 年 6 月发布的第十四届全国人民代表大会财政经济委员会关于 2022 年中央决算草案审查结果的报告指出，一些地方市县债务风险较高，新增隐性债务仍有发生。近年来，在疫情冲击、房地产市场调整等多重因素影响下，地方财政收支运行面临压力，一些地方偿债压力加大，隐性债务风险不容忽视。在此背景下，我们尝试在模型中加入用政府债务来刻画的财政压力，结合 Bi 和 Traum（2012）中的设定，每一期存在一个随机的政府债务率上限“Γ_t^*”，当政府债务率 Γ 超出该上限时，政府债务将在期初选择对上期债务部分违约，违约比例为 D^g（government Default）（$D^g > 0$）：

$$违约比例 = \begin{cases} 0, \Gamma_{t-1} < \Gamma_t^* \\ D^g, \Gamma_{t-1} \geqslant \Gamma_t^* \end{cases}, \Gamma_t \equiv \frac{B_t}{Y_t}$$

随机变量 Γ_t^* 服从 logistic 分布（Strobel，2018）：

$$\Delta_t^d = P\{\Gamma_t^* \leqslant \Gamma_{t-1}\} = \frac{\exp(\varpi_1 + 4\varpi_2\Gamma_{t-1})}{1 + \exp(\varpi_1 + 4\varpi_2\Gamma_{t-1})}$$

给定形状参数 ϖ_1 和 ϖ_2 的值，意味着 Γ_t^* 的分布已知，换言之，上期债务率存量决定了本期政府的违约概率 Δ_t^d，即财政当局是否会对此前所发行的债券全部还本付息，债务率存量（Γ_{t-1}）越高，政府债务违约概率（Δ_t^d）越大。政府违约概率示意图如图6-1所示。

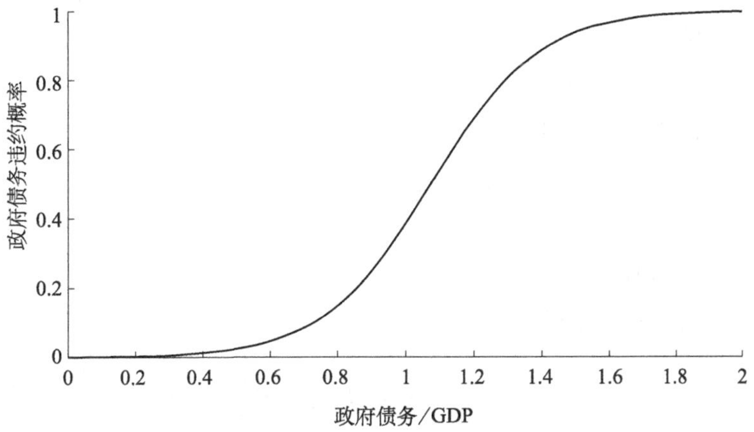

图6-1　政府违约概率（财政压力）

$$E_{t-1}(\Delta_t^d) = 0 \times P\{\Gamma_{t-1} < \Gamma_t^*\} + D^g \times P\{\Gamma_{t-1} \geqslant \Gamma_t^*\} = \Delta_t^d D^g$$

接下来让我们考虑政府债券收益率的决定。借鉴 Woodford（2001）中的设定，我们考虑一种衰减的息票支付（Decaying Coupon Payments）政府债券①。政府在 $t-1$ 期发行的1单位债券：t 期支付 r_c，$t+1$ 期支付 $\rho_c r_c$，$t+2$ 期支付 $\rho_c^2 r_c$，……$t+n$ 期支付 $\rho_c^n r_c$。

在本研究中，r_c 指代的是实际利息，我们称之为息票利率，ρ_c 为衰减因子，显然，如果 $\rho_c = 0$，这就是一期债券，$\rho_c = 1$，这就是永续债券。而对于这种政府债券的投资者而言，如果这种债券是当期结清的，

① 这样的做法方便根据实际情况对模型参数进行校准。

那么结清的方式（还本付息）等价于打包支付息票率为 r_c 的息票，以及 ρ_c 比例的同样的债券。投资者在 $t-1$ 期以实际价格 Q_{t-1}^b 购买 B_{t-1} 单位政府债券：t 期得到 $r_c B_{t-1}$，同时得到 $\rho_c B_{t-1}$ 单位政府债券，债券实际价格为 Q_t^b，等同于发放 $Q_t^b\rho_c B_{t-1}$；$t+1$ 期得到 $r_c\rho_c B_{t-1}$，同时得到 $\rho_c^2 B_{t-1}$ 单位政府债券，债券价格为 Q_{t+1}^b；……；$t+n$ 期得到 $r_c\rho_c^n B_{t-1}$，同时得到 $\rho_c^n B_{t-1}$ 单位政府债券，但债券实际价格为 Q_{t+n}^b。

投资者得到的就是政府支付的，也就是说，$t-1$ 期所发行的 B_{t-1} 单位的债务在 t 期的价值为 $r_c B_{t-1}+Q_t^b\rho_c B_{t-1}$。

考虑到政府可能违约，预期政府只会对（$1-\Delta_t^d D^g$）比例的债务进行结清，则有：

$$R_t^b Q_{t-1}^b B_{t-1} = (1-\Delta_t^d D^g)(r_c B_{t-1}+Q_t^b\rho_c B_{t-1})$$

即政府债券的实际回报率为：

$$R_t^b = \frac{(1-\Delta_t^d D^g)(r_c+Q_t^b\rho_c)}{Q_{t-1}^b} \tag{6.57}$$

（2）货币政策

货币政策遵循泰勒规则：

$$\log\frac{i_t}{i} = \rho^i\log\frac{i_{t-1}}{i}+\kappa^{i\pi}(1-\rho^i)\log\frac{\pi_t}{\pi}+\kappa^{iY}(1-\rho^i)\log\frac{Y_t}{Y}+u_t^i \tag{6.58}$$

其中，i_t 是名义利率，i 是名义利率稳态值，ρ^i 是名义利率调整的持续性参数，$\kappa^{i\pi}$ 和 κ^{iY} 分别表示名义利率对通胀和产出缺口的反馈，u_t^i 为货币政策冲击。

关于名义利率和实际利率的关系，即费雪方程①：

① 如果我们将家庭的预算约束中的储蓄写作名义形式（或者说是货币形式，经济社会以消费品计价，一单位消费品的名义价格为 P_t，于是 D_t 单位货币可以买到 $\frac{D_t}{P_t}$ 单位消费品），$C_t^p+\frac{D_t}{P_t}=W_t L_t+\frac{i_{t-1}D_{t-1}}{P_t}+\Psi_t^b+\Psi_t^f-T_t$，此时家庭效用最大化关于 D_t 的一阶条件为 $\frac{-\beta^t\lambda_t}{P_t}+E_t\beta^{t+1}\lambda_{t+1}\frac{i_t}{P_{t+1}}=0$。另外，我们知道 D_t 只出现在家庭部门的决策中（银行对存款无决策能力），D_t 究竟是名义形式还是实际形式，不会影响其他均衡条件。

$$R_t = E_t \frac{i_t}{\pi_{t+1}} \tag{6.59}$$

6.2 公共债务周期模型的求解

6.2.1 市场出清

Ψ_t^b 是家庭获得的来自银行的利润[①]，在均衡时，$\Psi_t^b = 0$。Ψ_t^f 为家庭获得的来自厂商的利润，市场出清时 $\Psi_t^f \equiv \Pi_t + \Pi_t^k + \Pi_t^f$，此时，家庭预算约束写作：

$$C_t^p + D_t = W_t L_t + R_{t-1} D_{t-1} + \Pi_t + \Pi_t^k + \Pi_t^f - T_t \tag{6.60}$$

其中，Π_t 为所有中间品厂商的加总利润。

中间品厂商 j 的实际利润为：

$$\Pi_t(j) = \frac{P_t(j) Y_t(j)}{P_t} - W_t L_t(j) - \bar{R}_t^k K_{t-1}(j)$$

代入最终品厂商完全竞争零利润条件式（6.8）、有效资本定义式（6.10）、劳动加总式（6.14）、资本加总式（6.15）、有效资本的使用成本式（6.17）可得全部中间品厂商的实际利润加总为：

$$\Pi_t = \int_0^1 \Pi_t(j)\, dj = \frac{P_t(j) Y_t(j)}{P_t} - W_t L_t(j) - \bar{R}_t^k \bar{K}_t(j) = \frac{\int_0^1 P_t(j) Y_t(j)\, dj}{P_t}$$

$$- W_t \int_0^1 L_t(j)\, dj - \frac{R_t^k Q_{t-1} - Q_t(1-\delta_t)\xi_t}{u_t} \int_0^1 u_t K_{t-1}(j)\, dj$$

$$\Pi_t = Y_t - W_t L_t - R_t^k Q_{t-1} K_{t-1} + Q_t(1-\delta_t)\xi_t K_{t-1} \tag{6.61}$$

最终品厂商的实际利润为：

$$\Pi_t^f = 0 \tag{6.62}$$

---

① G－K 模型中的市场出清意味着家庭储蓄的所有资金都由银行中介完全匹配给企业（进行生产）和政府（进行消费和投资），银行作为中介，不会赚取额外的钱，确保经济中的总资金保持平衡。

资本品厂商的实际利润为：

$$\Pi_t^k = Q_t K_t - Q_t(1-\delta_t)\xi_t K_{t-1} - I_t - \frac{\phi}{2}\left(\frac{I_t}{I_{t-1}} - 1\right)^2 I_t \tag{6.63}$$

政府的预算约束为：

$$G_t + R_t^b Q_{t-1}^b B_{t-1} = Q_t^b B_t + T_t \tag{6.64}$$

联立商业银行的资产负债表 $Q_t K_t + Q_t^b B_t = N_t + D_t$ 和净资产变动方程 $N_{t+1} = R_{t+1}^k Q_t K_t + R_{t+1}^b Q_t^b B_t - R_t D_t$ 得到商业银行的预算约束：

$$Q_t K_t + Q_t^b B_t = R_t^k Q_{t-1} K_{t-1} + R_t^b Q_{t-1}^b B_{t-1} - R_{t-1} D_{t-1} + D_t \tag{6.65}$$

对家庭、厂商（中间品、资本品、最终品）、商业银行、政府的预算约束进行加总，即联立式（6.60）—（6.65）得到总资源约束：

$$C_t^p + G_t = Y_t - I_t - \frac{\phi}{2}\left(\frac{I_t}{I_{t-1}} - 1\right)^2 I_t \tag{6.66}$$

6.2.2 均衡系统

系统包含50个内生变量（如表6－1所示）和6个外生变量，6个外生变量分别为 u_t^{ϑ} 、u_t^{ξ} 、u_t^{A} 、$u_t^{I_g}$ 、$u_t^{C_g}$ 、u_t^{i} ，服从均值为0的正态分布。

表6－1　　系统内生变量表

序号	变量	定义	序号	变量	定义
1	Y_t	产出	13	mc_t	生产边际成本
2	L_t	劳动	14	I_t	私人投资
3	W_t	实际工资	15	I_t^g	政府投资
4	C_t^p	私人消费	16	$\bar{R}_t^k$	有效私人资本使用成本
5	C_t^g	政府消费	17	D_t	储蓄
6	C_t	有效消费	18	B_t	政府债务
7	K_t	私人资本	19	N_t	银行净资产
8	u_t	私人资本利用率	20	G_t	财政支出
9	$\bar{K}_t$	有效私人资本	21	T_t	税收
10	K_t^g	公共资本	22	Γ_t	政府债务/GDP
11	δ_t	私人资本折旧率	23	λ_t	消费边际效用
12	$\bar{A}_t$	有效技术生产率	24	$\Lambda_{t,t+1}$	跨期消费边际效用比

续表

序号	变量	定义	序号	变量	定义
25	π_t^*	重定价通胀	38	ψ_t	政府—私人信贷比率（银行资产配置）
26	π_t	通胀	39	R_t^k	贷款利率
27	$x_{1,t}$	定价辅助变量 1	40	R_t	存款利率
28	$x_{2,t}$	定价辅助变量 2	41	R_t^b	政府债券收益率
29	d_t^p	价格离散核	42	Q_t^b	政府债券价格
30	N_t^{new}	新银行家启动资金	43	Q_t	私人资本价格
31	N_t^{old}	存活银行家净资产	44	Δ_t^d	政府债券违约概率
32	ν_t^n	银行净资产影子价值	45	μ_t	不转移银行资产的边际银行价值
33	ν_t^k	私人贷款影子价值	46	$prem_t^k$	贷款风险溢价
34	ν_t^b	政府债券影子价值	47	$prem_t^b$	政府债券风险溢价
35	Ω_t	银行价值辅助变量	48	ϑ_t	家庭消费偏好冲击
36	i_t	名义利率	49	ξ_t	私人资本质量冲击（金融冲击）
37	ζ_t	银行杠杆率（总信贷/银行净资产）	50	A_t	生产率冲击

相应地，系统包含 50 个均衡条件（不同部门一阶条件或一阶条件的加总形式、变量定义式），所有均衡条件方程在此前推导中均已呈现，在此为清晰起见，再次分部门列出。

（1）家庭部门

[1] 私人消费的 Euler 方程：

$$\lambda_t = [e^{\vartheta_t}(C_t - hC_{t-1})^{-\sigma} - h\beta E_t e^{\vartheta_{t+1}}(C_{t+1} - hC_t)^{-\sigma}]\omega\left(\frac{C_t}{C_t^p}\right)^{\frac{1}{\eta}}$$

[2] 存款利率决定：$\frac{1}{\beta} = E_t \Lambda_{t,t+1} R_t$

[3] 劳动供给：$\lambda_t W_t = \chi L_t^{\varphi}$

[4] 跨期消费边际效用比定义：$\Lambda_{t,t+1} \equiv \frac{\lambda_{t+1}}{\lambda_t}$

[5] 有效消费定义：$C_t \equiv [\omega C_t^{p\frac{\eta-1}{\eta}} + (1-\omega) C_t^{g\frac{\eta-1}{\eta}}]^{\frac{\eta}{\eta-1}}$

（2）厂商

［6］私人资本需求：$\bar{R}_t^k = \alpha \bar{A}_t mc_t \xi_t^{\alpha} \left[\frac{\bar{K}_t}{L_t}\right]^{\alpha-1}$

［7］劳动需求：$W_t = (1-\alpha) \bar{A}_t mc_t \xi_t^{\alpha} \left[\frac{\bar{K}_t}{L_t}\right]^{\alpha}$

［8］私人资本利用率：$\bar{R}_t^k = bQ_t \xi_t u_t^{\zeta}$

［9］私人资本使用成本：$u_t \bar{R}_t^k \equiv R_t^k Q_{t-1} - Q_t(1-\delta_t)\xi_t$

［10］最优定价方程：$\pi_t^* = \frac{\varepsilon}{\varepsilon - 1} \frac{x_{1,t}}{x_{2,t}} \pi_t$

［11］最优定价辅助方程1：$x_{1,t} = \lambda_t mc_t Y_t + \beta\gamma E_t x_{1,t+1} \pi_{t+1}^{\varepsilon}$

［12］最优定价辅助方程2：$x_{2,t} = \lambda_t Y_t + \beta\gamma E_t x_{2,t+1} \pi_{t+1}^{\varepsilon-1}$

［13］价格离散核：$d_t^p = \gamma \pi_t^{\varepsilon} d_{t-1}^p + (1-\gamma)\left(\frac{\pi_t}{\pi_t^*}\right)^{\varepsilon}$

［14］加总生产函数：$Y_t = \frac{\bar{A}_t (\xi_t \bar{K}_t)^{\alpha} L_t^{1-\alpha}}{d_t^p}$

［15］有效技术生产率定义：$\bar{A}_t \equiv A_t (K_{t-1}^g)^{\alpha^g}$

［16］有效私人资本定义：$\bar{K}_t \equiv u_t K_{t-1}$

［17］私人资本积累方程：$K_t = I_t + (1-\delta_t)\xi_t K_{t-1}$

［18］私人资本折旧率：$\delta_t \equiv \delta^p + b\frac{u_t^{1+\zeta}}{1+\zeta}$

［19］公共资本积累方程：$K_t^g = I_t^g + (1-\delta^g) K_{t-1}^g$

［20］通胀递归公式：$\pi_t^{1-\varepsilon} = \gamma + (1-\gamma)(\pi_t^*)^{1-\varepsilon}$

［21］资本价格：

$$Q_t = 1 + \frac{\phi}{2}\left(\frac{I_t}{I_{t-1}} - 1\right)\left(3\frac{I_t}{I_{t-1}} - 1\right) - \beta\phi E_t\left[\Lambda_{t,t+1}\left(\frac{I_{t+1}}{I_t} - 1\right)\left(\frac{I_{t+1}}{I_t}\right)^2\right]$$

（3）商业银行

［22］私人贷款一阶条件：$\nu_t^k = \frac{\mu_t \lambda^k}{1+\mu_t}$

［23］政府债券一阶条件：$\nu_t^b = \frac{\mu_t \lambda^b}{1+\mu_t}$

［24］风险因素约束条件：$Q_tK_t = \frac{\nu_t^b - \lambda^b}{\lambda^k - \nu_t^k} Q_t^b B_t + \frac{\nu_t^n}{\lambda^k - \nu_t^k} N_t$

［25］银行部门资产负债表：$Q_tK_t + Q_t^b B_t = N_t + D_t$

［26］银行价值辅助变量：$\Omega_t \equiv \Lambda_{t-1,t}[(1-\theta) + \theta \nu_t^n (1+\mu_t)]$

［27］私人贷款资产影子价值：$\nu_t^k = \beta \Omega_{t+1}(R_{t+1}^k - R_t)$

［28］政府债券资产影子价值：$\nu_t^b = \beta \Omega_{t+1}(R_{t+1}^b - R_t)$

［29］银行净资产影子价值：$\nu_t^n = \beta \Omega_{t+1} R_t$

［30］银行部门资产配置（政府债券资产/私人贷款资产）：

$$\psi_t \equiv \frac{Q_t^b B_t}{Q_t K_t}$$

［31］银行部门杠杆率（总信贷/净资产）：$\zeta_t \equiv \frac{Q_tK_t + Q_t^b B_t}{N_t}$

［32］贷款风险溢价：$prem_t^k = \frac{E_t R_{t+1}^k}{R_t}$

［33］存活的银行家净资产：

$$N_t^{old} = \theta(R_t^k Q_{t-1} K_{t-1} + R_t^b Q_{t-1}^b B_{t-1} - R_{t-1} D_{t-1})$$

［34］新银行家启动资金：$N_t^{new} = \varrho(Q_{t-1} K_{t-1} + Q_{t-1}^b B_{t-1})$

［35］银行部门净资产：$N_t = N_t^{new} + N_t^{old}$

（4）财政政策

［36］财政支出：$G_t \equiv C_t^g + I_t^g$

［37］政府预算约束：$G_t + R_t^b Q_{t-1}^b B_{t-1} = Q_t^b B_t + T_t$

［38］政府投资规则：$\log \frac{I_t^g}{I^g} = \rho^{I_g} \log \frac{I_{t-1}^g}{I^g} + \kappa^{GY}(1-\rho^{I_g}) \log \frac{Y_t}{Y} + u_t^{I_g}$

［39］政府消费规则：$\log C_t^g - \log C^g = \rho^{C_g}(\log C_{t-1}^g - \log C^g) + u_t^{C_g}$

［40］税收规则：

$$\log \frac{T_t}{T} = \rho^T \log \frac{T_{t-1}}{T} + \kappa^{TB}(1-\rho^T) \log \frac{B_{t-1}}{B} + \kappa^{TG}(1-\rho^T) \log \frac{G_t}{G}$$

［41］政府债务违约概率：$\Delta_t^d = \frac{\exp(\varpi_1 + 4\varpi_2 \Gamma_{t-1})}{1 + \exp(\varpi_1 + 4\varpi_2 \Gamma_{t-1})}$

［42］政府债务率：$\Gamma_t \equiv \frac{B_t}{Y_t}$

[43] 政府债券收益率：$R_t^b = \frac{(1-\Delta_t^d D^g)(r_c + Q_t^b \rho_c)}{Q_{t-1}^b}$

[44] 政府债券风险溢价：$prem_t^b = \frac{E_t R_{t+1}^b}{R_t}$

（5）货币政策

[45] 泰勒规则：

$$\log \frac{i_t}{i} = \rho^i \log \frac{i_{t-1}}{i} + \kappa^{i\pi}(1-\rho^i)\log \frac{\pi_t}{\pi} + \kappa^{iY}(1-\rho^i)\log \frac{Y_t}{Y} + u_t^i$$

[46] 名义利率与实际利率关系（费雪方程）：$R_t = E_t \frac{i_t}{\pi_{t+1}}$

（6）市场出清

[47] 总资源约束：$Y_t = C_t^p + G_t + I_t + \frac{\varphi}{2}(\pi_t^I - 1)^2 I_t$

（7）外生冲击

[48] 消费偏好冲击（需求侧）：$\vartheta_t = \rho^{\vartheta} \vartheta_{t-1} + u_t^{\vartheta}$

[49] 资本质量冲击/金融冲击（供给侧）：$\ln \xi_t = \rho^{\xi} \ln \xi_{t-1} + u_t^{\xi}$

[50] 生产技术冲击：$\ln A_t = \rho^A \ln A_{t-1} + u_t^A$

6.3 基于中国数据的公共债务周期模型

我们使用中国的样本对上述理论模型的结构参数进行赋值，使模型能够更好地反映我国的经济运行。研究所用样本的起止时间为2005Q1—2023Q4，这期间包含了2008年金融危机和2020年新冠疫情，具体用到的指标和数据来源见表6-2。模型中结构参数的赋值有两种方法：第一种为校准（Calibration），第二种为估计（Estimation）。本研究采取校准与估计相结合的方法。第一，参考已有研究对部分参数（18个）进行校准（见表6-3）；第二，对于一些对模型稳态有重要影响的参数，设定其取值与我们所感兴趣的变量进行矩匹配（稳态参数校准目标见表 6－4，相关 7 个稳态参数取值见表 6－5）；第三，与动态转移相关的参数（外生冲击相关参数、政策反馈参数，18 个），使用贝叶斯方法进行估计（见表 6－6）。

表 6－2　　指标及数据来源

指标名称	数据来源	样本起止时间
pop、CPI、NominalHHC、NominalGovtC、NominalGFCF、NominalGovtGFCF、R7dRepo、NominalGDP、NominalNetExports、AvgNominalWage	Chang 等（2016）	2005Q1—2023Q4
Credit from All sectors to General government（% of GDP）、Credit from All sectors to General government（Domestic currency）	BIS	
公开市场逆回购利率：7 天	Wind 中国宏观经济数据库	

注：（1）pop（总人口）、NominalHHC（名义家庭消费）、NominalGovtC（名义政府消费）、NominalGFCF（名义固定资本形成总额）、NominalGovtGFCF（名义政府固定资本形成总额）、R7dRepo（7 天回购利率）、NominalGDP（名义 GDP）、NominalNetExports（名义净出口）、AvgNominalWage（平均名义工资），除 R7dRepo 外，原始指标均已经过季节调整。

（2）"公开市场逆回购利率：7 天"是目前我国央行短期政策利率，当该指标数据存在缺失值时，使用"R7dRepo"进行插值，利率数据不进行季节调整。

（3）来自 BIS 的公共债务的相关数据笔者进行季节调整。

（4）频率调整：对于日度数据（公开市场逆回购利率：7 天），取季度平均值。

表 6－3　　结构参数的校准

序号	参数	经济意义	取值	依据
①	β	主观贴现率	0.9992	匹配实际数据
②	σ	相对风险厌恶系数	2	黄志刚和许伟（2017）
③	h	消费习惯	0.44	王国静和田国强（2014）
④	φ	劳动供给弹性倒数	0.3333	黄志刚和许伟（2017）
⑤	ω	私人消费效用权重	0.6	李建强等（2020）
⑥	η	公共与私人消费的替代弹性	0.4	李建强等（2020）
⑦	α	私人资本的产出弹性	0.5	熊琛和金昊（2018）
⑧	α^g	公共资本的产出弹性	0.06	王国静和田国强（2014）
⑨	ζ	折旧中的资本使用率弹性	7.2	Getler 和 Karadi（2011）
⑩	ϕ	投资调整成本参数	1.728	李建强等（2020）
⑪	γ	价格调整概率	0.75	李建强等（2020）

续表

序号	参数	经济意义	取值	依据
⑫	ε	不同中间品的替代弹性	10	王文甫（2010）
⑬	δ^g	公共资本折旧率	0.05	李建强等（2020）
⑭	θ	银行存活率	0.975	Getler 和 Karadi（2011）
⑮	ϖ_1	政府债务违约概率规模系数	-6.8239	Cantore 等（2019）
⑯	ϖ_2	政府债务违约概率斜率系数	1.5860	Cantore 等（2019）
⑰	D^g	政府债务违约比例	0.0246	Cantore 等（2019）
⑱	ρ_c	债务退化水平	0.96	李建强等（2020）

表 6-4　稳态参数校准目标

序号	稳态参数	校准目标	数据来源/校准依据
1	π	1.0057	Chang 等（2016）
	I^g/Y	4.70%	
	C^g/Y	16.28%	
2	$prem^b$	1.0030	
3	$prem^k$	1.0035	
4	Γ	45.77%	BIS
5	ζ	3	熊琛和金昊（2018）
6	L	1/3	8 小时工作制
7	u	1	与多数研究保持一致
8	δ	0.0250	Getler 和 Karadi（2011），稳态年度折旧率为 10%
9	Q^b	1	与多数研究保持一致

注：I^g/Y、C^g/Y 为构建的冗余变量。

表 6-5　稳态参数的计算

序号	变量稳态	均衡条件	计算	取值
10	ϑ	[48]	0	0.0000
11	ξ	[49]	1	1.0000
12	A	[50]	1	1.0000
13	Λ	[4]	1	1.0000
14	Q	[21]	1	1.0000
15	R	[2]	$1/\beta$	1.0008

续表

序号	变量稳态	均衡条件	计算	取值
16	i	[46]	$R\pi$	1.0065
17	π^*	[20]	$\left(\frac{\pi^{1-\varepsilon}-\gamma}{1-\gamma}\right)^{\frac{1}{1-\varepsilon}}$	1.0250
18	d^p	[13]	$\frac{1-\gamma}{1-\gamma\pi^{\varepsilon}}\left(\frac{\pi}{\pi^*}\right)^{\varepsilon}$	1.0026
19	R^k	[32]	$prem^k \times R$	1.0043
20	$\bar{R}^k$	[9]	$R^kQ - Q(1-\delta)\xi$	0.0293
参数	b	[8]	$\bar{R}^k/(Q\xi u^{\zeta})$	0.0293
参数	δ^p	[18]	$\delta - b\frac{u^{1+\zeta}}{1+\zeta}$	0.0214
21	mc	[10] [11] [12]	$\left(\frac{\varepsilon-1}{\varepsilon}\right)\left(\frac{\pi^*}{\pi}\right)\left(\frac{1-\beta\gamma\pi^{\varepsilon}}{1-\beta\gamma\pi^{\varepsilon-1}}\right)$	0.8978
22	$\bar{A}$	[6] [14] [15] [19]	$\left[\frac{1}{d^p}\left(\frac{\alpha mc}{\bar{R}^k}\right)^{\frac{\alpha}{1-\alpha}}\frac{L}{\delta^g}\left(\frac{I^g}{Y}\right)\right]^{\frac{1}{\frac{1}{\alpha g}-\frac{1}{1-\alpha}}}$	1.1127
23	$\bar{K}$	[6]	$\left(\frac{\alpha\bar{A}mc}{\bar{R}^k}\right)^{\frac{1}{1-\alpha}}L$	96.8415
24	W	[7]	$(1-\alpha)\bar{A}mc\left(\frac{\bar{K}}{L}\right)^{\alpha}$	8.5134
25	K	[16]	$\bar{K}/u$	96.8415
26	I	[17]	δK	2.4210
27	Y	[14]	$\frac{\bar{A}(\bar{K})^{\alpha}(L)^{1-\alpha}}{d^p}$	6.3057
28	I^g		$\frac{I^g}{Y}Y$	0.2964
29	K^g	[19]	$\frac{I^g}{\delta^g}$	5.9273
30	C^g		$\frac{C^g}{Y}Y$	1.0266
31	G	[36]	$C^g + I^g$	1.3229
32	C^p	[47]	$Y - I - G$	2.5617
33	C	[5]	$[\omega C^{p\frac{\eta-1}{\eta}} + (1-\omega)C^{g\frac{\eta-1}{\eta}}]^{\frac{\eta}{\eta-1}}$	1.5252

续表

序号	变量稳态	均衡条件	计算	取值
34	λ	[1]	$\frac{(1-h\beta)\omega}{C^{\sigma}(1-h)^{\sigma}}\left(\frac{C}{C^{p}}\right)^{\frac{1}{\eta}}$	0.1261
参数	χ	[3]	$\frac{\lambda W}{L^{\varphi}}$	1.5478
35	x_1	[11]	$\frac{\lambda mcY}{1-\beta\gamma\pi^{\varepsilon}}$	3.4513
36	x_2	[12]	$\frac{\lambda Y}{1-\beta\gamma\pi^{\varepsilon-1}}$	3.7624
37	Δ^{d}	[41]	$\frac{\exp(\varpi_1+4\varpi_2\Gamma)}{1+\exp(\varpi_1+4\varpi_2\Gamma)}$	0.0194
38	B	[42]	ΓY	2.8861
39	R^{b}	[44]	$prem^{b}R$	1.0038
参数	r_c	[43]	$\frac{R^{b}}{1-\Delta^{d}D^{g}}-\rho^{c}$	0.0443
40	ψ	[30]	$\frac{Q^{b}B}{QK}$	0.0298
41	N	[31]	$\frac{QK+Q^{b}B}{\zeta}$	33.2425
42	D	[25]	$QK+Q^{b}B-N$	66.4851
43	Ω	[26]	$\frac{1-\theta}{1-\beta\theta\left[\frac{(R^{k}-R)QK+(R^{b}-R)Q^{b}B+RN}{N}\right]}$	1.6886
44	ν^{n}	[29]	$\beta\Omega R$	1.6886
45	ν^{k}	[27]	$\beta\Omega(R^{k}-R)$	0.0059
46	ν^{b}	[28]	$\beta\Omega(R^{b}-R)$	0.0051
47	μ	[26]	$\frac{\Omega-(1-\theta)}{\theta\nu^{n}}-1$	0.0105
参数	λ^{k}	[22][23][24]	$\nu^{k}\left(1+\frac{\nu^{n}N}{\nu^{k}QK+\nu^{b}Q^{b}B}\right)$	0.5711
参数	λ^{b}	[22][23]	$\frac{\nu^{b}}{\nu^{k}}\lambda^{k}$	0.4895

续表

序号	变量稳态	均衡条件	计算	取值
48	N^{old}	[33]	$\theta(R^k QK + R^b Q^b B - RD)$	32.7766
49	N^{new}	[35]	$N - N^{old}$	0.4659
参数	e	[34]	$N^{new}/(QK + Q^b B)$	0.0048
50	T	[37]	$G + R^b Q^b B - Q^b B$	1.3339

注：表中序号接表 6－4。

表 6－6　　状态转移相关参数的贝叶斯估计

序号	参数	经济意义	先验分布			后验分布	
			分布类型	均值	标准差	均值	95%置信区间
①	κ^{GY}	政府投资对产出缺口的反馈	Normal	－1.50	0.10	－1.5356	[－1.5995，－1.4746]
②	$\kappa^{i\pi}$	名义利率对通胀反馈		1.50	0.10	1.4816	[1.4085，1.5618]
③	κ^{iY}	名义利率对产出缺口的反馈		0.10	0.10	0.0132	[0.0000，0.0346]
④	κ^{TG}	税收对当期财政支出的反应		0.60	0.10	0.4956	[0.4515，0.5401]
⑤	κ^{TB}	税收对滞后政府债务的反应		0.30	0.10	0.4042	[0.3409，0.4643]
⑥	ρ^{T}	税收调整持续性	Beta	0.85	0.10	0.8379	[0.7866，0.8931]
⑦	ρ^{I_g}	政府投资冲击持续性		0.85	0.10	0.9073	[0.8777，0.9339]
⑧	ρ^{C_g}	政府消费冲击持续性		0.85	0.10	0.8188	[0.7691，0.8659]
⑨	ρ^{i}	名义利率冲击持续性		0.85	0.10	0.8183	[0.7608，0.8659]
⑩	ρ^{A}	生产技术冲击持续性		0.85	0.10	0.8730	[0.8310，0.9169]
⑪	ρ^{ϑ}	消费偏好冲击持续性		0.85	0.10	0.7975	[0.7250，0.8539]
⑫	ρ^{ξ}	资本质量冲击持续性		0.65	0.10	0.4815	[0.4039，0.5467]
⑬	σ^{I_g}	政府投资冲击标准差	Inverse Gamma	0.02	1.00	0.1413	[0.1099，0.1759]
⑭	σ^{C_g}	政府消费冲击标准差		0.02	1.00	0.0105	[0.0070，0.0142]
⑮	σ^{i}	名义利率冲击标准差		0.02	1.00	0.0025	[0.0024，0.0027]
⑯	σ^{ϑ}	消费偏好冲击标准差		0.02	1.00	0.0949	[0.0593，0.1356]
⑰	σ^{ξ}	资本质量冲击标准差		0.02	1.00	0.0089	[0.0053，0.0128]
⑱	σ^{A}	生产技术冲击标准差		0.02	1.00	0.0071	[0.0042，0.0103]

注：$u_t^{\vartheta} \sim N(0,(\sigma^{\vartheta})^2)$，$u_t^{\xi} \sim N(0,(\sigma^{\xi})^2)$，$u_t^{A} \sim N(0,(\sigma^{A})^2)$，$u_t^{I_g} \sim N(0,(\sigma^{I_g})^2)$，$u_t^{C_g} \sim N(0,(\sigma^{C_g})^2)$，$u_t^{i} \sim N(0,(\sigma^{i})^2)$。

根据表 6－2 中的指标，我们计算得到模型中的相应观测变量（observable variables）以供参数的校准、估计和对比，指标的构建方法基本参考 Ge 等（2022），具体计算方式为①：

$$\pi_t^{ob} = \frac{CPI_t}{CPI_{t-1}}$$

$$C^{p\,ob} = \frac{\text{NominalHHC}}{\text{CPI} \times \text{pop}}$$

$$I^{ob} = \frac{\text{NominalGFCF} - \text{NominalGovtGFCF}}{\text{CPI} \times \text{pop}}$$

$$C^{g\,ob} = \frac{\text{NominalGovtC}}{\text{CPI} \times \text{pop}}$$

$$I^{g\,ob} = \frac{\text{NominalGovtGFCF}}{\text{CPI} \times \text{pop}}$$

$$Y^{ob} = \frac{\text{NominalGDP} - \text{NominalNetExports}}{\text{CPI} \times \text{pop}}$$

$$W^{ob} = \frac{\text{AvgNominalWage}}{\text{CPI} \times \text{pop}}$$

$$i^{ob} = [1 + (\text{公开市场逆回购利率:7 天})\%]^{0.25}$$

$$R_t^{ob} = \frac{i_t^{ob}}{\pi_{t+1}^{ob}}$$

$$\Gamma^{ob} = \text{Credit from All sectors to General government}(\%\,\text{ofGDP})$$

$$B^{ob} = \frac{\text{Credit from All sectors to General government(Domestic currency)}}{\text{pop}}$$

6.3.1 模型参数的校准与稳态计算

关于参数的赋值情况，我们分部门进行一些必要的说明。根据数据可知，2006Q3—2023Q4 我国季度实际利率约为 0.08%（年度实际利率约为 0.32%，参考变量为 R_t^{ob}），根据均衡条件［2］校准贴现率 $\beta = 0.9992$。参考王国静和田国强（2014）的贝叶斯估计结果，校准消费习惯参数 $h = 0.44$，参考李建强等（2020）校准私人消费效用权重、公共与私人消费的替代弹性 $\omega = 0.6$，$\eta = 0.4$。劳动供给弹性的倒数 φ 的取值

① 计算公式中无时间下标代表同期。

在国内文献中差异较大，本研究参考黄志刚和许伟（2017）令 $\varphi = 1/3$。

关于私人资本的产出弹性，王国静和田国强（2014）、熊琛和金昊（2018）将其校准为0.5，李建强等（2020）将其校准为0.45，实际上，我国资本收入占比较高，综合来看，本研究校准私人资本产出弹性 $\alpha = 0.5$。参考 Getler 和 Karadi（2011），取折旧中的资本使用率弹性 $\zeta = 7.2$，私人资本稳态折旧率 $\delta = 0.0250$（年度折旧率为10%），我们校准稳态贷款风险溢价和稳态政府债券风险溢价分别1.0035和1.0003，从而私人资本固有折旧率 $\delta^p = 2.14\%$，折旧中资本使用率的系数 $b = 0.0293$，贷款资产和政府债券资产转移比率 $\lambda^k = 57\%$，$\lambda^b = 49\%$（见表6-5）。公共资本折旧率往往高于私人资本，参考李建强等（2020）取 $\delta^g = 0.05$，取价格调整概率 $\gamma = 0.75$，这意味着厂商平均每4个季度调整一次价格。与王文甫（2010）保持一致，取不同中间品替代弹性 $\varepsilon = 10$，这意味着价格加成约为11.11% $\left(\frac{\varepsilon}{\varepsilon - 1} - 1\right)$[①]。

与多数研究保持一致，将模型中稳态的政府债券赋值为1（熊琛和金昊，2018），根据李建强等（2020）设定 $\rho_c = 0.96$，从而息票利率被校准为4.69%（见表6-5）。关于政府债务极限（债务违约）的校准，我们参考 Cantore 等（2019）的策略：

$$\frac{1}{1 - \Delta_t^d D^g} = 1 + \frac{1}{4} ABP_t \times 0.01\% \tag{6.67}$$

其中，ABP_t 指的是主权（Sovereign）信用违约互换利差（Credit Default Swap Spreads，CDS Spreads）的年度基点（Annual Basis Points，ABP），即年度债务风险溢价水平。例如，主权CDS利差的年度基点为100意味着为一年期政府（主权）债务提供保险的成本是1%（$100 \times 0.01\% = 1\%$），上式进行了从年度到季度的转换。

首先，我们根据希腊的经验事实，当政府债务率 $\Gamma_2 = 180\%$，政府几乎必然违约 $\Delta_2^d = 0.99$，在希腊主权债务危机爆发之初，其主权风险溢价约为1000个年度基点，$ABP_2 = 1000$，根据式（6.67）计算得到违约比例：

---

① 有效均衡（$\varepsilon = +\infty, \gamma = 1$）、弹性均衡（$1 < \varepsilon < +\infty, \gamma = 1$）和实际均衡（$1 < \varepsilon < +\infty, 0 < \gamma < 1$）。价格加成指的是在弹性价格的条件下，垄断竞争本身带来价格加成，体现在边际成本上。

$$D^g = \frac{1}{\left(\frac{40000}{ABP_2}+1\right)\Delta_2^d} = \frac{1}{41 \times 0.99} \approx 0.0246$$

受新冠疫情影响，2020 年我国公共债务激增。2020Q2—2023Q4，我国公共债务率平均约为 $\Gamma_1 = 74\%$，国债年度风险溢价约为 1.0105，即 $ABP_1 = 105$，根据式（6.67）计算得到对应的违约概率：

$$\Delta_1^d = \frac{ABP_1}{40000 + ABP_1} \times \frac{1}{D^g} \approx 0.1063$$

于是，我们得到了 Logistic 分布上的两个点（Γ_1, Δ_1^d）和（Γ_2, Δ_2^d），故：

$$\varpi_2 = \frac{1}{4}\frac{1}{\Gamma_1 - \Gamma_2}\left(\ln\frac{\Delta_1^d}{1-\Delta_1^d} - \ln\frac{\Delta_2^d}{1-\Delta_2^d}\right) \approx 1.5860 \qquad (6.68)$$

$$\varpi_1 = \ln\frac{\Delta_1^d}{1-\Delta_1^d} - 4\varpi_2\Gamma_1 \approx -6.8239 \qquad (6.69)$$

如表 6-4 所示，我们利用已有研究和可观测变量对部分稳态参数进行校准，或者说，这些稳态参数是部分结构参数的校准目标①，估计稳态参数的样本数据为我国 2005Q1—2023Q4 的季度数据（投资、消费、公共债务相关数据经季节调整），稳态参数均取样本期内观测变量（见表 6-2）均值。

需要特别指出的是，Γ（B/Y）、$prem^b$（R^b/R）、C^g/Y、I^g/Y 的计算不涉及任何参数，相应地，给定它们的稳态值不会影响结构参数的校准自由度；但 π、L、u、δ、ζ、Q^b、$prem^k$ 的给定将使 7 个结构参数不能被自由校准。在对所有结构参数进行校准和估计后，去除模型所有外生冲击、变量的时间下标和期望算子，可以计算模型的确定性稳态。表 6-5 展示了按照计算的前后顺序的系统稳态参数（deterministic steady state）计算过程，其中包括部分不能自由校准的结构参数②。

① 当我们给定某些变量的稳态值后，相应一些结构参数不能够被自由校准，例如若给定劳动稳态值，劳动供给的负效用比重不能被自由校准。

② 表 6-5 的内容在一篇标准的学术论文中一般不会被呈现，多数情况下只会先给出与稳态相关的参数的校准值，再展示部分变量稳态值以显示与实际情况的拟合程度。另外，尽管 Dynare 提供自动求解稳态值的功能，然而，如果设定的变量初值与稳态值相差过远，计算将不收敛，无法求解。虽然当给定稳态的变量不同时（研究感兴趣的变量、试图使模型尽量拟合的变量），其他变量稳态和参数的计算公式将发生变化，但相信我们所提供的详细的计算过程能够为初学者提供一些启示。

$\bar{A}$ 的求解过程：

根据均衡条件［19］：$\frac{K^g}{Y}=\frac{1}{\delta^g}\left(\frac{I^g}{Y}\right)$

根据均衡条件［15］：$\bar{A}=(K^g)^{\alpha^g}=\left[\frac{1}{\delta^g}\left(\frac{I^g}{Y}\right)Y\right]^{\alpha^g}\Rightarrow Y=\frac{(\bar{A})^{1/\alpha^g}}{\frac{1}{\delta^g}\left(\frac{I^g}{Y}\right)}$

根据均衡条件［6］：$\frac{\bar{K}}{L}=\left(\frac{\alpha\bar{A}mc}{\bar{R}^k}\right)^{\frac{1}{1-\alpha}}$

根据均衡条件［14］：$d^pY=\bar{A}\left(\frac{\bar{K}}{L}\right)^{\alpha}L=\bar{A}\left(\frac{\alpha\bar{A}mc}{\bar{R}^k}\right)^{\frac{\alpha}{1-\alpha}}L=(\bar{A})^{\frac{1}{1-\alpha}}\left(\frac{\alpha mc}{\bar{R}^k}\right)^{\frac{\alpha}{1-\alpha}}L$

联立可得：$d^p\frac{(\bar{A})^{1/\alpha^g}}{\frac{1}{\delta^g}\left(\frac{I^g}{Y}\right)}=(\bar{A})^{\frac{1}{1-\alpha}}\left(\frac{\alpha mc}{\bar{R}^k}\right)^{\frac{\alpha}{1-\alpha}}L\Rightarrow\bar{A}=\left[\frac{1}{d^p}\left(\frac{\alpha mc}{\bar{R}^k}\right)^{\frac{\alpha}{1-\alpha}}\frac{L}{\delta^g}\left(\frac{I^g}{Y}\right)\right]^{1/(1/\alpha^g-1/1-\alpha)}$

Ω 的求解过程：

根据均衡条件［26］：$\nu^n(1+\mu)=\frac{\Omega-(1-\theta)}{\theta}$

在商业银行部门的推导过程中我们有：

$$V_t(m)=\nu_t^n(1+\mu_t)N_t(m)$$

$$V_t(m)=\beta\,\Omega_{t+1}[(R_{t+1}^k-R_t)Q_tK_t(m)+(R_{t+1}^b-R_t)Q_t^bB_t(m)+R_tN_t(m)]$$

联立可得：

$$\frac{\Omega-(1-\theta)}{\theta}N_t(m)=\beta\,\Omega_{t+1}[(R_{t+1}^k-R_t)Q_tK_t(m)+(R_{t+1}^b-R_t)Q_t^bB_t(m)+R_tN_t(m)]$$

加总得到：

$$\frac{\Omega-(1-\theta)}{\theta}N_t=\beta\,\Omega_{t+1}[(R_{t+1}^k-R_t)Q_tK_t+(R_{t+1}^b-R_t)Q_t^bB_t+R_tN_t]$$

求解：

$$\Omega=\frac{1-\theta}{1-\beta\theta\left[\frac{(R^k-R)QK+(R^b-R)Q^bB+RN}{N}\right]}$$

6.3.2 模型参数的贝叶斯估计

我们使用贝叶斯方法对剩余结构参数和冲击参数进行估计，使用到的观测变量有总产出（Y^{ob}）、私人消费（$C^{p\,ob}$）、私人投资（I^{ob}）、政府消费（$C^{g\,ob}$）、政府债务（Γ^{ob}）和名义存款利率（i^{ob}），其中，产出、消费、投资已经季节调整，除以总人口和通胀调整为人均实际值，变量的具体构建过程见表6－2。在进行贝叶斯估计时，以上全部观测变量取对数，使用单边HP滤波去趋势①，用于估计的数据均平稳（ADF检验拒绝单位根假设）。上述观测变量的具体情况见图6－2。

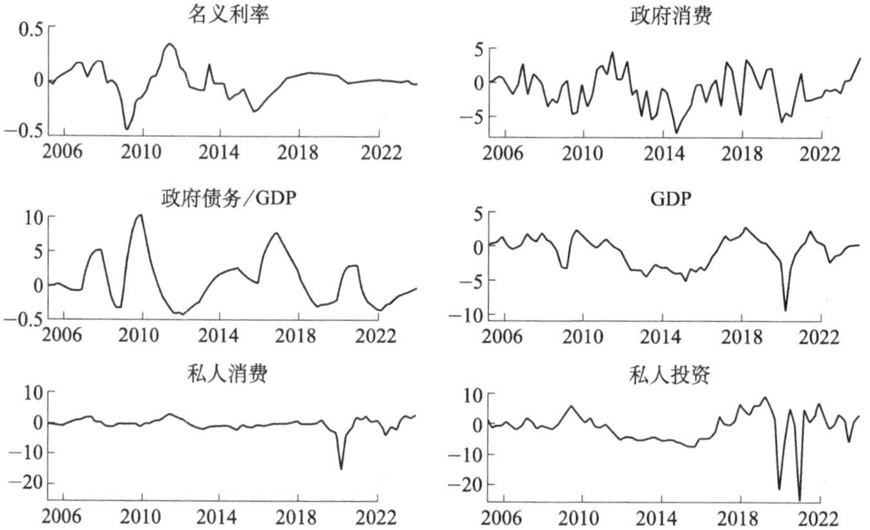

图6－2　贝叶斯估计观测变量

注：（1）投资、消费为人均实际值并经季节调整，所有变量均取对数并使用单边HP滤波去趋势，纵坐标单位为%。

（2）单边HP滤波会损失时间序列中的前两个观测，因此进行HP滤波时输入样本的时间范围是2004Q3—2023Q4。

（3）横轴为年份。

① 是否应该剔除通胀、利率等类似变量的趋势，数值模型中有不同的做法：Ge等（2022）未对通胀进行滤波，黄志刚和许伟（2017）对名义利率进行了滤波处理，朱军（2019）等认为在仅描述经济偏离稳态的行为时，应对通胀和利率等变量取对数进行HP单边滤波去趋势，Pfeifer（2014）指出实际利率通常是平稳的，但名义利率往往存在单位根，是否需要对利率进行滤波没有明确规定。在本研究中，名义利率存在单位根，因此，我们对名义利率取对数进行滤波。

公共债务率在 2007 年、2009 年、2016 年和 2020 年迅速增长。作为对照，我国 GDP 在经历全球金融危机冲击后于 2009 年回升，产出缺口于 2009 年下半年变为正值，然而，2020 年全年，我国产出缺口一直为负值。私人消费与投资在 2008 年金融危机附近相对平稳，然而在 2020 年新冠疫情暴发后，私人消费和投资骤减，私人投资在 2021 年仍受影响。

关于贝叶斯估计的先验分布，对于标准差参数的估计，我们选择逆伽马（Inverse Gamma）分布；对于 AR（1）过程的滞后项系数，即持续性参数，我们选择贝塔（Beta）分布；对于政策反馈参数，我们选择正态（Normal）分布。以上先验分布类型的选取与 Ge 等（2022）一致。参数的先验与贝叶斯估计后验分布的具体情况见表 6 - 6。

政府投资表现出较高的持续性和波动性，同时政府投资对产出缺口的负向反馈绝对值较大，这表明政府逆周期调控力度较大。当总产出受到冲击时，政府收入减少，政府投资增加，这会持续推高债务水平。私人消费偏好波动性较大，国内消费需求的波动引发政府收入不稳定，进一步迫使政府调整支出或借贷，导致债务波动。相比之下，金融状况（资本质量冲击）的调整相对较快，然而，这些冲击的初始影响仍然会通过借贷成本和经济稳定性影响政府债务水平。需要指出的是，考虑到模型设置的特点，各类冲击对经济变量影响的相对大小与它们本身的冲击幅度大小不一定成比例，不能以冲击的标准差大小来判断经济的主要扰动因素（黄志刚和许伟，2017）。

名义利率对通胀的强响应表明央行积极加息以控制通胀，这符合泰勒规则，有助于稳定价格，名义利率对产出缺口的弱响应表明我国货币政策不以产出稳定为优先，这可能使得财政政策（因此也使政府债务）成为管理经济波动的主要工具。税收收入对政府支出和滞后政府债务的正响应表明，政府通过增加税收来部分抵消财政支出的增加，在面对增加的债务时，通过提高税收来缓解债务压力，这在一定程度上控制了政府债务的上升。然而这种响应相比于政府投资对产出缺口的响应程度是微弱的，如果政府支出显著增加，政府可能陷入更高债务的局面，财政不平衡可能会持续。

在此我们补充估计模型时的数据处理过程：在 Dynare 中必须说明观测数据与模型中变量的关系，即必须添加单独的观测方程（measurement equation/observation equation)，如果观测数据与模型中的变量存在明显的误差，必要时应添加测量误差（measurement error）。例如，如果将滤波后的对数 GDP 作为估计的观测变量（即本研究的处理方法），那么应添加观测方程 $Y^{ob} = \ln Y - \ln\bar{Y}$，其中 $\bar{Y}$ 指的是产出的稳态值，假如认为观测数据存在测量误差（例如统计口径的改变等），可在观测方程中添加测量误差 e^{Y}：$Y^{ob} = \ln Y - \ln\bar{Y} + e^{Y}$。关于观测方程更多的具体讲解读者可参考 Pfeifer（2014）和朱军（2019）（DSGE 模型中的贝叶斯方法）。

使用贝叶斯估计的后验分布的均值对结构参数进行赋值，得到 6 个观测变量的理论（model-implied）水平、波动性、自相关性，结果如表 6－7 所示。模型能够很好地反映观测变量的平均水平，除去稳态校准目标外，模型对私人消费、投资水平的拟合令人满意，这说明结构参数的校准比较理想；模型对变量的波动性拟合程度总体良好，尽管整体略微高估了变量的波动性，但较好地刻画了多数变量波动性的相对大小；除名义利率外，模型普遍高估了变量的自相关性（持续性）。总体而言，模型能够较好地模拟变量的长期特征。

表 6－7　观测变量相关性质的实际值与理论值对比

变量	均值		变量	标准差*		一阶自相关系数*	
	数据	理论		数据	理论	数据	理论
GDP	9.2817	1.8415	GDP	0.0223	0.0184	0.7543	0.8060
私人消费/GDP	－0.9533	－0.9008	私人消费	0.0233	0.0171	0.5014	0.6551
私人投资/GDP	－0.9474	－0.9573	私人投资	0.0542	0.0428	0.3221	0.8857
政府消费/GDP	－1.8164	－1.8152	政府消费	0.0263	0.0128	0.3853	0.6409
政府债务率	－0.8504	－0.7815	政府债务率	0.0341	0.0702	0.8765	0.9508
名义利率	0.0064	0.0065	名义利率	0.0013	0.0023	0.8176	0.6058

注：（1）所有变量均取对数。

（2）带*标记的所有统计量均为 HP 滤波后的统计量，其中，理论统计量来自双边 HP 滤波（受限于 Dynare），数据统计量来自单边 HP 滤波，平滑参数均为 1600。

为了进一步评估模型在模拟变量的实际波动方面的可靠性（见图 6－3），我们比对了通货膨胀、实际工资、政府投资和政府债务的实际值和模拟值（基于贝叶斯估计的外生冲击），以上变量未被用作贝叶斯估计时的输入。这样的额外测试是有价值的，因为它一定程度上回应了 DSGE 模型可以很好地拟合输入的观测变量，但对非观测变量的拟合性能不佳的问题（Iacoviello，2015；Ge 等，2022）。该模型模拟的通货膨胀、实际工资和政府债务的波动在整个样本期内表现出与真实数据几乎同样的轨迹，而在 2017 年后，政府投资波动的模拟值与其真实值也非常相近。总体而言，我们估计出的模型很好地复制了大多数经济变量的波动情况。因此，该模型在研究政府债务率波动方面是可靠的（见图 6－4）。

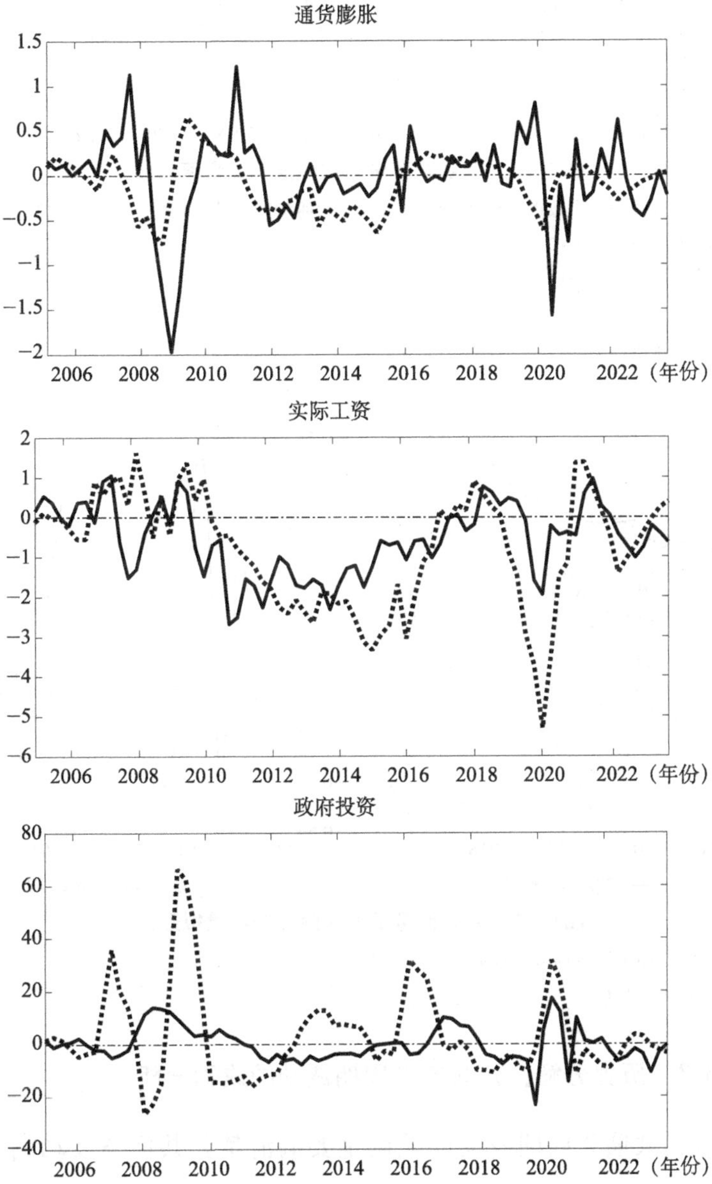

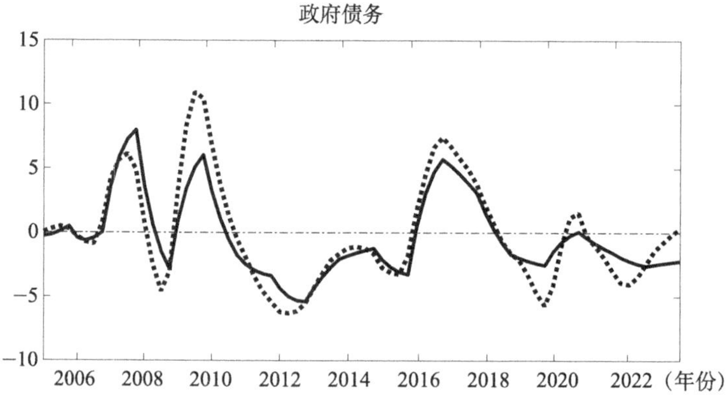

图 6－3　非观测变量的实际值与拟合值对比

注：（1）实线为真实数据，全部观测取对数，除通货膨胀外，均经过 HP 单边滤波处理，指标来源和构建过程见表 6－2。

（2）点划线为经贝叶斯估计的模型的拟合数据，变量取对数。图中所示为变量相对于稳态的偏离（拟合值－稳态值）。

（3）纵轴单位均为%。

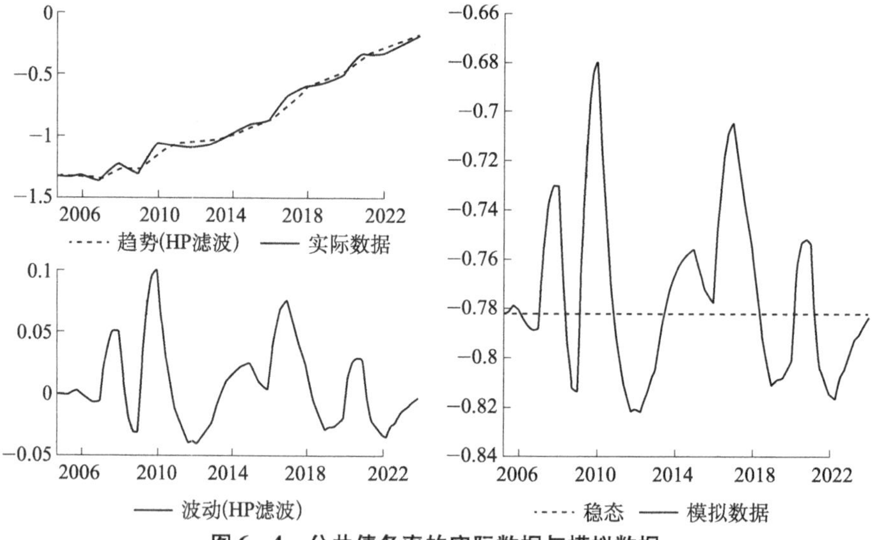

图 6－4　公共债务率的实际数据与模拟数据

注：（1）图中所示债务率数据均已取对数。

（2）横轴为年份。

6.3.3　历史分解：公共债务周期波动的成因分析

研究公共债务周期波动的关键是要搞清楚公共债务波动的驱动因

素，即需要了解债务波动的经济冲击是什么以及对债务波动影响的特征。在不确定环境下，经济运行过程中时刻受到各种冲击的影响，我们实际观察到的经济运行结果是各种冲击作用于经济系统的结果，有的冲击对经济会产生永久性的影响，有的冲击仅对经济产生暂时性的影响，各种冲击对经济、债务的影响的差异性决定了经济在不同时期表现出不同的波动特征。对政策决策部门而言，在每出台一项政策措施时，必须考虑各种冲击的债务影响的差异性，并对政策实施可能波及的各个经济方面进行权衡，这样才能使出台的政策产生较满意的结果（不威胁公共债务可持续）。因此，对债务波动的驱动因素进行分析和研究，是了解债务运行特征的重要环节，也是制定合理和有效的经济政策的基础。根据之前的分析，我们估计的模型对实际数据的拟合效果很好，我们使用该模型来探究公共债务周期的来源。

表 6 – 8 展示了公共债务率、公共债务以及 GDP 的方差分解（variance decomposition）理论结果。在我们的样本期间，资本质量冲击解释了超过 43% 的 GDP 的波动，这与 Le（2021）和 Ge 等（2022）强调的资本质量冲击是我国经济周期的重要来源的结论一致。在我们的模型中，资本质量冲击代表着外生金融冲击，冲击会影响私人资本的利用效率，这对投资和生产有直接影响，资本质量冲击对 GDP 波动的实质性驱动反映出金融体系的变化（如信贷条件、资产价格或金融摩擦）或物质资本生产能力的中断导致整体经济产出发生重大变化。联系到我们的样本时间包含 2008 年全球金融危机和 2020 年新冠疫情，这个结果可能反映了金融市场的混乱对经济产出的巨大作用。公共债务超过 90% 的波动来自政府投资冲击，这意味着我国政府投资决策的变化一直是公共债务波动的主导因素，换言之政府消费、经济增长、货币政策等因素对公共债务的影响十分有限。政府投资冲击解释了近 80% 的公共债务率的波动。根据参数估计结果，政府投资是财政政策逆周期调控的主要工具，当经济陷入衰退时，GDP 下降，政府大量举债以增加政府投资，这往往导致公共债务率大幅上涨。根据图 6 – 5 中所展示的 2005—2023 年公共债务率的冲击历史分解，模型引入的 6 种外生冲击很好地解释了公共债务率的波动，总体来看，在 2020 年以前，政府投资冲击是债务

率波动（无论是正向波动还是负向波动）的主要来源。

表 6-8　　基于贝叶斯估计后验均值的方差分解

变量	冲击贡献（%）					
	政府投资	政府消费	货币政策	消费偏好	资本质量	生产率
公共债务率	79.10	3.17	3.34	0.18	11.15	3.06
公共债务	93.38	3.57	0.42	0.01	2.19	0.43
GDP	19.18	0.15	18.56	1.76	43.82	16.53

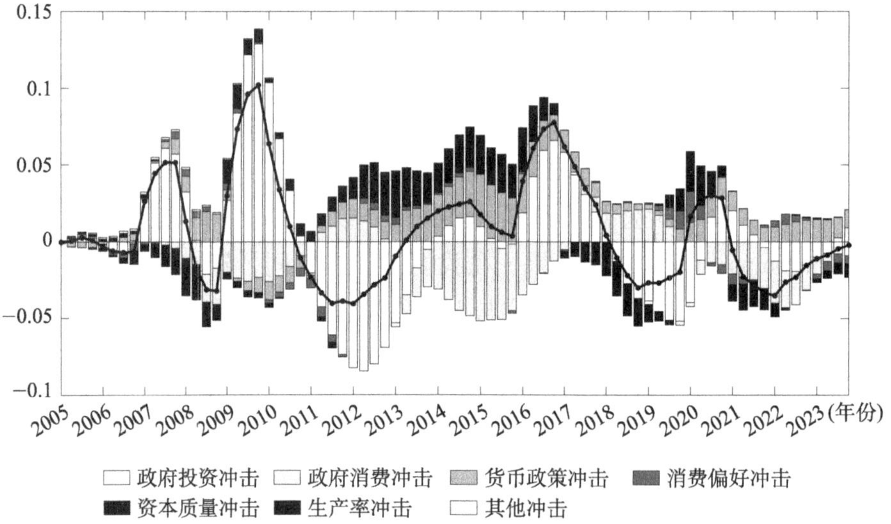

图 6-5　公共债务/GDP 的历史分解（2005—2023 年）

注：（1）实线表示公共债务率相对于其稳态的偏离。

（2）其他冲击包含初始状态和测量误差冲击。

图 6-6 展示了 2008 年全球金融危机前后公共债务率的冲击历史分解（historical decomposition）情况。2009—2010 年，为应对国际金融危机的冲击，同时保持宏观经济政策的连续性和稳定性，我国连续两年实施积极的财政政策和适度宽松的货币政策，在此期间，政府投资冲击几乎完全主导公共债务的大幅增长（公共债务的历史冲击分解结果见表 6-10）。尽管积极的财政政策有效遏制了经济增长明显下滑态势，使我国在全球率先实现经济形势总体回升向好（GDP 的历史冲击分解结果见表 6-10），但公共债务率仍然出现了大幅正向波动。如图 6-7 所示，

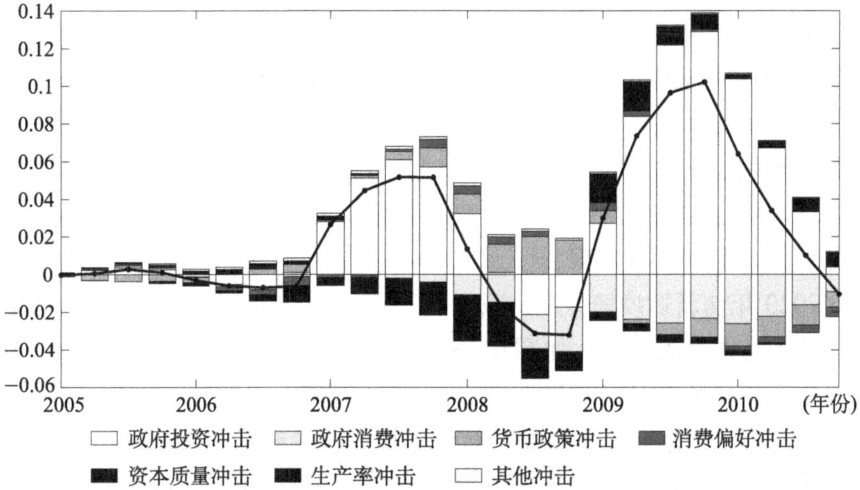

图 6－6　公共债务/GDP 的历史分解（2005—2010 年，全球金融危机）

注：（1）实线表示公共债务率相对于其稳态的偏离。

（2）其他冲击包含初始状态和测量误差冲击。

2011 年，反危机财政刺激退出，积极的财政政策从扩大政府投资转向综合运用减税、增支、补贴等手段，公共债务率得到了一定程度的稳定。

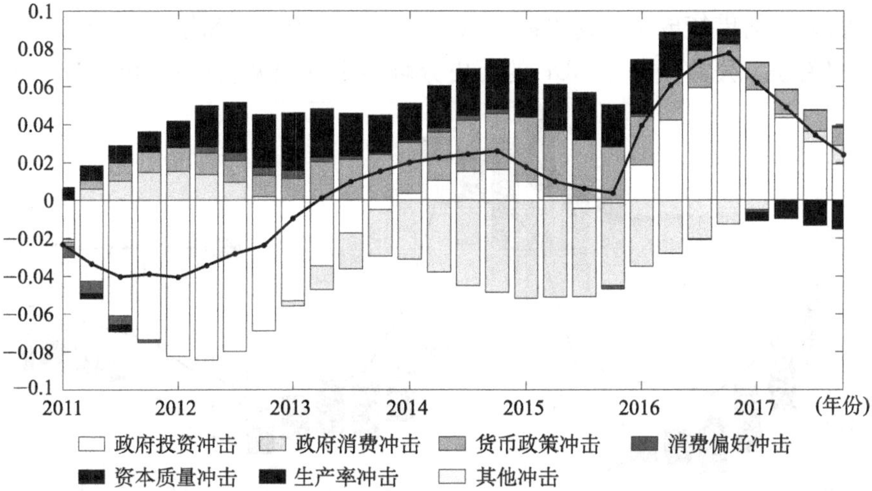

图 6－7　公共债务/GDP 的历史分解（2011—2017 年）

注：（1）实线表示公共债务率相对于其稳态的偏离。

（2）其他冲击包含初始状态和测量误差冲击。

公共债务率的驱动因素在 2013—2015 年有所变化。在此期间，公共债务率的上升主要由货币政策冲击（名义利率冲击）、资本质量冲击和生产率冲击驱动，而政府消费冲击抑制了负债率的上升，政府投资对公共债务率波动的影响有限。尽管政府消费支出已经削减，然而货币政策的收紧增加了现有债务的利息支付，金融不稳定和经济增长的放缓通过影响 GDP 而抬升了公共债务率。不过，2016 年政府投资急速增长，公共债务率相应再次攀升。

2020 年初新冠疫情暴发，截至 2023 年底，公共债务率波动的驱动因素与此前存在显著差异。如图 6－8 所示，总体而言，2020—2023 年，政府投资不再是公共债务率的主要波动来源。2020 年上半年，消费需求遭受严重打击，金融和资本市场中断（如投资减少或资本回报率降低），经济产出受到严重影响，公共债务率急速攀升，虽然消费需求在下半年有所恢复，但金融冲击所引发的经济中断持续到下半年。2020 年下半年，政府加大投资力度，然而，疫情期间，财政政策对 GDP 的刺激的有效性有限，在 GDP 没有做出强烈反应的情况下，政府增加债务发行，为财政刺激提供资金，导致公共债务率继续上升。另外，尽管名义利率很低，但由于高企的公共债务所引发的对财政可持续性的担忧，政府可能面临更高的借贷成本，这可能导致名义利率冲击与不断增加的公共债务率相关联。公共债务和 GDP 的历史分解结果分别见表 6－9 和表 6－10。

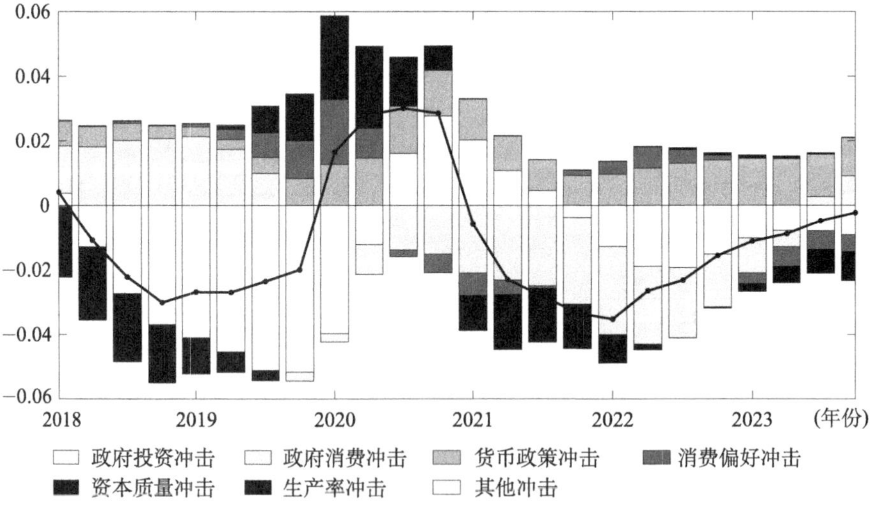

图 6－8　公共债务/GDP 的历史分解（2018—2023 年）

注：（1）实线表示公共债务率相对于其稳态的偏离。

（2）其他冲击包含初始状态和测量误差冲击。

表6-9　　公共债务的历史分解结果

时间	冲击贡献	冲击							公共债务波动（总计）
		政府投资	政府消费	货币政策	消费偏好	资本质量	生产率	其他	
2005—2007	数值	0. 2150	-0. 0064	-0. 0017	-0. 0004	-0. 0090	0. 0033	0. 0093	0. 2102
	占比（%）	**102. 26**	-3. 03	-0. 79	-0. 18	-4. 26	1. 57	4. 43	100. 00
2008	数值	-0. 0155	-0. 0710	0. 0100	-0. 0004	-0. 0178	-0. 0008	0. 0037	-0. 0918
	占比（%）	-16. 86	**-77. 34**	10. 85	-0. 45	-19. 42	-0. 85	4. 07	-100. 00
2009—2010	数值	0. 6160	-0. 1712	0. 0096	0. 0029	-0. 0066	-0. 0094	0. 0032	0. 4445
	占比（%）	**138. 58**	-38. 51	2. 16	0. 65	-1. 48	-2. 12	0. 72	100. 00
2011—2017	数值	-0. 1647	-0. 4404	0. 1615	0. 0014	0. 0851	0. 1052	0. 0032	-0. 2487
	占比（%）	-66. 21	**-177. 05**	64. 94	0. 54	34. 22	42. 28	1. 28	-100. 00
2018—2019	数值	-0. 2629	0. 1181	0. 0277	-0. 0009	-0. 0147	-0. 0181	0. 0011	-0. 1497
	占比（%）	**-175. 61**	78. 91	18. 50	-0. 59	-9. 84	-12. 07	0. 71	-100. 00
2020	数值	0. 0182	-0. 0477	0. 0087	0. 0020	0. 0034	-0. 0091	0. 0004	-0. 0241
	占比（%）	75. 37	**-197. 83**	36. 12	8. 45	14. 00	-37. 83	1. 72	-100. 00
2021—2023	数值	-0. 0818	-0. 1893	0. 0474	0. 0075	-0. 0032	-0. 0005	0. 0010	-0. 2188
	占比（%）	-37. 37	**-86. 51**	21. 68	3. 42	-1. 45	-0. 22	0. 45	-100. 00

注：用加粗标记出相应时段变量主导变量波动的冲击。

表 6－10　　GDP 的历史分解结果

时间	冲击贡献	冲击							GDP 波动（总计）
		政府投资	政府消费	货币政策	消费偏好	资本质量	生产率	其他	
2005—2007	数值	0.0229	0.0004	－0.0104	0.0033	0.0498	－0.0089	－0.0022	0.0549
	占比（%）	41.73	0.72	－18.87	6.02	**90.63**	－16.26	－3.97	100.00
2008	数值	－0.0102	－0.0037	－0.0532	－0.0111	0.0339	0.0208	－0.0012	－0.0247
	占比（%）	－41.19	－14.97	**－215.85**	－45.10	137.48	84.34	－4.71	－100.00
2009—2010	数值	0.0460	－0.0047	0.0627	0.0085	－0.0701	0.0048	－0.0018	0.0453
	占比（%）	**101.43**	－10.38	**138.37**	18.65	**－154.53**	10.52	－4.05	100.00
2011—2017	数值	0.0679	－0.0129	－0.3541	－0.0073	－0.0713	－0.1704	－0.0045	－0.5527
	占比（%）	12.28	－2.33	**－64.07**	－1.33	－12.90	－30.84	－0.82	－100.00
2018—2019	数值	－0.0005	－0.0014	－0.0146	－0.0242	0.0071	0.0411	－0.0009	0.0066
	占比（%）	－7.26	－21.70	－221.46	－367.70	107.67	**624.50**	－14.05	100.00
2020	数值	0.0263	－0.0069	－0.0474	－0.0192	－0.0528	－0.0265	－0.0004	－0.1270
	占比（%）	20.67	－5.46	**－37.35**	－15.12	**－41.60**	－20.82	－0.32	－100.00
2021—2023	数值	－0.0124	－0.0004	－0.0966	0.0225	0.0765	0.0103	－0.0010	－0.0012
	占比（%）	－1068.48	－34.89	**－8358.08**	1947.14	**6613.88**	889.60	－89.18	－100.00

注：用加粗标记出相应时段变量主导变量波动的冲击。

2021—2023 年，由财政政策调整（减少政府消费和投资）驱动的公共债务率下降表明，我国正在努力实现财政可持续性，政府消费在此财政调整期间发挥着重要作用。相比之下，新冠疫情之后的货币政策似乎阻碍了债务削减，这可能反映了维持低利率和控制通胀之间的紧张关系，也可能反映了现有债务利息支付增加带来的挑战。

6.3.4　脉冲响应：冲击影响公共债务的传导机制

历史冲击分解的结果表明，长期来看，政府投资冲击是公共债务率波动的主要来源，而在特定时期，消费偏好冲击、资本质量冲击和货币政策冲击也是公共债务率波动的驱动因素。我们将通过脉冲响应分析洞察不同冲击对公共债务率影响的方向、强度和传导机制，使我们对如何有效管理公共债务有更深入的理解。

如图 6 - 9 所示，消费偏好的负向冲击使家庭从消费转向储蓄，这直接影响了经济产出，加之为应对消费需求的降低所引发的通缩风险，央行放松货币政策，名义利率降低，通胀和利率的降低使得借款成本下降，这增强了投资对企业的吸引力。事实上，私营部门的风险溢价下降，是消费偏好冲击与其他冲击的关键区别，更高的储蓄意味着金融市场的流动性更强，而较低的借贷成本降低了感知风险。然而，消费的下降对 GDP 的影响超过了私人投资的增加所能抵消的程度，尽管政府债务本身在冲击来临时保持相对稳定，但 GDP 收缩导致公共债务率上升。不过，风险溢价的下降有助于政府将借贷成本维持在较低水平，缓解政府债务利息支付的压力。

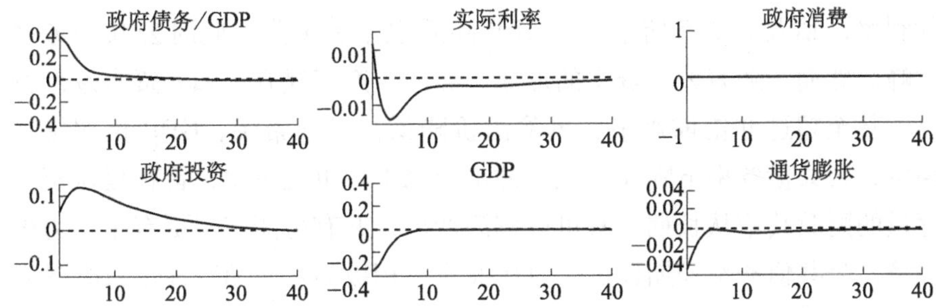

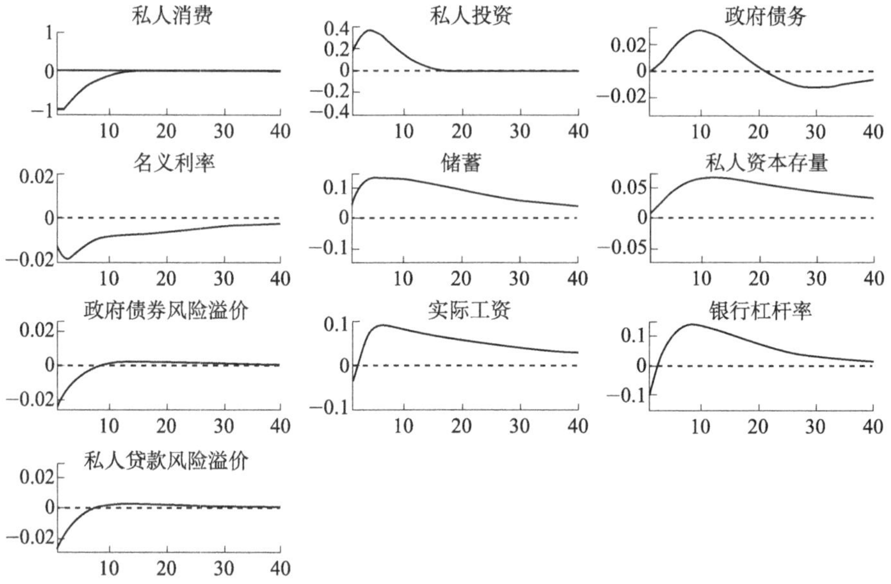

图 6－9　脉冲响应—消费偏好负向冲击（需求侧）

注：(1) 图中展示的是基于贝叶斯估计后验均值的模型的内生变量脉冲响应，冲击为一单位标准差。

(2) 实线展示的是内生变量相对于其稳态的偏离（%），点划线表示稳态（即相对于稳态偏离为0）。

如图 6－10 和图 6－11 所示，由于公共债务是政府融资的主要渠道，扩张的财政政策会使公共债务本身在短期迅速上升，且产出的增长不足以使公共债务率维持稳定，直到政府支出恢复正常水平，公共债务率才能恢复平稳。然而，由于财政扩张支出类型的不同，公共债务率受影响的程度和传导机制有所差异。政府投资的增加使社会总需求增加，GDP 迅速上升，不过，政府投资在一开始挤出了私人投资，推高了实际利率，私人消费有所下降，GDP 随后也略有下降，此时公共债务率达峰。然而，随着公共资本的形成，经济生产率提升，私人资本逐渐恢复，甚至超过冲击前水平，风险溢价降低，经济繁荣，GDP 长期维持高位，公共债务率下降甚至低于冲击前水平。也就是说，旨在提振资本存量的财政政策从长期来看可以刺激产出，并有可能带来更有生产力的经济，公共债务率长期稳定。对比而言，积极的政府消费冲击只会导致产出、通胀和政府债务的短期增长。期初，政府消费挤出私人消费，同时通胀率上升，货币政策的反应使得实际利率略有上升，金融状况收紧，私人投资被挤出，GDP 在迅速上升后又迅速下降回归稳态。公共债务率在短期内因借款增加而上升，但随之而来的产出增长有助于抵消债务率的增加。总体而言，政府消费冲击具有显著的短期影响，但随着时间的推移，大多数变量倾向于回归其稳态值。

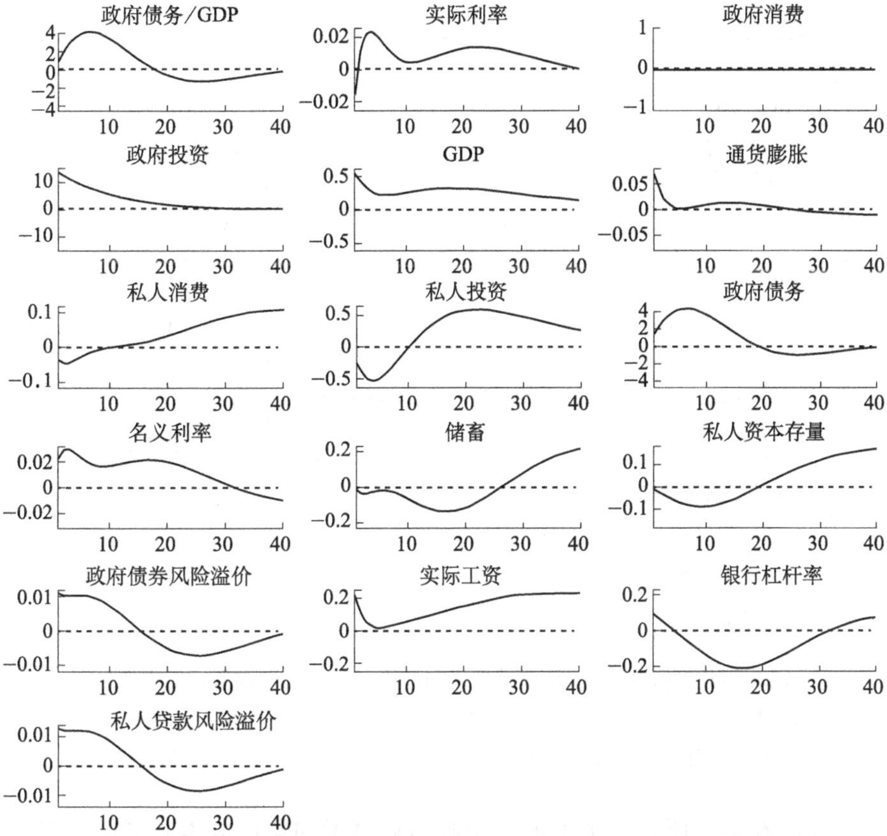

图 6－10　脉冲响应—政府投资正向冲击（扩张财政政策，需求侧）

注：（1）图中展示的是基于贝叶斯估计后验均值的模型的内生变量脉冲响应，冲击为一单位标准差。

（2）实线展示的是内生变量相对于其稳态的偏离（%），点划线表示稳态（即相对于稳态偏离为 0）。

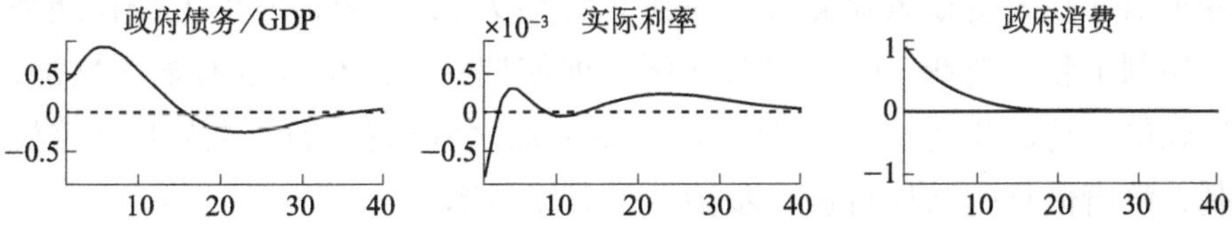

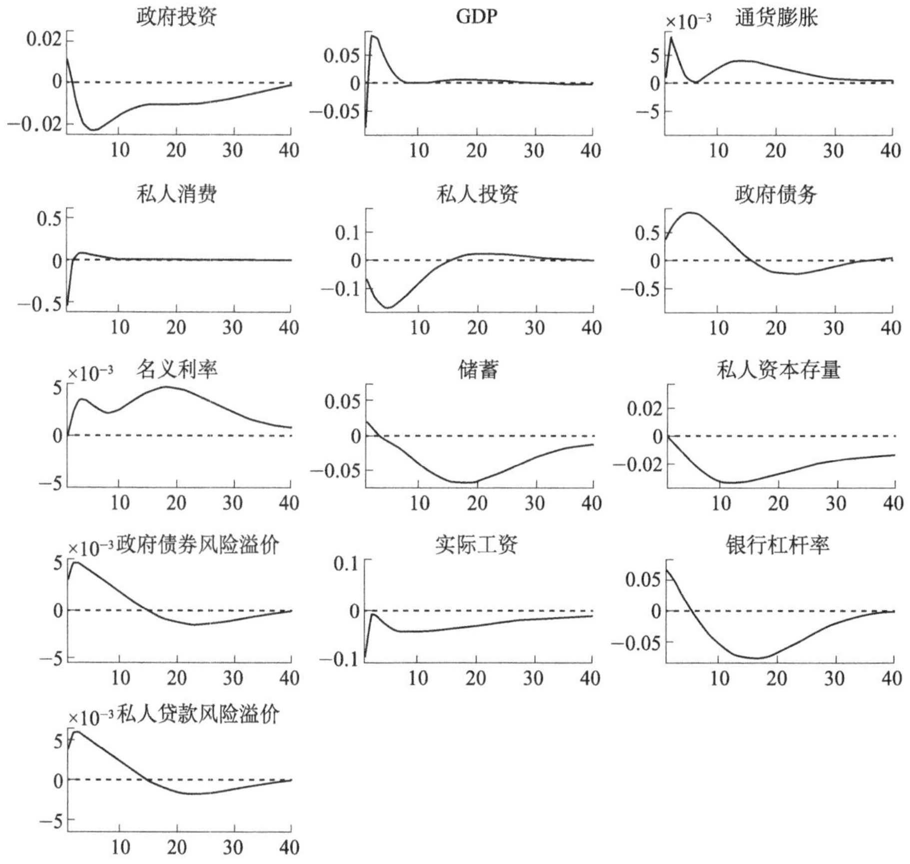

图 6－11　脉冲响应—政府消费正向冲击（扩张财政政策，需求侧）

注：（1）图中展示的是基于贝叶斯估计后验均值的模型的内生变量脉冲响应，冲击为一单位标准差。（2）实线展示的是内生变量相对于其稳态的偏离（%），点划线表示稳态（即相对于稳态偏离为0）。

如图 6－12 所示，紧缩的货币政策通过增加偿债成本和减缓经济增长对公共债务率产生了显著的长期影响。第一，更高的名义利率增加了政府债务的还本付息成本，导致公共债务率上升；第二，冲击引发政府债券的风险溢价，提高了政府借贷成本，导致额外的债务积累；第三，冲击引起私人贷款风险溢价，抑制了私人投资，借贷成本的上涨长期来看抑制了私人消费，GDP 增长放缓，即使期初政府债务没有显著增加，疲软的经济增长也会推高公共债务率，加之政府投资的逆周期调控机制，政府借贷的增加将进一步抬升公共债务率。

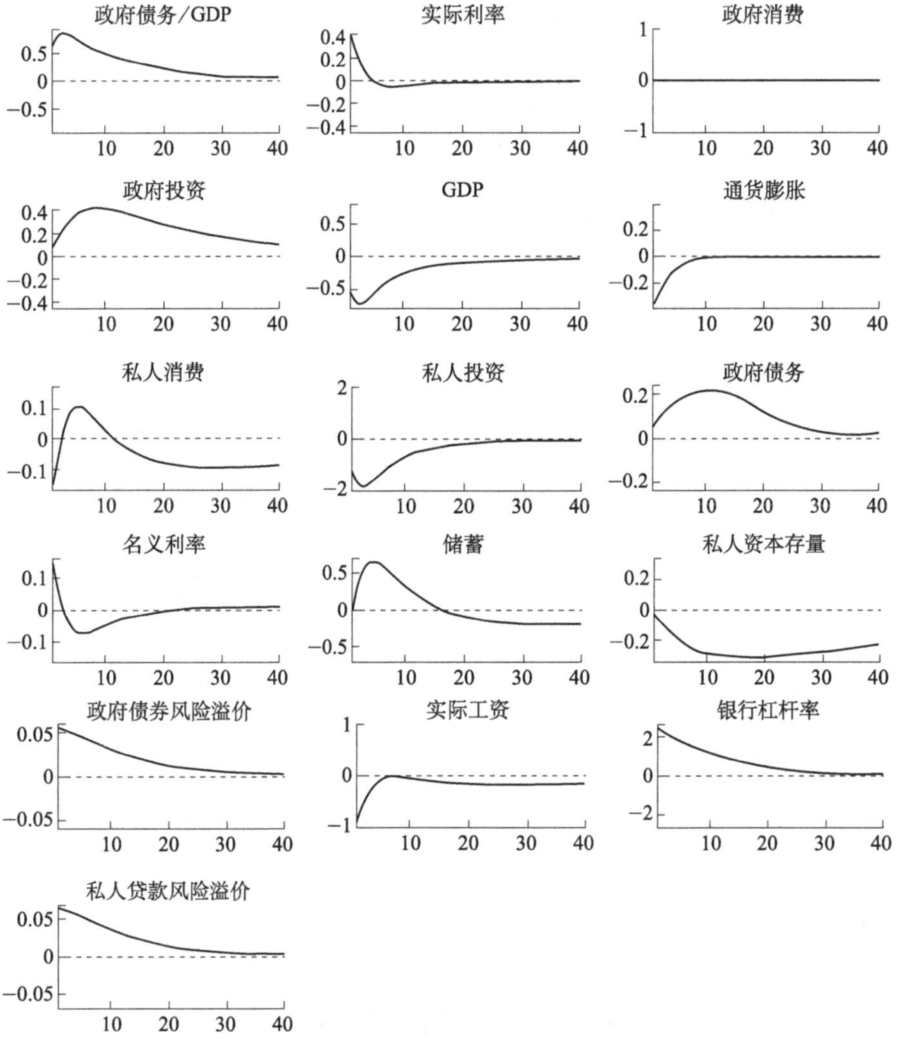

图 6－12　脉冲响应—名义利率正向冲击（紧缩货币政策，需求侧）

注：(1) 图中展示的是基于贝叶斯估计后验均值的模型的内生变量脉冲响应，冲击为一单位标准差。

(2) 实线展示的是内生变量相对于其稳态的偏离（%），点划线表示稳态（即相对于稳态偏离为 0）。

如图 6－13 所示，负向的资本质量同样通过增加偿债成本和减缓经济增长对公共债务率产生了显著的长期影响。受负面金融冲击影响，家庭和企业都因金融条件收紧而削减了支出，导致对商品和服务的需求减少，通胀迅速下降，为应对通缩，央行降低名义利率，以刺激借贷和投资。然而，宽松的货币政策不足以抵消金融市场的风险溢价，更高的偿债成本引发了政府债务的积累，风险溢价和受限的信贷供应减少了私营部门的投资，借贷成本上升和资产价格下跌而引发的家庭财富的减少抑

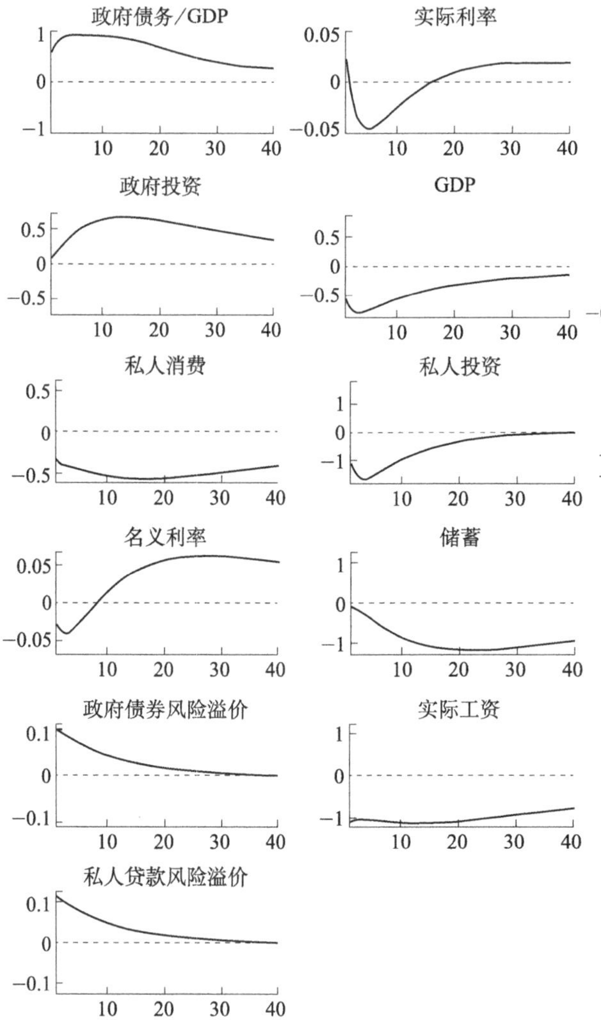

图 6－13　脉冲响应—资本质量负向冲击（供给侧）

注：（1）图中展示的是基于贝叶斯估计后验均值的模型的内生变量脉冲响应，冲击为一单位标准差。

（2）实线展示的是内生变量相对于其稳态的偏离（%），点划线表示稳态（即相对于稳态偏离为0）。

制了私人消费，这导致 GDP 急剧下降，即使政府债务保持稳定或仅小幅增长，公共债务率也会迅速攀升。而经济收缩导致税收减少，与此同时政府增加投资以抵消金融冲击，这将导致更高的债务水平。作为供给侧冲击，负面的金融冲击长期抑制了 GDP 的复苏，这意味着公共债务率在很长一段时间内将保持高位。

如图 6－14 所示，负面生产率冲击，如技术倒退或资本、劳动生产率的中断，降低了经济的整体效率，使公共债务率上升。具体而言，生产力下降，商品和服务的供应减少，尽管需求在短期内可能不会受到重大影响，但会对价格造成上行压力。生产率下降带来的通货膨胀压力增加了生活成本，侵蚀了实际工资，进一步抑制了消费。为了应对不断上升的通胀，央行可能会提高利率，以防止通胀螺旋式上升。加息使政府偿债压力上升，同时抑制了投资和增长，使经济更难从生产率冲击中复苏，公共债务率由于产出的急剧下降而达峰。此后，由于税收收入减少，加之旨在稳定经济的政府投资增加，尽管经济开始恢复，但是政府借贷的上升使公共债务率仍然高于稳态，直到经济彻底回到冲击前状态，公共债务率才随之回到稳态。

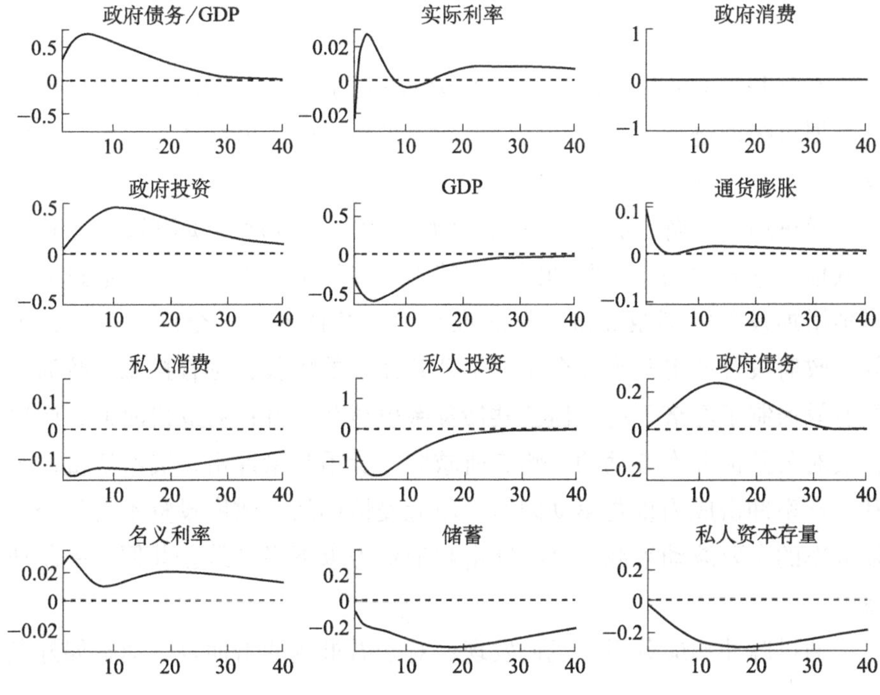

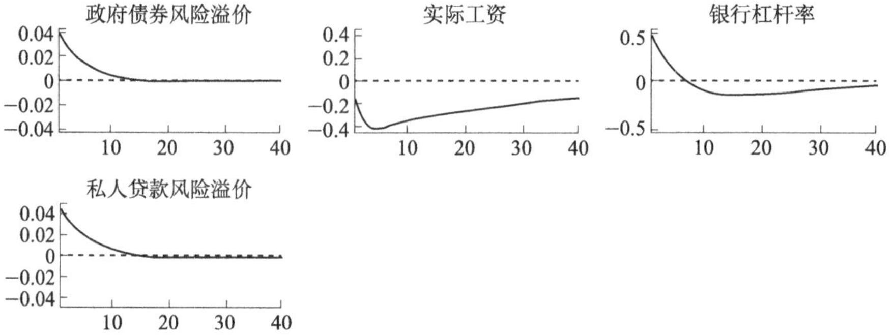

图 6-14 脉冲响应—生产率负向冲击（不利的供给冲击）

注：（1）图中展示的是基于贝叶斯估计后验均值的模型的内生变量脉冲响应，冲击为一单位标准差。

（2）实线展示的是内生变量相对于其稳态的偏离（%），点划线表示稳态（即相对于稳态偏离为0）。

6.4 小结

本章基于 DSGE 对公共债务率波动进行了理论建模，并使用中国实际数据对模型进行了贝叶斯估计，深入剖析了中国公共债务率波动的驱动因素及其传导机制。

通过历史分解，我们发现自 2006 年至今，政府投资决策的变化是公共债务率波动的主要驱动因素，特别是在经济衰退期，政府通过大量举债增加投资以刺激经济，显著推高了公共债务率。全球金融危机期间，政府投资冲击几乎完全主导了公共债务的增长，尽管扩张的政府投资有效遏制了经济下滑，但公共债务率也显著上升；后危机时期，政府投资对公共债务率波动的影响有所减弱，货币政策冲击、资本质量冲击和生产率冲击成为重要驱动因素。新冠疫情期间，政府投资不再是公共债务率的主要波动来源，金融冲击和消费需求下降导致公共债务率急速攀升。

通过脉冲响应分析，我们发现，对于需求侧冲击而言，消费偏好负向冲击导致家庭储蓄增加，私人消费减少，虽然政府债务相对稳定，但 GDP 收缩在短期内将推高公共债务率。对于财政政策冲击而言，政府投资冲击在长期具有正面效应，能够通过提升经济生产率降低公共债务率，而政府消费冲击在短期对私人消费具有显著的挤出效应，GDP 的收缩使公共债务率短期急速上涨。紧缩的货币政策会增加偿债成本和减缓经济增长，长期而言将显著推高公共债务率。对于供给侧冲击而言，资本质量和生产率负面冲击对 GDP 波动具有实质性影响，尤其在金融危机和疫情等极端事件期间，金融市场的混乱显著影响了经济产出，从而影响了公共债务率的波动。

综上所述，本研究揭示了不同冲击对公共债务率波动的复杂影响机制，为政策制定者提供了重要参考。在制定经济政策时，应充分考虑各种冲击的差异性及其对公共债务的影响，以实现公共债务的可持续和经济的稳定增长。

参考文献

［1］陈雨露，马勇，阮卓阳．金融周期和金融波动如何影响经济增长与金融稳定?［J］．金融研究，2016，2：1－22.

［2］邓晓兰，黄显林，张旭涛．公共债务、财政可持续性与经济增长［J］．财贸研究，2013，142（4）：83－90.

［3］范小云，袁梦怡，肖立晟．理解中国的金融周期：理论、测算与分析［J］．国家金融研究，2017（1）：8－38.

［4］冯静，汪德华．新中国政府债务70年［M］．北京：中国财政经济出版社，2020.

［5］高铁梅，王金明，陈飞．中国转轨时期经济增长周期波动特征的实证分析［J］．财经问题研究，2009（1）：22－29.

［6］郭庆旺，贾俊雪．中国周期性赤字和结构性赤字的估算［J］．财贸经济，2004（6）：36－42，97.

［7］郭新强，胡永刚．中国财政支出与财政支出结构偏向的就业效应［J］．经济研究，2012，47（S2）：5－17.

［8］黄志刚，许伟．住房市场波动与宏观经济政策的有效性［J］．经济研究，2017，52（5）：103－116.

［9］纪洋，葛婷婷，边文龙，等．杠杆增速、部门差异与金融危机——“结构性去杠杆”的实证分析与我国杠杆政策的讨论［J］．经济学（季刊），2021，21（3）：843－862.

［10］李丹，方红生．中国居民储蓄、财政空间与政府债务可持续性［J］．世界经济，2021，44（6）：27－49.

［11］李丹，庞晓波，方红生．财政空间与中国政府债务可持续性

[J]. 金融研究，2017，448（10）：1－17.

［12］李建强，朱军，张淑翠．政府债务何去何从：中国财政整顿的逻辑与出路［J］．管理世界，2020，36（7）：41－55.

［13］李向阳．动态随机一般均衡（DSGE）模型理论、方法和 Dynare 实践［M］．北京：清华大学出版社，2018.

［14］李永友，杨春飞．中国财政抉择弹性空间估计［J］．经济研究，2023，58（5）：23－40.

［15］林建浩，王美今．新常态下经济波动的强度与驱动因素识别研究［J］．经济研究，2016，51（5）：27－40.

［16］罗朝阳，李雪松．金融周期、全要素生产率与债券违约［J］．经济管理，2020，42（2）：5－22.

［17］吕冰洋，曾傅雯，涂海洋，等．中国财政可持续性分析：研究框架与综合判断［J］．管理世界，2024，40（1）：1－20.

［18］彭文生．渐行渐近的金融周期［M］．北京：中信出版社，2017.

［19］石柱鲜，王立勇．对我国潜在产出、结构预算与财政态势的关联性研究［J］．数量经济技术经济研究，2006（9）：69－81.

［20］司海平，刘小鸽，魏建．地方政府债务融资的顺周期性及其理论解释［J］．财贸经济，2018，39（8）：21－34.

［21］孙琳，王姝黛．中期支出框架与走出“顺周期陷阱”——基于 88 个国家的数据分析［J］．中国工业经济，2019（11）：5－23.

［22］王文甫．价格粘性、流动性约束与中国财政政策的宏观效应——动态新凯恩斯主义视角［J］．管理世界，2010（9）：11－25＋187.

［23］王志刚．中国财政政策的反周期性效果：基于 1978 年以来的经验事实［J］．财政研究，2010（11）：26－31.

［24］王国静，田国强．金融冲击和中国经济波动［J］．经济研究，2014，49（3）：20－34.

［25］熊琛，金昊．地方政府债务风险与金融部门风险的“双螺旋”结构——基于非线性 DSGE 模型的分析［J］．中国工业经济，2018（12）：23－41.

[26] 杨攻研，刘洪钟．不同类型债务对经济增长及波动的影响[J]．经济学家，2014（4）：31－39.

[27] 袁梦怡．中国的金融周期：理论、事实与政策分析［M］．北京：中国金融出版社，2020.

[28] 曾晓安，王志刚，胡祖铨．中国财政政策：顺周期还是反周期？[J]．财政研究，2015（11）：2－9.

[29] 钟辉勇，陆铭．财政与金融分家：中国经济“去杠杆”的关键[J]．探索与争鸣，2017（9）：117－124.

[30] 朱军编著．高级财政学［M］．上海：上海财经大学出版社，2019.

[31] 朱太辉，黄海晶．中国金融周期：指标、方法和实证[J]．金融研究，2018（12）：55－71.

[32] Aaskoven L, Wiese R. How Fiscal Rules Matter for Successful Fiscal Consolidations: New Evidence [J]. CESifo Economic Studies, 2022, 68 (4): 414－433.

[33] Adarov A. Dynamic Interactions between Financial Cycles, Business Cycles and Macroeconomic Imbalances: A Panel VAR Analysis [J]. International Review of Economics & Finance, 2021, 74: 434－451.

[34] Afonso A, Jalles J T. Growth and Productivity: The Role of Government Debt [J]. International Review of Economics and Finance, 2013, 25: 384－407.

[35] Ağca S, Igan D. Fiscal Consolidations and the Cost of Credit [J]. Journal of International Economics, 2019, 120: 84－108.

[36] Agnello L, Castro V, Sousa R M. A Competing Risks Tale on Successful and Unsuccessful Fiscal Consolidations [J]. Journal of International Financial Markets, Institutions and Money, 2019, 63: 101148.

[37] Agnello L, Castro V, Sousa R M. What Determines the Duration of a Fiscal Consolidation Program? [J]. Journal of International Money and Finance, 2013, 37: 113－134.

[38] Aizenman J, Jinjarak Y, Nguyen H T K, et al. Fiscal Space and

Government-spending and Tax-rate Cyclicality Patterns: A Cross-country Comparison, 1960 - 2016 [J]. Journal of Macroeconomics, 2019, 60: 229 -252.

[39] Aizenman J, Marion A. Using Inflation to Erode the US Public Debt [J]. Journal of Macroeconomics, 2011, 33 (4): 524 -541.

[40] Alesina A, Ardagna S. Large Changes in Fiscal Policy: Taxes versus Spending [J]. Tax policy and the economy, 2010, 24 (1): 35 -68.

[41] Alesina A, Campante F R, Tabellini G. Why Is Fiscal Policy Often Procyclical? [J]. Journal of the European Economic Association, 2008, 6 (5): 1006 -1036.

[42] Alesina A, Favero C, Giavazzi F. Effects of Austerity: Expenditure-and Tax-based Approaches [J]. Journal of Economic Perspectives, 2019, 33 (2): 141 -162.

[43] Alesina A, Tabellini G. A Positive Theory of Fiscal Deficits and Government Debt [J]. Review of Economic Studies, 1990, 57: 403 -414.

[44] Alonso M C, Gadea L. Econometric Methods for Business Cycle Dating [M]. Oxford Research Encyclopedia of Economics and Finance. 2023.

[45] Arcand J L, Berkes E, Panizza U. Too Much Finance? [J]. Journal of Economic Growth, 2015, 20: 105 -148.

[46] Atkeson A. International Lending with Moral Hazard and Risk of Repudiation [J]. Econometrica, 1991, 59 (4): 1069 -1089.

[47] Auerbach A J, Gorodnichenko Y. Fiscal Stimulus and Fiscal Sustainability [R]. National Bureau of Economic Research, 2017.

[48] Auerbach A J, Gorodnichenko Y. Measuring the Output Responses to Fiscal Policy [J]. American Economic Journal: Economic Policy, 2012, 4 (2): 1 -27.

[49] Attinasi M G, Metelli L. Is Fiscal Consolidation Self-defeating? A Panel-VAR Analysis for the Euro Area Countries [J]. Journal of International Money and Finance, 2017, 74: 147 -164.

[50] Azzimonti M, Battaglini M, Coate S. The Costs and Benefits of Balanced Budget Rules: Lessons from a Political Economy Model of Fiscal Policy [J]. Journal of Public Economics, 2016, 136: 45 – 61.

[51] Azzimonti M, De Francisco E, Quadrini V. Quadrini, Financial Globalization, Inequality and the Rising Public Debt [J]. American Economic Review, 2014, 104 (8): 2267 – 2302.

[52] Baldacci E, Gupta S, Mulas-Granados C. Reassessing the Fiscal Mix for Successful Debt Reduction [J]. Economic Policy, 2012, 27 (71): 365 – 406.

[53] Barberis N, Vishny R, Shleifer A. A Model of Investor Sentiment [J]. Journal of Financial Economics. 1998, 49 (3): 307 – 343.

[54] Barnichon R, Debortoli D, Matthes C, Understanding the Size of the Government Spending Multiplier: It's in the Sign [J]. The Review of Economic Studies, 2022, 89 (1): 87 – 117.

[55] Barro R J. On the Determination of the Public Debt [J]. Journal of political Economy, 1979, 87 (5, Part 1): 940 – 971.

[56] Barro R J. The Ricardian Approach to Budget Deficits [J]. Journal of Economic Perspective, 1989, 3 (2): 37 – 54.

[57] Barseghyan L, Battaglini M, Coate S. Fiscal Policy over the Real Business Cycle: A Positive Theory [J]. Journal of Economic Theory, 2013, 148 (6): 2223 – 2265.

[58] Barseghyan L, Battaglini M. Political Economy of Debt and Growth [J]. Journal of Monetary Economics, 2016, 82: 36 – 51.

[59] Beetsma R, Furtuna O, Giuliodori M, et al. Revenue-versus Spending-Based Fiscal Consolidation Announcements: Multipliers and Follow-Up [J]. Journal of International Economics, 2021, 131: 103455.

[60] Beirne J. Financial Cycles in Asset Markets and Regions [J]. Economic Modelling, 2020, 92: 358 – 374.

[61] Bentour E M. The Effects of Public Debt Accumulation and Business Cycle on Government Spending Multipliers [J]. Applied Economics,

2022, 54 (19): 2231 -2256.

[62] Beqiraj E, Fedeli S, Forte F. Public Debt Sustainability: An Empirical Study on OECD Countries [J]. Journal of Macroeconomics, 2018, 58: 238 -248.

[63] Bernanke B, Gertler M, Gilchrist S. The Financial Accelerator and the Flight to Quality [J]. The Review of Economics and Statistics, 1996, 78 (1): 1 -15.

[64] Bi H, Traum N. Estimating Sovereign Default Risk [J]. American Economic Review, 2012, 102 (3): 161 -166.

[65] Blanchard M O J, Dell'Ariccia M G, Mauro M P. Rethinking Macro Policy II: Getting Granular [M]. International Monetary Fund, 2013.

[66] Blanchard O. Public Debt and Low Interest Rates [J]. American Economic Review, 2019, 109 (4): 1197 -1229.

[67] Blas B, Malmierca M. Financial Frictions and Stabilization Policies [J]. Economic Modelling, 2020, 89: 166 -188.

[68] Bohn H. Are Stationarity and Cointegration Restrictions Really Necessary for the Intertemporal Budget Constraint? [J]. Journal of monetary Economics, 2007, 54 (7): 1837 -1847.

[69] Bohn H. The Behavior of US Public Debt and Deficits [J]. The Quarterly Journal of Economics, 1998, 113 (3): 949 -963.

[70] Borensztein E, Panizza U. The Costs of Sovereign Default [J]. IMF Staff Papers, 2009, 56 (4): 683 -741.

[71] Borio C. The Financial Cycle and Macroeconomics: What Have We Learnt? [J]. Journal of Banking & Finance, 2014, 45: 182 -198.

[72] Bräuning F, Ivashina V. U. S. Monetary Policy and Emerging Market Credit Cycles [J]. Journal of Monetary Economics, 2020, 12: 57 -76.

[73] Broner F A, Rigobon R. Why Are Capital Flows So Much Volatile in Merging Than in Developed Countries? [M]. Central Banking, Analysis, and Economic Policies Book Series, Central Bank of Chile, 2006: 15 -40.

[74] Broner F, Erce A, Martin A, et al. Sovereign Debt Markets in

Turbulent Times: Creditor Discrimination and Crowding-Out Effects [J]. Journal of Monetary Economics, 2014, 61: 114 –142.

[75] Bry G, Boschan C. Cyclical Analysis of Time Series: Selected Procedures and Computer Programs [M]. NBER, New York, 1971.

[76] Burns A F, Mitchell W C. Measuring Business Cycles [M]. NBER, New York, 1946.

[77] Caballero R J, Krishnamurthy A. Fiscal Policy and Financial Depth [J]. NBER working paper, 2004.

[78] Calvo G A. Staggered prices in a utility-maximizing framework [J]. Journal of Monetary Economics, 1983, 12 (3): 383 –398.

[79] Camous A, Gimber A R. Public Debt and Fiscal Policy Traps [J]. Journal of Economic Dynamics and Control, 2018, 93: 239 –259.

[80] Cantore C, Levine P, Melina G, et al. Optimal Fiscal and Monetary Policy, Debt Crisis, and Management [J]. Macroeconomic Dynamics, 2019, 23 (3): 1166 –1204.

[81] Carnazza G, Liberati P, Sacchi A. The Cyclically-adjusted Primary Balance: A Novel Approach for the Euro Area [J]. Journal of Policy Modeling, 2020, 42 (5): 1123 –1145.

[82] Carrière-Swallow Y, Céspedes L F. The Impact of Uncertainty Shocks in Emerging Economies [J]. Journal of International Economics, 2013, 90 (2): 316 –325.

[83] Chang C, Chen K, Waggoner D F, et al. Trends and cycles in China's macroeconomy [J]. NBER macroeconomics annual, 2016, 30 (1): 1 –84.

[84] Checherita-Westphal C, Rother P. The Impact of High Government Debt on Economic Growth and its Channels: An Empirical Investigation for the Euro Area [J]. European economic review, 2012, 56 (7): 1392 –1405.

[85] Cherif R, Hasanov F. Public Debt Dynamics: The Effects of Austerity, Inflation, and Growth Shocks [J]. Empirical Economics, 2018, 54 (3): 1087 –1105.

[86] Christiano L J, Fitzgerald T J. The Band Pass Filter [J]. International Economic Review, 2003, 44 (2): 435-465.

[87] Christiano L, Eichenbaum M, Rebelo S. When is the Government Spending Multiplier Large? [J]. Journal of Political Economy, 2011, 119 (1): 78-121.

[88] Chrysanthakopoulos C, Tagkalakis A. The Effects of Fiscal Institutions on Fiscal Adjustment [J]. Journal of International Money and Finance, 2023, 134: 102853.

[89] Claessens S, Kose M A, Terrones M E. How Do Business and Financial Cycles Interact? [J]. Journal of International Economics, 2012, 87: 178-190.

[90] Cogan J F, Taylor J B, Wieland V, et al. Fiscal Consolidation Strategy [J]. Journal of Economic Dynamics and Control, 2013, 37 (2): 404-421.

[91] Cole H L, Kehoe T J. Self-fulfilling Debt Crises [J]. The Review of Economic Studies, 2000, 67 (1): 91-116.

[92] Combes J L, Minea A, Sow M. Is Fiscal Policy Always Counter-(Pro-) Cyclical? The Role of Public Debt and Fiscal Rules [J]. Economic Modelling, 2017, 65: 138-146.

[93] Cuestas J C, Regis P J. On the Dynamics of Sovereign Debt in China: Sustainability and Structural Change [J]. Economic Modelling, 2018, 68: 356-359.

[94] Dalio R. Principles for Navigating Big Debt Crises [M]. Simon and Schuster, 2022.

[95] David M A, Leigh M D. A New Action-based Dataset of Fiscal Consolidation in Latin America and the Caribbean [M]. International Monetary Fund, 2018.

[96] De Mendonça H F, Brito Y. The Link between Public Debt and Investment: An Empirical Assessment from Emerging Markets [J]. Applied Economics, 2021, 53 (50): 5864-5876.

[97] Drehmann M, Borio C, Tsatsaronis K. Characterising the Financial Cycle: Don't Lose Sight of the Medium Term! [J] BIS Working Paper, 2012.

[98] Dynan K, Elmendorf D, Sichel D. The Evolution of Household Income Volatility [J]. The BE Journal of Economic Analysis & Policy, 2012, 12 (2) .

[99] Eaton J, Gersovitz M. Debt with Potential Repudiation: Theoretical and Empirical Analysis [J]. The Review of Economic Studies, 1981, 48 (2): 289 - 309.

[100] Eichengreen B J, El-Ganainy A, Esteves R, et al. In Defense of Public Debt [M]. Oxford University Press, 2021.

[101] Eichengreen B, El-Ganainy A, Esteves R, et al. Public Debt through the Ages [J]. NBER Working Paper, 2019.

[102] Engle R F, Granger C W J. Co-Integration and Error-Correction: Representation, Estimation, and Testing [J]. Econometrica, 1987, 55: 251 - 276.

[103] English W, Tsatsaronis K, Zoli E. Assessing the Predictive Power of Measures of Financial Conditions for Macroeconomic Variables [J]. BIS Papers chapters, Bank for International Settlements, 2005.

[104] Escolano J. A Practical Guide to Public Debt Dynamics, Fiscal Sustainability, and Cyclical Adjustment of Budgetary Aggregates [M]. Washington, DC: International Monetary Fund, 2010.

[105] Fatás A, Summers L H. The Permanent Effects of Fiscal Consolidations [J]. Journal of International Economics, 2018, 112: 238 - 250.

[106] Fedelino A, Horton M A, Ivanova A. Computing Cyclically-adjusted Balances and Automatic Stabilizers [J]. Technical Notes and Manuals, 2009, 2009 (005) .

[107] Fisher I. The Debt-Deflation Theory of Great Depressions [J]. Econometrica, 1933, 1 (4): 337 - 357.

[108] Fotiou A. Non-linearities in Fiscal Policy: The Role of Debt

[J]. European Economic Review, 2022, 150: 104212.

[109] Frankel J A, Végh C A, Vuletin G. On Graduation from Fiscal Procyclicality [J]. Journal of Development Economics, 2013, 100 (1): 32-47.

[110] Fukunaga I, Komatsuzaki T, Matsuoka H. Inflation and Public Debt Reversals in Advanced Economies [J]. Contemporary Economic Policy, 2022, 40 (1): 124-137.

[111] Galli C. Self-fulfilling Debt Crises, Fiscal Policy and Investment [J]. Journal of International Economics, 2021, 131: 103475.

[112] Gaspar V, Medas P, Perrelli R. Global Debt Reaches a Record $226 Trillion [J]. IMF Blog, 2021, 15.

[113] Gavin M, Perotti R. Fiscal Policy in Latin America [J]. NBER Macroeconomics Annual, 1997, 12: 11-61.

[114] Ge X, Li X, Li Y, et al. The Driving Forces of China's Business Cycles: Evidence from an Estimated DSGE Model with Housing and Banking [J]. China Economic Review, 2022, 72: 101753.

[115] Geiger M, Zachariadis M. Consumers' Updating, Policy Shocks, and Public Debt: An Empirical Assessment of State Dependencies [J]. Macroeconomic Dynamics, 2022, 26 (8): 2104-2140.

[116] Georgantas G, Kasselaki M, Tagkalakis A. The Effects of Fiscal Consolidation in OECD Countries [J]. Economic Modelling, 2023, 118: 106099.

[117] Gertler M, Karadi P. A model of unconventional monetary policy [J]. Journal of monetary Economics, 2011, 58 (1): 17-34.

[118] Gnangnon S K. The Effect of Development Aid Unpredictability and Migrants' Remittances on Fiscal Consolidation in Developing Countries [J]. World Development, 2014, 54: 168-190.

[119] Gottardi P, Kajii A, Nakajima T. Optimal Taxation and Debt with Uninsurable Risks to Human Capital Accumulation [J]. American Economic Review, 2015, 105 (11): 3443-3470.

[120] Granger C W J. Investigating Causal Relations by Econometric Models and Cross-Spectral Methods [J]. Econometric, 1969, 37: 424-459.

[121] Gu Y, Guo J, Liang X, Zhao Y. Does the Debt-Growth Link Differ Across Private and Public debt? Evidence from China [J]. Economic Modelling, 2022, 114: 105930.

[122] Harding D and Pagan A. Dissecting the Cycle: A Methodological Investigation [J]. Journal of Monetary Economics, 2002, 49: 365-381.

[123] Hall G J, Sargent T J. Interest Rate Risk and Other Determinants of Post-WWII US Government Debt/GDP Dynamics [J]. American Economic Journal: Macroeconomics, 2011, 3 (3): 192-214.

[124] Heylen F, Hoebeeck A, Buyse T. Government Efficiency, Institutions, and the Effects of Fiscal Consolidation on Public Debt [J]. European Journal of Political Economy, 2013, 31: 40-59.

[125] Hiebert P, Peltonen T A, Schüler Y S. Characterising the Financial Cycle: A Multivariate and Time-Varying Approach [J]. Working Paper Series, European Central Bank, 2015.

[126] Hilscher J, Raviv A, Reis R, et al. Inflating Away the Public Debt? An Empirical Assessment [J]. The Review of Financial Studies, 2022, 35 (3): 1553-1595.

[127] Hodrick R J, Prescott E C. Post-war U. S. Business Cycles: An Empirical Investigation. Journal of Money, Credit and Banking [J]. 1997, 29 (1): 1-16.

[128] Huang Y, Pagano M, Panizza U. Local Crowding-out in China [J]. The Journal of Finance, 2020, 75 (6): 2855-2898.

[129] Huidrom R, Kose M A, Lim J J, et al. Why Do Fiscal Multipliers Depend on Fiscal Positions? [J]. Journal of Monetary Economics, 2020, 114: 109-125.

[130] Iacoviello M. Financial business cycles [J]. Review of Economic Dynamics, 2015, 18 (1): 140-163.

[131] Ilzetzki E, Mendoza E G, Végh C A. How Big (Small?) are

Fiscal Multipliers? [J]. Journal of Monetary Economics, 2013, 60 (2): 239 – 254.

[132] IMF. From Banking to Sovereign Stress: Implications for Public Debt [J]. IMF Policy Paper, Washington, DC, 2015.

[133] Inklaar R. Bry-Boschan Algorithm for MatLab. University of Groningen.

[134] Isomitdinov H, Arčabić V, Lee J, et al. International Comovements of Public Debt [J]. Economic Inquiry, 2024.

[135] Ito A, Watanabe T, Yabu T. Fiscal Policy Switching in Japan, the US, and the UK [J]. Journal of the Japanese and International Economies, 2011, 25 (4): 380 – 413.

[136] Johansen S. Likelihood-Based Inference in Cointegrated Vector Autoregressive Models [M]. Oxford: Oxford University Press, 1995.

[137] Jordà Ò, Schularick M, Taylor A M. Macrofinancial History and the New Business Cycle Facts [J]. NBER Macroeconomics Annual, 2017, 31: 213 – 263.

[138] Jordà Ò, Schularick M, Taylor A M. Sovereigns Versus Banks: Credit, Crises, and Consequences [J]. Journal of the European Economic Association, 2016, 14 (1): 45 – 79.

[139] Kaminsky G L, Reinhart C M, Végh C A. When It Rains, It Pours: Procyclical Capital Flows and Macroeconomic Policies [J]. NBER Macroeconomics Annual, 2004, 19: 11 – 53.

[140] Kiyotaki N, Moore J. Credit Cycles [J]. Journal of Political Economy, 1997, 105 (2): 211 – 248.

[141] Kose M A, Kurlat S, Ohnsorge F, et al. A Cross-Country Database of Fiscal Space [J]. Journal of International Money and Finance, 2022, 128: 102682.

[142] Kourtellos A, Stengos T, Tan C M. The Effect of Public Debt on Growth in Multiple Regimes [J]. Journal of Macroeconomics, 2013, 38: 35 – 43.

[143] Kydland F E, Prescott E C. Time to Build and Aggregate Fluctuations [J]. Econometrica, 1982, 50 (6): 1345 - 1370.

[144] Lee C L, Ahmad R, Khalid N, et al. Modelling the Nonlinear Fiscal Reaction Function in Analysis [J]. The Singapore Economic Review, 2021: 1 - 18.

[145] Lee I. Co-movement of Steady-State Government Debt and Household Debt [J]. Singapore Economic Review, 2021a: 1 - 35.

[146] Lee I. Idiosyncratic Risk and Acyclically Increasing Public Debt [J]. Singapore Economic Review, 2021b, 66 (5): 1177 - 1203.

[147] Leeper E M, Walker T B. Fiscal Limits in Advanced Economies [J]. Economic Papers: A Journal of Applied Economics and Policy, 2011, 30 (1): 33 - 47.

[148] Leeper E M, Walker T B, Yang S S. Government Investment and Fiscal Stimulus [J]. Journal of Monetary Economics, 2010, 57 (8): 1000 - 1012.

[149] Leigh M D, Pescatori M A, Devries M P, et al. A New Action-based Dataset of Fiscal Consolidation [M]. International Monetary Fund, 2011.

[150] Le V P M, Matthews K, Meenagh D, et al. Shadow Banks, Banking Policies and China's Macroeconomic Fluctuations [J]. Journal of International Money and Finance, 2021, 116: 102415.

[151] Li X-L, Yan J, Wei X. Dynamic Connectedness among Monetary Policy Cycle, Financial Cycle and Business Cycle in China [J]. Economic Analysis and Policy, 2021, 69: 640 - 652.

[152] Liu Z, Waggoner D F, Zha T. Sources of Macroeconomic Fluctuations: A Regime-switching DSGE Approach [J]. Quantitative Economics, 2011, 2 (2): 251 - 301.

[153] Makin A J, Layton A. The Global Fiscal Response to COVID-19: Risks and Repercussions [J]. Economic Analysis and Policy, 2021, 69: 340 - 349.

[154] Menden C, Proaño C R. Dissecting the Financial Cycle with Dynamic Factor Models [J]. Quantitative Finance, 2017, 17 (12): 1965 – 1994.

[155] Nguyen T D, Suardi S, Chua C L. The Behavior of US Public Debt and Deficits During the Global Financial Crisis [J]. Contemporary Economic Policy, 2017, 35 (1): 201 – 215.

[156] Nickel C, Tudyka A. Fiscal Stimulus in Times of High Debt: Reconsidering Multipliers and Twin Deficits [J]. Journal of Money, Credit and Banking, 2014, 46 (7): 1313 – 1344.

[157] Niehaus P, Sukhtankar S. The marginal rate of corruption in public programs: Evidence from India [J]. Journal of public Economics, 2013, 104: 52 – 64.

[158] Park B, Song W. Determinants of Domestic Public Debt Crisis [J]. KIEP Research Paper No. Working Paper – 11 – 03, 2011.

[159] Parker J A. On Measuring the Effects of Fiscal Policy in Recessions [J]. Journal of Economic Literature, 2011, 49 (3): 703 – 718.

[160] Persson T, Svensson L E O. Why a Stubborn Conservative Would Run a Deficit: Policy with Time-inconsistent Preferences [J]. The Quarterly Journal of Economics, 1989, 104 (2): 325 – 345.

[161] Pettersson-Lidbom P. An Empirical Investigation of the Strategic Use of Debt [J]. Journal of Political Economy, 2001, 109 (3): 570 – 583.

[162] Pfeifer J. A Guide to Specifying Observation Equations for the Estimation of DSGE Models [J]. Research series, 2014: 1 – 150.

[163] Phelps E S, Shell K. Public Debt, Taxation, and Capital Intensiveness [J]. Journal of Economic Theory, 1969, 1 (3): 330 – 346.

[164] Poghosyan T. How do Financial Cycles Affect Public Debt Cycles? [J]. Empirical Economics, 2018, 54: 425 – 460.

[165] Poplawski-Ribeiro M, et al. Global Debt Monitor [R]. Washington, DC: International Monetary Fund, 2023.

[166] Prabheesh K P, Anglingkusumo R, Juhro S M. The Dynamics of Global Financial Cycle and Domestic Economic Cycles: Evidence from India

and Indonesia [J]. Economic Modelling, 2021, 94: 831 – 842.

[167] Rant V, Marinč M, Porenta J. Debt and Convergence: Evidence from the EU Member States [J]. Finance Research Letters, 2021, 39: 101617.

[168] Ravn M O, Uhlig H. On Adjusting the Hodrick-Prescott Filter for the Frequency of Observations [J]. Review of Economics and Statistics, 2002, 84 (2): 371 – 380.

[169] Reinhart C M, Reinhart V R, Rogoff K S. Public Debt Overhangs: Advanced-Economy Episodes Since 1800 [J]. Journal of Economic Perspectives, 2012, 26 (3): 69 – 86.

[170] Reinhart C M, Rogoff K S. From Financial Crash to Debt Crisis [J]. American Economic Review, 2011a, 101 (5): 1676 – 1706.

[171] Reinhart C M, Rogoff K S. Growth in a Time of Debt [J]. American economic review, 2010, 100 (2): 573 – 578.

[172] Reinhart C M, Rogoff K S. The Forgotten History of Domestic Debt [J]. The Economic Journal, 2011b, 121 (552): 319 – 350.

[173] Reinhart C M, Sbrancia M B. The Liquidation of Government Debt [J]. Economic Policy, 2015, 30 (182): 291 – 333.

[174] Ren X, Liu Z, Jin H. Fiscal Consolidation in China: A Dynamic Computable General Equilibrium Analysis [J]. Applied Economics, 2024, 56 (1): 59 – 80.

[175] Rengel M. Sustainability of European Fiscal Balances: Just a Statistical Artifact? [J]. Empirical Economics, 2020, 58: 1681 – 1712.

[176] Rioja F, Valev N. Finance and the Sources of Growth at Various Stages of Economic Development [J]. Economic Inquiry, 2004, 42 (1): 127 – 140.

[177] Romer C D, Romer D H. The Macroeconomic Effects of Tax Changes: Estimates Based on a New Measure of Fiscal Shocks [J]. American Economic Review, 2010, 100 (3): 763 – 801.

[178] Romer D. Advanced Macroeconomics [M]. University of Cali-

fornia, Berkely, 2001, 530 - 587.

[179] Rose A K. One Reason Countries Pay Their Debts: Renegotiation and International Trade [J]. The Journal of Development Economics, 2005, 77 (1): 189 - 206.

[180] Roth C, Settele S, Wohlfart J. Beliefs about Public Debt and the Demand for Government Spending [J]. Journal of Econometrics, 2022, 231 (1): 165 - 187.

[181] Rousseau P L, Wachtel P. What Is Happening to the Impact of Financial Deepening on Economic Growth? [J] Economic Inquiry, 2011, 49 (1): 276 - 288.

[182] Sarno L. The Behavior of US Public Debt: A Nonlinear Perspective [J]. Economics Letters, 2001, 74 (1): 119 - 125.

[183] Schmeling M. Investor or Sentiment and Stock Returns: Some International Evidence [J]. Journal of Empirical Finance, 2009, 16 (3): 394 - 408.

[184] Schularick M. Public and Private Debt: The Historical Record (1870—2010) [J]. German Economic Review, 2014, 15 (1): 191 - 207.

[185] Schüler Y S, Hiebert P P, Peltonen T A. Financial Cycles: Characterisation and Real-Time Measurement [J]. Journal of International Money and Finance, 2020, 100: 102082.

[186] Sivramkrishna S. Paradox of plenty: Norway's macroeconomic policy dilemmas during the oil price crash, 2014 - 15 [J]. Journal of Post Keynesian Economics, 2019, 42 (2): 191 - 214.

[187] Stock J H, Watson M W. Has the Business Cycle Changed and Why? [J]. NBER Macroeconomics Annual, 2002, 17: 159 - 218.

[188] Strobel F. The Government Spending Multiplier, Fiscal Stress and the Zero Lower Bound [R]. Institute for Monetary and Financial Stability Working Paper Series, 2018.

[189] Sutherland A. Fiscal Crises and Aggregate Demand: Can High Public Debt Reverse the Effects of Fiscal Policy? [J]. Journal of public eco-

nomics, 1997, 65 (2): 147 -162.

[190] Talvi E, Végh, C A. Tax Base Variability and Procyclical Fiscal Policy in Developing Countries [J]. Journal of Development Economics, 2005, 78: 156 -190.

[191] Tornell A, Lane P R. The Voracity Effect [J]. American economic review, 1999, 89 (1): 22 -46.

[192] Wagner R E. Revenue Structure, Fiscal Illusion, and Budgetary Choice [J]. Public Choice, 1976, 25: 45 -61.

[193] Woo J, Kumar M S. Public Debt and Growth [J]. Economica, 2015, 82: 705 -739.

[194] Yared P. Rising Government Debt: Causes and Solutions for a Decades-old Trend [J]. Journal of Economic Perspectives, 2019, 33 (2): 115 -140.

附　　录

图 A－1　公共债务周期（转折点法）

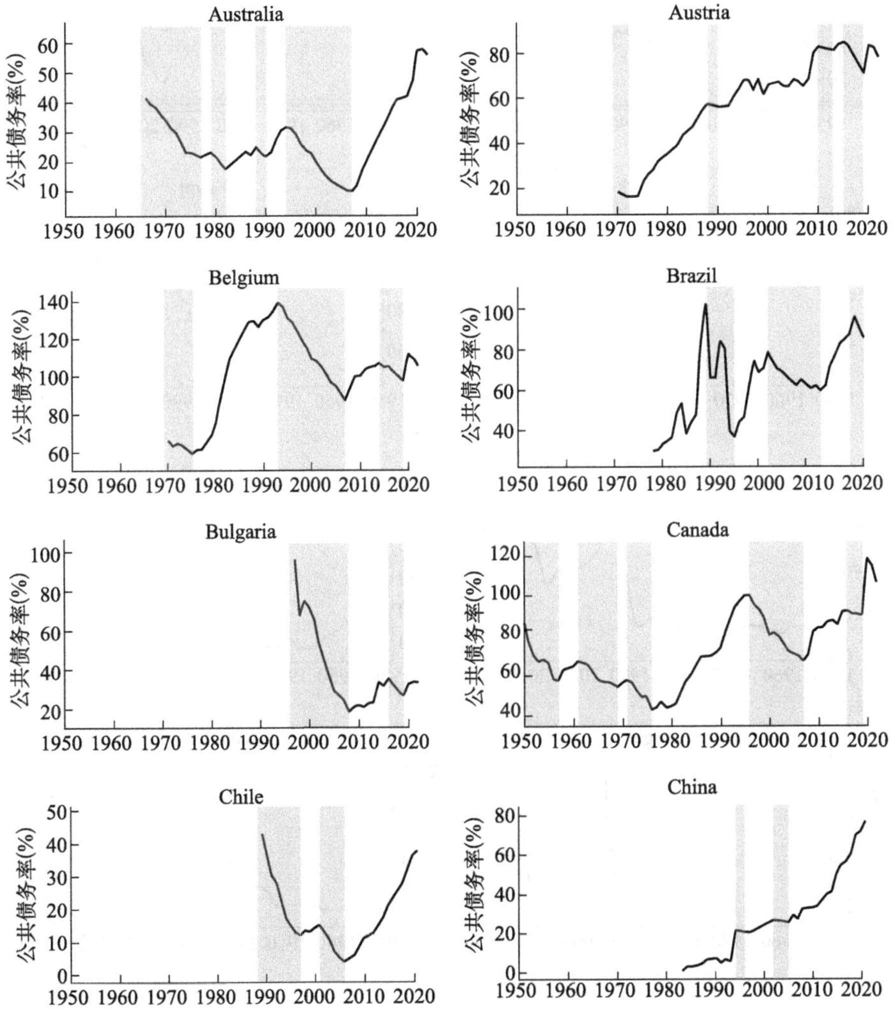

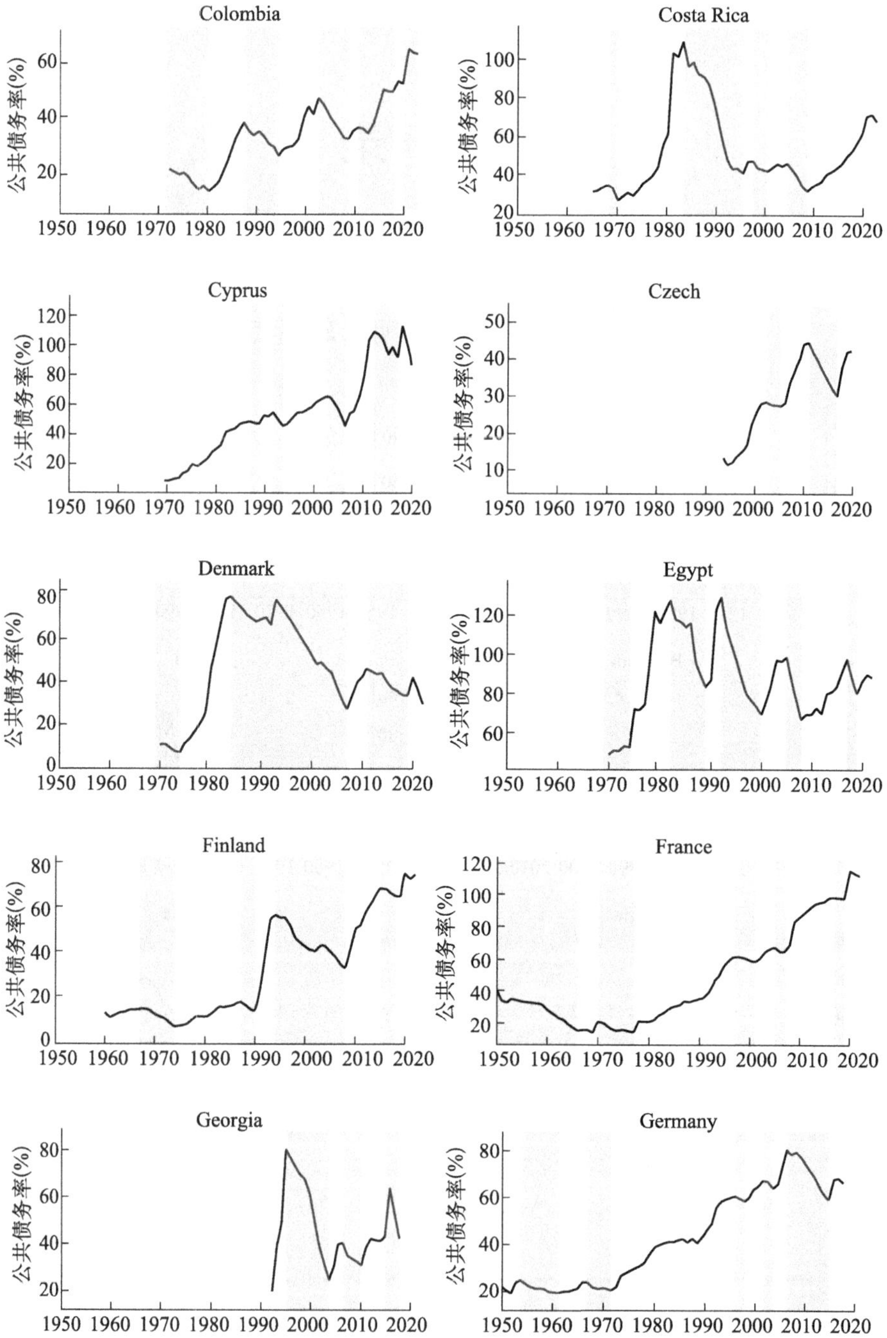
Colombia
Costa Rica
Cyprus
Czech
Denmark
Egypt
Finland
France
Georgia
Germany
公共债务率(%)
1950 1960 1970 1980 1990 2000 2010 2020

Greece
公共债务率(%)
200
150
100
50
1950 1960 1970 1980 1990 2000 2010 2020

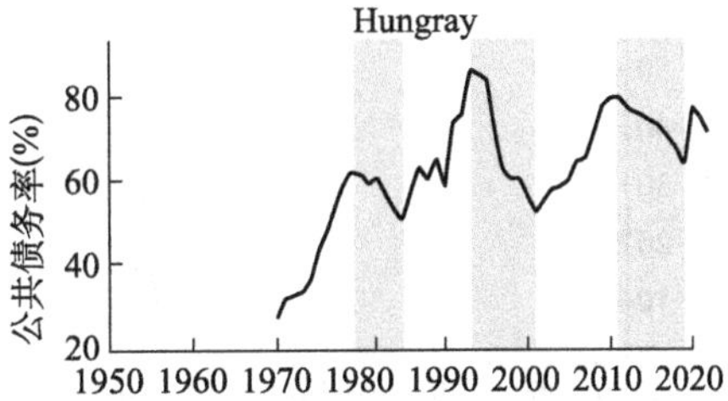
Hungray
公共债务率(%)
80
60
40
20
1950 1960 1970 1980 1990 2000 2010 2020

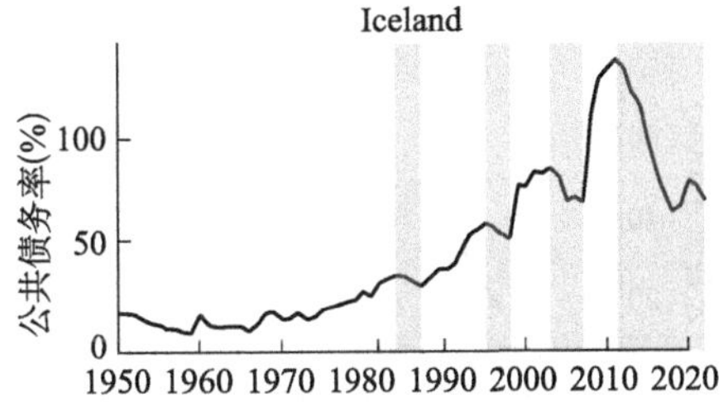
Iceland
公共债务率(%)
100
50
0
1950 1960 1970 1980 1990 2000 2010 2020

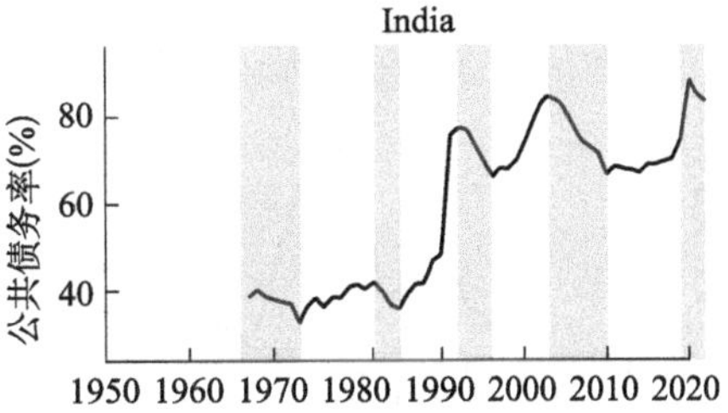
India
公共债务率(%)
80
60
40
1950 1960 1970 1980 1990 2000 2010 2020

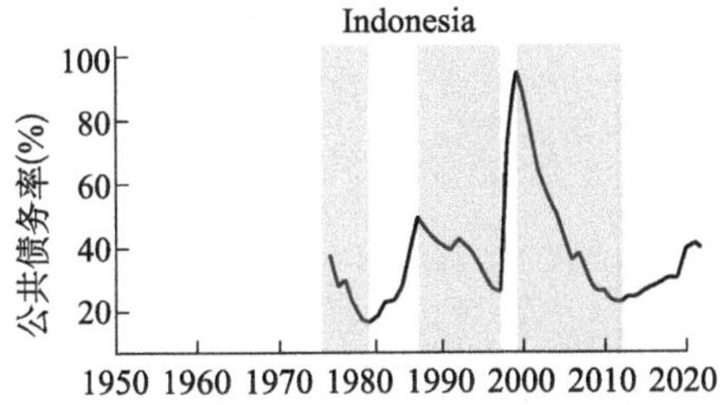
Indonesia
公共债务率(%)
100
80
60
40
20
1950 1960 1970 1980 1990 2000 2010 2020

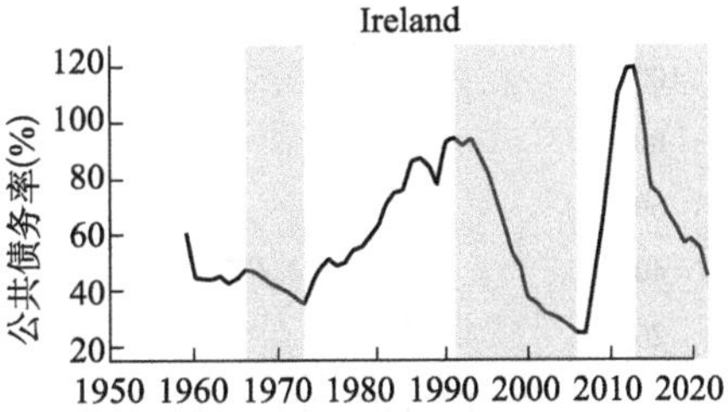
Ireland
公共债务率(%)
120
100
80
60
40
20
1950 1960 1970 1980 1990 2000 2010 2020

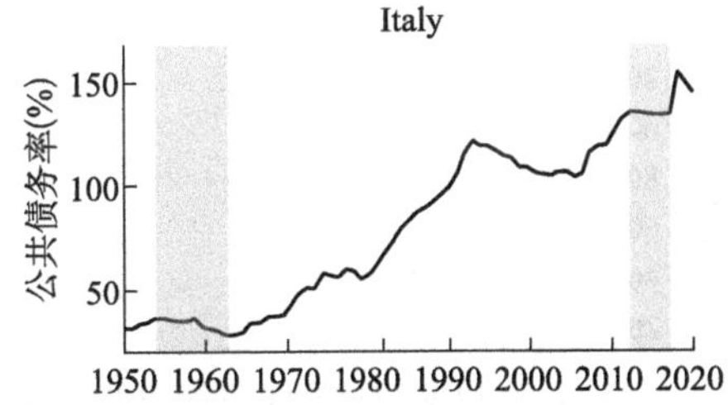
Italy
公共债务率(%)
150
100
50
1950 1960 1970 1980 1990 2000 2010 2020

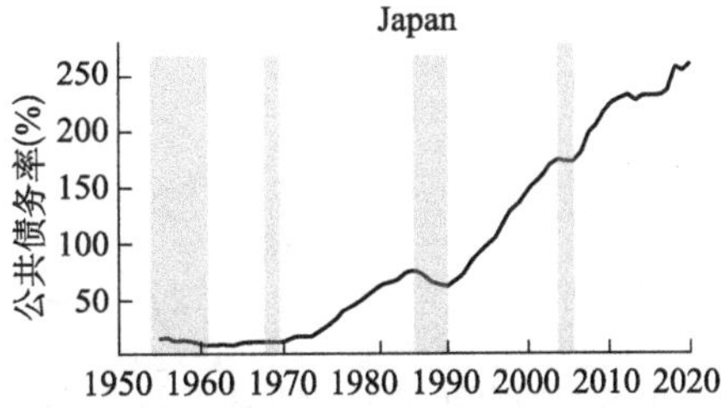
Japan
公共债务率(%)
250
200
150
100
50
1950 1960 1970 1980 1990 2000 2010 2020

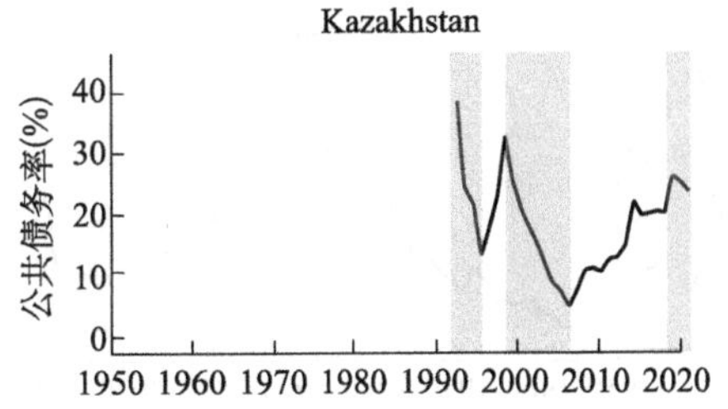
Kazakhstan
公共债务率(%)
40
30
20
10
0
1950 1960 1970 1980 1990 2000 2010 2020

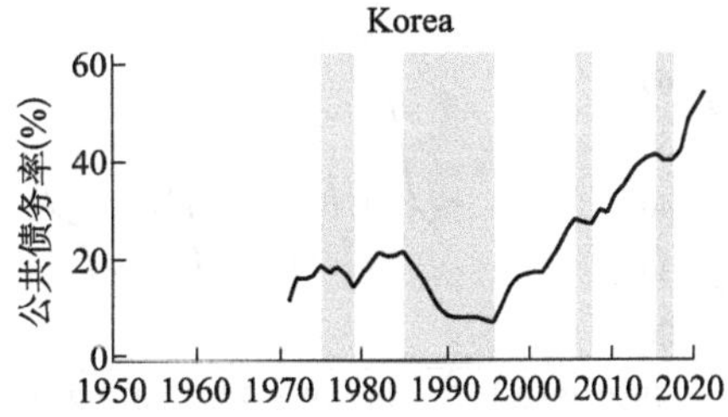
Korea
公共债务率(%)
60
40
20
0
1950 1960 1970 1980 1990 2000 2010 2020

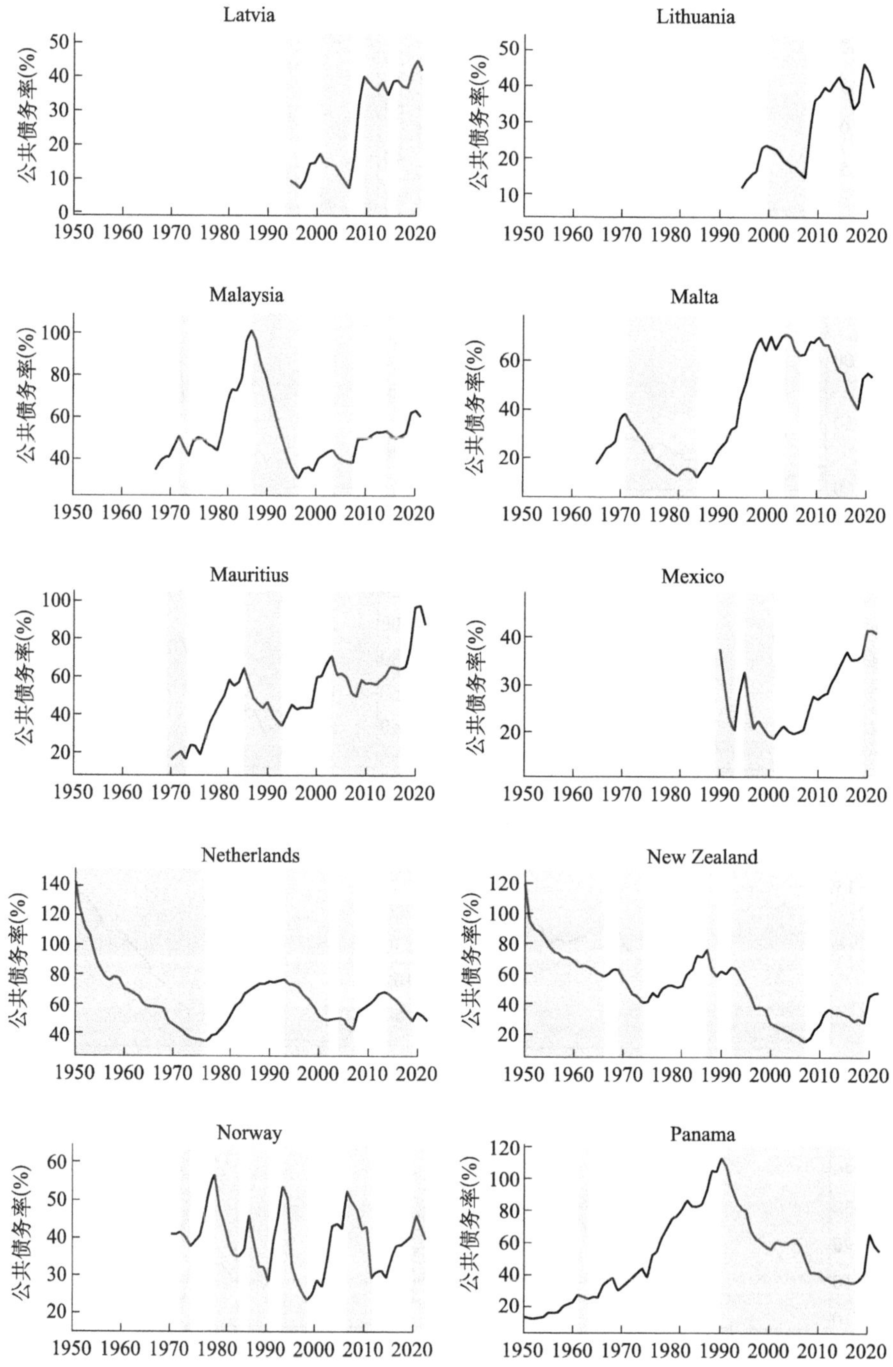
Latvia
Lithuania
Malaysia
Malta
Mauritius
Mexico
Netherlands
New Zealand
Norway
Panama
公共债务率(%)
1950 1960 1970 1980 1990 2000 2010 2020

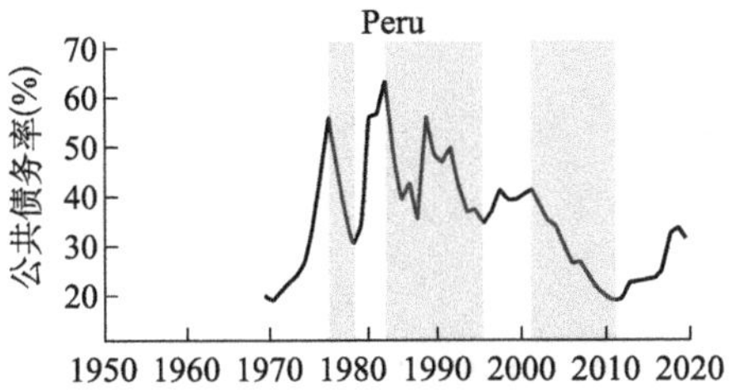
Peru
公共债务率(%)
70
60
50
40
30
20
1950 1960 1970 1980 1990 2000 2010 2020

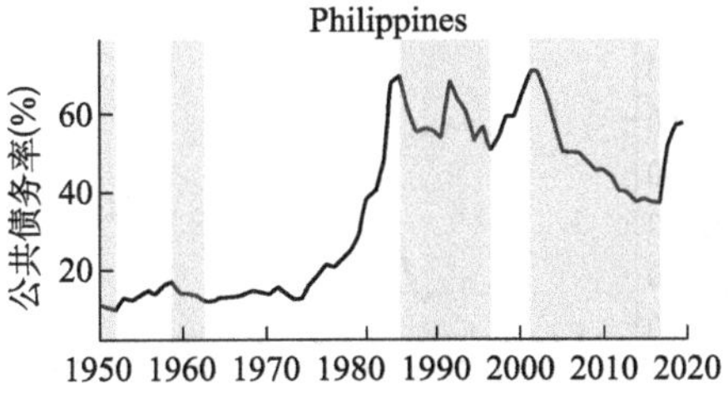
Philippines
公共债务率(%)
60
40
20
1950 1960 1970 1980 1990 2000 2010 2020

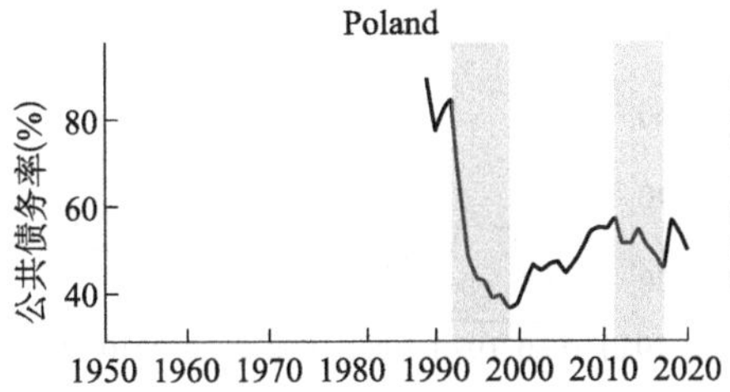
Poland
公共债务率(%)
80
60
40
1950 1960 1970 1980 1990 2000 2010 2020

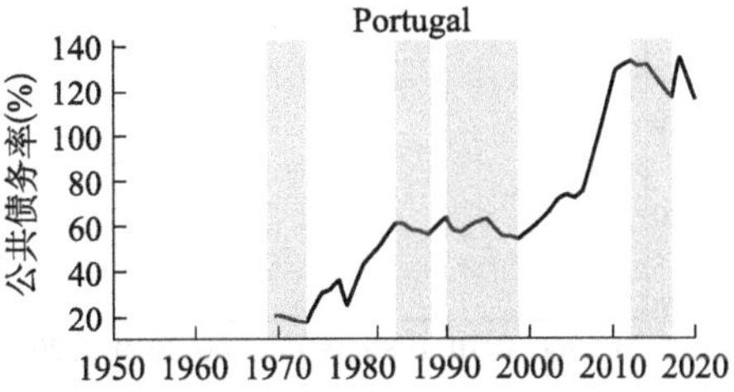
Portugal
公共债务率(%)
140
120
100
80
60
40
20
1950 1960 1970 1980 1990 2000 2010 2020

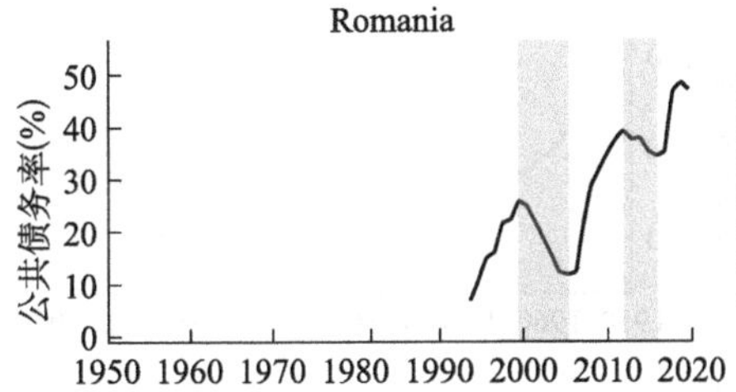
Romania
公共债务率(%)
50
40
30
20
10
0
1950 1960 1970 1980 1990 2000 2010 2020

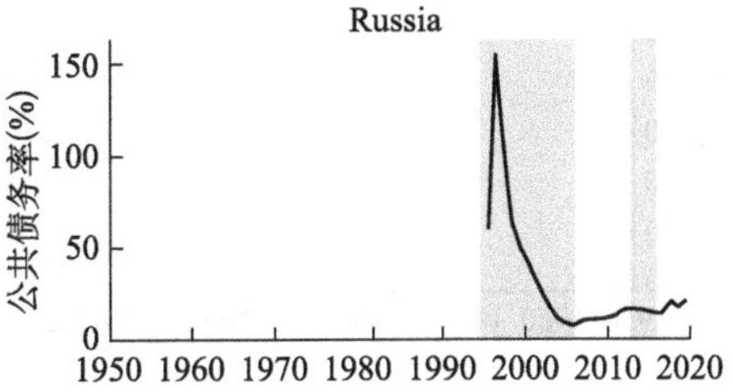
Russia
公共债务率(%)
150
100
50
0
1950 1960 1970 1980 1990 2000 2010 2020

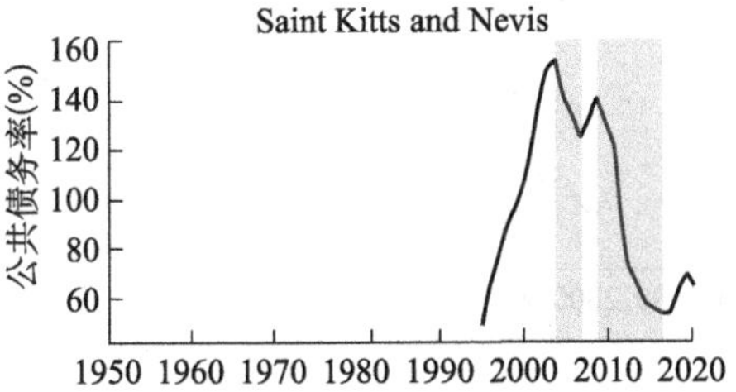
Saint Kitts and Nevis
公共债务率(%)
160
140
120
100
80
60
1950 1960 1970 1980 1990 2000 2010 2020

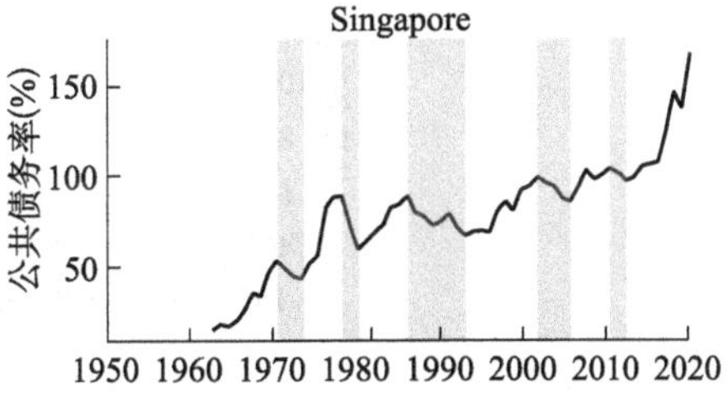
Singapore
公共债务率(%)
150
100
50
1950 1960 1970 1980 1990 2000 2010 2020

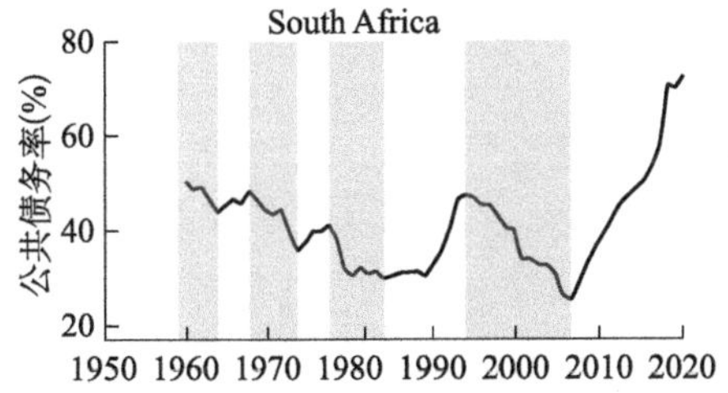
South Africa
公共债务率(%)
80
60
40
20
1950 1960 1970 1980 1990 2000 2010 2020

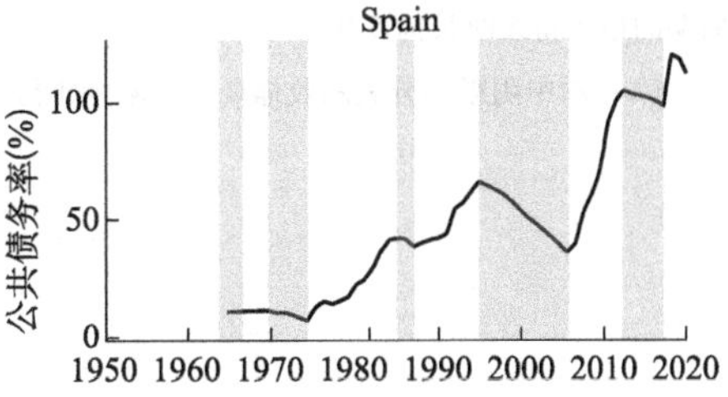
Spain
公共债务率(%)
100
50
0
1950 1960 1970 1980 1990 2000 2010 2020

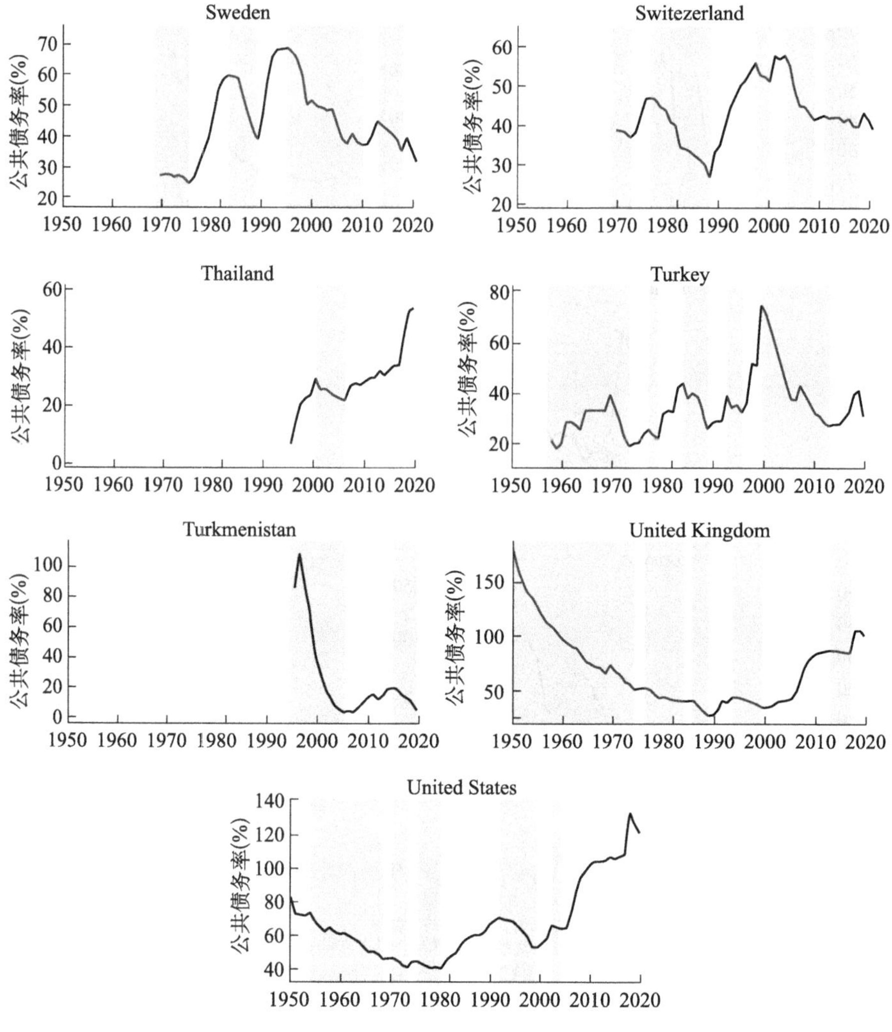

注：(1) 图中展示的是中周期识别结果，审查条件为扩张期和收缩期的最短持续时长为 2 年，周期的最短持续时长为 5 年。

(2) 图中阴影部分表示收缩期。横轴为年份。

图 A-2　公共债务周期（CF 滤波）

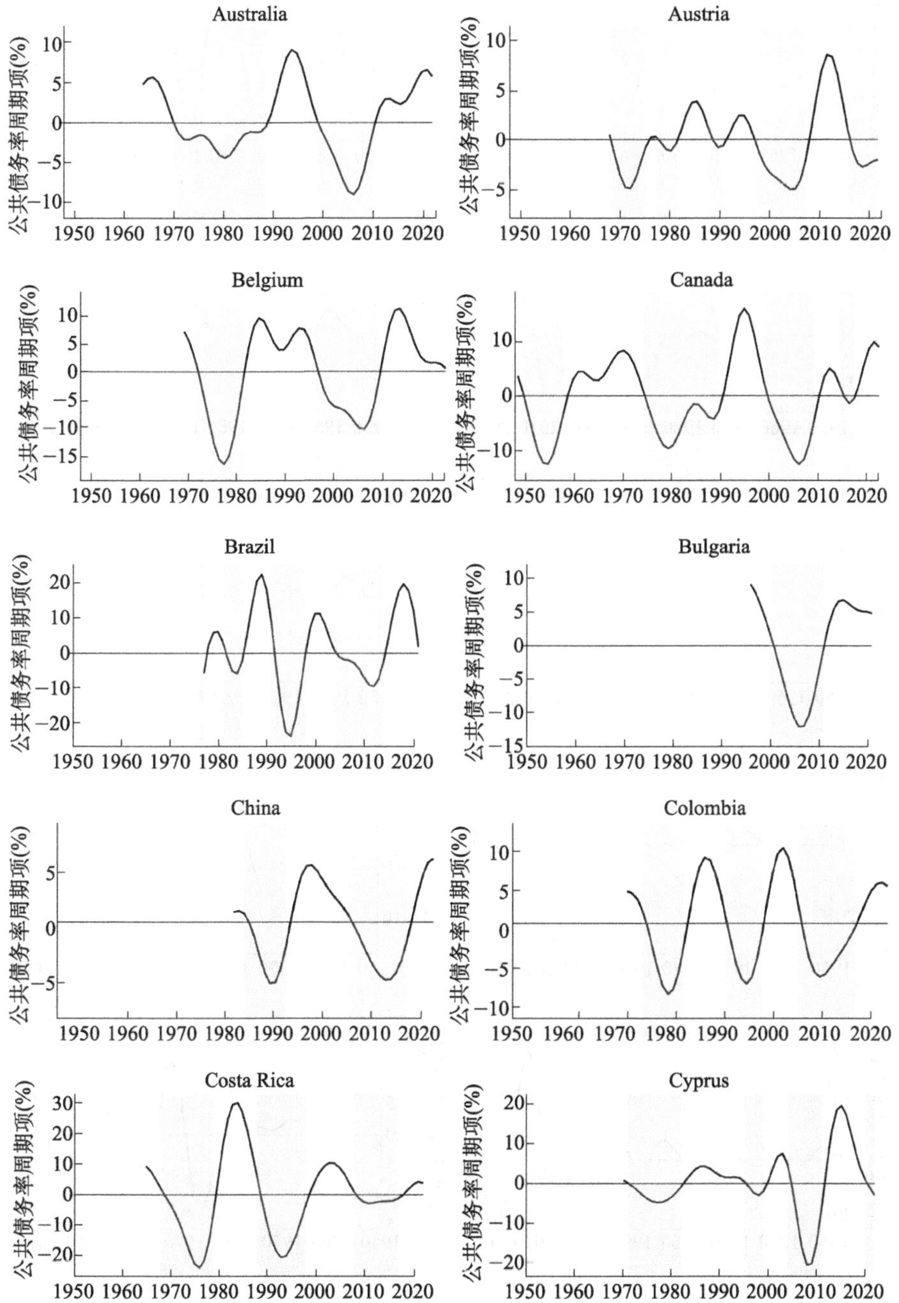

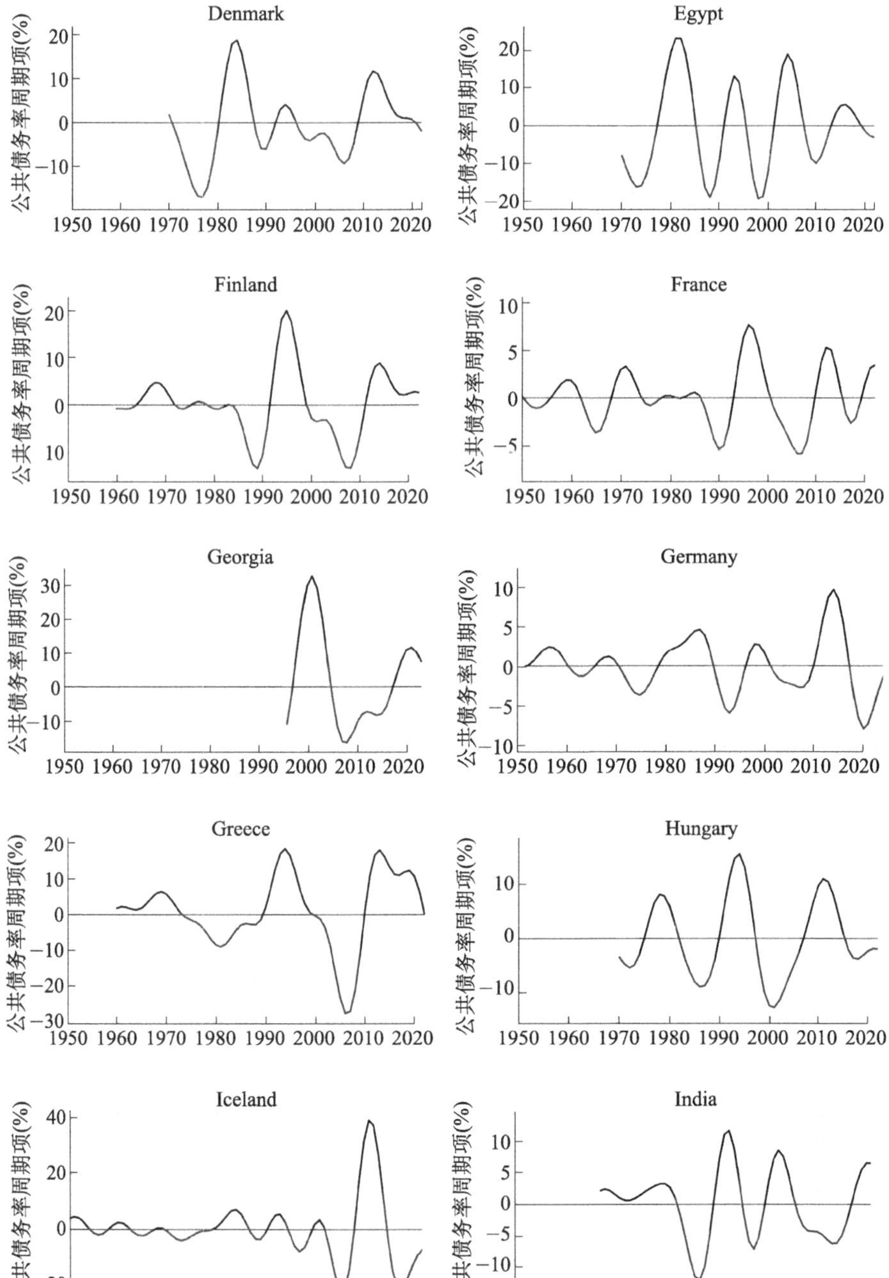
Denmark
Egypt
Finland
France
Georgia
Germany
Greece
Hungary
Iceland
India
公共债务率周期项(%)
1950 1960 1970 1980 1990 2000 2010 2020

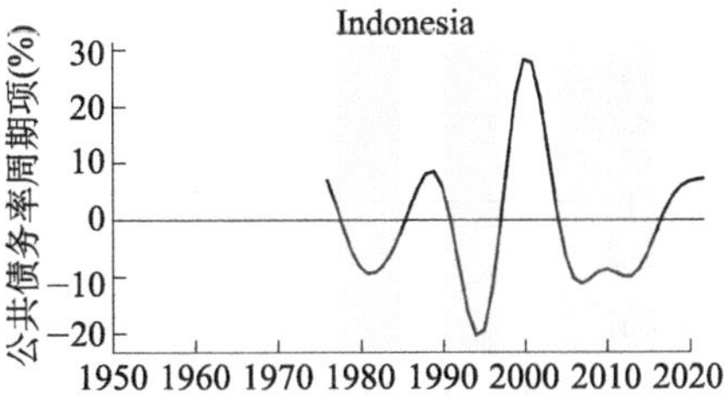
Indonesia
公共债务率周期项(%)
30
20
10
0
−10
−20
1950 1960 1970 1980 1990 2000 2010 2020

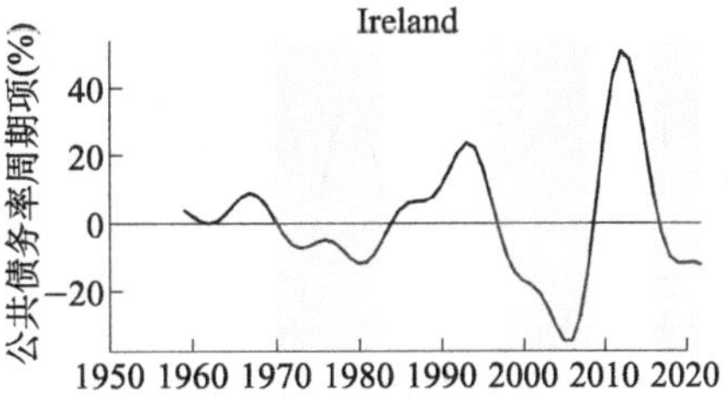
Ireland
公共债务率周期项(%)
40
20
0
−20
1950 1960 1970 1980 1990 2000 2010 2020

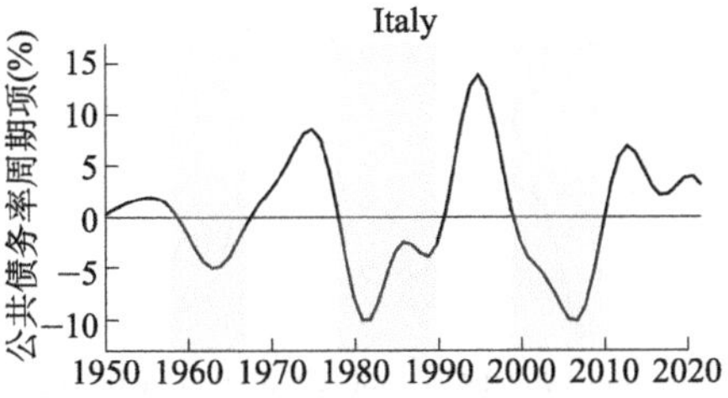
Italy
公共债务率周期项(%)
15
10
5
0
−5
−10
1950 1960 1970 1980 1990 2000 2010 2020

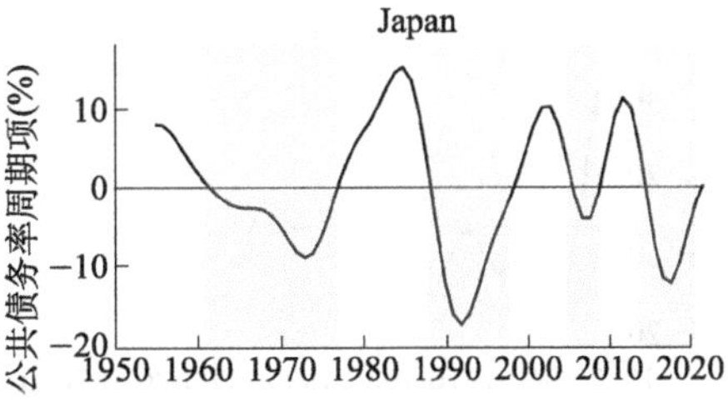
Japan
公共债务率周期项(%)
10
0
−10
−20
1950 1960 1970 1980 1990 2000 2010 2020

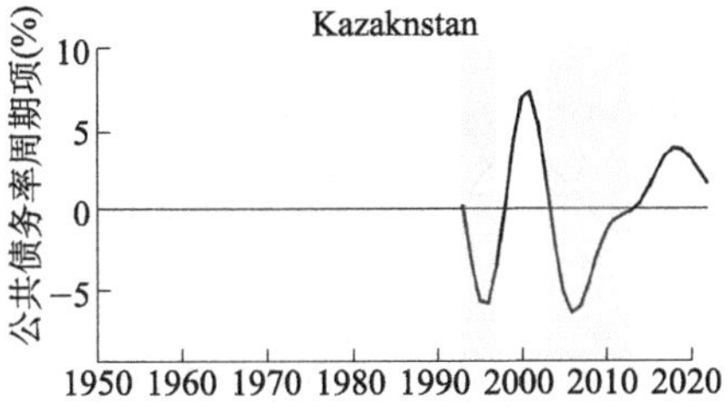
Kazaknstan
公共债务率周期项(%)
10
5
0
−5
1950 1960 1970 1980 1990 2000 2010 2020

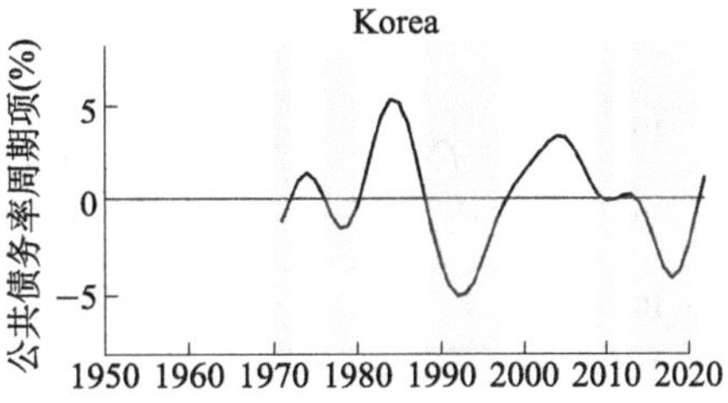
Korea
公共债务率周期项(%)
5
0
−5
1950 1960 1970 1980 1990 2000 2010 2020

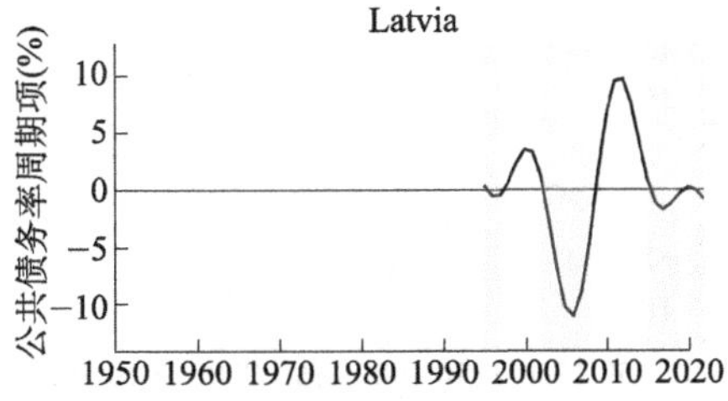
Latvia
公共债务率周期项(%)
10
5
0
−5
−10
1950 1960 1970 1980 1990 2000 2010 2020

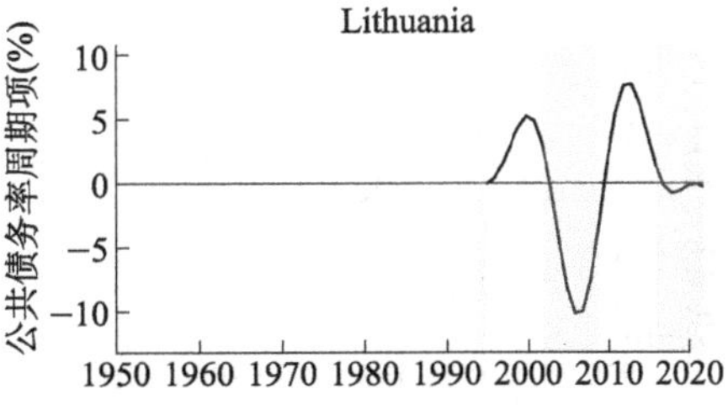
Lithuania
公共债务率周期项(%)
10
5
0
−5
−10
1950 1960 1970 1980 1990 2000 2010 2020

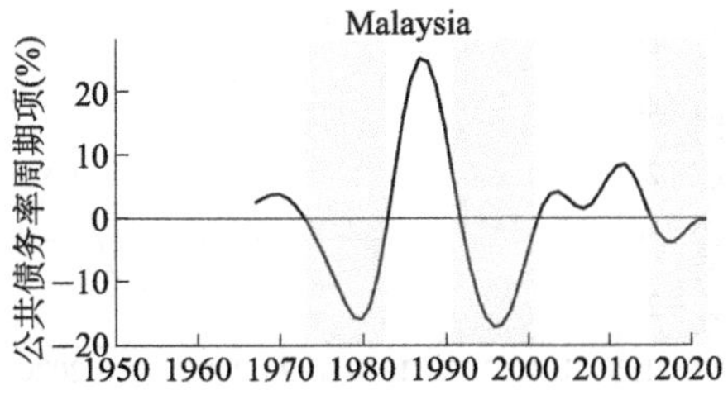
Malaysia
公共债务率周期项(%)
20
10
0
−10
−20
1950 1960 1970 1980 1990 2000 2010 2020

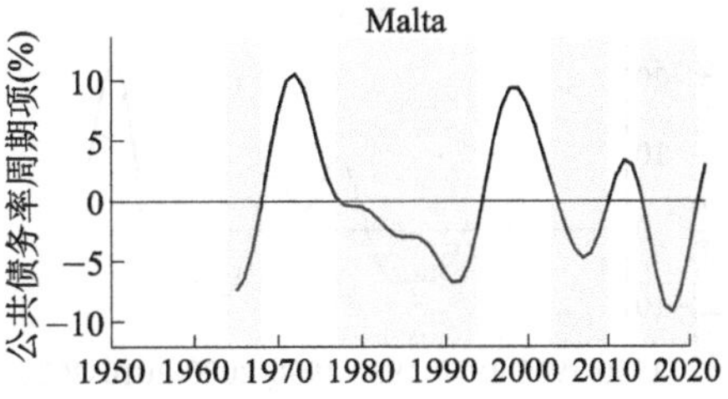
Malta
公共债务率周期项(%)
10
5
0
−5
−10
1950 1960 1970 1980 1990 2000 2010 2020

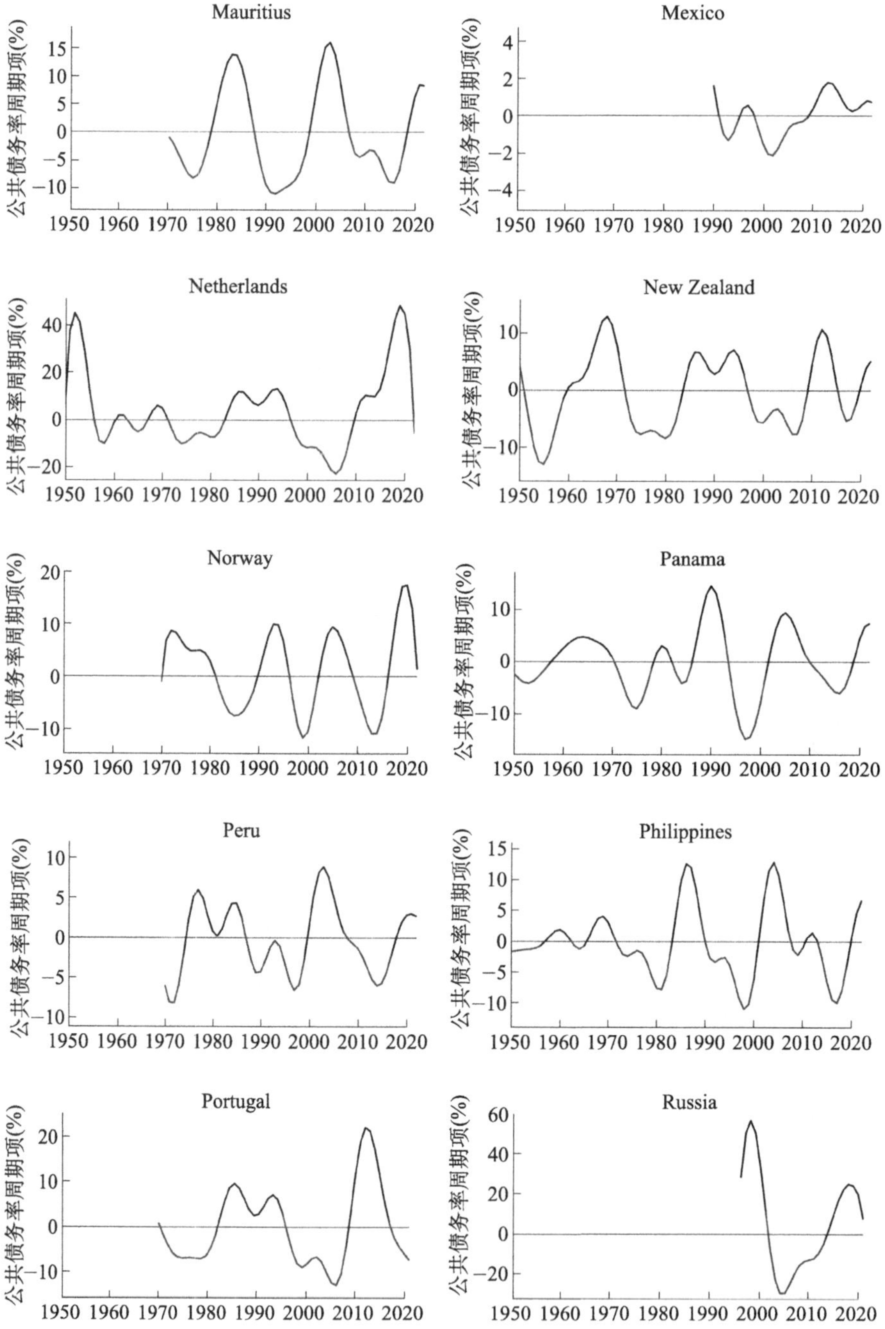
Mauritius
Mexico
Netherlands
New Zealand
Norway
Panama
Peru
Philippines
Portugal
Russia
公共债务率周期项(%)
1950 1960 1970 1980 1990 2000 2010 2020

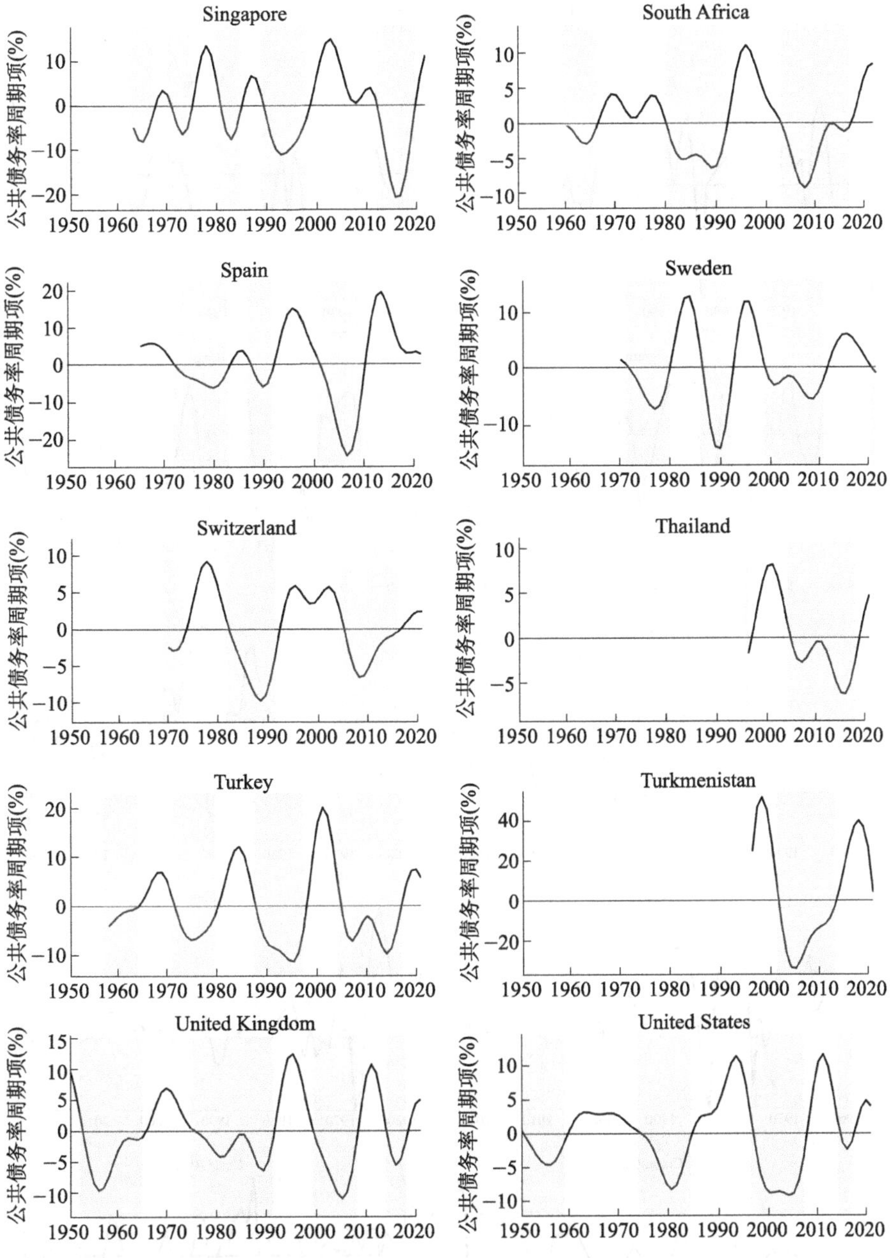

注：（1）图中展示的是中周期滤波结果，截断频率为 8 年和 30 年。

（2）公共债务周期项实际上是指实际公共债务率对长期趋势的偏离。

（3）周期项为正，认为公共债务处于扩张期，否则处于收缩期。

（4）图中阴影部分代表收缩期。横轴为年份。

图 A－3 经济周期

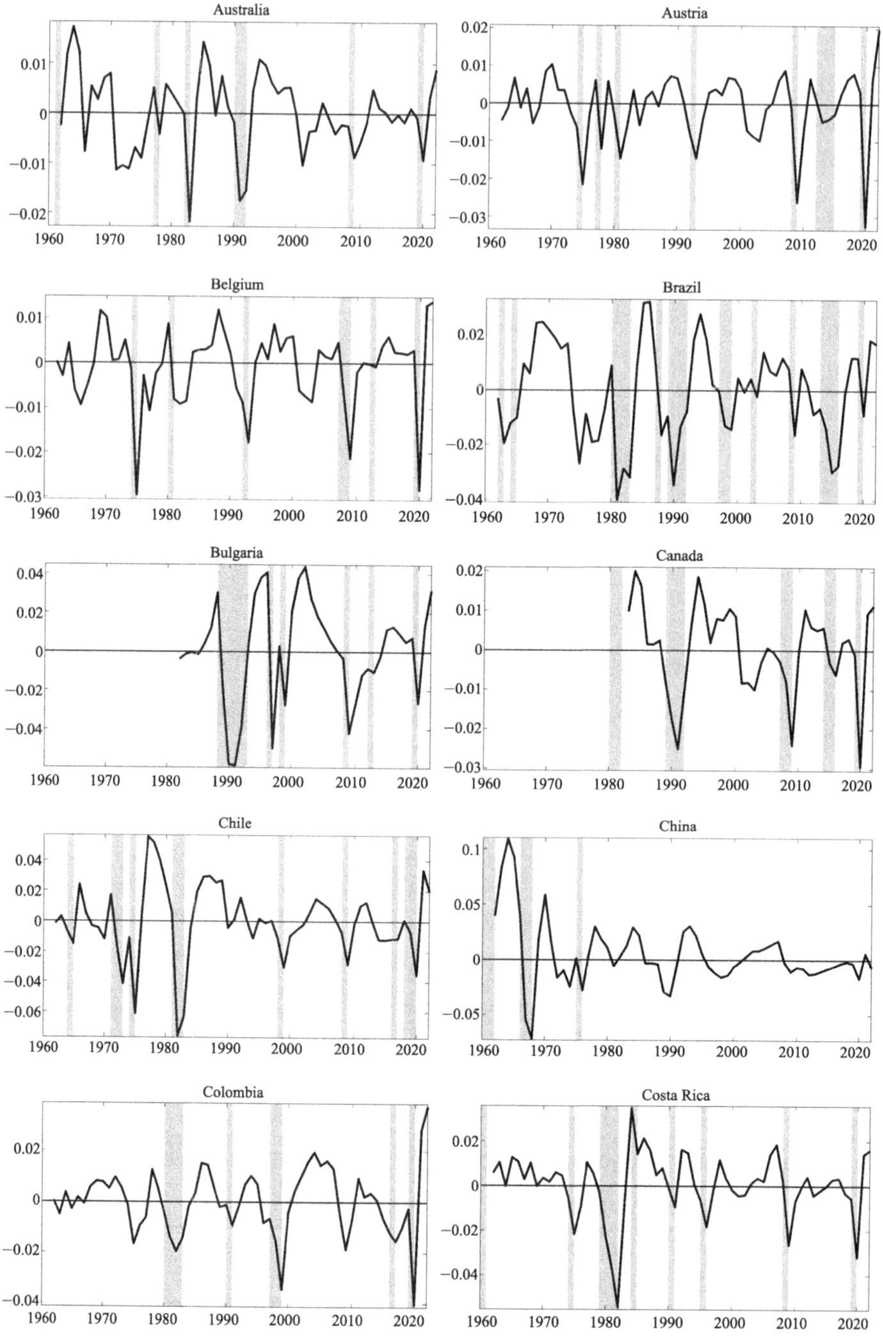
Australia
0.01
0
−0.01
−0.02
1960
1970
1980
1990
2000
2010
2020
Austria
0.02
0.01
0
−0.01
−0.02
−0.03
Belgium
0.01
0
−0.01
−0.02
−0.03
Brazil
0.02
0
−0.02
−0.04
Bulgaria
0.04
0.02
0
−0.02
−0.04
Canada
0.02
0.01
0
−0.01
−0.02
−0.03
Chile
0.04
0.02
0
−0.02
−0.04
−0.06
China
0.1
0.05
0
−0.05
Colombia
0.02
0
−0.02
−0.04
Costa Rica
0.02
0
−0.02
−0.04

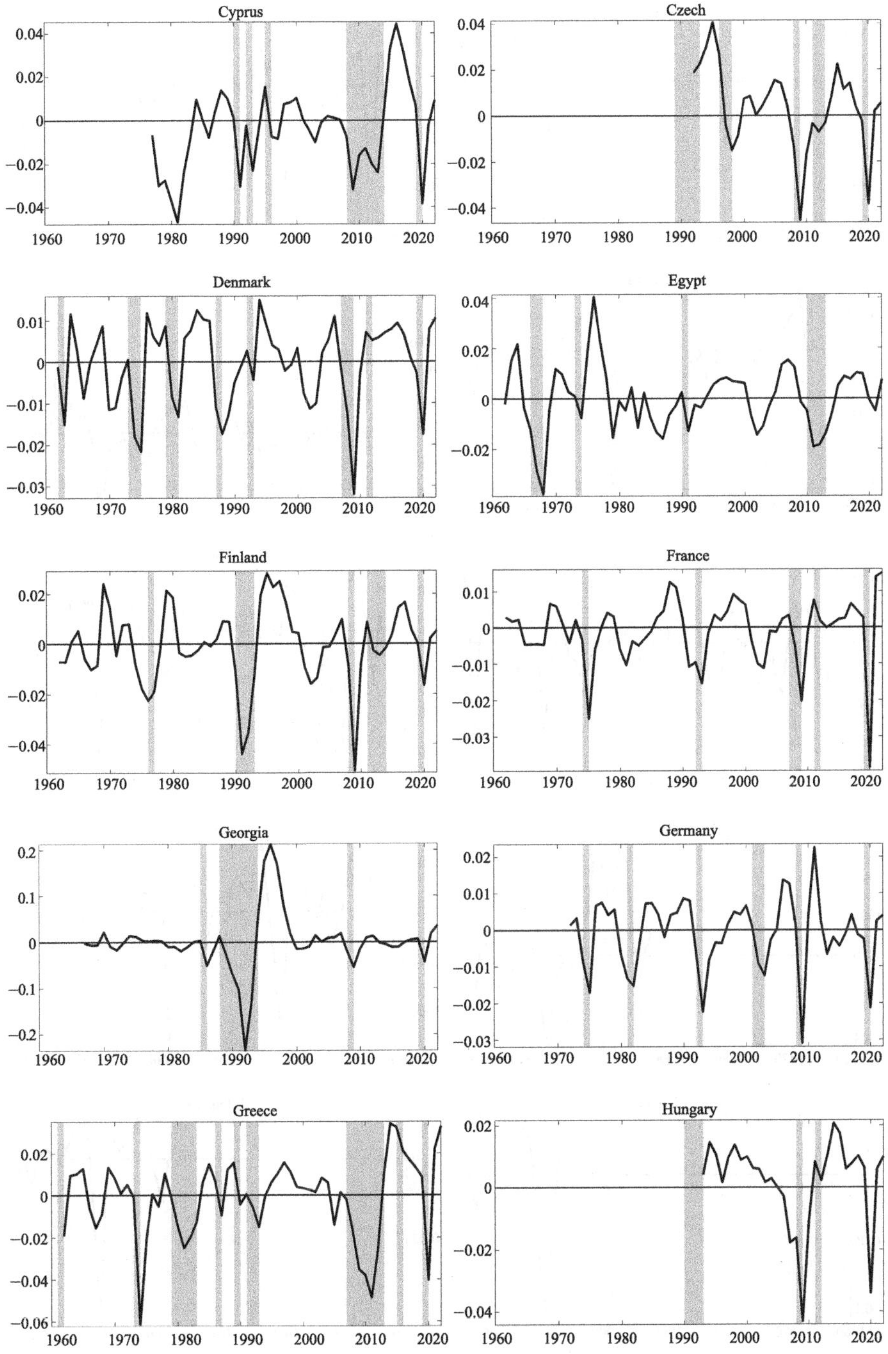
Cyprus
Czech
Denmark
Egypt
Finland
France
Georgia
Germany
Greece
Hungary

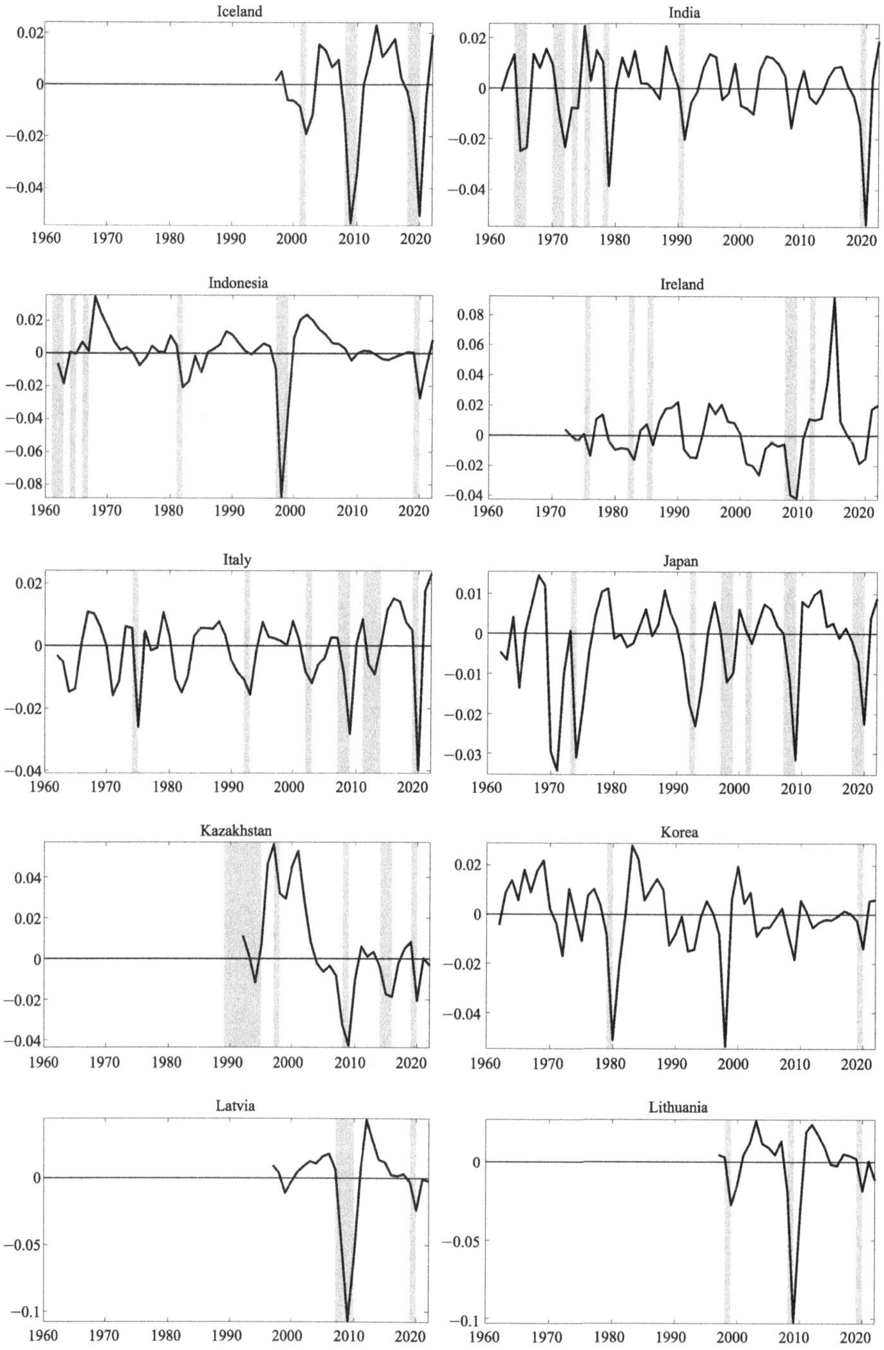
Iceland
0.02
0
−0.02
−0.04
1960 1970 1980 1990 2000 2010 2020
India
0.02
0
−0.02
−0.04
1960 1970 1980 1990 2000 2010 2020
Indonesia
0.02
0
−0.02
−0.04
−0.06
−0.08
1960 1970 1980 1990 2000 2010 2020
Ireland
0.08
0.06
0.04
0.02
0
−0.02
−0.04
1960 1970 1980 1990 2000 2010 2020
Italy
0.02
0
−0.02
−0.04
1960 1970 1980 1990 2000 2010 2020
Japan
0.01
0
−0.01
−0.02
−0.03
1960 1970 1980 1990 2000 2010 2020
Kazakhstan
0.04
0.02
0
−0.02
−0.04
1960 1970 1980 1990 2000 2010 2020
Korea
0.02
0
−0.02
−0.04
1960 1970 1980 1990 2000 2010 2020
Latvia
0
−0.05
−0.1
1960 1970 1980 1990 2000 2010 2020
Lithuania
0
−0.05
−0.1
1960 1970 1980 1990 2000 2010 2020

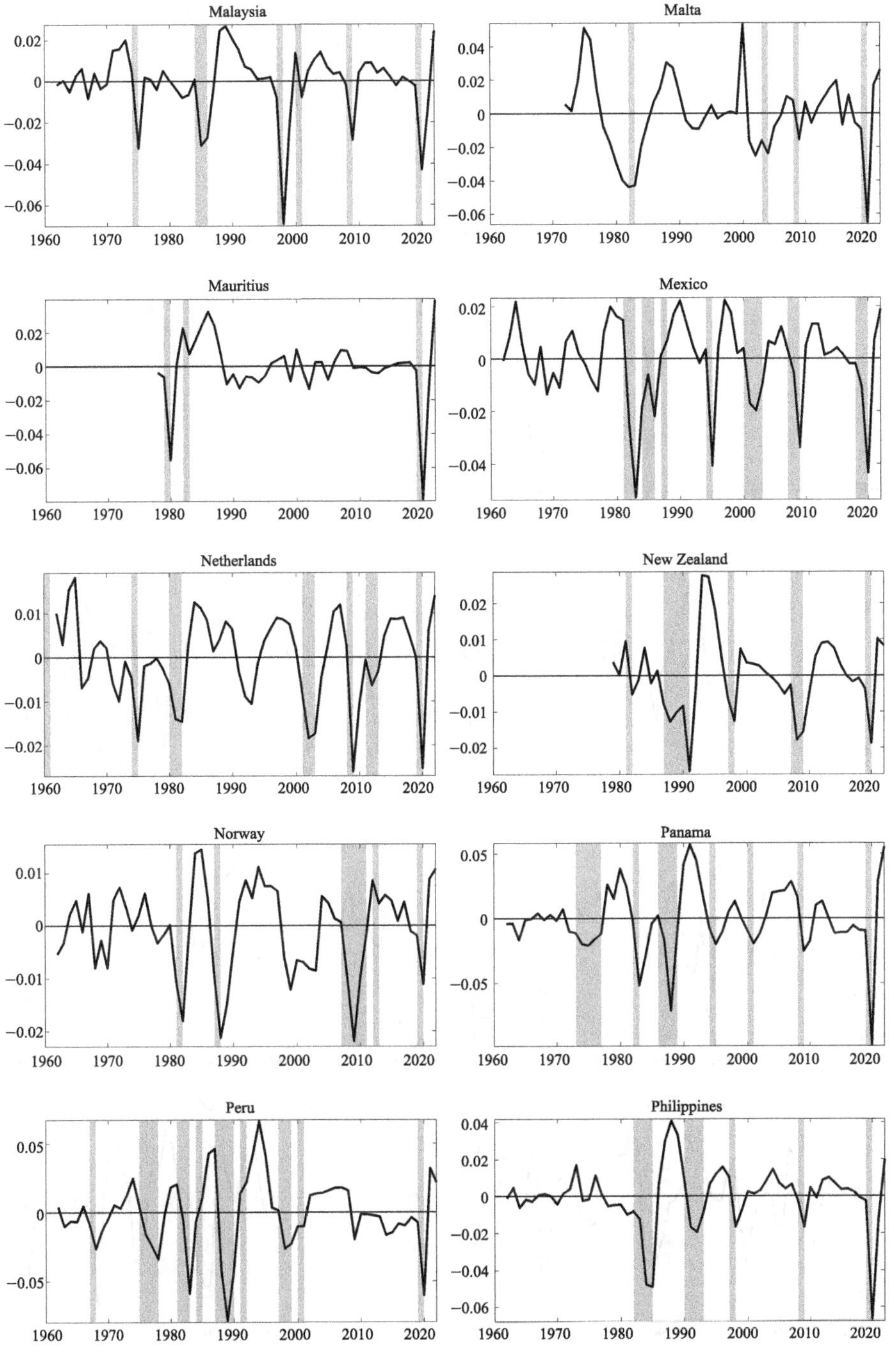
Malaysia
Malta
Mauritius
Mexico
Netherlands
New Zealand
Norway
Panama
Peru
Philippines

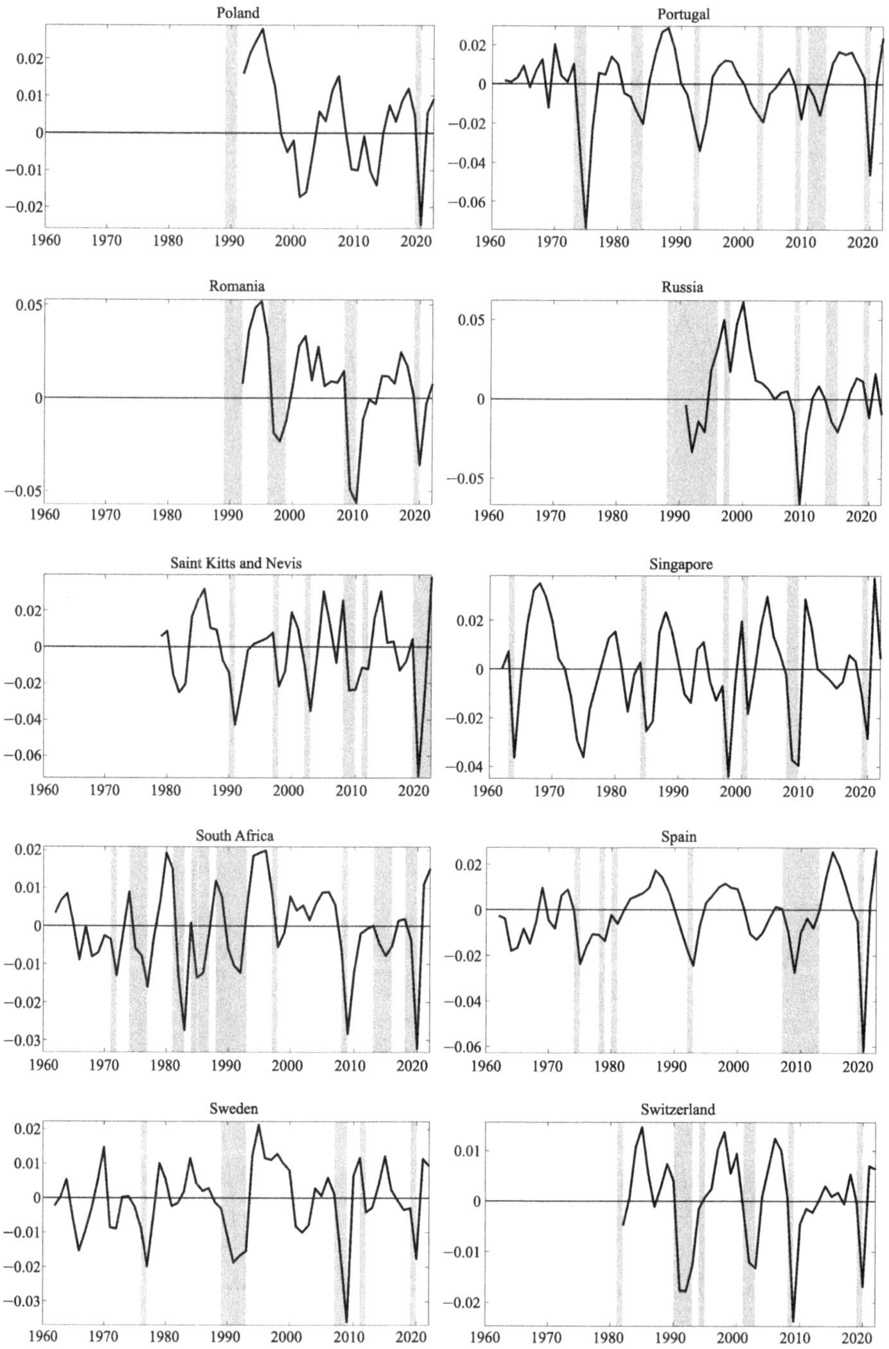
Poland
Portugal
Romania
Russia
Saint Kitts and Nevis
Singapore
South Africa
Spain
Sweden
Switzerland

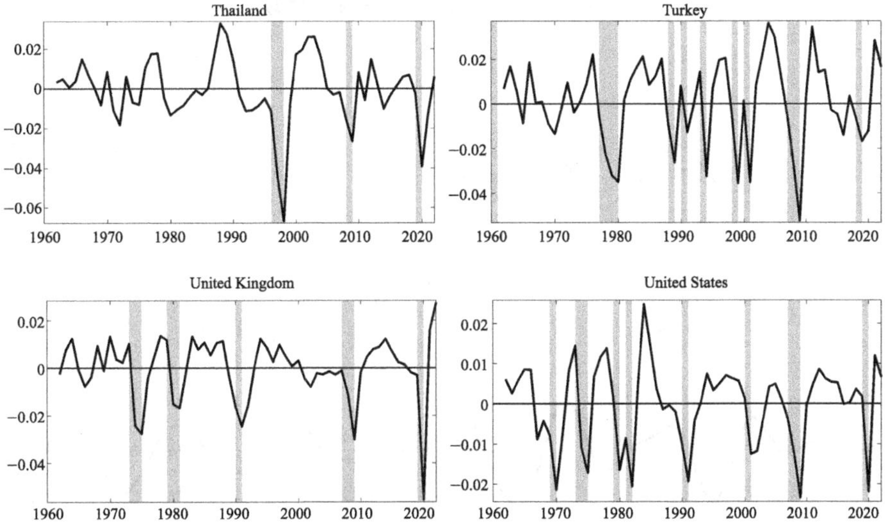

注：（1）图中展示的是 HP 滤波后的对数人均实际 GDP 的周期波动成分。

（2）阴影部分指的是转折点法所识别出的经济衰退，使用转折点法对人均实际 GDP 进行波峰和波谷的识别，衰退指的是从波峰到波谷。

（3）横轴为年份。

图 A－4　合成金融周期波动

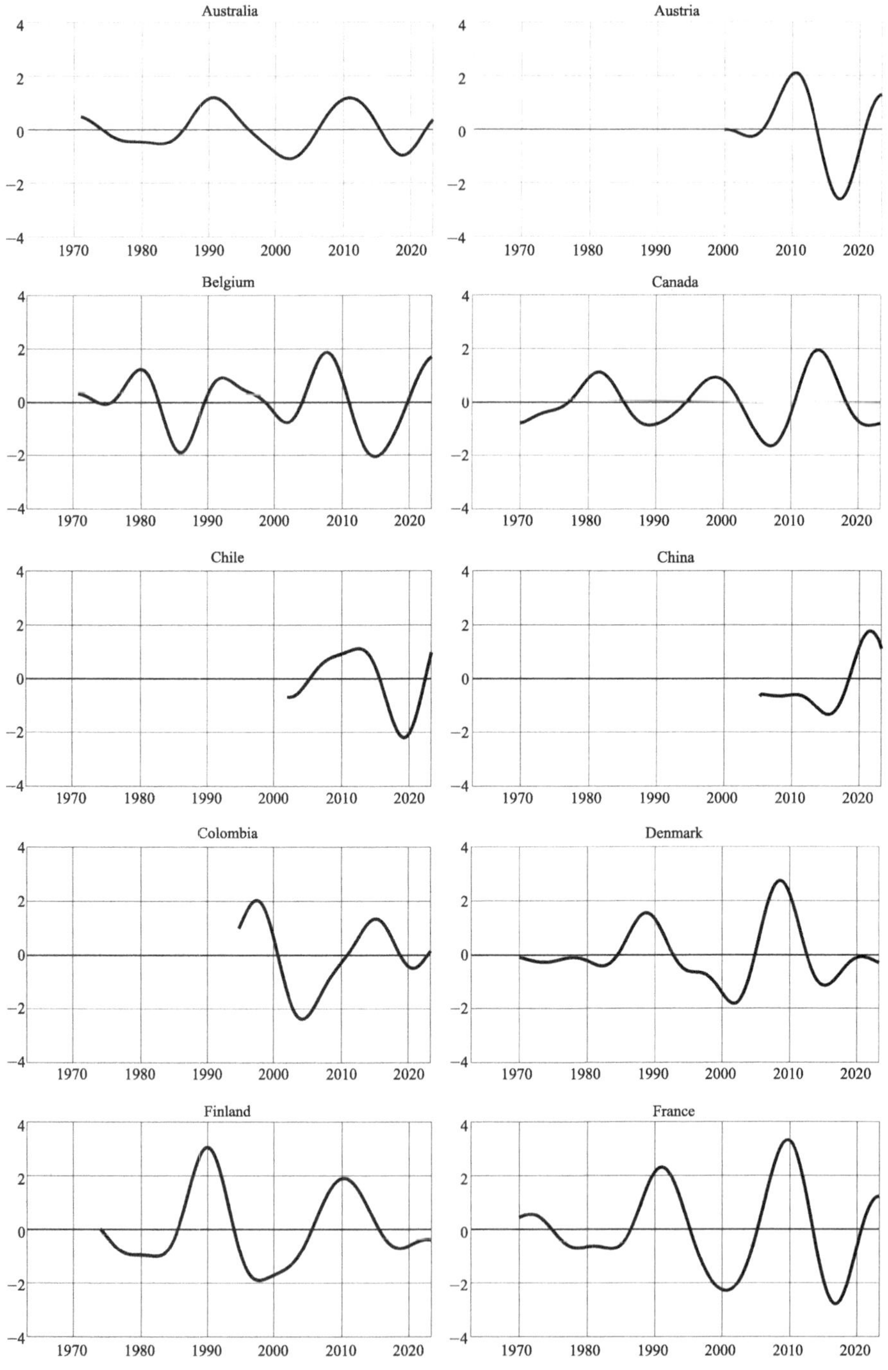

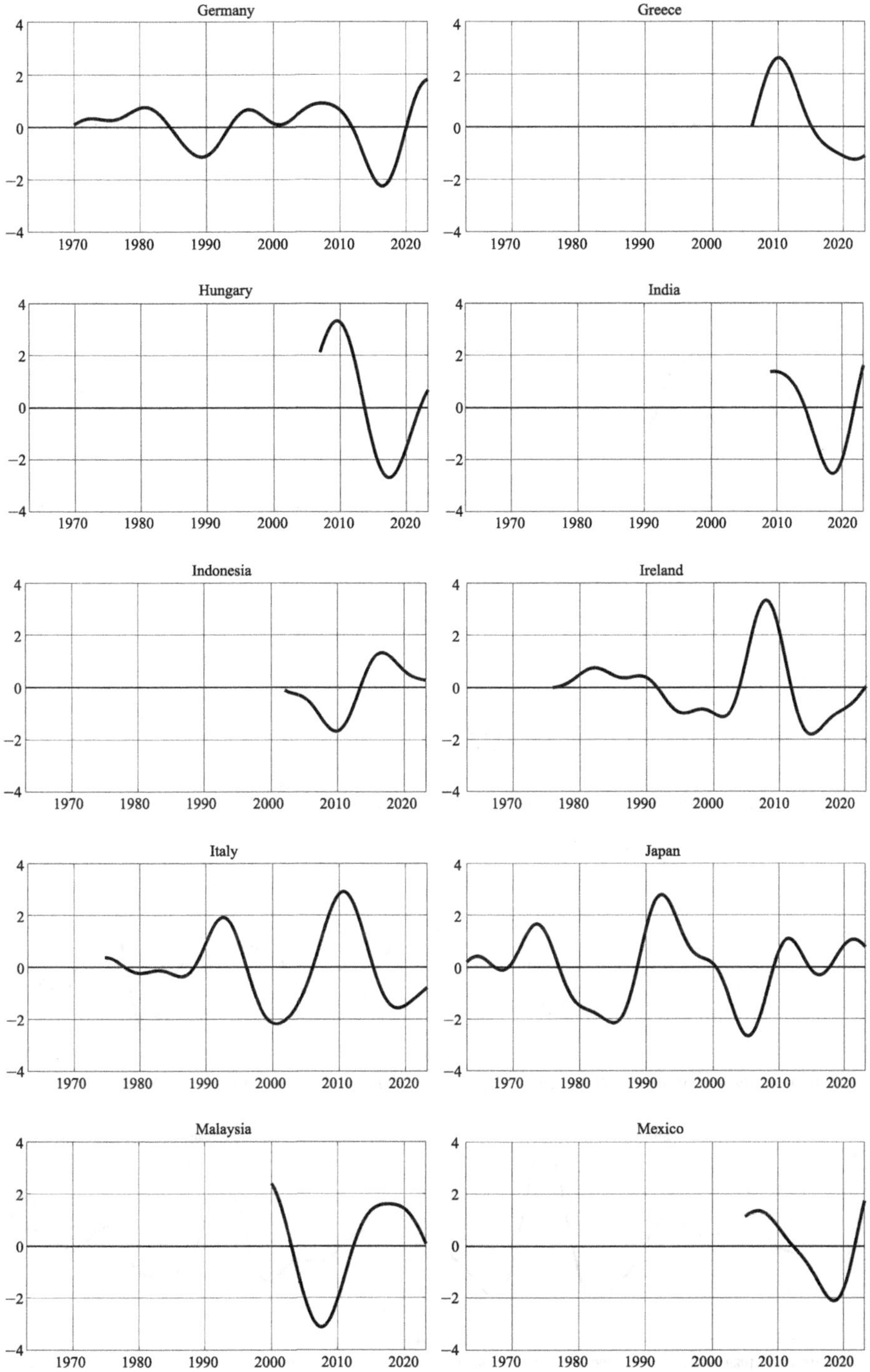
Germany
Greece
Hungary
India
Indonesia
Ireland
Italy
Japan
Malaysia
Mexico
4
2
0
−2
−4
1970
1980
1990
2000
2010
2020

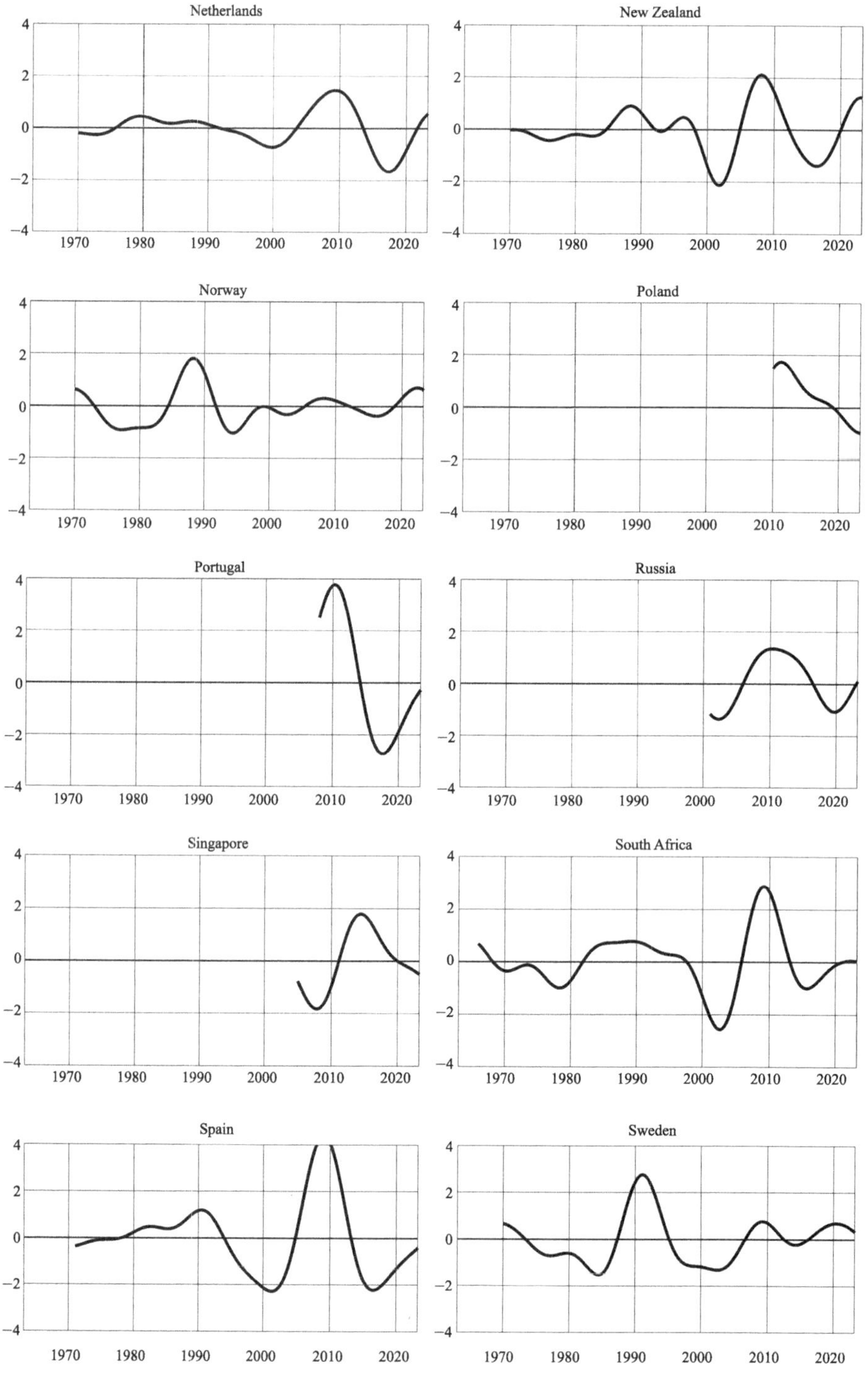
Netherlands
New Zealand
Norway
Poland
Portugal
Russia
Singapore
South Africa
Spain
Sweden
4
2
0
−2
−4
1970
1980
1990
2000
2010
2020

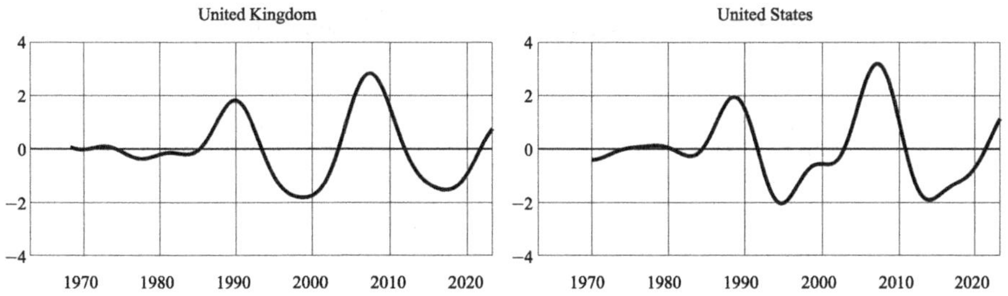

注：(1) 图中展示的是对信贷、信贷/GDP 和房地产价格的中周期波动（CF 滤波得到）应用 PCA 得到的合成金融周期波动。

(2) 横轴为年份。

图 A－5　财政政策的周期性四象限识别结果

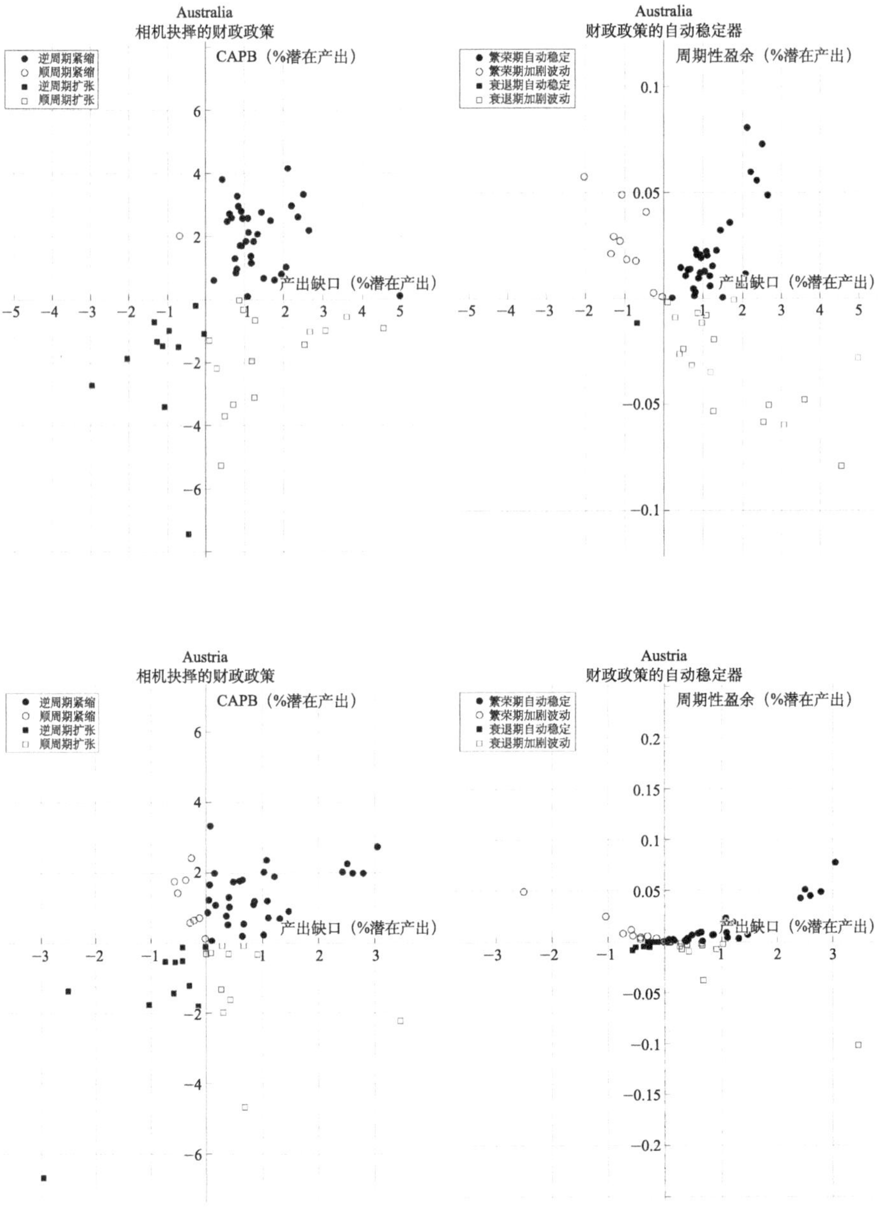

Belgium
相机抉择的财政政策

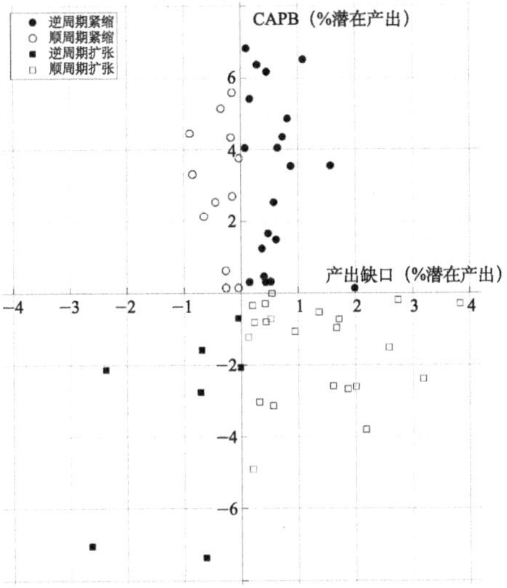

Belgium
财政政策的自动稳定器

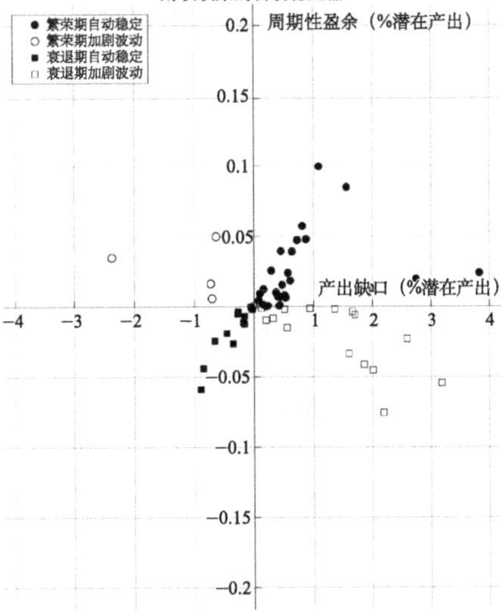

Brazil
相机抉择的财政政策

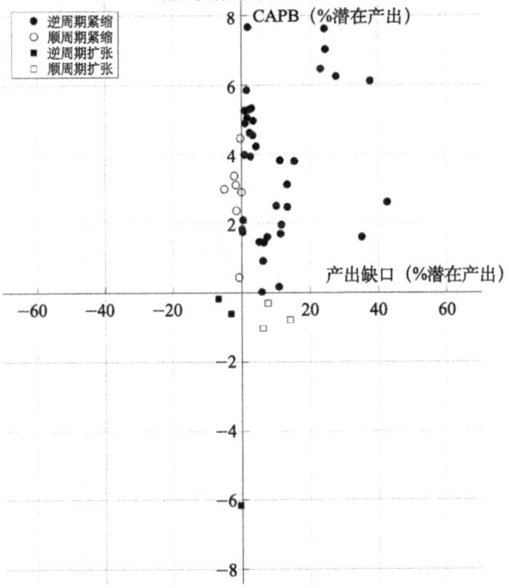

Brazil
财政政策的自动稳定器

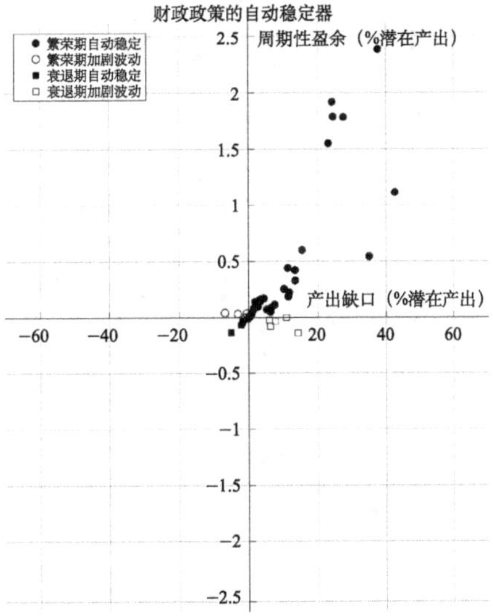

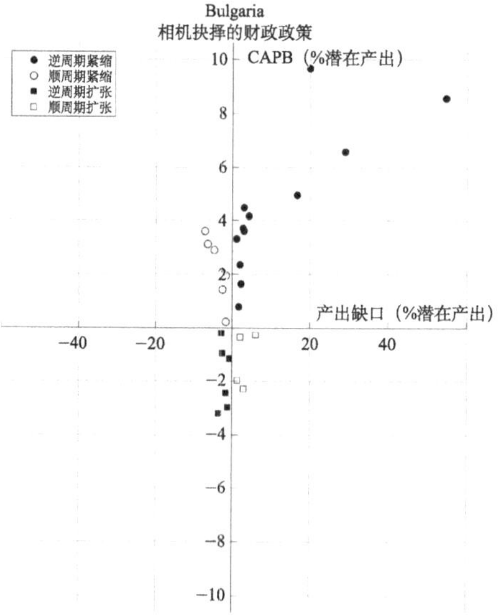
Bulgaria
相机抉择的财政政策
CAPB（%潜在产出）
产出缺口（%潜在产出）
逆周期紧缩
顺周期紧缩
逆周期扩张
顺周期扩张

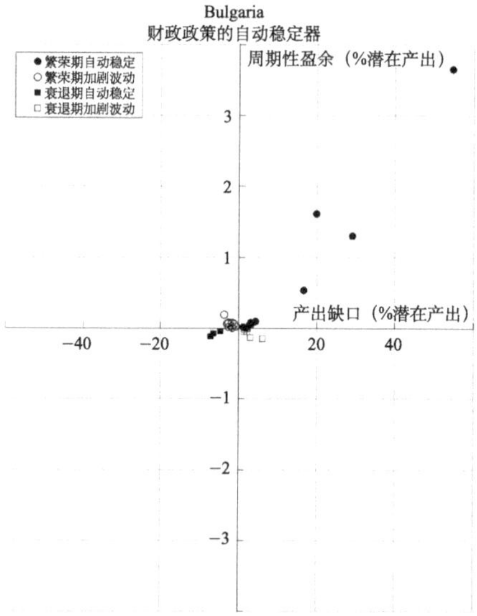
Bulgaria
财政政策的自动稳定器
周期性盈余（%潜在产出）
产出缺口（%潜在产出）
繁荣期自动稳定
繁荣期加剧波动
衰退期自动稳定
衰退期加剧波动

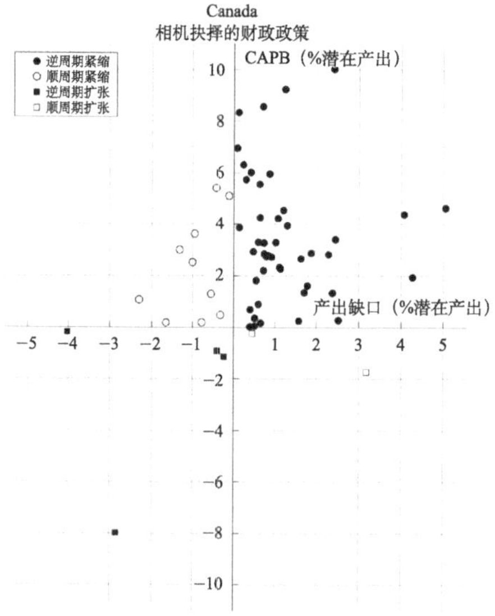
Canada
相机抉择的财政政策
CAPB（%潜在产出）
产出缺口（%潜在产出）
逆周期紧缩
顺周期紧缩
逆周期扩张
顺周期扩张

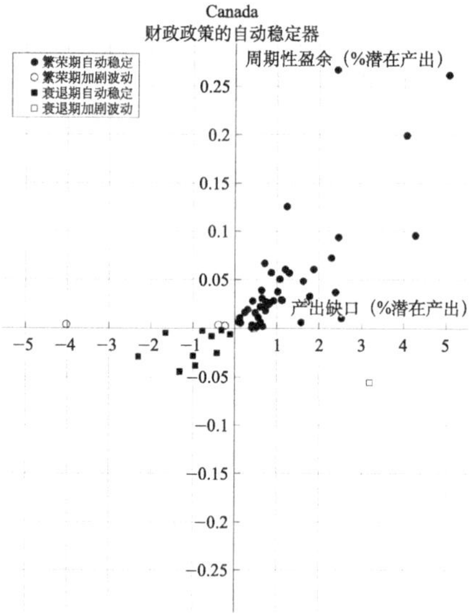
Canada
财政政策的自动稳定器
周期性盈余（%潜在产出）
产出缺口（%潜在产出）
繁荣期自动稳定
繁荣期加剧波动
衰退期自动稳定
衰退期加剧波动

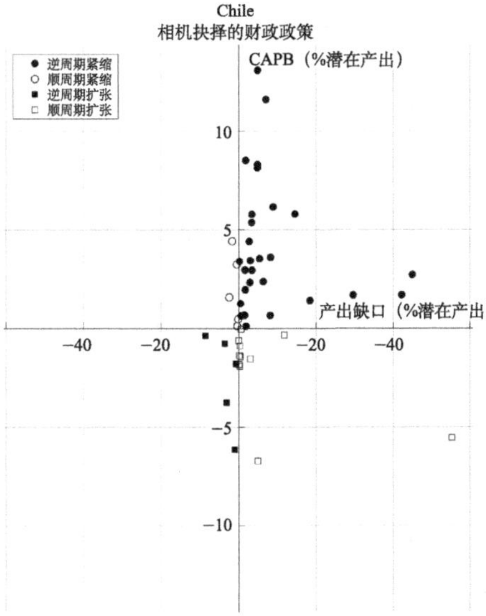
Chile
相机抉择的财政政策
逆周期紧缩
顺周期紧缩
逆周期扩张
顺周期扩张
CAPB（%潜在产出）
产出缺口（%潜在产出）

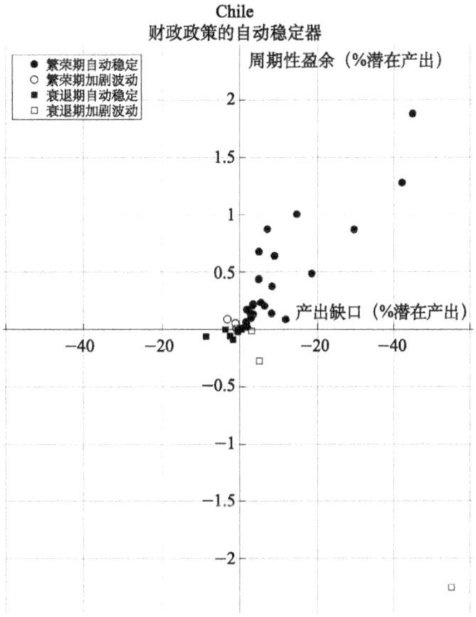
Chile
财政政策的自动稳定器
繁荣期自动稳定
繁荣期加剧波动
衰退期自动稳定
衰退期加剧波动
周期性盈余（%潜在产出）
产出缺口（%潜在产出）

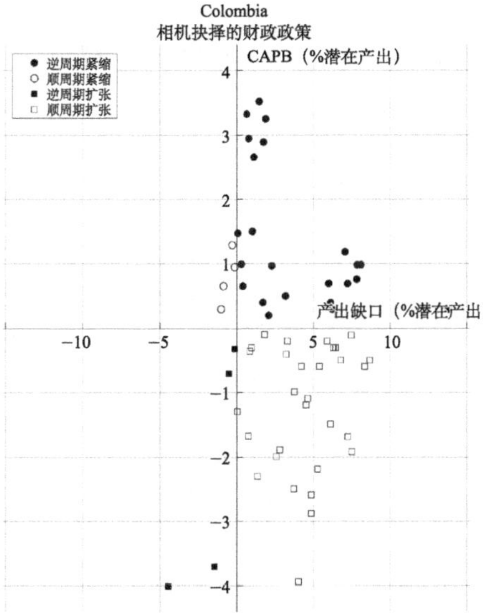
Colombia
相机抉择的财政政策
逆周期紧缩
顺周期紧缩
逆周期扩张
顺周期扩张
CAPB（%潜在产出）
产出缺口（%潜在产出）

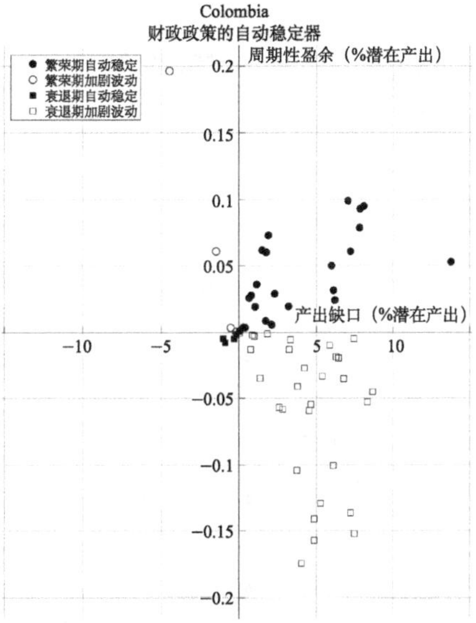
Colombia
财政政策的自动稳定器
繁荣期自动稳定
繁荣期加剧波动
衰退期自动稳定
衰退期加剧波动
周期性盈余（%潜在产出）
产出缺口（%潜在产出）

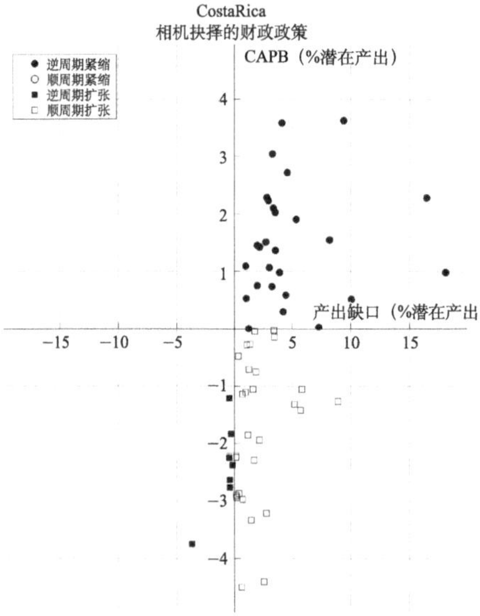
CostaRica
相机抉择的财政政策
CAPB（%潜在产出）
逆周期紧缩
顺周期紧缩
逆周期扩张
顺周期扩张
产出缺口（%潜在产出）

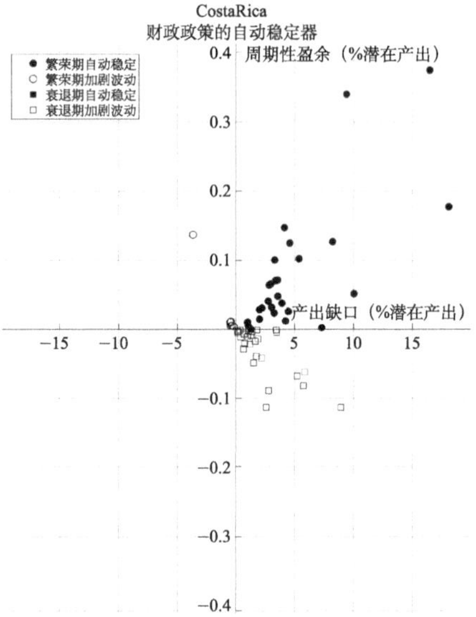
CostaRica
财政政策的自动稳定器
周期性盈余（%潜在产出）
繁荣期自动稳定
繁荣期加剧波动
衰退期自动稳定
衰退期加剧波动
产出缺口（%潜在产出）

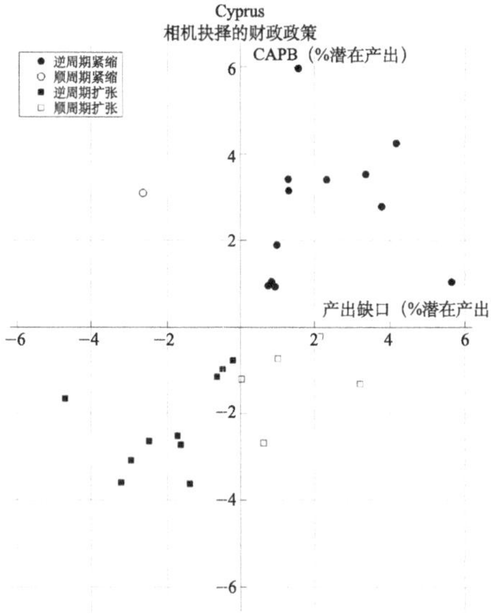
Cyprus
相机抉择的财政政策
CAPB（%潜在产出）
逆周期紧缩
顺周期紧缩
逆周期扩张
顺周期扩张
产出缺口（%潜在产出）

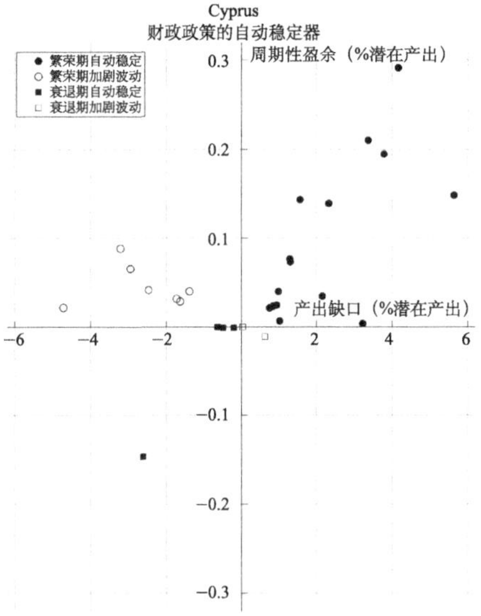
Cyprus
财政政策的自动稳定器
周期性盈余（%潜在产出）
繁荣期自动稳定
繁荣期加剧波动
衰退期自动稳定
衰退期加剧波动
产出缺口（%潜在产出）

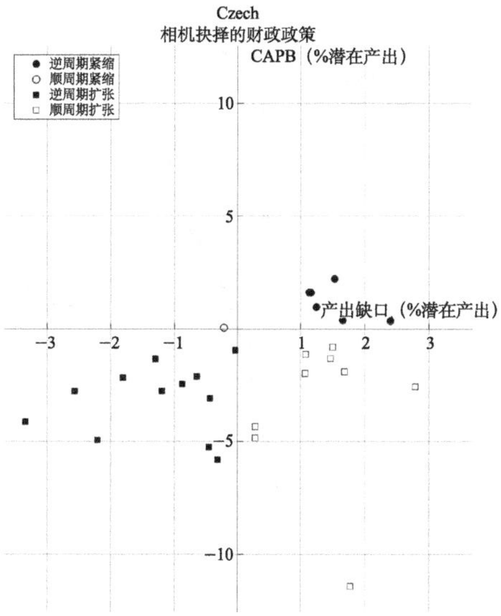
Czech
相机抉择的财政政策
CAPB（%潜在产出）
逆周期紧缩
顺周期紧缩
逆周期扩张
顺周期扩张
产出缺口（%潜在产出）

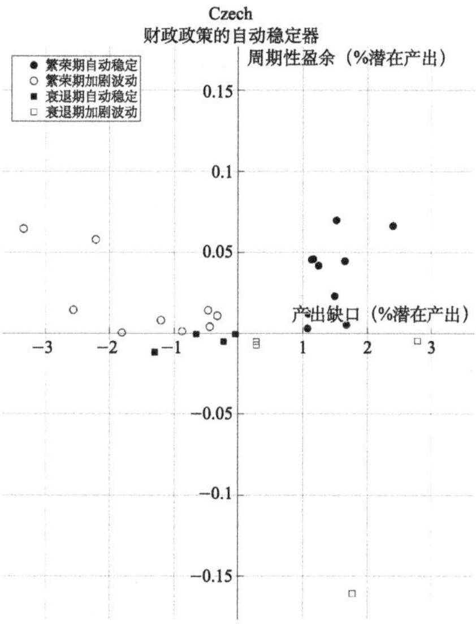
Czech
财政政策的自动稳定器
周期性盈余（%潜在产出）
繁荣期自动稳定
繁荣期加剧波动
衰退期自动稳定
衰退期加剧波动
产出缺口（%潜在产出）

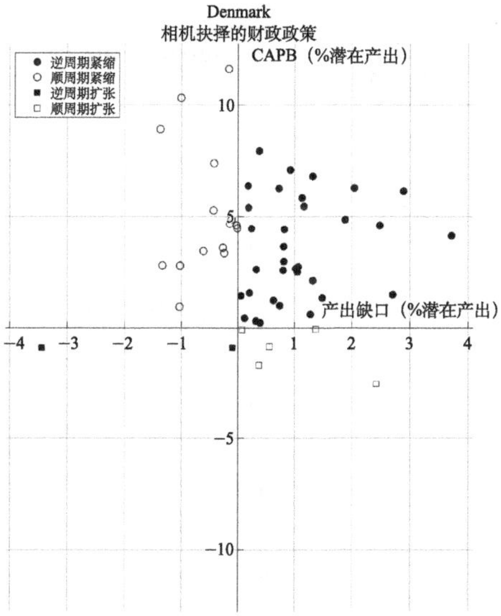
Denmark
相机抉择的财政政策
CAPB（%潜在产出）
逆周期紧缩
顺周期紧缩
逆周期扩张
顺周期扩张
产出缺口（%潜在产出）

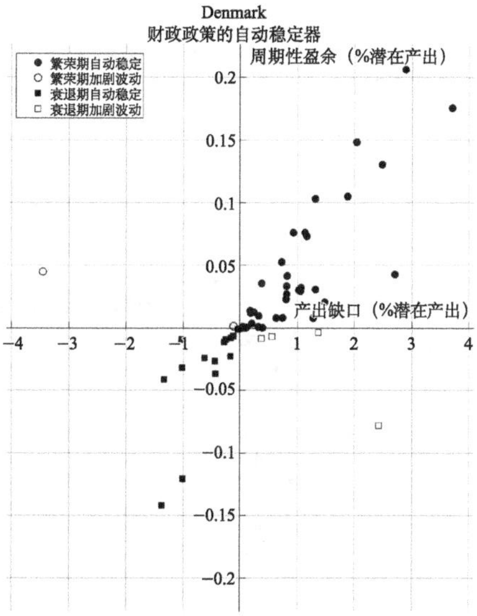
Denmark
财政政策的自动稳定器
周期性盈余（%潜在产出）
繁荣期自动稳定
繁荣期加剧波动
衰退期自动稳定
衰退期加剧波动
产出缺口（%潜在产出）

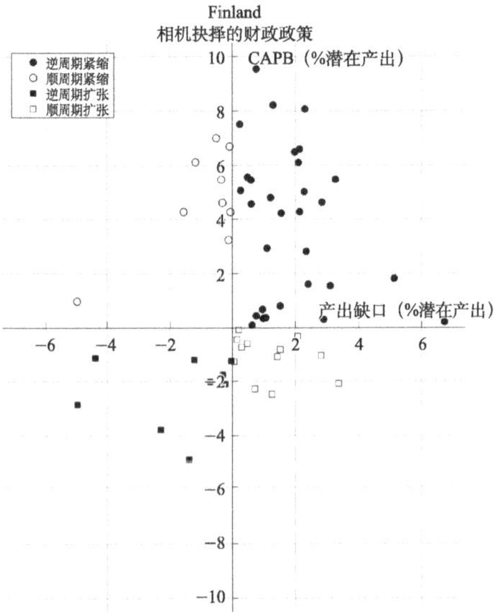
Finland
相机抉择的财政政策
CAPB（%潜在产出）
逆周期紧缩
顺周期紧缩
逆周期扩张
顺周期扩张
产出缺口（%潜在产出）

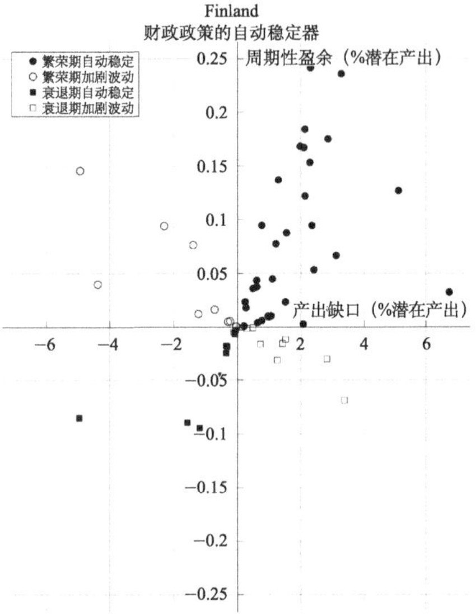
Finland
财政政策的自动稳定器
周期性盈余（%潜在产出）
繁荣期自动稳定
繁荣期加剧波动
衰退期自动稳定
衰退期加剧波动
产出缺口（%潜在产出）

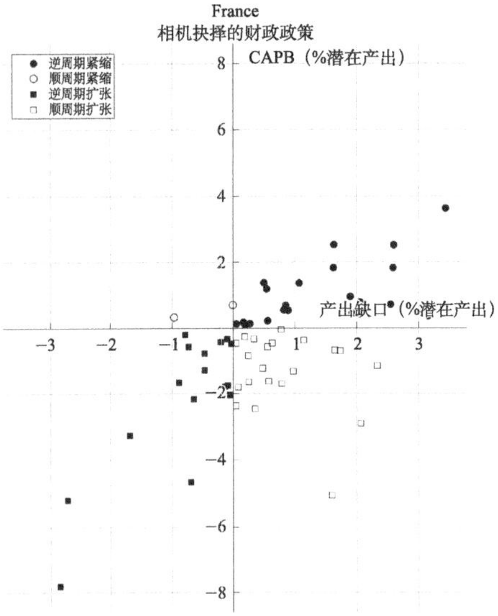
France
相机抉择的财政政策
CAPB（%潜在产出）
逆周期紧缩
顺周期紧缩
逆周期扩张
顺周期扩张
产出缺口（%潜在产出）

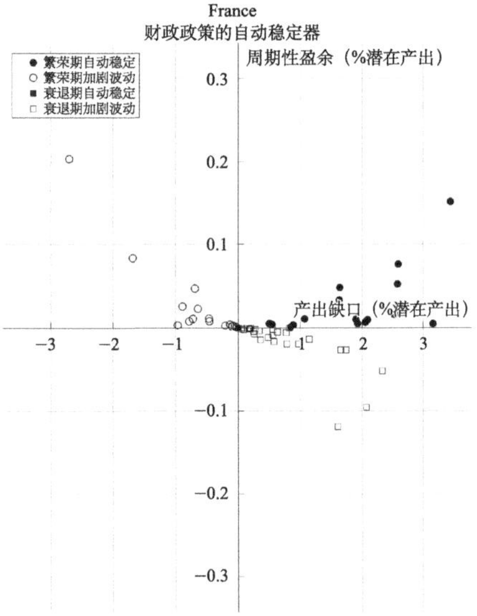
France
财政政策的自动稳定器
周期性盈余（%潜在产出）
繁荣期自动稳定
繁荣期加剧波动
衰退期自动稳定
衰退期加剧波动
产出缺口（%潜在产出）

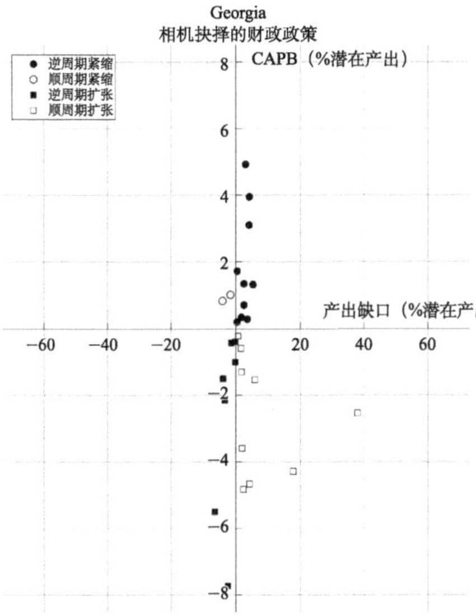
Georgia
相机抉择的财政政策
逆周期紧缩
顺周期紧缩
逆周期扩张
顺周期扩张
CAPB（%潜在产出）
产出缺口（%潜在产出）

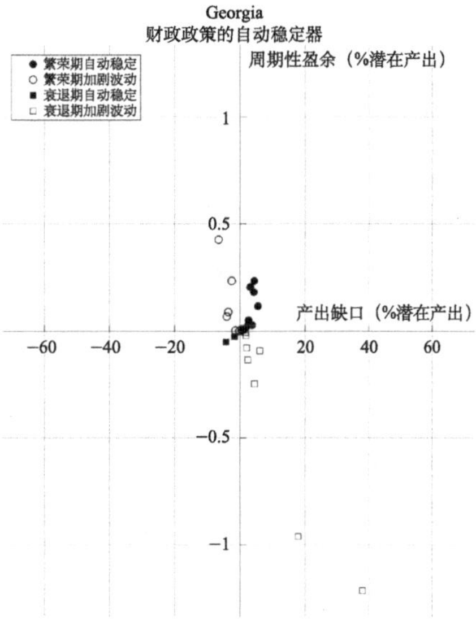
Georgia
财政政策的自动稳定器
繁荣期自动稳定
繁荣期加剧波动
衰退期自动稳定
衰退期加剧波动
周期性盈余（%潜在产出）
产出缺口（%潜在产出）

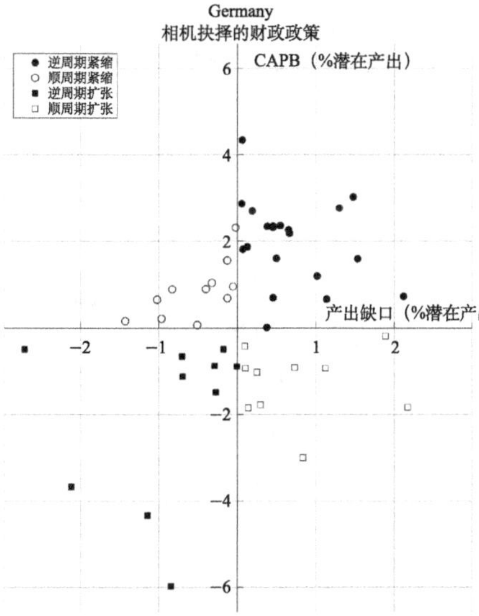
Germany
相机抉择的财政政策
逆周期紧缩
顺周期紧缩
逆周期扩张
顺周期扩张
CAPB（%潜在产出）
产出缺口（%潜在产出）

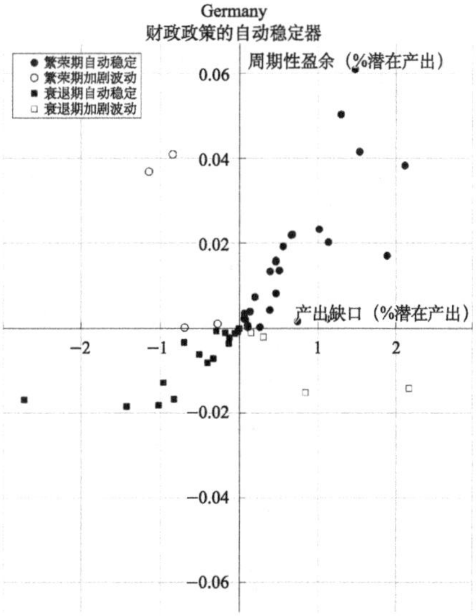
Germany
财政政策的自动稳定器
繁荣期自动稳定
繁荣期加剧波动
衰退期自动稳定
衰退期加剧波动
周期性盈余（%潜在产出）
产出缺口（%潜在产出）

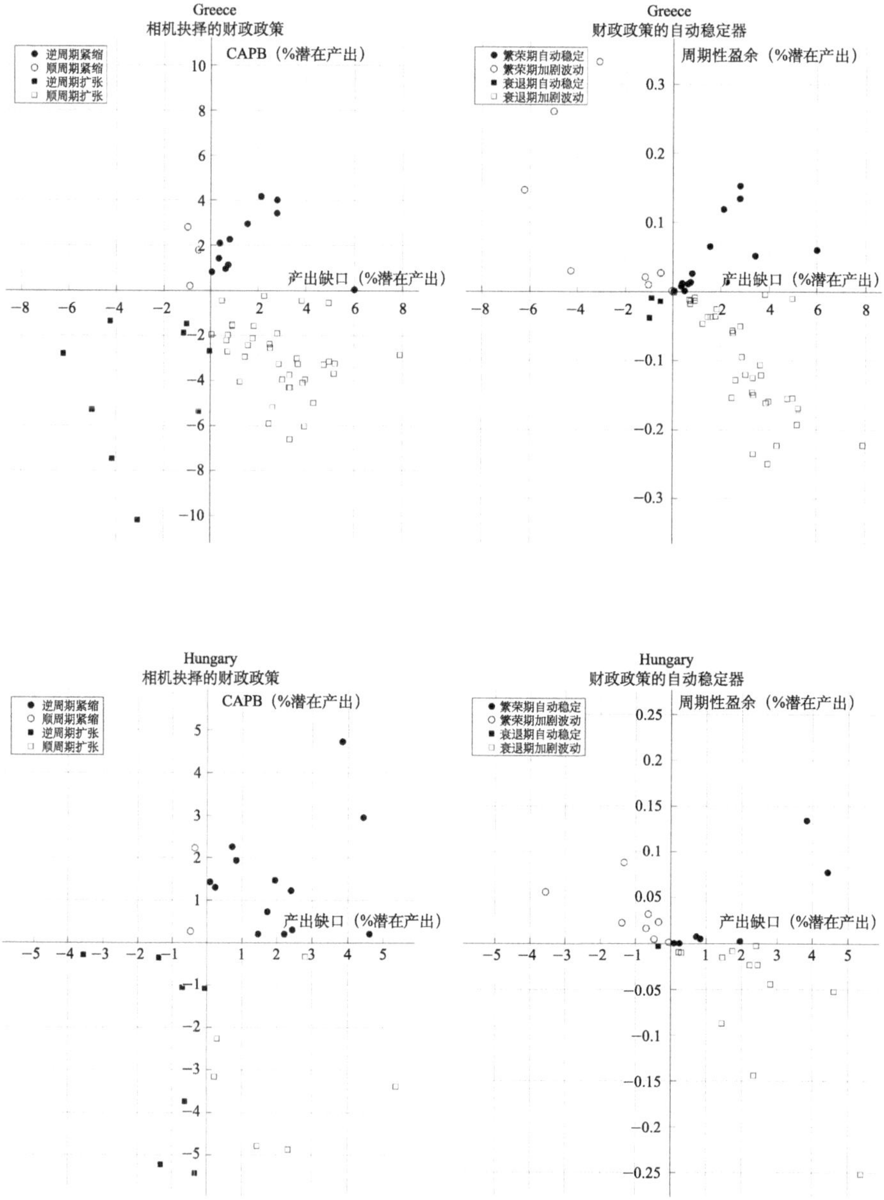
Greece
相机抉择的财政政策
逆周期紧缩
顺周期紧缩
逆周期扩张
顺周期扩张
CAPB（%潜在产出）
产出缺口（%潜在产出）
Greece
财政政策的自动稳定器
繁荣期自动稳定
繁荣期加剧波动
衰退期自动稳定
衰退期加剧波动
周期性盈余（%潜在产出）
产出缺口（%潜在产出）
Hungary
相机抉择的财政政策
逆周期紧缩
顺周期紧缩
逆周期扩张
顺周期扩张
CAPB（%潜在产出）
产出缺口（%潜在产出）
Hungary
财政政策的自动稳定器
繁荣期自动稳定
繁荣期加剧波动
衰退期自动稳定
衰退期加剧波动
周期性盈余（%潜在产出）
产出缺口（%潜在产出）

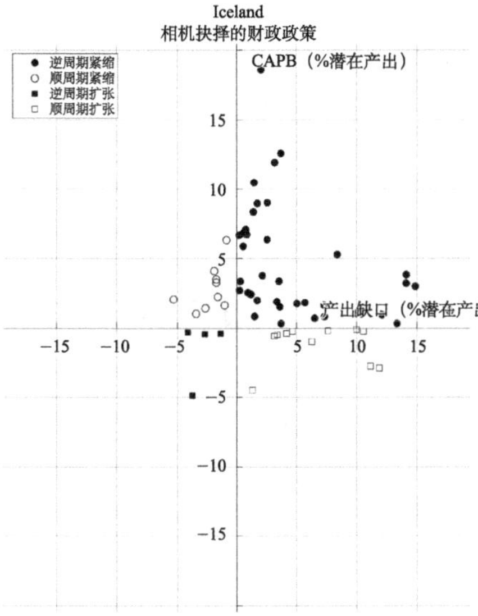
Iceland
相机抉择的财政政策
逆周期紧缩
顺周期紧缩
逆周期扩张
顺周期扩张
CAPB（%潜在产出）
产出缺口（%潜在产出）

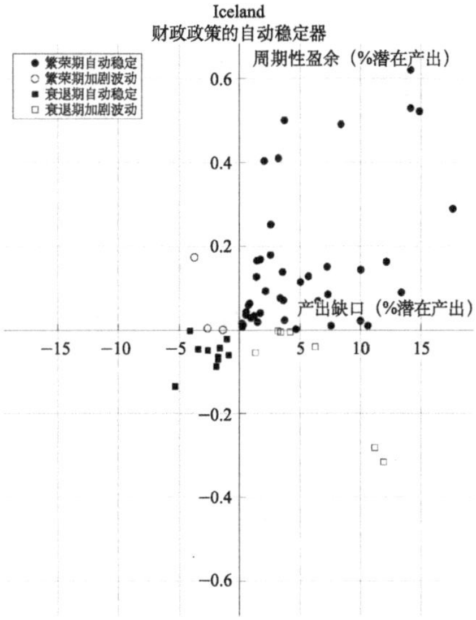
Iceland
财政政策的自动稳定器
繁荣期自动稳定
繁荣期加剧波动
衰退期自动稳定
衰退期加剧波动
周期性盈余（%潜在产出）
产出缺口（%潜在产出）

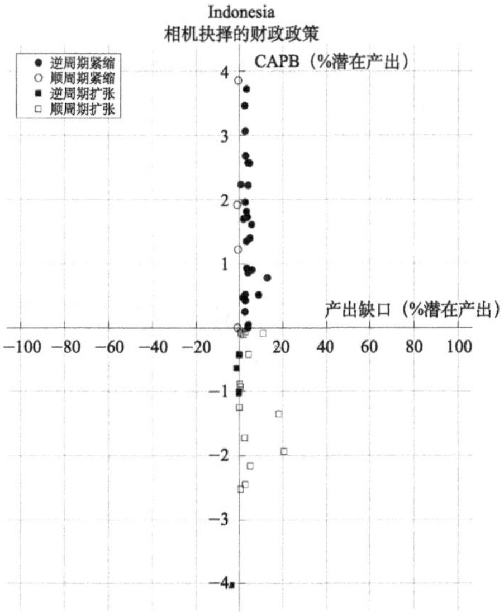
Indonesia
相机抉择的财政政策
逆周期紧缩
顺周期紧缩
逆周期扩张
顺周期扩张
CAPB（%潜在产出）
产出缺口（%潜在产出）

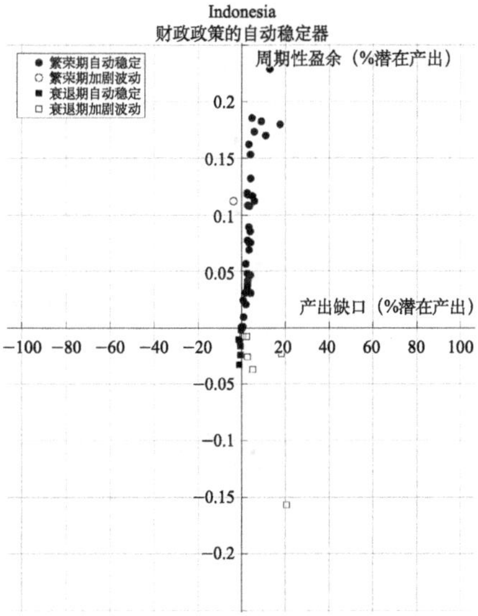
Indonesia
财政政策的自动稳定器
繁荣期自动稳定
繁荣期加剧波动
衰退期自动稳定
衰退期加剧波动
周期性盈余（%潜在产出）
产出缺口（%潜在产出）

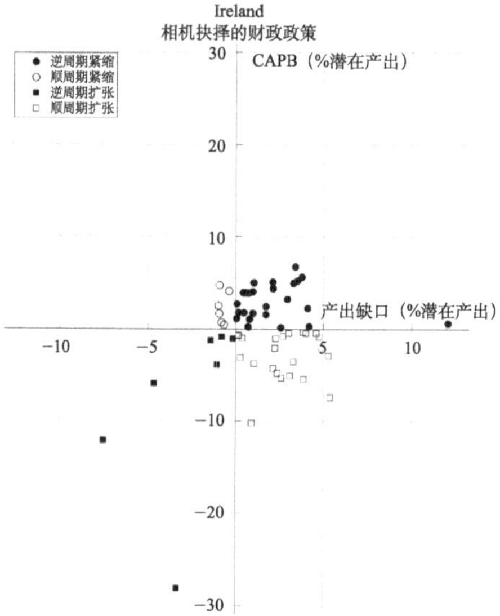
Ireland
相机抉择的财政政策
逆周期紧缩
顺周期紧缩
逆周期扩张
顺周期扩张
CAPB（%潜在产出）
产出缺口（%潜在产出）

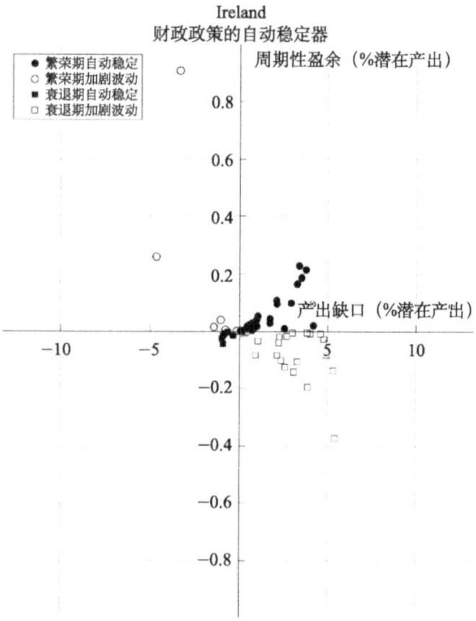
Ireland
财政政策的自动稳定器
繁荣期自动稳定
繁荣期加剧波动
衰退期自动稳定
衰退期加剧波动
周期性盈余（%潜在产出）
产出缺口（%潜在产出）

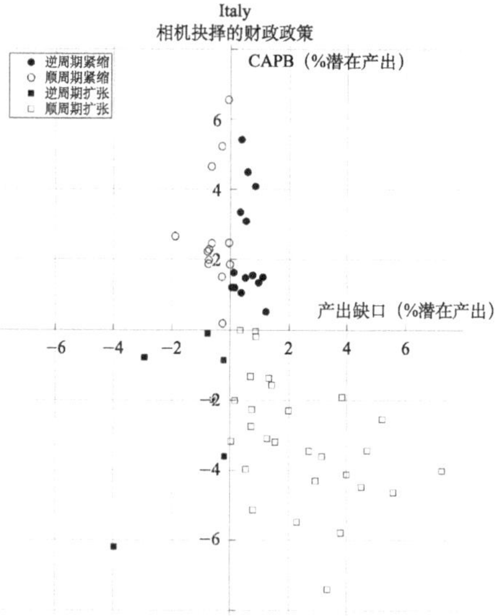
Italy
相机抉择的财政政策
逆周期紧缩
顺周期紧缩
逆周期扩张
顺周期扩张
CAPB（%潜在产出）
产出缺口（%潜在产出）

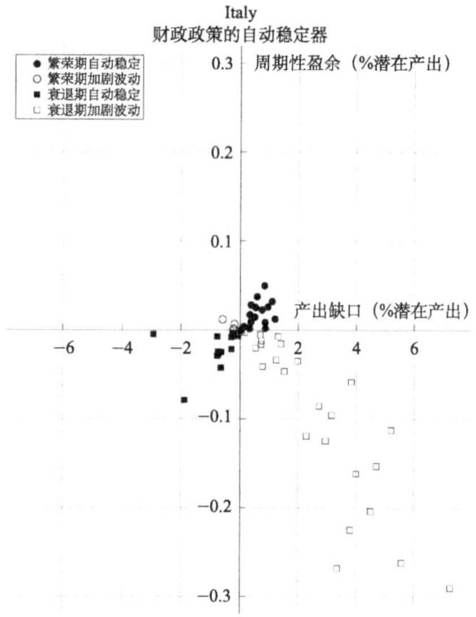
Italy
财政政策的自动稳定器
繁荣期自动稳定
繁荣期加剧波动
衰退期自动稳定
衰退期加剧波动
周期性盈余（%潜在产出）
产出缺口（%潜在产出）

Japan
相机抉择的财政政策

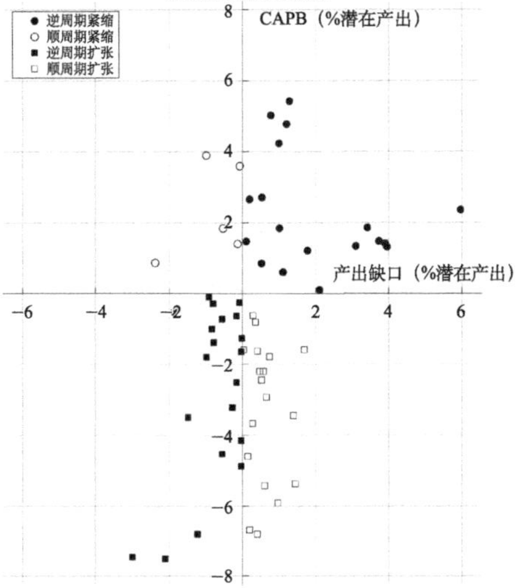

Japan
财政政策的自动稳定器

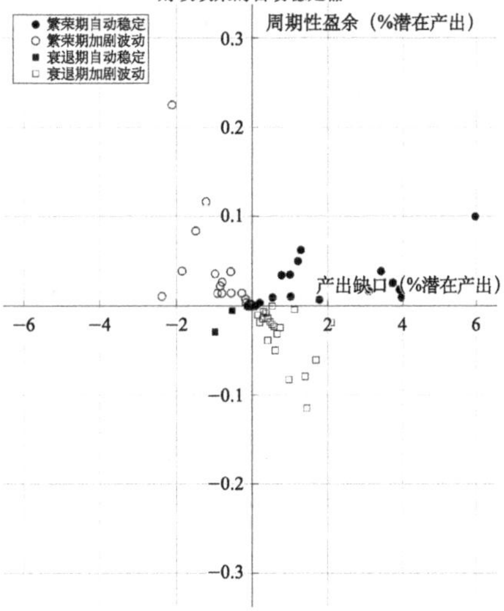

Korea
相机抉择的财政政策

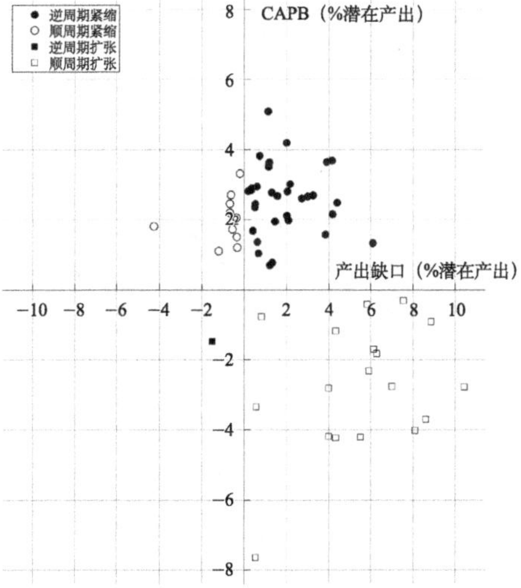

Korea
财政政策的自动稳定器

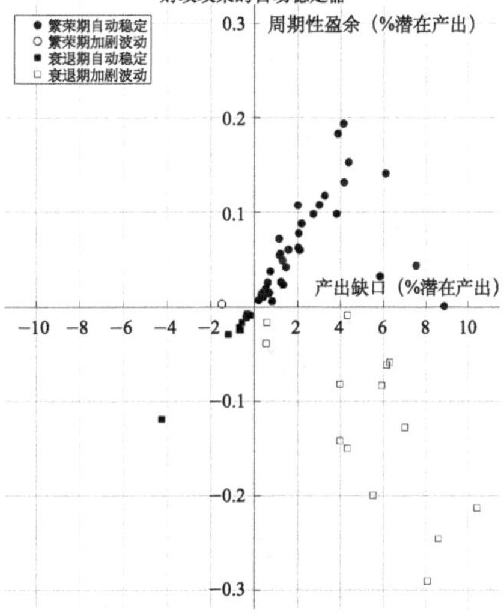

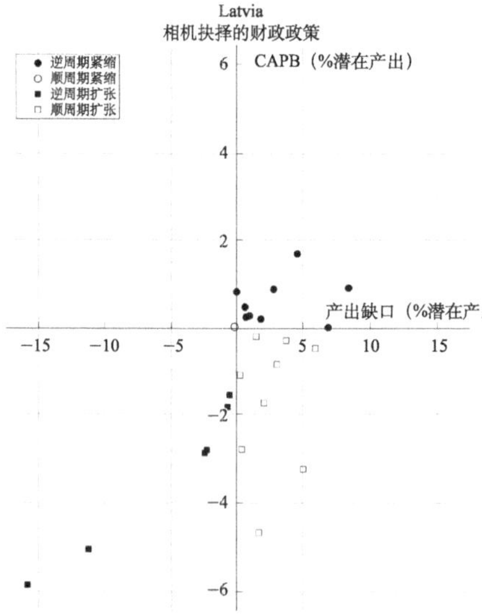
Latvia
相机抉择的财政政策
逆周期紧缩
顺周期紧缩
逆周期扩张
顺周期扩张
CAPB（%潜在产出）
产出缺口（%潜在产出）

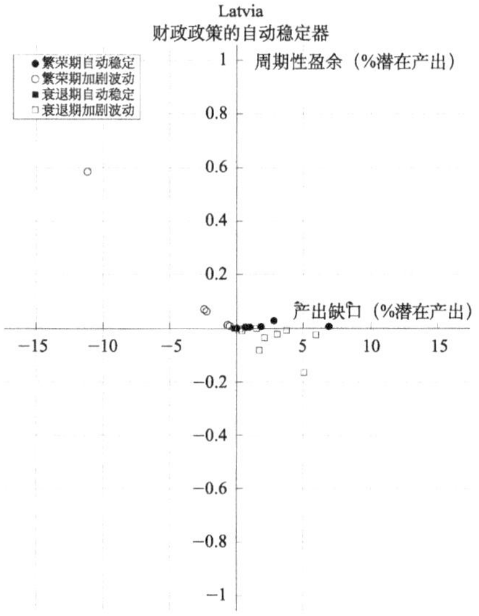
Latvia
财政政策的自动稳定器
繁荣期自动稳定
繁荣期加剧波动
衰退期自动稳定
衰退期加剧波动
周期性盈余（%潜在产出）
产出缺口（%潜在产出）

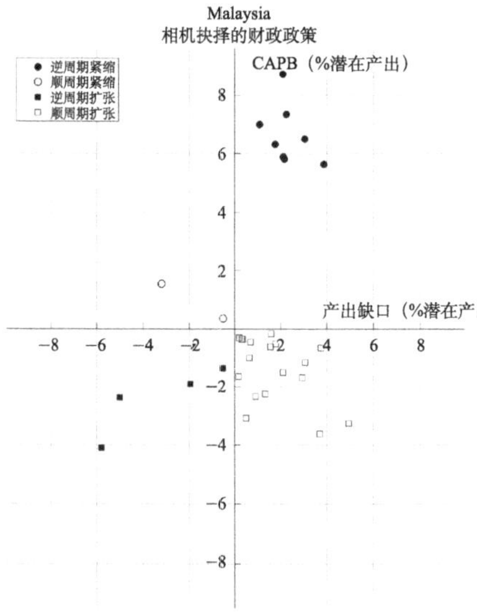
Malaysia
相机抉择的财政政策
逆周期紧缩
顺周期紧缩
逆周期扩张
顺周期扩张
CAPB（%潜在产出）
产出缺口（%潜在产出）

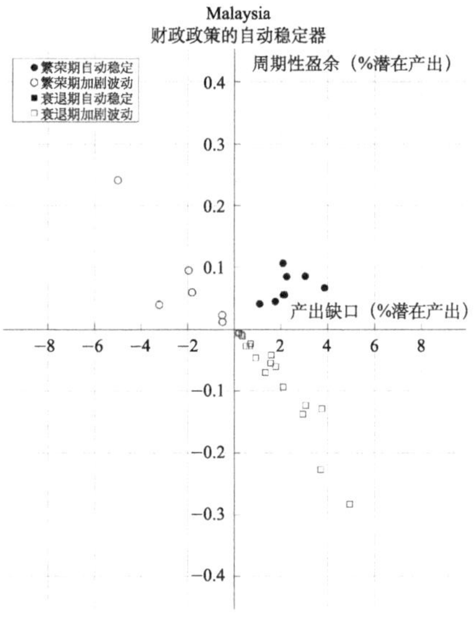
Malaysia
财政政策的自动稳定器
繁荣期自动稳定
繁荣期加剧波动
衰退期自动稳定
衰退期加剧波动
周期性盈余（%潜在产出）
产出缺口（%潜在产出）

Mexico
相机抉择的财政政策

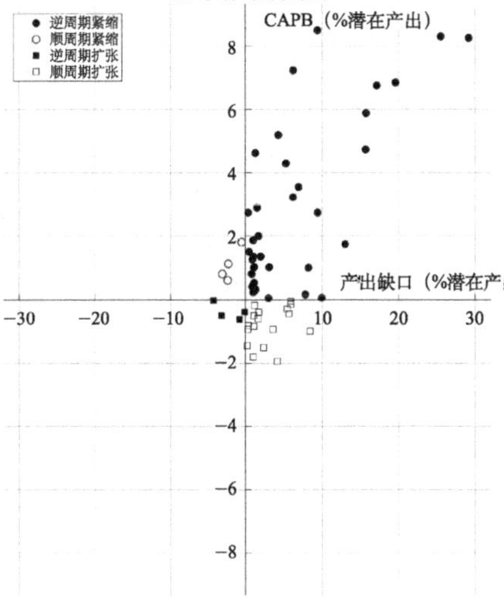

Mexico
财政政策的自动稳定器

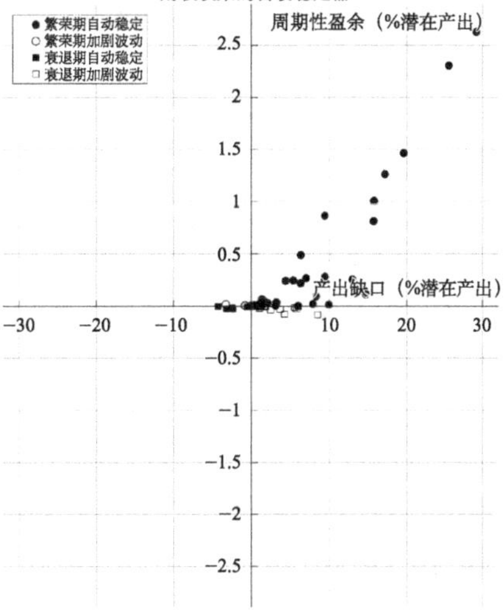

Netherlands
相机抉择的财政政策

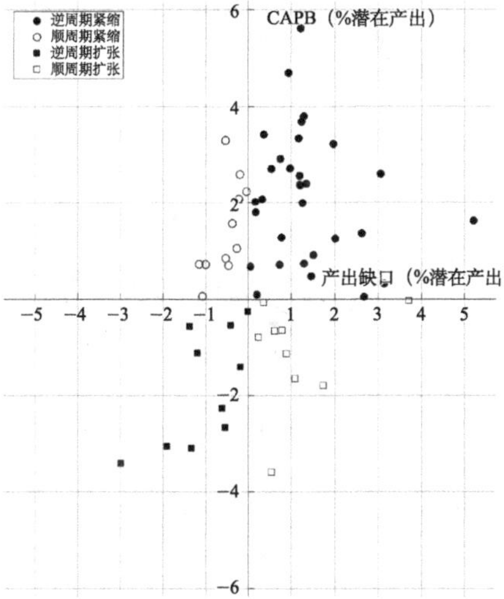

Netherlands
财政政策的自动稳定器

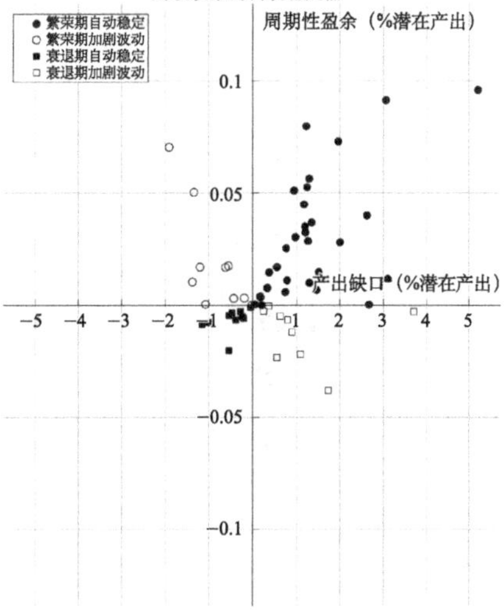

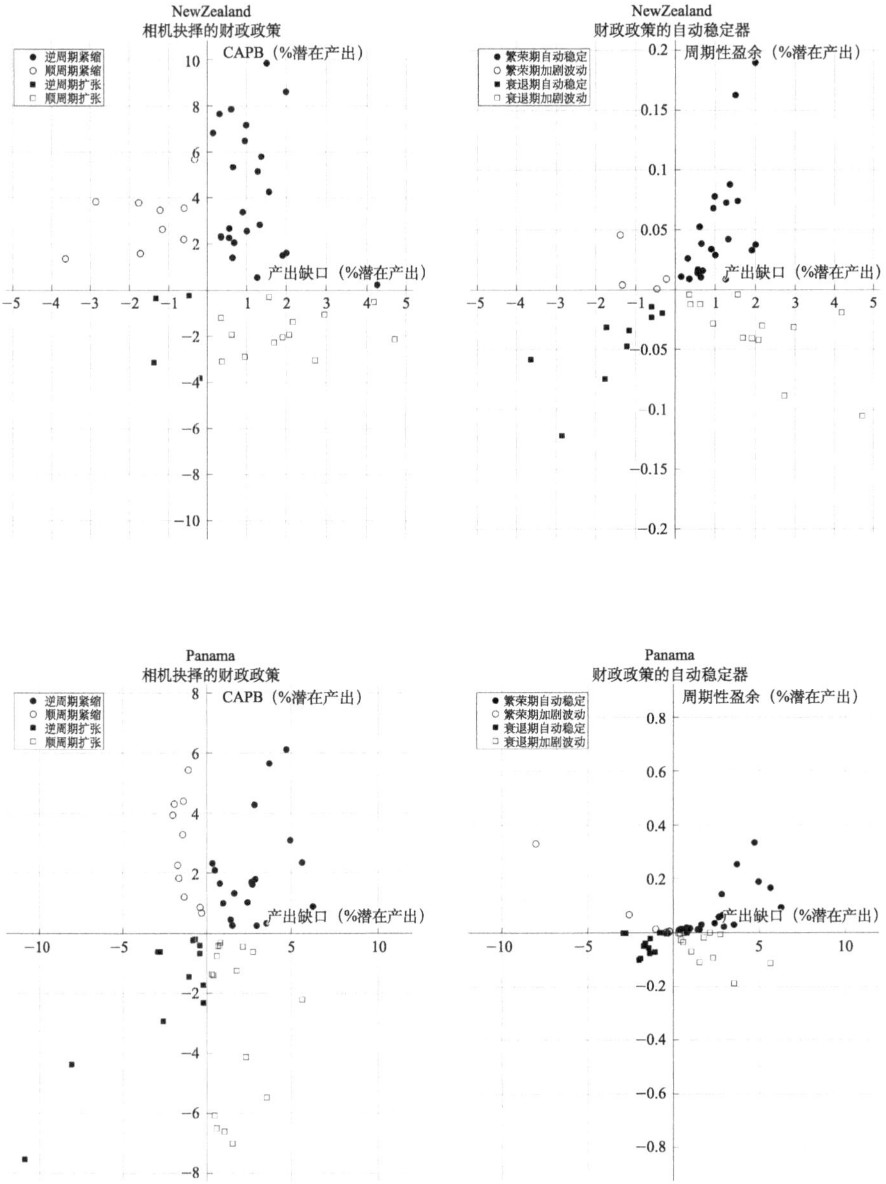
NewZealand
相机抉择的财政政策
CAPB（%潜在产出）
产出缺口（%潜在产出）
逆周期紧缩
顺周期紧缩
逆周期扩张
顺周期扩张
NewZealand
财政政策的自动稳定器
周期性盈余（%潜在产出）
产出缺口（%潜在产出）
繁荣期自动稳定
繁荣期加剧波动
衰退期自动稳定
衰退期加剧波动
Panama
相机抉择的财政政策
CAPB（%潜在产出）
产出缺口（%潜在产出）
逆周期紧缩
顺周期紧缩
逆周期扩张
顺周期扩张
Panama
财政政策的自动稳定器
周期性盈余（%潜在产出）
产出缺口（%潜在产出）
繁荣期自动稳定
繁荣期加剧波动
衰退期自动稳定
衰退期加剧波动

Peru
相机抉择的财政政策

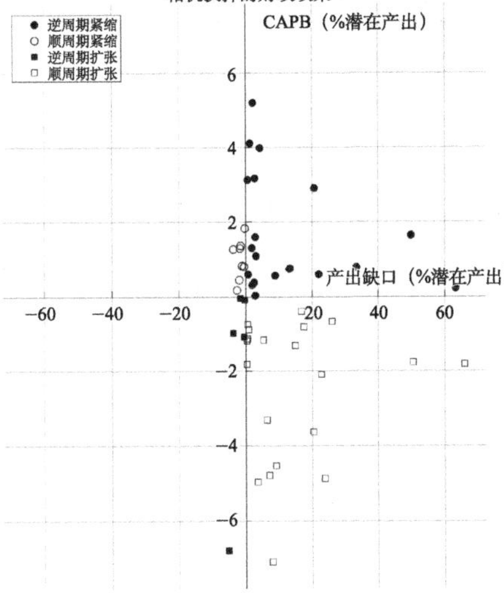

Peru
财政政策的自动稳定器

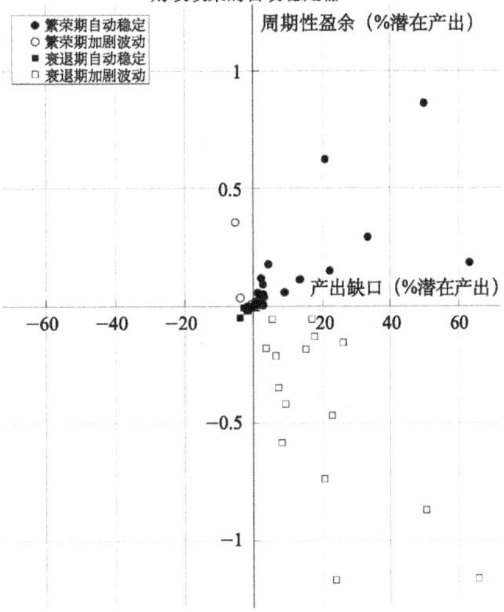

Philippines
相机抉择的财政政策

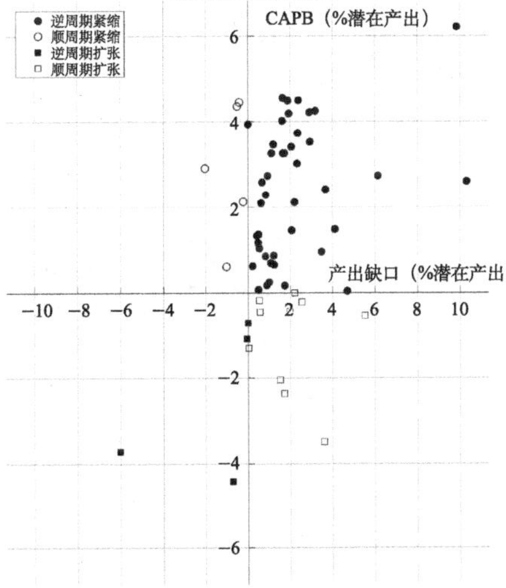

Philippines
财政政策的自动稳定器

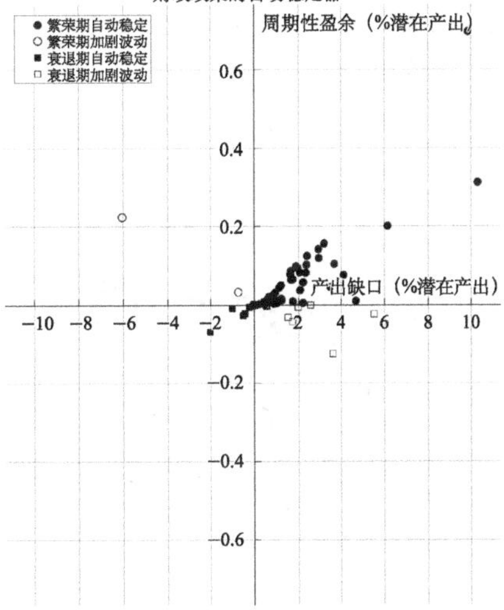

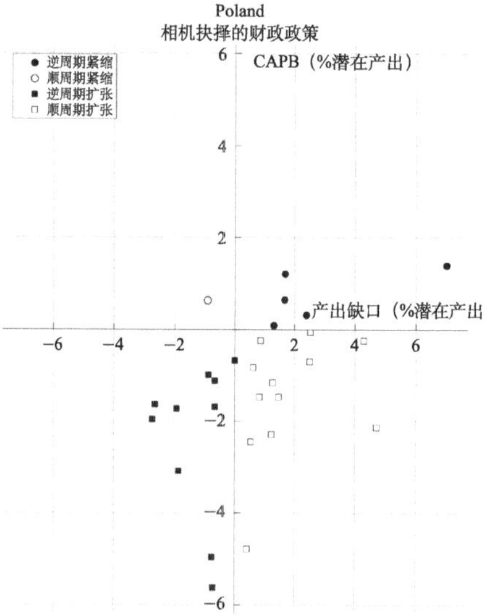
Poland
相机抉择的财政政策
逆周期紧缩
顺周期紧缩
逆周期扩张
顺周期扩张
CAPB（%潜在产出）
产出缺口（%潜在产出）

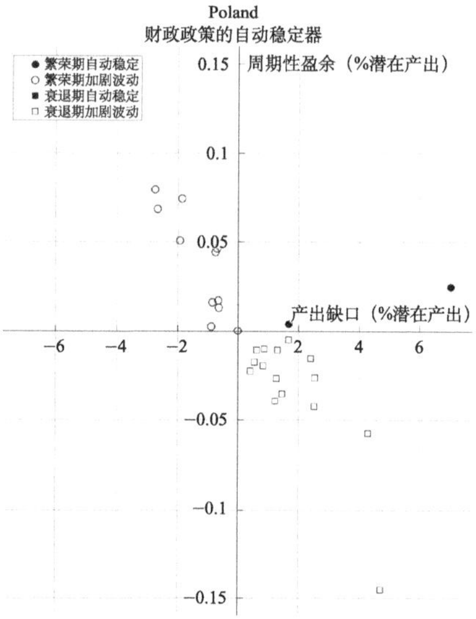
Poland
财政政策的自动稳定器
繁荣期自动稳定
繁荣期加剧波动
衰退期自动稳定
衰退期加剧波动
周期性盈余（%潜在产出）
产出缺口（%潜在产出）

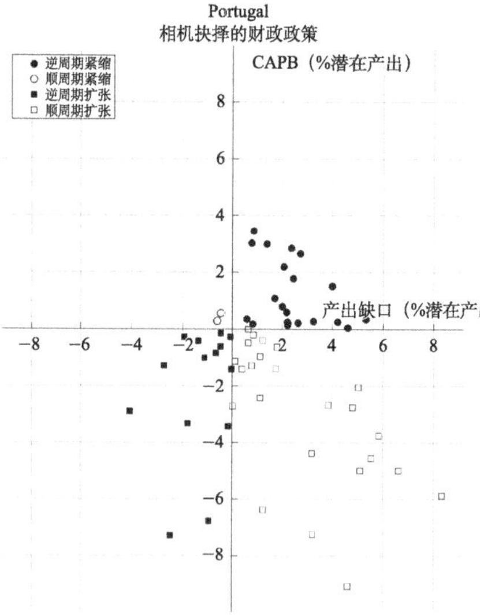
Portugal
相机抉择的财政政策
逆周期紧缩
顺周期紧缩
逆周期扩张
顺周期扩张
CAPB（%潜在产出）
产出缺口（%潜在产出）

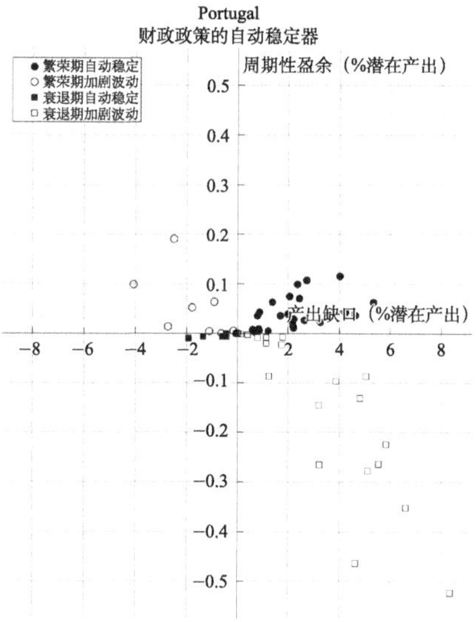
Portugal
财政政策的自动稳定器
繁荣期自动稳定
繁荣期加剧波动
衰退期自动稳定
衰退期加剧波动
周期性盈余（%潜在产出）
产出缺口（%潜在产出）

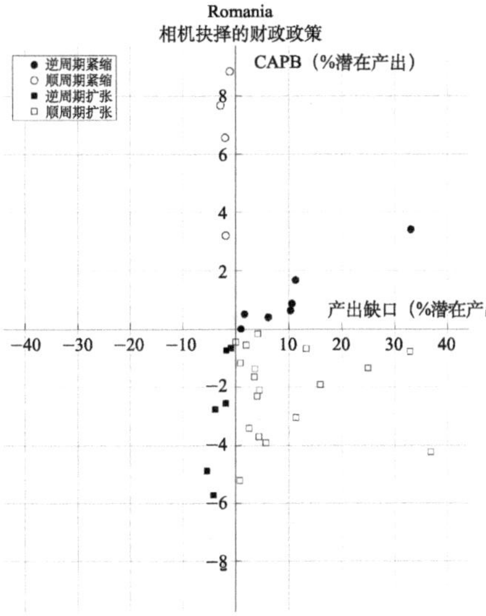
Romania
相机抉择的财政政策
逆周期紧缩
顺周期紧缩
逆周期扩张
顺周期扩张
CAPB（%潜在产出）
产出缺口（%潜在产出）

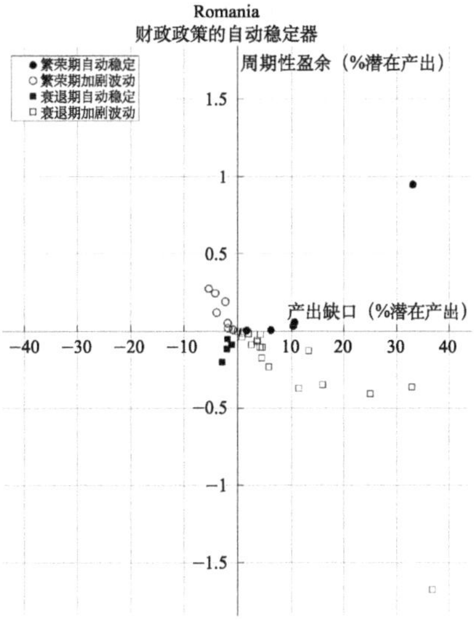
Romania
财政政策的自动稳定器
繁荣期自动稳定
繁荣期加剧波动
衰退期自动稳定
衰退期加剧波动
周期性盈余（%潜在产出）
产出缺口（%潜在产出）

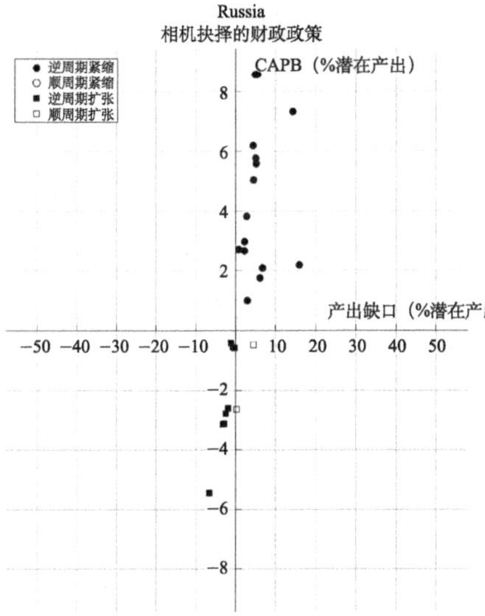
Russia
相机抉择的财政政策
逆周期紧缩
顺周期紧缩
逆周期扩张
顺周期扩张
CAPB（%潜在产出）
产出缺口（%潜在产出）

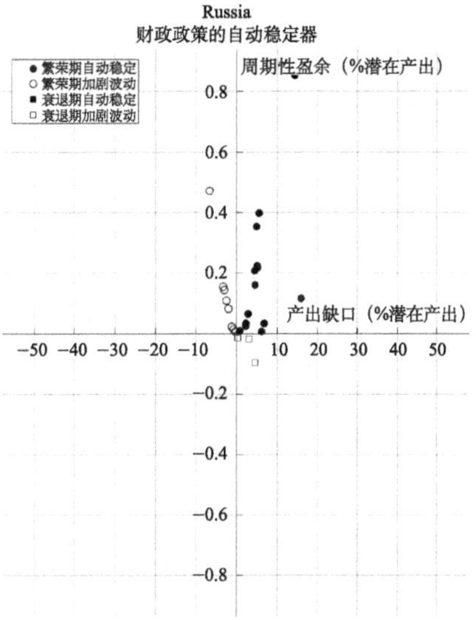
Russia
财政政策的自动稳定器
繁荣期自动稳定
繁荣期加剧波动
衰退期自动稳定
衰退期加剧波动
周期性盈余（%潜在产出）
产出缺口（%潜在产出）

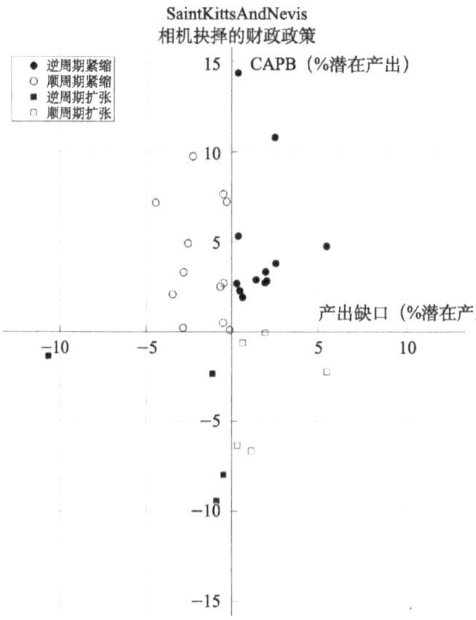
SaintKittsAndNevis
相机抉择的财政政策
逆周期紧缩
顺周期紧缩
逆周期扩张
顺周期扩张
CAPB（%潜在产出）
产出缺口（%潜在产出）

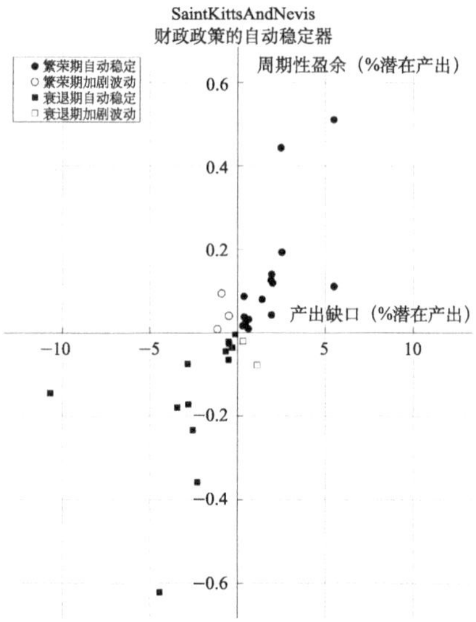
SaintKittsAndNevis
财政政策的自动稳定器
繁荣期自动稳定
繁荣期加剧波动
衰退期自动稳定
衰退期加剧波动
周期性盈余（%潜在产出）
产出缺口（%潜在产出）

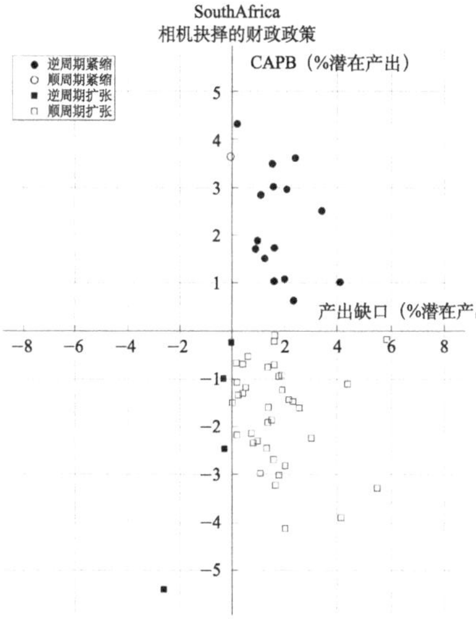
SouthAfrica
相机抉择的财政政策
逆周期紧缩
顺周期紧缩
逆周期扩张
顺周期扩张
CAPB（%潜在产出）
产出缺口（%潜在产出）

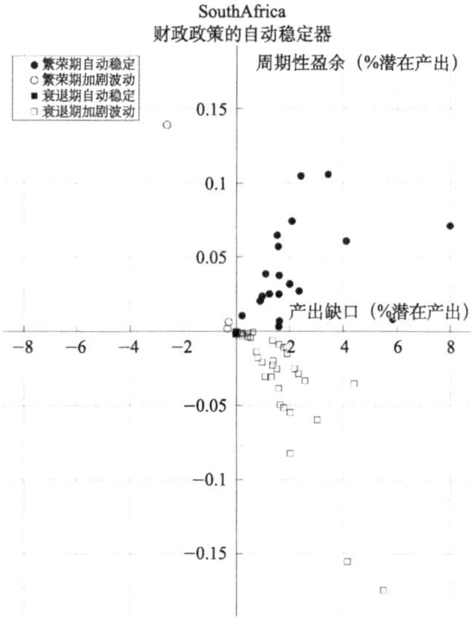
SouthAfrica
财政政策的自动稳定器
繁荣期自动稳定
繁荣期加剧波动
衰退期自动稳定
衰退期加剧波动
周期性盈余（%潜在产出）
产出缺口（%潜在产出）

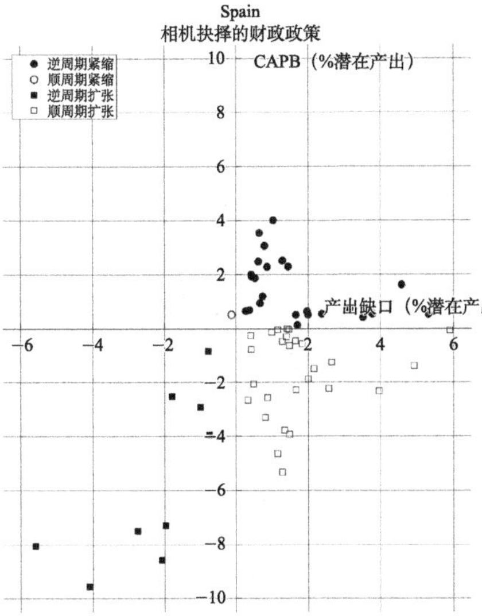
Spain
相机抉择的财政政策
逆周期紧缩
顺周期紧缩
逆周期扩张
顺周期扩张
CAPB（%潜在产出）
产出缺口（%潜在产出）

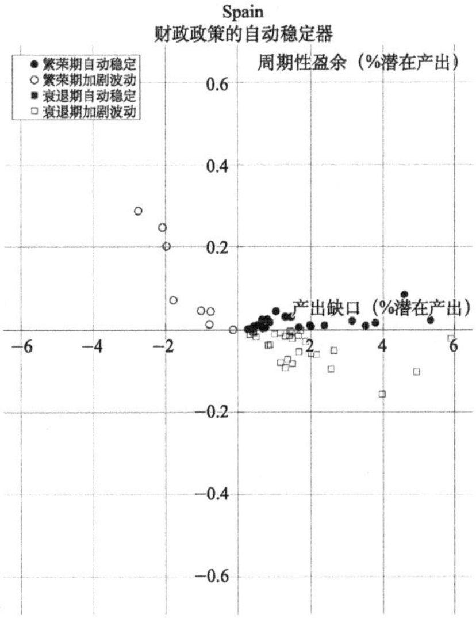
Spain
财政政策的自动稳定器
繁荣期自动稳定
繁荣期加剧波动
衰退期自动稳定
衰退期加剧波动
周期性盈余（%潜在产出）
产出缺口（%潜在产出）

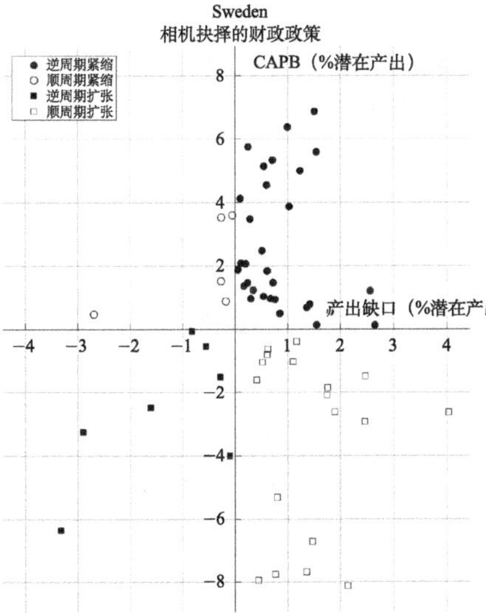
Sweden
相机抉择的财政政策
逆周期紧缩
顺周期紧缩
逆周期扩张
顺周期扩张
CAPB（%潜在产出）
产出缺口（%潜在产出）

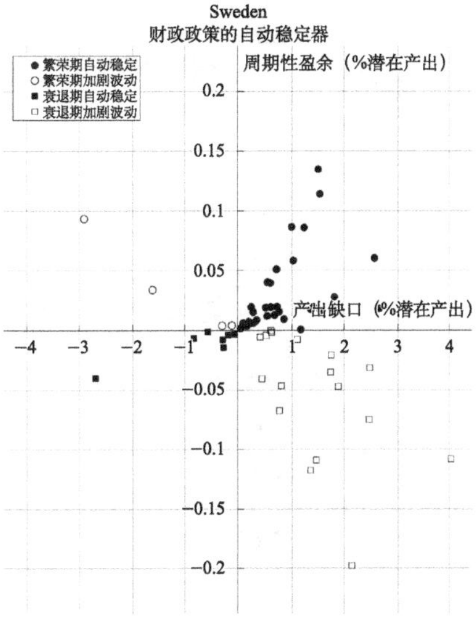
Sweden
财政政策的自动稳定器
繁荣期自动稳定
繁荣期加剧波动
衰退期自动稳定
衰退期加剧波动
周期性盈余（%潜在产出）
产出缺口（%潜在产出）

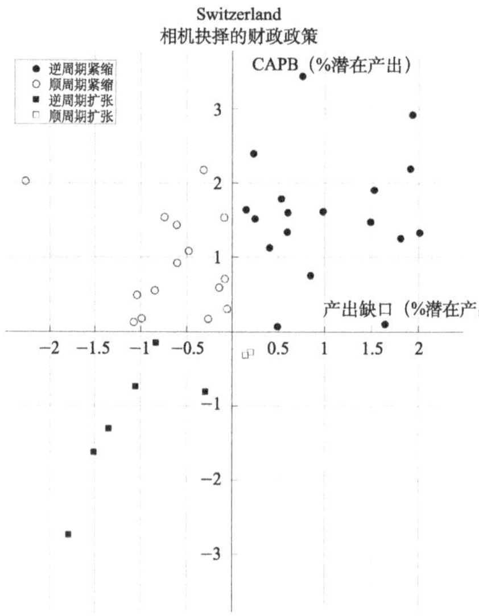
Switzerland
相机抉择的财政政策
逆周期紧缩
顺周期紧缩
逆周期扩张
顺周期扩张
CAPB（%潜在产出）
产出缺口（%潜在产出）

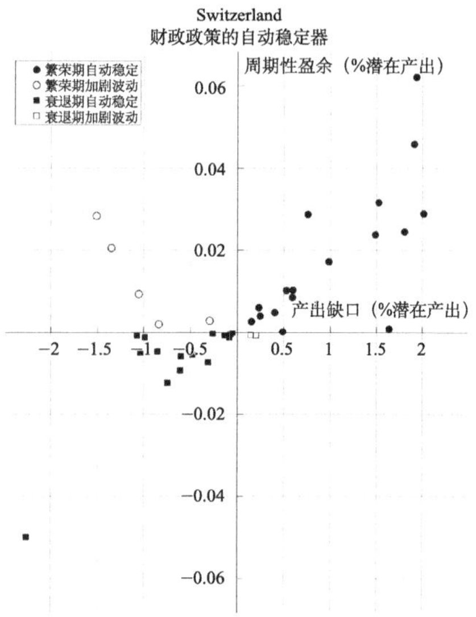
Switzerland
财政政策的自动稳定器
繁荣期自动稳定
繁荣期加剧波动
衰退期自动稳定
衰退期加剧波动
周期性盈余（%潜在产出）
产出缺口（%潜在产出）

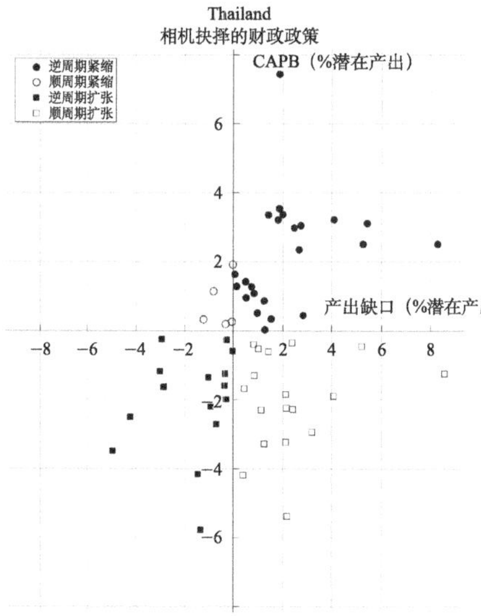
Thailand
相机抉择的财政政策
逆周期紧缩
顺周期紧缩
逆周期扩张
顺周期扩张
CAPB（%潜在产出）
产出缺口（%潜在产出）

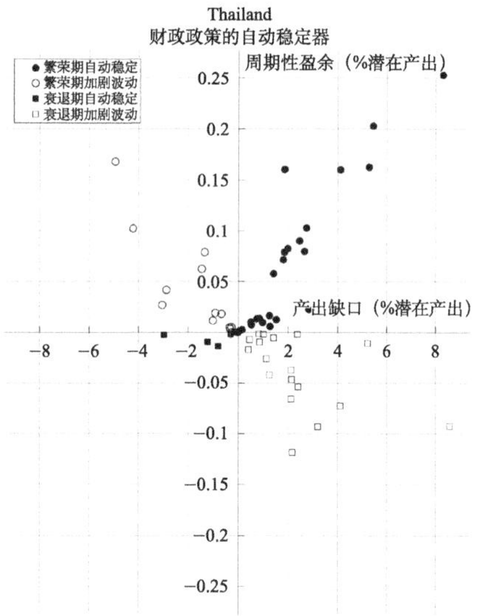
Thailand
财政政策的自动稳定器
繁荣期自动稳定
繁荣期加剧波动
衰退期自动稳定
衰退期加剧波动
周期性盈余（%潜在产出）
产出缺口（%潜在产出）

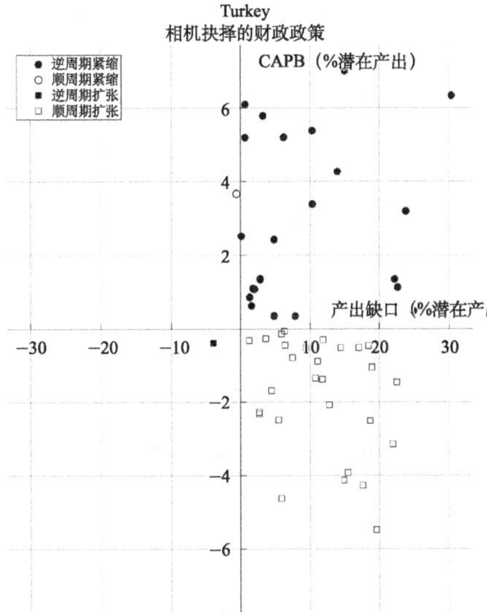

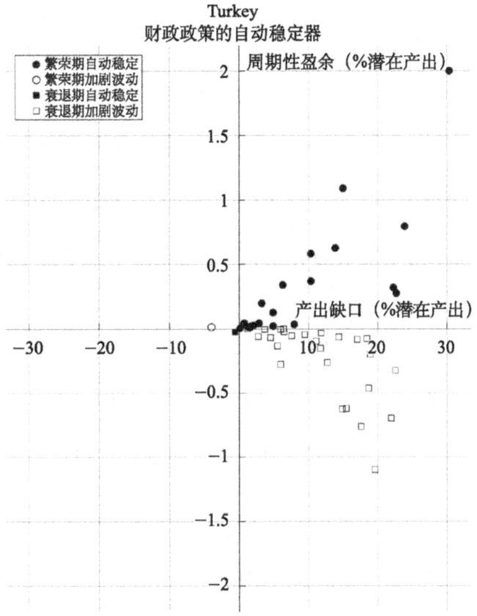

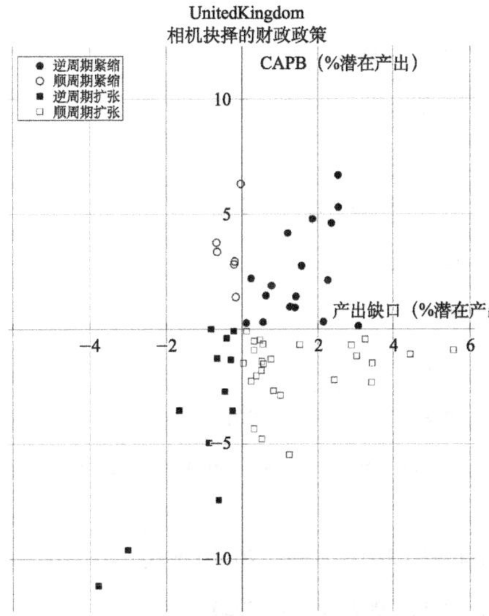

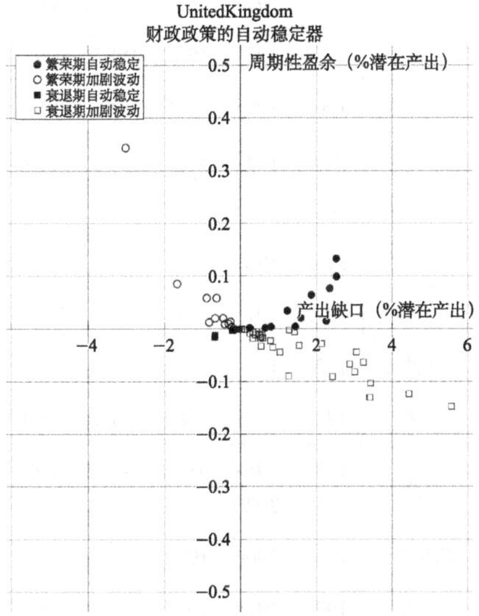

注：实心表示逆周期，空心表示顺周期，方形表示赤字，圆形表示盈余。

表 A-1 发达经济体财政刺激（fiscal stimulus）年份识别结果

经济体	年份
加拿大	1975，1982，1991，2001，2002，2008，2009，2020
法国	1968，1975，1978，1981，1993，2002，2009，2020
德国	1974，1975，1990，1995，2001，2009，2020
冰岛	1964，1974，1983，1985，1986，1989，1993，2002，2008，2010，2017，2019，2020
意大利	1964，1972，1975，1981，2001，2009，2020
荷兰	1975，1995，2001，2002，2009，2020
新西兰	1976，1978，1979，1991，1996，1997，1998，2007，2008，2009，2010，2019，2020
英国	1963，1967，1972，1973，1978，1990，1991，1992，2001，2002，2008，2009，2020
美国	1967，1970，1975，1980，1982，2002，2008，2009，2020
日本	1975，1993，1998，2009，2020
爱尔兰	1974，1975，1978，2001，2007，2008，2009，2010，2020
芬兰	1974，1978，1982，1987，1991，1992，2001，2003，2009，2020
希腊	1969，1981，1985，1988，1989，2001，2003，2008，2009，2020
西班牙	1963，1982，1993，2008，2009，2020
澳大利亚	1965，1974，1982，1990，1991，2000，2008，2009，2019，2020
奥地利	1963，1967，1975，1993，2004，2009，2020
比利时	1972，1975，1981，1983，2005，2009，2020
塞浦路斯	1996，1997，2002，2003，2008，2009，2018，2020
丹麦	1975，1981，1982，1989，1990，1991，2008，2009，2012，2015，2020
挪威	1986，1988，1991，1992，1998，2001，2002，2003，2009，2013，2014，2015，2016，2020
葡萄牙	1963，1966，1972，1975，1976，1985，1993，2005，2009，2014，2020
瑞典	1977，1978，1979，1991，1992，1993，2001，2002，2009，2020
瑞士	1991，2020
韩国	1972，2001，2003，2009，2019，2020

注：当某个国家某年 CAPB（%潜在产出）下降超过 1.5 个百分点，该年财政立场被识别为财政刺激。

表 A－2　新兴市场经济体财政刺激（fiscal stimulus）年份识别结果

经济体	年份
巴拿马	1963，1969，1976，1988，1991，1993，1997，1998，2008，2020
非律宾	1975，1981，2009，2020
土耳其	1971，1977，1984，1985，1991，1996，2000，2002，2007，2009
南非	1965，1972，1976，1981，1989，1992，2008，2009，2020
哥斯达黎加	1971，1975，1979，1986，1989，1994，2009，2010
马来西亚	1995，1998，1999，2000，2009，2020
印度	1980，1997，2001，2008，2020
匈牙利	1997，1998，2001，2002，2006，2020
秘鲁	1973，1976，1980，1981，1983，1986，1987，1990，1999，2009，2015，2020
哥伦比亚	1992，2009，2015，2018，2020
印度尼西亚	1975，1978，1985，1986，1997，2003，2007，2009，2020
巴西	1985，2003，2009，2014，2017，2020
中国	2009，2015，2019，2020，2022
智利	1981，1982，1990，1991，1996，1998，1999，2008，2009，2020
波兰	1996，2000，2008，2009，2020
墨西哥	1980，1981，1985，1991，1993，1996，1998，2009，2020
格鲁吉亚	1996，2005，2007，2008，2009，2020
拉脱维亚	1999，2008，2009，2020，2021
罗马尼亚	1987，1989，1992，2004，2007，2008，2009，2019，2020
捷克	2001，2009，2020
圣基茨和尼维斯	1996，1998，1999，2010，2014，2015，2016，2017，2019，2020，2022
保加利亚	1998，2009，2010，2014，2020
俄罗斯	2001，2002，2007，2009，2013，2015，2020，2022
泰国	1975，1976，1982，1992，1994，1996，1998，2002，2007，2009，2020，2021

注：当某个国家某年 CAPB（%潜在产出）下降超过 1.5 个百分点，该年财政立场被识别为财政刺激。

表A-3 发达经济体财政紧缩（fiscal adjustment）年份识别结果

经济体	年份
加拿大	1964，1969，1973，1979，1981，1986，1987，1994，1995，1996，1997，2021，2022
法国	1964，1969，1972，1996，2011，2021，2022
德国	1973，1976，1989，1996，2000，2006，2007，2011
冰岛	1966，1976，1980，1984，1987，1991，1995，1999，2004，2005，2006，2009，2012，2016，2022
意大利	1976，1980，1982，1992，1995，1997，2007，2022
荷兰	1969，1985，1991，1996，2016，2022
新西兰	1980，1985，1987，1988，1993，1994，2012
英国	1964，1968，1969，1970，1986，1988，1996，1997，1998，2000，2010，2011，2013，2021，2022
美国	1976，2010，2013，2021，2022
日本	1984，1999，2004，2014，2015，2021
爱尔兰	1976，1983，1984，1987，1988，2000，2011，2012，2013，2014，2021，2022
芬兰	1969，1973，1975，1976，1984，1988，1996，1997，1998，2000，2011，2021，2022
希腊	1970，1979，1987，1991，1994，2005，2010，2011，2013，2016，2021，2022
西班牙	1994，1996，2010，2013，2021，2022
澳大利亚	1979，1986，1993，2021，2022
奥地利	1977，1984，1996，1997，2001，2005，2011，2015，2021，2022
比利时	1982，1984，1987，2006，2021
塞浦路斯	1998，2000，2004，2005，2007，2014，2019，2021，2022
丹麦	1971，1976，1983，1984，1985，1986，2004，2005，2013，2014，2019，2021
挪威	1979，1980，1983，1985，1995，1996，1999，2000，2004，2005，2006，2008，2011，2018，2021，2022
葡萄牙	1965，1967，1973，1974，1977，1982，1983，1986，1988，1992，1995，2006，2011，2012，2015，2016，2018，2021，2022
瑞典	1976，1984，1985，1986，1987，1989，1994，1995，1996，1998，2000，2005，2021
瑞士	2021
韩国	1963，1970，1973，1976，1978，1979，2000，2021

注：当某个国家某年CAPB（%潜在产出）上升超过1.5个百分点，该年财政立场被识别为财政紧缩。

表 A－4 新兴市场经济体财政刺激（fiscal adjustment）年份识别结果

经济体	年份
巴拿马	1964，1971，1983，1985，1990，1994，1996，1999，2005，2006，2007，2021，2022
菲律宾	1970，1972，1974，1979
土耳其	1972，1978，1981，1986，1994，1995，1998，2003，2011，2022
南非	1974，1988，1990，1995，1998，2021
哥斯达黎加	1973，1974，1981，1982，1988，1991，1995，2021，2022
马来西亚	2001，2010
印度	1988，2004，2007，2021
匈牙利	1996，1999，2003，2007，2012
秘鲁	1974，1977，1978，1979，1984，1988，1989，1991，2006，2011，2021
哥伦比亚	2000，2012，2016，2022
印度尼西亚	1977，1979，1984，1987，1990，2001，2021，2022
巴西	1980，1999，2002，2021
中国	2010，2021
智利	1975，1979，1987，1988，2004，2005，2006，2010，2011，2022
波兰	2011，2021
墨西哥	1967，1978，1983，1987，1995，2000，2008，2017
格鲁吉亚	1998，2000，2004，2010，2011，2021，2022
拉脱维亚	2011，2012
罗马尼亚	1988，1993，1997，1999，2005，2011，2012，2021，2022
捷克	1996，2004，2007，2013，2022
圣基茨和尼维斯	2001，2003，2005，2006，2011，2012，2013，2021
保加利亚	1996，2011，2016，2022
俄罗斯	1999，2000，2004，2005，2010，2011，2017，2018，2021
泰国	1973，1974，1983，1987，1988，1993，2003，2022

注：当某个国家某年 CAPB（%潜在产出）上升超过 1.5 个百分点，该年财政立场被识别为财政紧缩。